DER UMWEG

LUCE D'ERAMO

Aus dem Italienischen übersetzt von Linde Birk
und durchgesehen von Michael von Killisch-Horn

Klett-Cotta

MIX
Papier aus verantwortungsvollen Quellen
FSC® C014496

Klett-Cotta
www.klett-cotta.de
Die Originalausgabe erschien unter dem Titel »Deviazione«

Printed in Germany
Umschlag: ANZINGER UND RASP
Kommunikation GmbH, München

Gesetzt von C.H.Beck.Media.Solutions
Gedruckt und gebunden von GGP Media GmbH, Pößneck
ISBN 978-3-608-98138-4

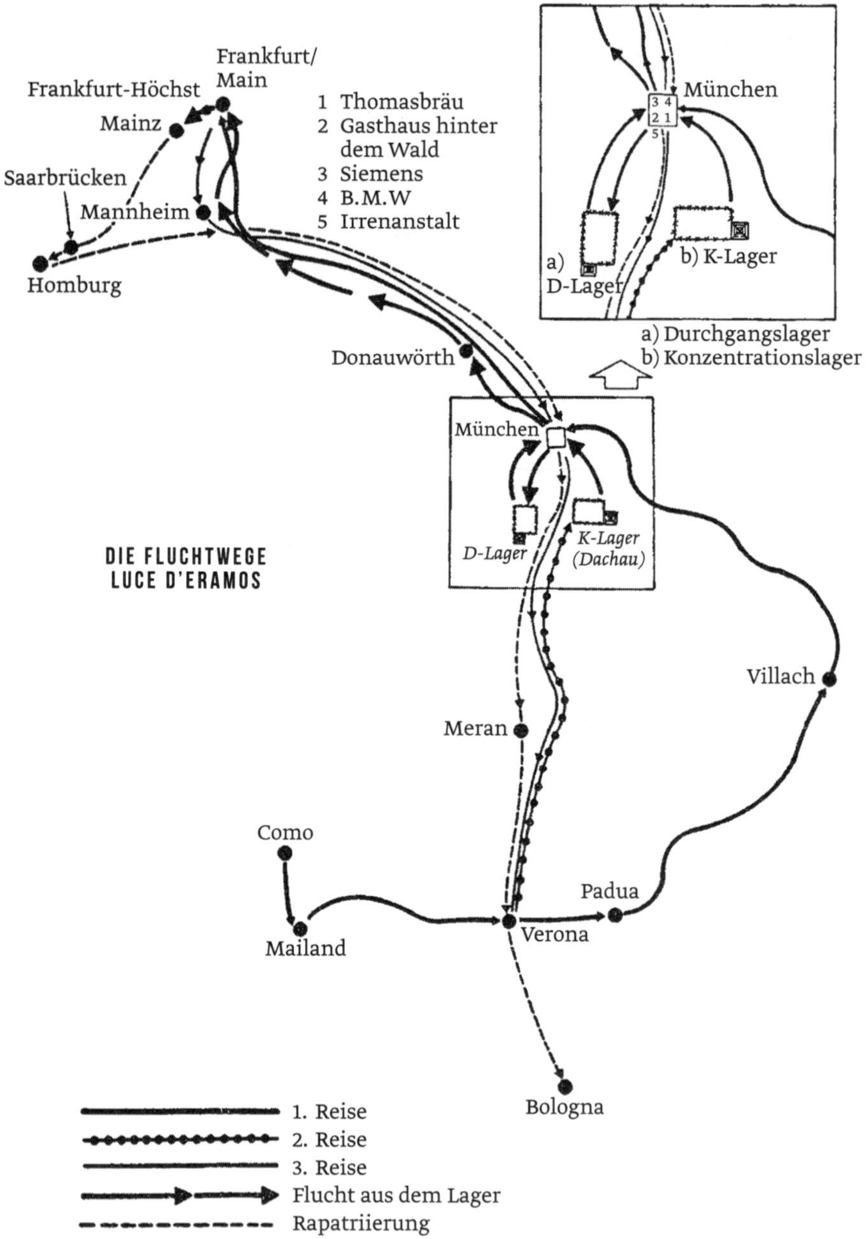

Frankfurt/
Main
Frankfurt-Höchst
Mainz
Saarbrücken
Mannheim
Homburg
1 Thomasbräu
2 Gasthaus hinter dem Wald
3 Siemens
4 B.M.W
5 Irrenanstalt
München
a) D-Lager
b) K-Lager
a) Durchgangslager
b) Konzentrationslager
Donauwörth
München
D-Lager
K-Lager (Dachau)
DIE FLUCHTWEGE
LUCE D'ERAMOS
Villach
Meran
Como
Padua
Mailand
Verona
Bologna
1. Reise
2. Reise
3. Reise
Flucht aus dem Lager
Rapatriierung

ERSTER TEIL

FLUCHT AUS DEN LAGERN

THOMASBRÄU

Es ist erstaunlich einfach gewesen zu fliehen.

Im Lager Dachau gehörte ich zum Reinigungstrupp für die Münchner Kanalisation. Auf Lieferwagen in Trupps zu je zwanzig Personen mit Stöcken und Schrubbern wurden wir jeden Morgen in die Stadt gefahren.

Kloakenputzen ist eine vielseitigere Arbeit, als es auf den ersten Blick den Anschein hat; es gibt verschiedene Abstufungen.

Manchmal muss man einen Kanaldeckel auf den Bürgersteig heben und nach unten steigen in die Grube, die von einem dicken Rohr gekreuzt wird, aus dem senkrecht ein kurzer geschlossener Hals ragt. Diesen Hals nimmt man ab, steckt den Stock hinein und bewegt ihn, damit sich die Kotmassen auflockern. Man muss so lange rütteln und stochern, bis sie wieder rutschen.

Andere Male putzten wir die Klos und Abwasseranlagen der Fabriken und öffentlichen Gebäude. Oder sie fuhren uns zum großen Abwasserkanal, wo wir mit langen Stangen durch kleine Öffnungen den ins Stocken geratenen Kot weiterstießen und ätzende Säuren und Wasser nachschütteten; und die ganze stinkende Verwesung schoss davon wie ein Höllenstrom. Danach klemmten wir die Bürsten auf die Stöcke und schrubbten die Kanalwände.

Am schlimmsten aber war es, wenn sie uns auf die Dörfer brachten, zum Senkgrubenleeren. Dort gibt es keine Kanalisation. Wenn die Gruben voll sind, muss man sie mit Eimern leer schöpfen und am Ende selber nach unten steigen. Erst dafür gaben sie uns eine Maske und Gummistiefel, und wir standen in der Scheiße, bis wir fertig waren.

Viele wurden krank, und einige starben an Vergiftungen.

Es gab aber auch gute Tage, an denen die Exkremente nicht die

Rohre verstopften, die öffentlichen Latrinen richtig funktionierten und der »Canal Grande« ohne Stau dahinfloss; an solchen Tagen wurden wir in den Stand der »Mistbreiter« erhoben.

Wir wurden auf die Höfe geschickt. Hinter den Ställen luden wir mit Forken, die sie uns dort aushändigten, den Mist auf Karren. Dann gingen wir zu Fuß hinter den Karren her bis zu den weit entfernten Feldern. Dort blieben die Karren alle zehn Meter stehen, der Bauer warf einen Haufen Mist nach unten, und wir mussten ihn verteilen.

Ich stieß die Forke tief in den Misthaufen, spannte die Muskeln an, stemmte die Forke hoch, bis ich mit einem heftigen Ruck eine gewaltige Ladung Mist herausgerissen hatte, und während ich ihn ringsum ausbreitete, gaben meine Muskeln nach, die Forke begann zu wackeln und kippte um. Also stieß ich sie wieder in den Haufen, versuchte aber diesmal, sie langsam und mit kontinuierlicher Anstrengung herauszuziehen, und während ich mich schon freute, dass sie so ungehindert herauskam, sah ich die langen Zinken nackt mit nur ein paar tropfenden Mistfäden daran auftauchen.

Ideal zum Fliehen waren unvorhergesehene Bombenangriffe während der Arbeit, wenn es keinen Alarm gegeben hatte und der feindliche Fliegerangriff so unerwartet kam, dass er die Bewacher überraschte, die uns nur mit Mühe zusammenhalten konnten.

So habe ich es gemacht.

Ich hatte mich lange vorher und sehr vorsichtig umgehört, denn die Nazis hatten es geschafft, uns gegeneinander misstrauisch zu machen. Gefangene haben nicht viel übrig für diejenigen, die aus dem Lager fliehen wollen, denn nach jeder Flucht wird die Bewachung verschärft, und die Zurückgebliebenen müssen zusätzliche Strafen und Züchtigungen auf sich nehmen; außerdem lassen die Entflohenen auch nichts mehr von sich hören, weil sie fürchten, von Gefangenen denunziert zu werden, die den Folterungen oder Belohnungsversprechen nicht zu widerstehen vermögen.

In dieser angespannten Situation hatte ich in Erfahrung gebracht, dass es in der Stadt München, etwa fünfzehn Kilometer entfernt, ganz in der Nähe des Arbeitsamtes ein sogenanntes »Durchgangslager« gab, in dem sich die Flüchtlinge versteckten, bis sie eine sicherere Bleibe gefunden hatten. Dieses Lager wurde gewöhnlich »Thomasbräu« genannt, nach der unmittelbar daneben liegenden Brauerei. Ich prägte mir den Namen dieses Stützpunktes ein, als würde es sich um einen einflussreichen Freund handeln, der mit Vornamen Thomas und mit Nachnamen Bräu hieß.

In Dachau sagten sie mir:

»Du kannst dem Himmel auf Knien danken, dass sie dich nicht schon längst in eins von ihren Bordellen gesteckt haben. Neunzehn Jahre und ein Mädchen, was erwartest du eigentlich ... vielleicht die Freiheit im Dritten Reich?«

Eines Nachmittags jedoch, an dem sie uns nach München transportiert hatten, heulten, als wir gerade in der Innenstadt die Gullys reinigten, die Sirenen. Unmittelbar darauf folgten dumpfe Einschläge, die Leute auf der Straße flüchteten, ich drücke mich flach in einen Hauseingang, ein Satz in den nächsten, ein Gässchen, ich presse mich im Bombenhagel in eine Mauernische und werfe, nach allen Seiten Ausschau haltend, meine Gummikleider weg. Niemand folgt mir. Immer noch im Laufschritt erreiche ich den Bahnhof, wo ich mich am meisten vor Spitzeln geschützt glaube, denn dorthin flüchtet niemand vor einem Bombenangriff.

Im wirbelnden Schneetreiben gehe ich auf die toten Gleise zu, zwischen denen sich die Abfälle türmen und aus dem Schnee hervorschauen, als wollten sie ihre Daseinsberechtigung bezeugen; sie ziehen mich an wie traurige vertraute Freunde. Ich trete zwischen die verbogenen, aus dem Boden gerissenen Schienen und setze mich hinter einer Hütte auf eine verrostete Stange, die schief aus dem Schutt ragt.

Die Bomben fallen wie verrückt und bersten wie Sturzwellen einer stürmischen See. Ich habe keine Angst, denn jeder Einschlag ist mein Komplize.

Als ich die Flieger in Richtung des entgegengesetzten Endes der Stadt abdrehen sehe, stehe ich auf und mache mich auf die Suche nach einem Luftschutzraum, um mich zu verstecken und unter die Leute zu mischen.

Ich laufe im flimmernden Schnee durch menschenleere Straßen und stoße schließlich auf den Eingang zu einem Kellergewölbe, das aussieht wie ein im Bau befindlicher Untergrundbahnhof; ich gehe die Treppe hinunter und gelange in einen langen, breiten Stollen voller armer Teufel, es ist also ein Bunker für Ausländer. Begierig verschlinge ich sie mit den Blicken, als sähe ich der Freiheit wieder ins Antlitz; ihre Münder und Kiefer sind nach unten gezogen, und ihre Gesichter haben etwas unbestimmt Herausforderndes. Keiner beachtet mich.

Nach der Entwarnung frage ich einen etwas offener und herzlicher wirkenden Italiener nach dem Weg zum Arbeitsamt.

»Um diese Uhrzeit?« Er sieht auf die Uhr.

»Wie spät ist es denn?«

»Es ist acht, das Arbeitsamt hat zu.«

»Das macht nichts. Wo ist es?«

Der Italiener hebt einen zusammengeknüllten gelben Papierfetzen vom Boden auf, streicht ihn an der Mauer mit den Händen glatt und zeichnet mir mit einem Bleistift im trüben Licht einer herunterhängenden Glühbirne den Weg auf.

Andere Italiener umringen mich.

»Bist du Italienerin?«

»Ja.«

»Von wo?«

»Aus Rom.«

»Aufgegriffen?«

»Ja.«

»Schon lange her?«

»Ja.«

»Nichts Neues also.«

Mehr wollen sie nicht wissen. Sie ergehen sich in Erklärungen, wie ich den Weg am besten finde.

Einer sagt:

»Am Sendicatorplatz kannst du fragen.« (Erst später habe ich entdeckt, dass er in Wirklichkeit Sendlinger-Tor-Platz heißt, ein Name, den kein Ausländer je richtig hat aussprechen können.)

Ein anderer zuckt die Achseln:

»Hast du nicht kapiert, dass sie nicht fragen kann?«

»Ah!«

Sie beobachten mich ohne Neugier. Wer weiß, ob sie mir helfen können. Ich nehme meinen Mut zusammen und frage:

»Wo seid ihr?«

»Bei Siemens. Heute haben wir Ausgang.«

»Eine schöne Scheiße«, bemerkt ein anderer und spuckt auf den Boden, »eingesperrt hier unten.«

»Wenn du etwas brauchst, komm uns besuchen.«

»Wir sind im ersten Lager, Baracke achtzehn.«

»Aber sei vorsichtig.«

Sie verabschieden sich. Sie gehen.

Ich weiß nicht, was ich tun soll, und verstecke mich in einer Ecke. Die Leute gehen nach draußen, keine deutsche Wache weit und breit. Die schwachen Glühbirnen gehen aus. Ich warte in der unsicheren Stille.

Plötzlich schrecke ich hoch, ich war eingeschlafen, ohne es zu wollen, und jetzt habe ich Angst, dass ich zu spät dran bin. Ich gehe nach draußen, es ist tiefe Nacht, es schneit noch immer, vereinzelte Straßenlaternen mit abgedunkelten Glasscheiben werfen ein geheimnisvolles Licht auf die harten Häuserzeilen, auf die Straßen, die der Schnee noch geradliniger erscheinen lässt.

Ich folge dem Straßenplan auf dem gelben Zettel, von niemandem aufgehalten, bewege mich durch die vom Weiß eingeebneten Straßen, in einer halluzinatorischen Einsamkeit, liebkost vom Schnee, der mich zum Narren hält.

Hier müsste das Arbeitsamt eigentlich sein, aber ich kann kein Lager erkennen, ich sehe weder Baracken noch Zäune, kein Polizist dreht seine Runden. Nur gleichförmige Häuser mit weißen Dächern, die auf den grauen Fassaden sitzen wie feindselige Visiere, versperren mir auf Schritt und Tritt den Weg und weisen mich zurück.

Ich bin erschöpft von Kälte, Müdigkeit und Hunger.

Ein verstohlener Schatten huscht an mir vorüber, sieht mich, bleibt stehen, beobachtet mich. Es ist ein blonder, schmächtiger Junge, angespannt, mit Augen wie zwei Kerben. Er sieht aus wie ein Ausländer. Ich hoffe, dass er etwas sagt, aber er schweigt. Vielleicht wartet er darauf, dass ich zuerst spreche. Ich hebe langsam die Hand und deute einen Gruß an. Er wiederholt meine Geste. Ich möchte ihn rufen, aber ich habe Angst vor dem Klang meiner Stimme in dieser sanften Stille. Ich hebe die Hand noch einmal, um ihn herbeizuwinken.

Er kommt näher, die rechte Hand in der Tasche.

»Was willst du?«, fragt er mich auf Französisch und mustert mich von Kopf bis Fuß. Seine Stimme ist ruhig wie der Schnee und unterbricht nichts.

»Bist du Franzose?«, frage ich in seiner Sprache.

»Ja. Und du?«

»Ich bin Italienerin, aber geboren und aufgewachsen in Frankreich.«

»Was willst du?«

Ich empfinde plötzlich großes Vertrauen.

»Thomasbräu«, antworte ich.

Ein rasches, zugleich zärtliches und verächtliches Lächeln huscht über sein hageres, bewegungsloses Gesicht.

»Kommt mit mir.«

Er geht schnell und geräuschlos durch den unberührten Schnee, und ich kann nur mühsam Schritt halten.

An einer Ecke dreht er sich zu mir um.

»Beeil dich.«

»Ja.« Ich nicke eifrig und gehe rascher. Ich habe das Gefühl, dass nur meine Schritte fürchterlichen Krach machen, während seine lautlos sind.

Wir gelangen an eine Mauer. Der Franzose lehnt sich mit dem Bauch daran.

»Steig auf mich drauf und spring rüber.«

Ich versuche, an ihm hochzuklettern, bleibe aber plump rittlings auf seinem Rücken hängen, höher schaffe ich es nicht.

Der Franzose seufzt.

»Komm wieder runter«, sagt er schroff.

Ich rutsche nach unten. Er nimmt mich in die Arme, ich kann mich gerade noch über seine Kraft wundern (das ist die Freiheit, denke ich voller Freude).

»Halt dich an der Brüstung fest, gib Acht auf die Glasscherben.«

Ich befolge seine Anweisung und verletze mich an einer Hand.

»Stell deine Füße auf meine Schultern. Und jetzt spring rüber.«

Ein dumpfer Aufprall, und ich lande mit dem Hintern auf der Erde, auf der anderen Seite der Mauer. Mit einem eleganten Satz folgt mir der Franzose, zerrt mich hoch und führt mich an der Hand weiter.

Wir befinden uns in einem großen Hof, den die massigen Umrisse von Lastwagen, die der Schnee zugedeckt hat, noch größer erscheinen lassen. Auf dem Boden zeichnen die glänzend weißen Reifenspuren Rhomben und Arabesken in den Schnee.

Der Franzose bleibt stehen.

»Das sieht schön aus«, sagt er mit einem Blick auf die Spuren. »Als wollten sie etwas sagen.« Er sieht mich an und lächelt erneut wie vorher.

»Wie heißt du?«

»Lucie.«

»Ich Louis.«

Ohne Eile geht er weiter und zündet sich eine Zigarette an. Ich habe Angst, jemand könnte hinter einem Lastwagen hervorkommen, aber ich traue mich nicht, es zu sagen.

»Ist es weit?«, frage ich, während wir langsam über den Hof gehen, als machten wir einen Spaziergang.

»Dort.« Er deutet auf eine kleine Tür, die ich nicht bemerkt hatte, in der gegenüberliegenden Mauer, die gar keine Mauer ist, sondern eine fensterlose Hauswand.

Ich erstarre.

»Louis!«

»Ja?«

»Ich wollte zum *Lager* Thomasbräu.«

»Das habe ich verstanden.«

Wir erreichen die kleine Tür. Er stößt sie mit der Hüfte auf. Er tritt ein, trampelt kräftig mit den Füßen, um sich den Schnee abzuschütteln, zieht mich nach drinnen und stößt die Tür mit dem Fuß zu. Er dreht den Lichtschalter an.

Wir stehen in einem schmierigen Hausflur voller Auswurf und Dreck, an einer Wand läuft ein Rohr entlang, das hinter einem Knick plötzlich in den Raum führt und in einen Wasserhahn mündet, aufrecht wie eine Schlange im Leeren, aus dem prasselnd Wasser in einen Eimer sprudelt, auf den Boden spritzt und eilig auf die Tür zurinnt.

Louis packt den Eimer, schüttet das Wasser in eine Ecke und stülpt ihn um.

»Setz dich«, sagt er.

Er selber hockt sich vor mich.

»Gefällt es dir nicht?«, fragt er mit ironischer Naivität.

»Doch, sehr.«

»Woher kommst du?«

»Aus Dachau.«

Ein anerkennender Pfiff, dann konzentriert er sich und sagt:

»Also, das Thomasbräu ist offiziell das Durchgangslager des Arbeitsamtes, in dem die Ausländer untergebracht werden, die auf neue Arbeit oder die Abschiebung in die Heimat warten, sie müssen alle hier warten, bis sich neue Konvois bilden, denen sie sich anschließen können, denn, falls du es nicht wissen solltest, keiner von uns, nicht einmal die Freiarbeiter, hat das Recht, auf eigene Faust zu reisen.«

»Ist das nicht gefährlich?«

»Gefährlich?« Er grinst kurz. »Überhaupt nicht, hier sind wir in Sicherheit. Wer ist besser informiert als wir über die Kontrollen, die Gerüchte über Flüchtlinge, die Verdächtigungen?«

»Gibt es denn keine Spitzel hier?«

»Ach was, Spitzel! Hier im Lager halten sich auch Leute auf, die tatsächlich auf Entscheidungen des Arbeitsamtes warten, das sind sogar ziemlich viele, und sie wechseln ständig; wer untergebracht worden ist, geht weg, und neue Leute kommen. Immer neue Gesichter! Wie sollen die Deutschen die alle auseinanderhalten? Die meisten Neuen haben keine Papiere, sie sind auf der Straße aufgegriffen worden, irgendwelche aus Versehen deportierte arme Schweine oder Freiwillige aus Verzweiflung. Wenn einer von uns mal aus Versehen in den Appell gerät, braucht er sich nur bei irgendeinem Namen mit fester Stimme zu melden, dann wird er kurz angesehen, und das war's.«

»Und die Neuen halten den Mund?«

»Was wissen die denn? Wir binden es ihnen natürlich nicht auf die Nase!«

»Aber beim Appell?«

»Halten sie auch den Mund! Die zittern doch vor Angst. Sei unbesorgt, die machen wirklich keinen Ärger, die verkriechen sich den ganzen Tag und kommen nie ins Thomasbräu.«

»In die Brauerei?«

»Ja.«

»Und die Deutschen?«

»Welche?«

»Die vom Arbeitsamt.«

»Wer bekommt die schon zu Gesicht! Wir gehen spätabends hin, wenn sie zu Hause ihren Speck essen, oder tagsüber während der Bürozeit, wenn sie über ihrem Papierkram schwitzen.«

»Und der Wirt ist kein Spitzel?«

»Was hast du bloß immer mit deinen Spitzeln! Keiner bezahlt ihn besser als wir. Er hätte nichts davon.«

»Und das Geld, woher habt ihr das?«

Louis steht verärgert auf und sieht mich von oben herab an, als wollte er sagen: »Hörst du endlich auf mit deiner Klugscheißerei?«

»Geh jetzt schlafen, los.«

Ich stehe ebenfalls auf.

»Wo?«

»Da.« Er deutet mit dem Blick auf eine kleine klapprige Tür hinten im Flur.

Ich traue mich nicht, mich zu bewegen. Ich habe Angst, allein zu bleiben. Um etwas zu sagen, frage ich ihn:

»Warum hast du ständig die Hand in der Tasche?«

Louis zieht den Revolver heraus.

Ich stolpere über den Eimer.

»Wo kommst du bloß her?«, sagt er grinsend.

Er ist schmächtig, fast zierlich, aber immer auf dem Sprung, leicht katzenhaft in Gesten und Verhalten. Er trägt einen blauen Arbeitsanzug, hält sich sehr gerade und den Kopf erhoben über dem sehnigen, kräftigen Hals. Seine Gesichtszüge sind leicht spitz wie die eines Marders, die Augen klein, ständig in Bewegung und changierend, in diesem Augenblick sind sie tiefdunkel, sein Mund ist ein fast lippenloser Spalt, die Haare sind blond wie Kastanienholz, widerspenstig am Hinterkopf, und sein Gesichtsausdruck ist steinhart.

Er steckt den Revolver in die Tasche zurück und zieht die Hand heraus. Er wirkt versöhnlicher:

»Die Macht der Gewohnheit.«

»Verstehe«, sage ich (wie hat er sich die Waffe wohl beschafft?). »Entschuldige«, füge ich hinzu.

Er sieht mich prüfend an. »Du bist mir eine«, fängt er an und schweigt dann. Ohne den Blick von mir zu wenden, ohne das Gesicht zu bewegen, spuckt er die Kippe wie ein Geschoss aus dem Mundwinkel. »Dich haben sie wohl erzogen, dir die Hände nicht schmutzig zu machen, wie?« Er lacht mit einer kurzen Grimasse. Ich gebe ein angedeutetes Lachen zurück. Wir sehen uns lange in die Augen. »Du hast es gut!«, seufzt er. Er wendet sich brüsk um und dreht den Wasserhahn zu. »Kann einem ganz schön auf die Nerven gehen, das Wasser, nicht?« Wieder beobachtet er mich und sagt dann: »Gehen wir.« Er schiebt mich vor sich her auf das klapprige Türchen zu und öffnet es langsam.

Vor mir liegt eine Höhle im Halbdunkel, in dem sich die höckerigen Umrisse von Strohsäcken auf zweistöckigen Betten abzeichnen, dumpfer Schweißgeruch von Menschen, die in einem geschlossenen Raum zusammengepfercht sind, schlägt mir entgegen.

Ich erkenne meine Dachauer Welt wieder. All diese furchtbaren Anstrengungen, um wieder an der gleichen Stelle zu landen.

Ich bleibe an der Tür stehen.

»Hast du Angst?«, flüstert Louis.

»Ja.«

Er tritt ein und verschwindet zwischen den Betten. Ich höre die schweren, heiseren Atemzüge, die sich im Dunkeln unklar vermischen. Kurz darauf kommt er zurück, nimmt mich bei der Hand und führt mich durch die engen Gänge in eine Ecke, in der zwei Strohlager frei sind.

»Leg dich da hin«, murmelt er. Er geht weg. Jemand stöhnt und bewegt sich mit unheimlichem Ächzen.

Das Licht im Hausflur geht aus. Louis taucht wieder auf und legt sich auf das Strohlager neben mir.

Er zündet sich eine Zigarette an, und im kurzen Aufflammen des Streichholzes fällt mir das obere Stockwerk des Bettes ins Auge, dieser ewige Baldachin der Lager, so anmaßend und grotesk in seiner Schäbigkeit. Louis zieht eine Decke unter seinem Strohsack hervor und wirft sie mir zu.

»Deck dich zu.«

»Und du?«

»Ich friere nicht.«

»Schläfst du hier?«

»Ja.«

Nach einer Weile hält er mir eine Tafel Schokolade hin.

»Iss.«

Ich berühre sie, weil ich sie für einen Scherz halte.

»Danke.«

Ich wickle sie langsam aus dem dünnen Silberpapier, das mein Tastsinn schon vergessen hatte, weswegen er dieses köstliche Gefühl lange auskostet.

Unterdessen schälen sich aus der schweren Luft deutlichere Geräusche, ersticktes Lachen, Beschwerden, Verlagerungen von Körpern, die wie das Wogen von Massen klingen. Die Holzgestelle scheinen sich auszutoben, als hätten sie ein eigenes ungeniertes Nachtleben.

»Louis.«

»Lucie.«

»Ist das hier eins von *ihren* Bordellen?«

»Hier ficken alle miteinander.« Pause.

»Die Männer können hier frei hereinkommen?«

Louis dreht sich auf die Seite.

»Erwartest du vielleicht, die Herren Nazis machen sich die Mühe, Männer und Frauen in getrennten Unterkünften unterzubringen?«

»In Dachau …«, fange ich an.

»Dort ist es so, und hier ist es anders«, schneidet er mir das Wort ab. »Wie's gerade kommt, meine Liebe. Dort ist es so, weil man sie getrennt leichter überwachen kann und weil die Abstinenz eine Strafe ist. Hier ist es anders, weil es viel zu aufwendig wäre, ein provisorisches Lager so zu organisieren, und außerdem ist es gut, wenn die Ausländer gleich bei ihrer Ankunft in Deutschland merken, dass sie Schweine sind.« Pause. »Verstehst du? Minderwertige Rassen.«

»Ja.«

»Treibt ihr es da nicht miteinander?«, fragt er mit gespielter Naivität.

»In Dachau?«

»Sprich doch den Namen nicht aus, Idiotin.«

»Ein paar Frauen machen das wohl, aber die Männer schleichen sich heimlich herein und riskieren Kopf und Kragen.«

»Was habe ich dir gesagt?«, sagt er lachend. »Und du?«

»Ich nicht.«

»Schade«, antwortet Louis nach einer Weile und dreht mir den Rücken zu.

Aus dem Zwischenraum, der mich von der nächsten Doppelpritsche trennt, nähert sich eine dicke Hand. Sie tastet die Decken ab. Es folgt ein Arm, und ein haariges Gesicht zeichnet sich ab.

Mir schnürt sich die Kehle zu. Ich strecke den Arm nach Louis aus. Er fährt schlagartig hoch.

»Was ist los?« Er zündet ein Streichholz an und schlägt heftig auf die Finger, die schon meine Brust erreicht haben.

Die Hand zieht sich zurück wie ein mechanisches Getriebe.

»Lass sie in Ruhe, das ist mein Mädchen«, zischt Louis.

Das haarige Gesicht verschwindet grunzend.

Louis tauscht den Platz mit mir und legt sich auf meinen Strohsack. Ich starre ins Leere. Auf dem oberen Strohlager des Bettes vor mir erkenne ich im Halbdunkel immer deutlicher ein Gewirr von Körpern, aus dem verschlungene Arme und Beine hervorragen, die wie unzählige blinde Fühler riesiger Schnecken ausgestreckt und eingezogen werden. Ich schließe die Augen, den ranzigen Geruch der Decke in der Nase.

»Könnt ihr euch mal einig werden!«, ruft eine erregte Stimme.

»Fallt mir nicht auf den Kopf!«, schreit eine andere keuchend. Und als wäre das Startzeichen für eine mühsam unterdrückte Schwatzhaftigkeit gegeben worden, überschlagen sich jetzt Sticheleien, Anspielungen, Spottverse. Einzelne verschlafene Stimmen flehen schwach um Ruhe.

Es stimmt, abhauen ist ein Mittel, das nur äußerlich etwas bewirkt, das Wesentliche bleibt unverändert.

Louis schläft nicht, er steckt sich eine Zigarette an.

»Wein doch nicht«, flüstert er. Er beugt sich über mich.

»Das sind arme Strolche.«

Jetzt, wo ich mich ertappt fühle, lasse ich meinen Tränen freien Lauf.

Beim Aufwachen fühle ich mich wie zerquetscht. Alle stehen nach vorn gebeugt neben den Betten, die Köpfe unter den Balken der oberen Strohlager, und schnattern; andere lassen die Beine von oben herunterbaumeln, wieder andere drängen sich in den engen Zwischenräumen zwischen den Betten, mit dem Rücken am Holz lehnend. Blutarme, verlogene Gesichter, tiefe Augenhöhlen, morsche, armselige Holzpfosten, tiefsitzender Dreck.

Und doch, wenn ich diese stumpfen, unruhigen Wesen beobachte, habe ich das Gefühl, dass ich selber seit undenklichen Zeiten zu diesem Elend gehöre, das mich umgibt wie Sumpfluft eine einsame Jonquille.

Louis' Strohlager ist leer. Ein Paket mit meinem Namen liegt darauf. Ich nehme es und packe es aus; ich finde ein dickes Stück Brot und zwei Würstchen darin. Niemand will etwas von mir wissen. Ich verstecke das Bündel in meinem Arbeitsanzug und gehe in den Flur, um mich zu waschen. Ich tauche die Arme in den Eimer und reibe mir das Gesicht mit dem eiskalten Wasser ab.

In Windeseile verbreitet sich die Nachricht:

»Polizei.«

Das Lager leert sich. Ich gehe nach draußen. Links von der kleinen Tür im Hof ist ein Tor, durch das jetzt alle betont lässig hinausgehen und sich auf der Straße zerstreuen.

Es regnet. Der Schnee hat sich in eine schlaffe graue Masse aufgelöst.

Ich gehe bis zu einem verwahrlosten, aber lauschigen Friedhof. Ich betrete ihn, es gibt weder Kreuze noch Zypressen. Er sieht eher aus wie der alte Park eines verwunschenen Schlosses, in dem alle versteinert sind. Ich schlendere herum und spreche beiläufige Gebete, wie damals als Kind, als ich mir einen Spaß daraus machte, am Fenster zu stehen und die Vorübergehenden zu beobachten und innerlich das Angelus zu beten für Gestalten, die ich aus der Laune des Augenblicks heraus auswählte.

Ich esse mein Brot und die Würstchen, genieße jeden Bissen und vertrödle den ganzen Tag, bis ich bei einer raschen Drehung bemerke, wie die Schatten überall länger werden und das Licht immer dünner und matter durch das Blattwerk fällt. Ich laufe hinaus, stolpere über ein rotes Haus, das nackt auf dem Gehsteig liegt, und kehre ins Lager zurück.

Ich strecke mich im finstersten Winkel auf meinem Lager aus. Der Schatten wird dichter. Louis lässt sich nicht blicken. Ich habe Angst, dass er nicht zurückkommt. Dann müsste ich Bekanntschaft mit anderen schließen. Aber seit Dachau habe ich mir etwas zum Prinzip gemacht: unbemerkt bleiben und vollkommen in der Masse aufgehen.

Ich will nicht sterben.

Endlich taucht Louis auf. Ich setze mich auf meiner Strohmatratze auf. Er grüßt mich, indem er seinen Kopf nach hinten wirft.

»Komm.«

Ich folge ihm glücklich.

Er dreht sich um und zwinkert mir zu. »Wir gehen uns das Thomasbräu ansehen.«

In dem vom gestreuten Rot des Sonnenuntergangs verdünnten Nebel kommt es mir in meinem plötzlichen Hochgefühl vor, als blinzelten mir die Häuser mit ihren unregelmäßig erleuchteten Fenstern zu wie benommene, glänzende Gesichter von Abenteurern in einer verräucherten, überfüllten Kneipe.

Es ist, als erwachten alle Dinge aus einer schlaffen Trägheit. Auch Louis ist anders als gestern.

Wir betreten das Thomasbräu. Ein Saal mit soliden Tischen und Bänken, holzgetäfelt bis auf halbe Höhe, edle Hirschgeweihe in verschiedenen Größen und mit unterschiedlich vielen Verzweigungen oben an den Wänden und Bierkrüge. Viel lautes Volk, Ausländer.

Rechts ein weiterer Saal mit kleinen gemütlichen Tischen mit weißen Tischdecken und kleinen Blumenvasen, lautlosen Gästen und einer gepflegten Kapelle, der Saal für die Deutschen. Louis lässt mich in dem holzgetäfelten Saal neben einem Paar Platz nehmen, das er mit einem kurzen Zeichen mit dem rechten Zeigefinger grüßt, und setzt sich neben mich.

»Also, Lucie, diese Genossen werden auf dich aufpassen; ich bin nur selten im Lager, deshalb vertraue ich dich ihnen an. Sie wissen schon, wer du bist.«

Die Frau ist jung, sie hat einen Marmorteint, blaue Augen, die zugleich sanft und kalt sind, und kurzes, struppiges Haar. Sie ist hochschwanger. Hautfarbe und Haare des Mannes sind sehr dunkel, die Augen ebenfalls, er ist älter und hat tiefe Falten wie die süditalienischen Bauern. Er erklärt mir sofort in dem abgehackten Französisch der Emigranten, dass »die Dame« Polin sei, er dagegen Sizilianer.

»Ich bin auch Italienerin«, sage ich lachend.

»Ah«, antwortet er ernst. »Gut.« Dann erzählt er mir die Geschichte seiner Gefährtin. »Ihr Mann, ein polnischer Patriot, ist von den Nazis erschossen worden, und sie ist nach Deutschland deportiert und ins Lager gesteckt worden bis zur Niederkunft. Danach soll sie auch erschossen werden.« Er gestikuliert beim Sprechen, aber sein Tonfall ist so beherrscht, dass seine Hände manchmal in der Luft innehalten. »Ich habe sie gern, ich will ihr Kind adoptieren, aus dem werden sie keinen Nazi machen.« Sein Gesicht verzerrt sich. Dann entkrampfen sich seine Kiefer. »Ich will sie heiraten«, sagt er mit einer leichten Verneigung zu der Geliebten. »Sie ist so intelligent«, fährt er lächelnd fort. »Sie lernt schon ein bisschen Italienisch. Ich arbeite bei einem deutschen Zivilisten und suche einen Ausweg. Ich habe weniger als zwei Monate Zeit.« Bei diesen Worten blitzt eine wahnsinnige Entschlossenheit in seinen Augen auf. Die Frau sieht ihn mit geduldiger Zärtlichkeit an. Der Sizilianer fährt fort:

»Louis hat mir gesagt, dass ich auch auf dich aufpassen soll. Bleib also immer bei Dunja, dann wird dir keiner was tun.«

Die Frau lächelt mich an.

Louis sieht auf die Uhr.

»Ich lasse euch jetzt allein. Ich muss los.«

»Geh ruhig«, antwortet der Sizilianer auf Französisch und klopft ihm mit einem gewissen Respekt auf die Schulter.

Louis winkt allen zu und geht, ohne sich noch einmal umzudrehen.

Im Lager lege ich mich neben Dunja.

Die Tage vergehen ohne besondere Vorkommnisse.

Louis taucht gelegentlich auf und lädt mich ins Kino ein. Er redet wenig. Manchmal ertappe ich ihn dabei, wie er mich verstohlen mustert, aber sowie er merkt, dass ich es bemerke, sieht er mich den ganzen Abend nicht mehr an.

Der Sizilianer gibt mir zu essen.

»Danke. Aber wie kann ich das wieder gutmachen?«

»Keine Sorge. Das kommt alles von Louis. Ich bin nur der Überbringer.«

»Aber wie soll ich mich dann bei Louis revanchieren?«

»Mach dir keine Gedanken. Wenn er dich um nichts gebeten hat, dann will er auch nichts von dir.«

Die kleine Tür des Lagers führt auf den Hof einer Eisfabrik, in der französische Kriegsgefangene arbeiten, die in den oberen Stockwerken unseres Gebäudes untergebracht sind.

Ich bin nie zu ihrem Lager hinaufgegangen, aber es heißt, dass sie viel mehr Platz haben als wir und viel mehr Vergünstigungen. Es handelt sich um französische Soldaten, die sich geweigert haben, Zivilarbeiter zu werden. Ich stelle fest, dass es ihnen doppelt gut geht, denn sie werden von allen respektiert, fast als wären sie Helden der Résistance, dabei arbeiten sie nur zwei Schritte von ihrer Unterkunft entfernt und bekommen Geld dafür, außerdem erhalten sie regelmäßig Pakete vom Roten Kreuz, haben eine schmucke Uniform, die ebenfalls laufend vom Roten Kreuz erneuert wird, werden von den Deutschen mit einer gewissen Unterwürfigkeit behandelt, weil sie ihnen gelegentlich Bröckchen von fast vergessenen Kostbarkeiten wie Kaffee oder Schokolade aus ihren Paketen zukommen lassen, und haben obendrein jede Menge Frauen, sowohl deutsche, die angelockt werden von den Süßigkeiten, der schmucken Militäruniform und der schicken französischen Atmosphäre, als auch Frauen aus unserem Lager, von denen sie angehimmelt werden wie Märchenprinzen, auf die sie aber nur in Notfällen und mit hochnäsiger Herablassung zurückgreifen. Ich habe nicht den Eindruck, dass sie politisch sind, im Gegensatz zu anderen, die ich früher kennengelernt hatte. Sie lassen sich nur selten im Erdgeschoss blicken und verachten die versprengten Kriminellen mehr als die Neuankömmlinge. Überhaupt kreuzen sie nur unten auf, um sich unter ihnen ein hübsches und gefügiges Mädchen auszuzusuchen.

Das Erdgeschoss seinerseits zahlt ihnen ihre Geringschätzung im Übermaß heim und nennt sie allesamt die Legalen von oben.

Wir sind die Illegalen.

Jedenfalls machen sie keinen Ärger und empfinden es als Ehrensache, von nichts zu wissen, wenn die Deutschen sie über einen von uns verhören. Und wenn sie in ihrer Fabrik Nachtschicht haben, kümmern sie sich nicht im Geringsten um unser Treiben in ihrem Hof.

Die andere Seite unseres seltsamen Lagers geht auf den Hof des Arbeitsamtes; er ist ziemlich dreckig und eingerahmt von niedrigen Gebäuden mit verstaubten Fensterscheiben aus Mattglas.

Hin und wieder stelle ich mich mit den Neuankömmlingen in die Schlange beim Arbeitsamt, um mir auch eine Kelle Suppe und zwei Scheiben Brot zu holen, die Tagesration, die das Arbeitsamt an die von ihm betreuten Leute verteilt.

Aber ich habe noch andere Quellen.

Ins Thomasbräu gehe ich mit einer ganzen Clique. Unsere Leute haben mir die Aufgabe übertragen, ihre Zigaretten auf dem Schwarzmarkt an die Deutschen in ihrem gepflegten Speisesaal zu verkaufen, da, wo es gewaschene Tischtücher, adrette Zierdeckchen und Blumenvasen gibt. Ich bekomme dafür Prozente. Ich verlasse mich auf meinen Blick und kann sofort die engstirnigen Deutschen, die über den wüsten Lärm in unserem Saal entsetzt sind, unterscheiden von den vorsichtigen, ernsten und den verständnisvollen, vor allem Jugendliche und Soldaten, die das Treiben in unserem Saal belustigt beobachten.

Häufig tausche ich Zigaretten gegen Lebensmittelmarken. So essen und singen wir bis in die späte Nacht. Manchmal setze ich mich in eine Ecke und ermahne mich:

»Hier werde ich es nicht machen wie im KZ. Hier werde ich durchhalten. Ich werde durchhalten bis zum Schluss. Ich werde nichts Unbesonnenes tun. Ich werde immer eine von ihnen sein, genauso wie sie, weiter nichts.«

Aber gewöhnlich haben wir kein Geld und geben den Thomasbräu-Kellnerinnen Pfänder, die wir dann nie wieder einlösen. Gestohlene Gegenstände.

Es gibt da eine kleine bucklige Kellnerin, eine alte Jungfer, die immer ganz mitleidig mit uns allen tut und seufzt und jammert, aber in Wirklichkeit ist sie eine geldgierige und gerissene Halsabschneiderin, die vorstehende Augen wie eine Fliege hat.

Die meiste Zeit halten wir uns jedoch im Lager auf und verbringen die langen Stunden des Tages damit, Läuse zu zerquetschen.

Wir ziehen uns aus und suchen im schwindsüchtigen Licht, das durch die Fensterscheiben fällt, graues Hinterhoflicht, lauter Frauen in einer Ecke, unsere Kleider nach den widerlichen Insekten ab, rollen sie zwischen den Fingern zu Kugeln, wie die Kinder es mit Popeln machen, und zerquetschen sie. Ich habe einen glatten Stein für diesen Zweck. Manche sind sehr fett, grau mit hellen Streifen und wanken beim Gehen, weil sie einen so dicken Bauch haben, andere sind dunkel gefleckt oder dunkelbraun, das sind die Hässlichsten, die Lebhaftesten, die spritzen wie Würmer. Da, in diesem Spinnennetz aus Licht, auf diesem schlammfarbenen Schatten des Raumes schimmern diese an Kleider und Decken geklammerten Vielfüßler wie Bronze.

Im Übrigen bin ich auch in Dachau schon immer höchst geschickt gewesen; nachts werde ich wach durch einen wohlbekannten Juckreiz, taste ganz ruhig und packe dann schlagartig das trippelnde Insekt. Ich werfe es zu Boden, ohne mir die Mühe zu machen, es zu zerquetschen.

Ich habe auch entdeckt, dass die Körperläuse warm halten.

Louis hatte recht. Es ist wirklich nicht gefährlich, ein paar Meter vom Arbeitsamt entfernt zu leben. Man könnte fast meinen, unsere Illegalität ist eine uneheliche Tochter des Arbeitsamtes, und ich wundere mich jetzt manchmal selbst darüber, dass ich darin anfangs einen Widerspruch gesehen habe.

So wie in den Ländern mit einer geschlossenen, äußerst sittenstrengen Gesellschaft Inzest und Ehebruch in der Familie mit tausend Tentakeln vor sich hin blühen, geschützt von absolutem Stillschweigen, unangetastet, solange der Schein gewahrt bleibt, genährt also gerade von der Erbarmungslosigkeit der Sitten, so sind wir das ureigenste Produkt der großen nazistischen Maschinerie, die die wahnwitzigste Kontrolle und Disziplin hervorbringt, und deshalb ist es nur logisch und richtig, dass auch wir unter ihren Fittichen geschützt sind.

Gestärkt durch diese Entdeckung, bewege ich mich unbekümmert auf dem Gelände des Arbeitsamtes und lächle über meine früheren Ängste.

Ich habe sogar mehrmals das Gebäude selbst betreten, um zu hören, was über den einen oder anderen beunruhigten Flüchtling geredet wird.

Es ist ein großes gelbes Haus, von dessen Wänden der Putz bröckelt, mit unzähligen kleinen Büros zu beiden Seiten unendlich langer Gänge und großen Fenstern, durch die weißes, teilnahmsloses Licht fällt, bleichen, schlaffen Angestellten hinter den Schreibtischen und langen Schlangen von Arbeitern, unterwürfig aus Gewohnheit, aber ein bisschen enttäuscht von der blutleeren Unpersönlichkeit des Gesetzes und vor allem leidensfähig geworden durch das stundenlange ermüdende Schlangestehen vor den schmalen Schaltern, wo es ihnen absichtlich schwierig und beschwerlich gemacht wird, die Dokumente vorzulegen oder abzuholen, die den Weg zur sozialen Sicherheit ebnen.

Es kommt vor, dass irgendein Deutscher, begleitet von zwei SS-Leuten, plötzlich im Lager auftaucht, während des Abendappells oder zu einem anderen Zeitpunkt, und, nachdem er die Wachen an den Ausgängen postiert hat, die Papiere aller Anwesenden kontrolliert.

Gelegentlich bringt eine solche Razzia etwas. Doch gemessen an der Intensität unseres illegalen Lebens ist die Wahrscheinlichkeit, verhaftet zu werden, hier viel geringer als anderswo und es nicht wert, ernsthaft bedacht zu werden.

Ich erfahre, dass Louis dringend von der Polizei gesucht wird.

In der Regel verlaufen die Durchsuchungen jedoch harmlos. Ein paar Deutsche dringen rasch ein und haben nichts Eiligeres zu tun, als diesen finsteren, heimtückischen Ort wieder zu verlassen.

Wenn ich mich nicht schnell genug unter einem Bett verstecken kann, hänge ich mich an sie oder gehe vor ihnen her, wiederhole die abstrusen Namen der Ausländer, die sie nicht verstehen, artikuliere deutlich jede Silbe und begleite sie zur Tür, und regelmäßig vergessen sie dann, auch meine Papiere zu verlangen.

Louis ist Epileptiker. Wenn er Anfälle hat, wird er unberechenbar und unerwartet wild. Sein Mund verkrampft sich, und die aufgerissenen Augen erstarren. Er schlägt und tritt in Schüben und hat das Gesicht eines Wahnsinnigen, aber bei ihm wirkt selbst diese Raserei wie vorbedacht. Ich sitze bei ihm in den langen bewusstlosen Pausen, die den Anfällen folgen, und bin die Einzige, denn er hat keine Freunde außer dem Sizilianer, der oft nicht da ist. Ich lege ihm feuchte Tücher auf die Stirn, während er mich, ohne mich wirklich zu sehen, außer sich und zugleich sanft anblickt.

Der Sendlinger-Tor-Platz ist der Treffpunkt der Ausländer. Ein großer, unregelmäßiger Platz, eingerahmt von niedrigen Läden, in der Mitte eine kümmerliche Grünanlage. Es gibt dort sogar Bänke für »Polen« und »Ostarbeiter«, womit die Russen gemeint sind, und Kneipen für Ausländer einschließlich der Russen, wie die zahlreichen Schilder erklären. Eine Seite des Platzes ist abgesperrt mit einem Holzzaun, wie man sie auf den ländlichen Märkten benutzt, um das Vieh einzupferchen. Ich bummele gern dort herum. Es ist der Markt der Ausländer, wo sie offiziell das Recht haben, Kleidung, Tabak und Esssachen zu tauschen.

Ausländer aller Nationalitäten, vor allem Slawen, stürzen sich auf grässliche rote Kleider, grüne Kniestrümpfe, braune Taschentücher, saures Kommissbrot, schimmligen Tabak, der sehr teuer ist. Befühlen, zucken die Achseln.

Man kommt sich vor wie in einem Stummfilm, denn alle gestikulieren erregt, und keiner der Käufer redet. Man hört nur ein dumpfes Surren wie von einer Kamera.

Manchmal kann man einen Kampf erleben, der lautlos beginnt und dann ausartet in gegenseitige Drohungen der Gegner und Anfeuerungen seitens der Zuschauer, die sticheln und höhnisch lachen.

Während ich dort umherschlendere, begegnet mir Louis. Er sieht mich nicht an, kennt mich nicht. Er stellt sich mit ausdruckslosem Gesicht neben mich. Ich will ihn ansprechen, aber er zieht einem hageren Mann eine Rolle mit deutschen Geldscheinen aus der Tasche. Er hat einen gedankenverlorenen, leicht abgespannten Gesichtsausdruck.

Ich gehe noch einmal absichtlich an ihm vorbei und bleibe vor ihm stehen.

»Louis«, sage ich. Das Geld ist schon verschwunden. Er blickt auf ohne ein Zeichen von Überraschung, sieht mich durchdringend an und verschwindet. Ich suche ihn in der Menge, kann ihn aber nirgends mehr finden.

Ich kaufe mir ein Paar Plüschpantinen mit Holzsohlen, für die ich sechzehn Mark bezahle – die Ausbeute meiner letzten Spekulationen im Thomasbräu –, und mir bleibt gerade noch genug für eine Unterhose, über die ich mich mehr freue als über alles andere, weil der Stoff der Hosen mir die Haut aufscheuert. Außerdem ist der Arbeitsanzug, den ich mir beschafft habe, zerschlissen, und obwohl ich Stunden damit verbringe, ihn zu flicken, schimmert immer durch irgendeinen Fetzen das nackte Fleisch. Und im November ist es kalt. Dabei ist die Kälte, auch wenn sie mich dauernd frösteln lässt, meine geringste Sorge.

Ich bin so zufrieden mit meinen Einkäufen, dass ich nicht gleich ins Lager zurückkehre, um etwas zu essen aufzutreiben, denn es wird Abend, sondern in den Schuppen der Werkstatt nebenan gehe. Ich bin in solcher Hochstimmung, dass ich auf den Lastwagen herumklettere, in die Fahrerhäuschen steige, auf die Sitze springe und von einem Auto ins nächste schlüpfe.

Ich habe mich kaum mit einem Plumps in einem schönen Fahrzeug in den weichen federnden Sitz fallen lassen und aus Spaß ein bisschen auf Dame gemacht, da erstarre ich. Hier versteckt sich ein Mann. Es ist Louis. In Wirklichkeit versteckt er sich nicht, sondern liegt gemütlich halb ausgestreckt auf einem Sitz, raucht und hält eine zusammengefaltete Zeitung in der Hand. Er zündet ein Streichholz an, ohne eine Miene zu verziehen, und lächelt mich an. In diesem Moment habe ich den Diebstahl ganz vergessen, erzähle ihm euphorisch von meinen Einkäufen, zeige ihm die Pantinen, und er zündet immer neue Streichhölzer an, um sie zu begutachten.

Er sieht mich wortlos an. Er hat jetzt nicht mehr diese ironische Haltung wie am ersten Abend. Er ist immer sehr scheu mir gegenüber oder schroff oder zaghaft, als hätte er Angst, etwas falsch zu machen. Dann fasst er Mut und redet »Argot«.

Er reicht mir Lebensmittelmarken und Geld fürs Abendessen, aber während ich beides nehme, erinnere ich mich unglücklicherweise an seinen Diebstahl am Sendlinger-Tor-Platz.

»Ist das Geld von einem Ausländer?«, frage ich.

»Na schön«, sagt er dann, »ich werde unsere Leute nicht mehr bestehlen.« Er sieht mich an, als wollte er mich bitten, seine Geschenke anzunehmen. Plötzlich schäme ich mich meines harten Gesichtsausdrucks. Wie komme ich dazu, ihm Vorwürfe zu machen! »Danke!« Ich lächle ihn beschämt an. »Danke, Louis.«

Und so sitzt er in der Dämmerung neben mir, so nah, dass ich das Gefühl habe, ihn zu berühren, blickt vor sich hin und erzählt, dass er aus einer Fischerfamilie in der Normandie stammt und sein Vater auf See gestorben ist, als er ein Kind war. Mit acht Jahren ist er Schiffsjunge geworden, und seither ist er immer zur See gefahren, auf dem Frachter eines Marseillers, der illegale Geschäfte machte. Das Schiff legte an den unglaublichsten Gestaden an.

Einmal mussten sie wegen des Hafenzollamts sehr lange in einem Hafen in Französisch-Kongo bleiben, und er bekam Malaria. Als das Schiff wieder in der Heimat anlegte, setzten sie ihn an Land, ohne Vorräte, ohne alles.

»Ich habe schon was verdient, aber alles wieder ausgegeben. Meine Mutter war inzwischen an Schwindsucht gestorben. So bin ich nach Paris gefahren und habe mir eine andere Arbeit gesucht. Viel kam nicht infrage, denn ich kann kaum lesen und fast überhaupt nicht schreiben. Ich habe nichts gelernt. Ich bin jetzt sechsundzwanzig.«

Während er erzählt, störrisch, wirkt er wie eine ungezähmte, getretene Seele. Ich möchte ihm die Hand drücken, aber ich traue mich nicht und rühre mich nicht. Wir schweigen.

»Geh jetzt essen«, sagt er schließlich, »es ist schon spät.«

»Gehen wir«, sage ich.

»Ich habe noch was zu erledigen.«

»Kannst du niemals freimachen?«

»Wenn ich arbeite, kenne ich niemanden mehr.«

Ich ergreife seine Hand, eine raue, rissige Hand voller Frostbeulen. Louis überlässt sie mir, erwidert aber den Druck meiner Hand nicht.

»Geh jetzt«, sagt er.

Ich steige aus und gehe, erschüttert und von den seltsamsten Gefühlen bewegt, ins Lager zurück. Ich weiß jetzt, dass mich die Hungerleider aus dem Thomasbräu stärker anziehen als irgendjemand in meinem bürgerlichen Leben vorher. Der Gedanke, dass ich mich in so kurzer Zeit so verändert habe, macht mir Angst, und ich fühle, dass mein Leben nie mehr so rein und sicher sein wird wie jetzt. Ganz bürgerlich, das weiß ich, schäme ich mich für ihn, aber allein schon das zu denken versetzt mir einen Stich, und mein Herz klopft heftig.

Ich verlasse den Schuppen. Die Stadt mit ihren flackernden Lichtern hebt sich vor dem Himmel ab, an dem die Wolken wie Kohlestücke an ihren Rändern einen letzten flammenden Widerschein verbreiten. Ich werde plötzlich ganz apathisch, und ich spüre, wie all die Fröhlichkeit, die ich eben noch empfand, von mir abfällt wie ein langsam zu Boden gleitendes Gewand.

Ich gehe in die Brauerei und lasse mich neben die Genossen auf eine Bank fallen.

Drei deutsche Soldaten kommen in unseren Saal und setzen sich an unseren Tisch. Sie kommen von der Front, das sieht man ihnen an, und vielleicht wissen sie nichts über uns, oder sie scheren sich nicht um uns. Sie bestellen Brot und Bier und kauen bedächtig.

Wir beschließen, Lebensmittelmarken für drei Mahlzeiten zu sammeln, und legen sie vor die Männer auf den Tisch. Wortlos nehmen sie sie. Sie wissen nicht, wie viel sie uns kosten. Wir widmen uns wieder unserem Essen, bestellen sogar einen Nachtisch für sie und bieten ihnen Zigaretten an.

Sie sind müde, ungepflegt, ihr Haar ist viel zu früh ergraut, sie unterhalten sich nicht einmal miteinander. Am Schluss danken sie uns verlegen. Ich fange einen flammenden Blick zwischen winzigen Fältchen hervor auf, einen Blick des Grolls auf diese freigebigen und unvoreingenommenen Ausländer, die ihnen im eigenen Land den Hunger stillen. Es ist der Blick des armen Verwandten.

Daraufhin flüstere ich einem von ihnen ins Ohr, dass wir selber Hungerleider sind und keinen Platz zum Schlafen haben, sondern wie Vieh in einem verlausten Stall zusammengepfercht hausen.

Der Soldat sieht mich erschreckt an, dann berät er sich leise mit den anderen. Schließlich berichtet er stockend, dass ihre Häuser zerstört sind, dass sie ihre Familien nicht finden konnten und dass ihr ganzer Urlaub mit vergeblicher Sucherei dahingegangen ist, seine Stimme zittert, sie wissen nicht, wo sie die Nacht verbringen sollen. Das Soldatenheim am Bahnhof ist überfüllt, und die Ämter sind um diese Uhrzeit geschlossen. Die sechs fragend auf mich gerichteten Augen, die drei von einem aussichtslosen Kampf gezeichneten Gesichter, die an eine anonyme Disziplin gewöhnten Kiefer, ihre schwieligen und disziplinierten Hände verursachen mir ein merkwürdiges Schuldgefühl.

Als sie fertig sind, stehen wir auch vom Tisch auf und nehmen sie mit in unser Lager. Wir geben ihnen unsere besten Strohlager, zwei geflohene französische Partisaninnen schlagen und bürsten für sie die Decken aus.

Am nächsten Tag ziehen sie in wenig imposanter Haltung ab in ihre amorphe Legalität. Dunja begleitet sie ein Stück. In die Augen der Ausländer, die sich mürrisch Zigaretten anzünden, ist ihre desorientierte Würde eingebrannt.

Während wir uns noch anziehen, kommt eine kleine Französin herein.

»Draußen scheint die Sonne wie im Sommer. Heute machen wir einen schönen Ausflug. Es ist Sonntag, da wird niemand unsere Ausweise kontrollieren.«

Wir gehen alle nach draußen, um uns den Himmel anzuschauen. Es ist beschlossene Sache: Nach aufgeregten Vorbereitungen trommelt uns der Sizilianer im Vorraum mit dem Wasserhahn zusammen, wir sind ein Dutzend, jeder hat sich ein Stück Brot besorgt, und wir machen uns auf den Weg.

Müßiggängerisch durchqueren wir die Stadt, folgen den ungestümen Windungen der Isar, in deren Wasser sich der Himmel mit seinen kleinen, leicht aufgetupften Wolken spiegelt.

Die Passanten sind fröhlich. Wir streifen herum, schlurfen mit den Füßen übers Pflaster, gehen wie ziellos auf das ausgetrocknete Bett eines Nebenflusses zu.

Die Sonne steigt am Himmel hoch, während wir der Stadt den Rücken kehren und die letzten Häuser wie weiße Flämmchen zwischen dem Grün leuchten sehen.

Der Nebenfluss führt uns in eine weite, ebene Landschaft mit schmucken Häuschen zwischen regelmäßigen, geraden Baumreihen.

Wir klettern über den Damm, rutschen die Böschung hinunter zu den Kieselsteinen, die aussehen wie hausgebackenes Brot auf dem hellen Tisch des ausgetrockneten Flusses. Rinnsale fließen in der Mitte. Mit ausgebreiteten Armen balancieren wir von einem Stein zum anderen und erreichen lachend das andere Ufer, das tiefer liegt, wie eine Insel, wo wir uns in der milden Herbstsonne ausstrecken, Vagabunden ohne Dach und ohne Sorgen.

Wir kneten einen Ball aus Erde, wickeln ihn in einen Lappen, den wir fest zubinden, und beginnen zu spielen. Zwei oder drei ältere Leute vergnügen sich mit einer Partie Boccia mit glatten Steinen, die Kinder raufen. Dann strecken wir uns wieder aus und rauchen. Ich blase meine kleine weiße Wolke auf ein breites Blatt an einem gekrümmten Ast, der Rauch breitet sich darauf aus wie auf einem Tablett, bevor er sich auflöst.

»Im Sommer machen wir immer Ausflüge«, erzählt eine Stimme, als wäre es die Wahrheit. »Das sind immer herrliche Nachmittage, unbeschreiblich.«

Louis taucht auf. Er hat auf einem Baumstamm gesessen und steht jetzt vor mir. Er hält zwei Rosenknospen in der Hand und legt sie neben meine Füße.

Er setzt sich nicht weit von mir auf den Boden und umschlingt seine Knie mit den Armen. Durch die halbgeschlossenen Lider beobachte ich ihn in der klaren Luft, die durch ihre Vibrationen Licht auszusenden scheint. Er folgt mit den Augen den Bewegungen der Bocciaspieler.

Ich setze mich auf und nehme die Knospen in die Hand. Gewächshausblumen. Die eine hat die Farbe von Babyhaut und ganz zarte purpurrote Äderungen, das Innere leuchtet in einem tiefen, vornehmen Gelb. Die andere Knospe hat violette, innen zart orangefarbene Blütenblätter, die in blassrosa Spitzen auslaufen.

Ein Gefühl von Weichheit, absoluter Vollkommenheit, Auflösung überkommt mich. Die Stengel sind überlang, blattlos, mit leuchtend roten Dornen.

Auf dem Heimweg bin ich heiter und glücklich, die beiden Knospen stecken im Knopfloch meiner Arbeitsjacke und die Stengel schlagen bei jedem Schritt gegen meine Brust. Die Hände in den Taschen, singe ich im Laufen einen Kinderreim, der ebenso belanglos, launisch und zufällig ist wie meine Stimmung. Ich gehe von einem zum anderen, laufe voraus, warte dann, an einen Baum gelehnt, auf die Gruppe, und wieder fühle ich mich wie in einer Familie, als würde ich meine Genossen schon ewig kennen.

Louis geht sehr weit hinten mit den sorgenvollen Männern, auf den Boden starrend.

Die anderen italienischen Jungen singen: »Dort oben auf den Bergen zwischen Wäldern und goldenen Tälern ...«

Ich warte auf Louis.

»Ich danke dir«, sage ich und passe mich seinem Schritt an. Er bleibt stehen. Die anderen gehen weiter, wir bleiben zurück. Er zieht ein Etui aus der Tasche.

»Da, nimm«, sagt er.

Ich nehme das Etui, öffne es und sehe eine wunderschöne goldene Schweizer Armbanduhr.

»Nein«, wehre ich erschreckt ab (sie werden ihn verhaften, sie werden mich verhaften).

»Willst du sie nicht wegen des Geldes?«

»Ach was, Geld!«

»Also warum nicht? Hast du Angst, dass du mir sonst zu viel schuldig bist? Keine Angst. Für mich spielt das keine Rolle.«

»Das ist es nicht, Louis.«

»Wärst du nicht gern gut angezogen, gut genährt, elegant, mit einem Wort: reich?«

»Ich?«

»Wenn ein Mann dir ein Vermögen bieten würde, würdest du ihn heiraten?«

»Wenn ich einen Mann gern habe, heirate ich ihn auch, wenn er ein armer Schlucker ist«, entgegne ich lebhaft, und als ich Louis ansehe, merke ich, dass er feuerrot geworden ist. Er lacht kurz auf, als wollte er gleich losprusten.

»Es ist erbärmlich, immer alles zu entbehren, sich zu erniedrigen«, sagt er sarkastisch.

»Ist das so wichtig?«, frage ich ihn lächelnd. Aber ich sehe, dass er verbittert ist. »Wir wollen uns doch nicht umbringen lassen, Louis. Sie dürfen dich nicht kriegen. Wir können uns unter falschem Namen eine Arbeit suchen, bis der Krieg aus ist.«

»Für dich ist es der Krieg, für mich aber nicht. Deshalb ist es dir auch scheißegal.«

»Das stimmt nicht!«, schreie ich ihn an.

»Ich weiß, ich weiß es nur zu gut«, sagt er zähneknirschend. Dann reißt er mir das Etui aus der Hand, holt die Uhr heraus, wirft das Etui in den Fluss und legt mir die Uhr zart um das Handgelenk.

Ich will ihm danken, aber er blickt mich auf eine Weise an, dass mir die Worte im Hals steckenbleiben. Schweigend kehren wir ins Lager zurück. Louis winkt mir zu. »Ich gehe.«

»Gib mir wenigstens die Hand«, sage ich.

Sein Gesicht leuchtet kindlich strahlend auf, wird dann aber sofort belustigt und ironisch. Er drückt mir fest die Hand und sieht mich fast ernst dabei an.

Ich gehe glücklich ins Lager zurück, ich habe keine Lust zu essen, ich will mich nur in eine Ecke verkriechen und meine süßen Gefühle auskosten. Aber der Raum ist überfüllt und laut; ich gehe in den Vorraum, und mein Blick fällt auf die Aborttür. Ich trete ein, weil ich nicht weiß, wohin ich gehen soll, und rutsche sofort im Kot auf dem Boden aus; ich halte mich an den Wänden fest, die ebenfalls mit Exkrementen und obszönen Inschriften verschmutzt sind.

Warum habe ich hier nie sauber gemacht? Wo ich mich doch

auf dieses Handwerk verstehe. Das Klo ist verstopft, da bin ich ganz sicher.

Die Sirenen heulen, und gleich darauf fallen die Bomben. Wir sind so sehr daran gewöhnt, dass nur die vom Arbeitsamt betreuten Leute abhauen, die anderen legen sich hin und warten ab. Und während unsere Behausung bei jeder Bombe zusammenzubrechen droht, mache ich mich ans Werk. Ich habe diese Arbeit so oft grundlos, gezwungenermaßen getan. Warum soll ich sie jetzt nicht für uns tun?

Ich hole einen Eimer Wasser und einen groben Besen aus der Ecke und schrubbe Wände und Boden, ich weiß nicht wie lange, überschwänglich und erregt von einer Freude, einer Lebenslust und einer Sehnsucht nach diesen Leuten ohne Halt. Ich fühle mich wie eine Hausfrau, deren Kinder im Zimmer nebenan schlafen und die keine Zeit zu verlieren hat.

Zum Schluss bewundere ich meine Arbeit und betrachte diesen Abort, als wäre er ein Kunstwerk. Wie freundlich die feuchten Wände und der graue Fußboden aussehen, wie proper dieses von vier glänzend weißen Kacheln umgebene Loch im Boden. Ich stelle Besen und Eimer in die Ecke zurück, wasche mich gründlich, schließe den Wasserhahn und klettere auf ein Strohlager. Seit einiger Zeit liege ich lieber oben, weil ich mich dort freier fühle und von dort oben alles im Blick habe. In der Finsternis des verdunkelten Raumes fange ich an, herumzuhüpfen und Purzelbäume zu schlagen, bis ich mit dem ganzen Strohsack und dem Brett durchbreche und auf das untere Bett falle, was mir wüste Beschimpfungen des unten liegenden Mannes einbringt. Ich flüchte mich auf ein anderes Strohlager, wo ich sofort einschlafe und von Kot träume, der aber kein Kot, sondern gepflügte Erde war, saftige, fruchtbare Erde auf Feldern, in die ich beim Gehen einsank.

Ich wache auf von einer ungewöhnlichen, spannungsvollen Stille.

Kein Laut ist zu hören, nur das unheilvolle Brummen von Motoren, das aus allen Ecken hervorzubrechen scheint, aus der Tiefe der Erde, aus dem Himmel, aus der eignen Person.

»Heute Nacht geht es uns an den Kragen«, murmelt eine Stimme.

»Das war nur ein Vorgeschmack.«

»Gehen wir in den Luftschutzraum.«

Leise, als könnte das kleinste Geräusch eine Bombenexplosion auslösen, klettern die Gestalten eine nach der anderen von ihren Bettgestellen herunter und ziehen sich hastig an. Auch ich gerate in Panik und stehe auf. Lautlos treten wir ins Freie, ohne ein Streichholz anzuzünden, uns an den Händen haltend. Die Luft draußen dröhnt noch stärker von dem Brummen, das uns den Atem verschlägt. Wir schleichen uns in einen kleinen Luftschutzraum in der Nähe, den wir sonst nie aufsuchen, weil wir, wenn wir uns wirklich in Gefahr glauben, immer zu einem Kellergeschoss etwa hundert Meter weiter laufen.

Nach einer Weile fängt einer an zu reden.

Ich sehe weder Dunja noch den Sizilianer.

Sie sagen, dass Dunja, während ich schlief, vorzeitig die Wehen bekommen und der Sizilianer sie im Bombenhagel fortgebracht habe. Er sei wie von Sinnen gewesen und habe immer nur gestammelt, dass die Deutschen sie nicht kriegen würden. Es sei unmöglich gewesen, ihn zurückzuhalten. Keiner weiß, wohin sie gegangen sind.

»Sie wollen das Kind, damit sie einen Nazi draus machen können, aber ich gebe es ihnen nicht, und wenn ich dafür sterben muss.«

Er hatte einem Neapolitaner, der ihn zurückhalten wollte, einen Faustschlag versetzt und ihn zu Boden gestreckt.

»Dich erschießen sie ja nicht«, hatte er immer wieder gesagt, »aber sie, sie, und ich habe nichts dagegen getan, ich habe es nicht gekonnt.«

Ein paar Franzosen fangen an, über Politik zu reden. Einer von ihnen erzählt, wie er, bevor er nach Deutschland deportiert wurde, einen »ziemlichen Haufen« von *chleux** um die Ecke gebracht habe, ohne je entdeckt zu werden. Er ist als Freiarbeiter gekommen, um Sabotageakte durchzuführen. Er arbeitet draußen und kommt manchmal abends zu uns, um sich mit seinem Mädchen zu treffen.

»Wir müssen den Hass gegen die Nazis schüren. Es ist egal, wenn Zivilisten darunter zu leiden haben, es ist egal, wenn wir dabei sterben, wer dabei stirbt, wenn sogar alle dabei sterben. Was zählt, ist, dass die Nazis nie geduldet werden dürfen, und selbst wenn sie sich aus einem absurden Zufall in Frankreich anständig verhalten sollten, müssen wir dafür sorgen, dass sie als böse und abscheulich gelten.«

»Bei uns ist einer vom englischen Geheimdienst«, sagt ein junger Mann nach einer Pause.

»Ich weiß.«

»Der sahnt jetzt doppelt ab: wegen der Flugzeuge und mit den Geschäften.«

»Ja, sicher, die größten Coups landet er in den Nächten der Apokalypse.«

Sie deuten mit dem Kopf in meine Richtung.

»Die da ist seine Freundin.«

»Ah.« Ich meine, eine Andeutung von Respekt in dieser Bemerkung wahrzunehmen. In das allgemeine Staunen hinein ertönen die Entwarnungssirenen. Wir gehen wieder an die Luft und stellen Vermutungen darüber an, in welche Richtung die Bomber weitergeflogen sein mögen. Mit angespannten Nerven gehen wir zurück, jemand bleibt stehen, bedeutet den anderen zu schweigen und horcht. Die Luft scheint noch widerzuhallen von einem dumpfen Brummen, das von Zeit zu Zeit von irgendwoher zu uns dringt.

Vielleicht aus Angst vor dem Alarm fürchte ich etwas Schlim-

---

* Diesen Namen gaben die Franzosen den Deutschen im Zweiten Weltkrieg als Ersatz für *boches*, der schon zu bekannt war und aus dem Ersten Weltkrieg stammte.

mes, das nicht wieder gutzumachen ist, weil ich es nicht kenne und nicht vereiteln kann.

Ich will arbeiten. Er will nicht mit mir mitkommen? Dann gehe ich eben allein, weit weg. Ich werde mich als Freiarbeiterin melden, meine Papiere habe ich bei einem Bombenangriff verloren, die Polizei wird mich nicht schnappen, und ich werde neu anfangen als eine unter vielen, ohne zu leben, zu fühlen und zu lieben, ich werde ohne alle Intimität das Ende abwarten.

Ich kauere mich auf einem Strohlager zusammen, aber ich kann nicht mehr schlafen. Ich muss an Dunja denken. Wenn sie stirbt, bin ich wirklich allein. Die ganze Heiterkeit, die ich für meine eigene gehalten hatte, kam von ihr.

Louis hat niemanden. Niemanden in seinem Dorf, niemanden irgendwo, ich kenne nicht einmal seinen Nachnamen oder den Namen seines Dorfes in der Normandie. Wenn er stirbt, wird niemand erfahren, dass er gelebt hat.

Zwei Tränen rollen mir über die Wangen, ihre nassen Spuren spannen meine Haut.

Im Morgengrauen, immer noch im Bann einer unkontrollierbaren Erregung, stehe ich auf und gehe hinaus in den Fabrikhof, wo die Lastwagen stehen. Ich suche »unser« Auto. Es ist leer. Auf dem Boden liegt ein weggeworfener Tannenzweig. Ich hebe ihn auf und lege ihn auf den Sitz. Die kleinen Zapfen sehen aus wie kleine Boote, die auf den grünen Wellen treiben. Es wird ihm gefallen.

Ich kehre ins Lager zurück. Ich lege mich hin. Es ist immer die gleiche Bewegung: die Beine anziehen, eines nach dem anderen ausstrecken und dabei die Arme im Nacken verschränken. Die Stunden verstreichen leer.

Die Nachricht verbreitet sich: Dunja ist bei der Geburt gestorben.

Ich habe Arbeit gefunden, nur vorübergehend, aber es ist immerhin ein Anfang. In den Gasthäusern brauchen sie manchmal zusätzliche Küchenmädchen, und für kurze Anstellungen nehmen sie lieber Ausländerinnen, die keine Papiere haben, damit sie keine Versicherungen und Zusatzsteuern bezahlen müssen.

Die Gastwirtschaft, die mich eingestellt hat, liegt hinter dem Wald mit der Flak. Ich muss Gemüse putzen und Geschirr spülen. Zu essen gibt es natürlich kein Fleisch, aber ich kann nach Feierabend die übrig gebliebenen zerkochten Makkaroni, gebratenen süßen Grießknödel, gekochten Kartoffeln und die Reste von den Tellern der Gäste mitnehmen. Mein Dienst geht von morgens zehn bis ein Uhr nachts, mit drei Stunden Pause am Nachmittag.

Nach dem Mittagessen gehe ich mit anderen Küchenmädchen des Restaurants im Wald spazieren. Es ist ein unterschiedlich dichter Mischwald, an einigen Stellen wachsen dicht an dicht Eichen und Buchen, an anderen stehen nur vereinzelt Tannen und Kastanien.

Kaum kommt die Sonne blass hervor, hört man das Gezwitscher von unsichtbaren Vögeln. Manchmal läuft ein Eichhörnchen über den Pfad, klettert an einem Baumstamm hoch und hängt sich mit dem Schwanz an einen Ast.

Ich liebe diesen Wald, ich bin gern dort, pflücke Kräuter, betrachte jeden Baum einzeln. Eine Kastanie rollt auf den Boden, die Stacheln brechen ab, die Schale platzt, und die Frucht fällt heraus, rund und wohlgeformt, glatt und fest.

Auch ich war gepanzert in die Welt getreten, werde ich es am Ende schaffen, wirklich aus der Hülle von Vorurteilen zu treten, in der ich mich versteckt habe?

Dicke, schon entrindete Baumstämme liegen auf dem Waldboden. Die anderen Mädchen und ich klettern darauf herum und wetten, wer am schnellsten darauf laufen kann, ohne das Gleichgewicht zu verlieren, oder wir benutzen einen als Wippe, oder spielen Fangen gegen die Kälte, und einmal störte ich, als ich mich in einem Gebüsch versteckte, ein Liebespaar.

Ich saß allein rittlings auf einem Baumstamm, die anderen waren wegen der Kälte nicht mitgekommen, und sah einen Waldhüter mit einem verschrumpelten grauen Gesicht, braunen Lippen und Augen, klein und missgestaltet und mit viel zu breiten Schultern hinter einer Hecke herumspionieren. Er sah aus wie eine Spinne.

Er riss die Hecke auseinander und schrie: »Hoch da!«

Ich sah flüchtig zwei junge Leute, die sich liebten. Sie setzten sich sofort auf. Man konnte sehen, dass sie sich gern hatten; sie waren Ausländer. Der Waldhüter geriet in Wut, trampelte mit den Füßen und kreischte, er würde den jungen Mann ins Gefängnis bringen und das Mädchen so lange in seiner Hütte hier im Wald festhalten, bis überprüft sei, ob ihre Papiere als Dirne in Ordnung wären. Das Mädchen wurde beängstigend gelb im Gesicht. Der junge Mann beugte sich flehend über die Spinne. Unterdessen zog der Waldhüter die Pistole. Der junge Mann blieb ganz ruhig; folgsam zeigte er ihre Arbeitsgenehmigungen. Ich konnte verstehen, dass er erklärte, er liebe das Mädchen und wolle es heiraten, er habe sie verführt und trage allein die Verantwortung, er müsse sie gehen lassen, sie habe es nicht gewerbsmäßig gemacht.

»Wo können wir denn zusammen sein«, fragte er heftig, »in meiner Baracke vor all den Männern oder in ihrer vor all den Frauen?« Und während er das sagte, schlug er dem Waldhüter mit der Faust auf den Mund, so dass dieser steif wie ein Brett zu Boden fiel. Er packte das Mädchen bei der Hand und verschwand mit ihr im Dickicht.

Der Waldhüter blutete, aber ich traute mich nicht, ihm zu helfen. Ich kletterte langsam von meinem Holzstamm herunter und kehrte ins Gasthaus zurück.

Danach träumte ich mehrere Nächte von dem am Boden liegenden Waldhüter, von dem dünnen Blutrinnsal, das ihm aus dem Mund lief, und zahlreiche Gnomen, die ihm und der Kellnerin aus dem Thomasbräu ähnlich sahen, drängten sich um mich herum mit abscheulichen Fratzen. Man erzählte mir auch, dass sich in dem Wald ein Italiener herumtreibe, der immer, wenn Frauen vorbeikämen, die Hose öffne, um sie anzulocken, und dass eine Tschechin aus dem Gasthaus eines Tages zu ihm gelaufen sei.

Nachts um eins durch diesen Wald zu laufen, um von der Arbeit ins Lager zurückzukehren, versetzt mich in einen derartigen Schrecken, dass ich dann die ganze Nacht wach und starr vor Wahnvorstellungen auf meinem Strohsack liege. Ich kann auch den Weg um den Wald herum nehmen, aber er ist dreimal so lang, und da komme ich mir dauernd ungeschützt vor, auf der einen Seite die dunkle Wand der Bäume, auf der anderen nur freies Feld; da komme ich mir vor, als ginge ich am Rand eines Abgrunds und könnte jeden Augenblick abstürzen.

Um durch den Wald zu gehen, reicht es dagegen, dass ich mich entschlossen und ohne Zögern darauf einlasse. Danach weiß ich nicht mehr, was los ist. Ich bewege mich vorwärts wie in einem Albtraum, zucke panisch zusammen bei jedem Knacken der Zweige unter meinen Füßen, wage nicht einmal zu atmen, die Schläge meines Herzens sind wie Stiche, ich gehe stur geradeaus, und wenn ich auch nur einen Zentimeter zur Seite abweiche, ist es, als stürzte ich ins Nichts. Bis ich endlich, getroffen von einem frischen Luftzug, vor mir die Umrisse der letzten Bäume erkennen, die ruhig, wie selbstvergessen dastehen.

Ich komme wieder zu mir, wache auf und atme tief durch. Die frische Luft trägt mich wie die Arme einer Mutter, und ich genieße jeden meiner Schritte, höre das dumpfe Klopfen meiner Holzpantinen auf der mit faulem Laub bedeckten Erde.

Heute jedoch habe ich, vielleicht weil ich entlassen worden bin und es das letzte Mal ist, noch größere Angst als gewöhnlich und traue mich nicht in den Wald. Ich gehe lieber drum herum nach Hause.

Mir ist, als hörte ich Schritte neben mir, gleichzeitig mit meinen, als ginge jemand parallel zu mir am Waldesrand entlang. Ich wage nicht, den Kopf zu drehen, es wird zu einer Wahnvorstellung, ich gehe langsamer, dann schneller, alles ist simultan. Die Gnome werden immer mehr.

Ich sehe hin. Louis' Gestalt gleitet an den Bäumen entlang neben mir her. Ich will ihn rufen und auf ihn zulaufen, aber dann halte ich inne. Wenn er es wäre, würde er mich ansprechen, mir zuwinken. Wer kann das sein? Der Schrecken wächst, ich fange an zu laufen. Für einen Augenblick drehe ich mich um, die Gestalt ist verschwunden.

Zurück zu Hause, im Lager, wo alles ruhig ist, kommt es mir so vor, als wäre mein Entsetzen eine Halluzination gewesen. Ich möchte mit jemandem reden, berichten, mich befreien, aber ich spüre, dass nur, solange ich es schaffe zu schweigen und die anderen nicht mitbekommen, dass ich leide oder Angst habe, meine illegale Existenz gesichert ist.

Am nächsten Morgen halte ich es nicht mehr aus, und nachdem ich mich zu einem Grüppchen gestellt habe, in dem über Krankheiten gesprochen wird, bringe ich die Rede auf die Fallsucht.

Sofort nennen sie Louis.

»Der kann ja nicht gesund werden«, sagt eine Frau, Prostituierte von Beruf. »Er führt ein Leben wie ein Zwangsarbeiter. Er schläft nie, jedenfalls noch weniger als ich«, lacht sie und wirft den Kopf in den Nacken. »Er ist dauernd überall gleichzeitig.« Während sie so redet, kommt mir die unvermittelte Art, mit der Louis immer auftaucht, wie Hexenwerk vor und lähmt mich.

»Der führt ein mörderisches Leben«, fährt sie fort. »Er interessiert dich, nicht wahr? Wer weiß, wo er jetzt ist.«

»Keine Ahnung, seit unserem Ausflug habe ich ihn nicht mehr gesehen.«

»Ich habe ihn auch nicht mehr gesehen.«

»Der Sizilianer ist auch nicht mehr gekommen«, sage ich.

»Sieht ziemlich schlecht aus für dich, wie?«, sagt die Frau augenzwinkernd.

Ich lege mich auf das Strohlager und stehe den ganzen Tag nicht mehr auf. Ein Trupp Deutscher kommt. Ich rühre mich trotzdem nicht aus dem Bett. Sie sehen sich den Raum an, messen die Wände aus, reden darüber, das alles gereinigt werden müsse. Das Lager des Arbeitsamtes soll geräumt und geschlossen, die Kolonnen woandershin verlegt werden. Hier sollen Lagerräume für eine Sanitätsstelle für die Bombenangriffe eingerichtet werden. Ich höre zu, als ginge mich das alles nichts an. Nach langem Hin und Her ziehen sie wieder ab. Unfähig, einen Gedanken zu fassen, sehe ich zu, wie sich die Schatten des Abends schwer über den Raum senken.

»Lucie.«

Ich fahre hoch. Es ist der Sizilianer.

»Pietro.«

Sein Gesicht ist aschfahl.

»Komm mit.«

Ich folge ihm hinaus in den Hof. Es regnet, es ist Nacht, aber es scheint, als sähe und fühlte er nichts und hätte keine Eile. Unter der Dachrinne setzt er sich auf den Boden, und ich setze mich neben ihn. Langsam, als würde er sich erinnern, beginnt er zu erzählen: Louis *war* (in der Vergangenheit):

»Louis war ein Einbrecher ohnegleichen, der nicht einmal vor Mord zurückschreckte. Er hasste die Nazis fanatisch. Er war spezialisiert auf Juweliere und Lager. Er war der geborene Verbrecher. Aber in letzter Zeit hatte er doch übertrieben. Es schien, als wäre ihm alles egal. Bis sie schließlich ein unverhältnismäßig hohes Kopfgeld auf ihn ausgesetzt hatten. Ich bin selbst losgegangen, um mir das Plakat mit seinem Foto anzusehen. Auf allen Polizeirevieren hing es. Ich habe ihn gewarnt. Vor ein paar Tagen hat er mir dieses Päckchen für dich gegeben. Gestern Abend hat er es dann noch einmal aufgemacht, um etwas hinzuzufügen. Er hatte mir gesagt, ich solle es dir geben, wenn sie ihn umgebracht hätten. Er hat genau gewusst, dass sie ihm an den Kragen wollten. Schon deshalb schreckte er vor nichts mehr zurück. Heute Nacht haben sie ihn geschnappt, er hat geschossen, aber sie haben ihn getroffen, daraufhin hat er zwei von ihnen erledigt, und sie haben ihm den Rest gegeben. ›Gib ihr das Geld hier‹, hat er gesagt, ›es ist lächerlich, aber es hilft vielleicht, dass sie bis zum Kriegsende durchhält.‹ Weißt du, dass er dir gegenüber befangen war? Eines Abends, als wir im Thomasbräu Karten spielten und du hereingekommen bist, es war ganz am Anfang ... wie lange ist das her? Zwei Monate, alles in allem zwei Monate. Jetzt hätte das Kind geboren werden sollen, jetzt habe ich Geld, ich habe auch gestohlen, ich bin mit Louis mitgegangen, hätte sie doch gewartet, ich brauchte den Schmuck nur zu tauschen und zu bezahlen, aber ich konnte ihn nicht verkaufen, auch Louis haben sie mit einem Haufen Diamanten gefunden, was sollte ich damit anfangen? Wir konnten sie nicht absetzen, deshalb ist das nicht viel Geld. Er wollte dir das Geld geben, damit du keine Scherereien wegen dem Schmuck kriegst. Aber sie ist tot, es war das Herz, sie hat ein krankes Herz gehabt, ich wusste es nicht, sie hat es mir erst ganz zuletzt gesagt. Aber man hätte sie retten können, wenn sie mit der Geburt nur noch ein bisschen gewartet hätte.« Der Sizilianer begräbt sein Gesicht in den Händen. Der Regen rinnt an uns herab. Er fasst sich, schluckt und zwingt sich, ruhig zu reden. »Ach so, ja, du bist hereingekommen und hast uns nicht gesehen, und er hat mich auf dich aufmerksam gemacht und gesagt: ›Die schlägt sich gar nicht schlecht durch, die Kleine da.‹ Er wirkte immer geizig wie einer aus Genua. Er trank, aß und rauchte immer allein. Bevor du gekommen bist. Dann haben wir Freundschaft geschlossen. Wenn sie doch jetzt das Kind kriegen würde, jetzt habe auch ich Geld in der Tasche und Diamanten wie Louis und Perlen, eine Perlenkette, um die Geburt zu feiern ...« Erneut begräbt der Sizilianer das Gesicht in den Händen. Dann hebt er den Kopf. »Er war ein Freund. Anfangs hatte ich eine schlechte Meinung von ihm«, sagt er lächelnd, »weil er die Frauen nie bezahlte. Er spielte wie besessen. Dabei hat er gar nicht nur wegen des Geldes gestohlen. Es war eine

Leidenschaft für ihn, nachts in eine Wohnung oder ein Geschäft einzusteigen, die Sache richtig zu planen, alles vorherzusehen, zu gewinnen. Ich habe ein paarmal mit ihm gearbeitet, er war hervorragend. Außerdem war er gerecht, er teilte alles zu gleichen Teilen. Und er hat auch nicht wahllos zusammengerafft: Er hat ausgewählt, was er mitnahm. Aber er hat lieber allein gearbeitet. Für ihn hatten alle anderen nicht genug Mumm.«

Der Sizilianer schweigt. Er zündet sich eine Zigarette an, wobei er die Flamme unter seiner Jacke schützt. Weinend erzähle ich von der Erscheinung im Wald.

»Hättest du ihn gerufen, wäre er vielleicht nicht gestorben«, sagt er.

»Er war es nicht.« Ich kralle mich an seinem Ärmel fest. »Bitte, bitte, er war es nicht.«

Rom, 1953

ASYL IN DACHAU

Das Durchgangslager Dachau ist vom Konzentrationslager durch einen langen Streifen Brachland getrennt.

Beide Lager sind äußerlich in allem ähnlich, mit Ausnahme einer Besonderheit: die Drahtzäune, die das Konzentrationslager umgeben, stehen unter Starkstrom.

Die Ebene ringsum ist unbewohnt, das Klima deprimierend, sogar der Himmel wirkt hier wie ein Vorhang, der sich gleich herabsenken und den Horizont verschlucken wird, wodurch man das Gefühl hat, sich in einer abgelegenen und unwegsamen Gegend zu befinden. Man merkt überhaupt nicht, dass nur wenige Kilometer entfernt eine Großstadt liegt.

Solange ich im Konzentrationslager war, habe ich nicht einmal gewusst, dass ein paar Meter weiter noch ein anderes Lager war. Das habe ich erst jetzt erfahren.

Als ich floh, hatte ich gehofft, die ganze Gegend hinter mir lassen und mich auch von meinen Erinnerungen entfernen zu können; stattdessen finde ich mich aufs Neue im Bannkreis des organisierten Todes wieder, in diesem Durchgangslager, ausgerechnet in Dachau, wenige Meter von dem Konzentrationslager entfernt, aus dem ich so voller Hoffnungen geflohen war.

Die Baracken sind hier wie unsere, aus Holz, niedrig und langgestreckt.

Ich krieche unter dem Zaun durch und betrete das Lager.

Gruppen von Ausländern, vor allem Franzosen und Italiener, scheint mir, schlendern zwischen den Baracken herum und unterhalten sich. Ich bleibe am Zaun stehen, als dächte ich gerade nach oder suchte etwas. Dann gehe ich ohne Hast auf die Ausländer zu, mische mich unter sie und höre ihnen lässig zu, als wäre ich eine von ihnen. Ich habe das Gefühl, ich werde beobachtet, belauert, obwohl ich, wenn ich mich umsehe, nur auf zufällige und zerstreute Blicke treffe. Jemand aus einer anderen Gruppe kommt dazu. Alle tragen Zivil, und die meisten sind sauber und verhältnismäßig gut gekleidet. Man sieht ihnen sofort an, dass sie gerade erst nach Deutschland gekommen sind. Aber nicht sie bereiten mir Unbehagen, sondern die demonstrative Gleichgültigkeit derjenigen, die verwahrloster und deren Gesichter abgezehrt und hart sind. Ganz offensichtlich sind sie schon eine Zeitlang in Deutschland und wissen zwangsläufig etwas über das Konzentrationslager. Vielleicht ahnen sie, dass ich eine Entflohene bin, und vielleicht werden sie mich gleich aus Angst vor Bestrafung durch die Deutschen denunzieren. Wie konnte ich bloß auf die Idee verfallen, mich ausgerechnet hier einzuschleichen? Das hat bestimmt noch nie jemand gemacht, und wenn es noch niemand gemacht hat, gibt es dafür Gründe.

Ich versuche, so unbefangen wie möglich auszusehen, und trete in eine Baracke, vor der ein paar Kinder auf dem Boden sitzen, typisch russische Kinder. Niemand sieht mich an. Auch innen sind die Baracken wie unsere, voll gestellt mit Doppelbetten in zwei Etagen – bei uns waren es allerdings drei – mit Strohmatratzen und groben Decken, in der Mitte ein Ofen.

Frauen und Kinder liegen zu fünft oder sechst auf einem Strohlager, während die Männer schweigend auf dem Boden liegen oder kauern. Auch hier haben die meisten den Kopf kahlgeschoren. Ich versuche, mit aufgerichtetem Oberkörper und schwerem, schleppendem Gang wie ein slawisches Mädchen zu gehen.

Ich setze mich hinter dem Ofen auf den Boden.

Ich binde ein Tuch um den Kopf, unter dem Kinn gekreuzt und im Nacken gebunden, nach russischer Art.

»Na, komm, gib's auf, wenn du sowjetisch bist, bin ich Chinese«, sagt ein Italiener und klopft mir auf die Schulter, während er sich vor dem beschlagenen grauen Fenster neben mich hinter den

Ofen gleiten lässt Es ist ein junger Mann mit geschorenem Schädel, einer Baskenmütze im Nacken, unregelmäßigen Haaren auf den hohlen Wangen, schwarzen, abgebrochenen Zähnen im roten, fleischigen Mund und Fältchen um die intelligent und offen blickenden Augen.

»Ich verstehe nicht«, sage ich auf Russisch, *»nieponimaio.«*

»Gib's auf! Hast du etwa Angst vor mir?« Er beugt sich an mein Ohr, sein Atem stinkt nach einem Gemisch aus Alkohol und Tabak. »Ich bin auch geflohen.«

»Nieponimaio«, wiederhole ich.

Er sieht mich gereizt an.

»Wenn du das so siehst, dann sieh zu, wie du allein hier zurechtkommst.« Angesichts meines besorgten Gesichtsausdrucks schüttelt er den Kopf. »Du bist wirklich eine Anfängerin. Hast du etwa Angst vor den Russen? Stell dir vor, wir versammeln uns immer in ihren Baracken.«

Ich werde ihm bestimmt nicht erzählen, dass ich beschlossen habe, mich als eine von den Sowjets auszugeben, gerade weil ich zu denen größeres Vertrauen habe als zu jedem anderen Volk. Nur sein Interesse macht mich so besorgt. Aber um mich nicht zu verraten, darf ich mir nicht anmerken lassen, dass ich Italienisch verstehe. Er fährt fort:

»Die kümmern sich gar nicht um uns, siehst du das nicht? Und übrigens, keiner hier weiß oder ahnt auch nur, dass es eine Handbreit weg ein Konzentrationslager gibt; selbst die, die etwas davon gehört haben, bevor sie nach Deutschland kamen, halten dieses hier für eins. Alle sind überzeugt davon, dass es einem schlimmer als so nicht mehr gehen kann, also haben sie gar nicht den Verdacht, dass unter ihnen Flüchtlinge sein könnten, sondern zählen nur die Tage, bis sie richtig untergebracht werden. Und wir Flüchtlinge, wie sollten wir, selbst wenn wir es wollten, uns wohl gegenseitig denunzieren und schaden? Wir helfen uns wohl oder übel gegenseitig! Zum Beispiel in dieser Baracke darfst du nicht bleiben, sie liegt zu nahe an den Küchen und wird stärker kontrolliert, da hast du schlecht gewählt. Ich habe dich sofort bemerkt, das ist eine Italienerin, habe ich mir gesagt, wollen mal sehen. Was willst du, wir erkennen uns untereinander auf Anhieb, du kriegst auch noch einen Blick dafür. Aber denk dran, außerhalb der Baracken kennen wir uns nicht.«

Er ist unruhig und immer in Bewegung beim Sprechen. Schließlich steht er auf, er ist groß und kräftig.

»Also ich erwarte dich bei der Latrine heute Nacht nach dem Appell. Klopf zweimal an die Trennwand. Ich bin auf der anderen Seite, in der Männerlatrine, ich nehme dann ein Brettchen aus der Wand, das wir für dringende Besprechungen da eingesetzt haben. Ich werde dir ein paar Sachen erklären, sonst gehst du denen nämlich gleich bei der ersten Razzia in die Fänge, mein Kind.«

Er zieht sich die Baskenmütze in die Stirn, die ihm nach hinten gerutscht war, und schlendert, die Hände in den Taschen, davon. Ich bleibe auf meinem Platz sitzen und warte ab, ob die Russen auf meine Anwesenheit reagieren, aber wie ich es mir gedacht hatte, kümmert sich niemand um mich. Während ich so dem Abend entgegenharre, fängt draußen jemand laut italienisch an zu singen, nach der hüpfenden Melodie des Lieds der *Banda d'Affori*:

Da kommt die Bande, da kommt die Bande
da kommt die Bande der Lumpen
der Lumpen, der Lumpen
mit dem Duce an der Spitze, der der Rädelsführer war
da sind sie ja, sind alle da
Schwarzhemden und Verbandsführer ... (die Melodie wird langsamer)

Auf den Knien rutsche ich zum Fenster und sehe hinaus; der Italiener von vorhin lehnt am Türpfosten der Baracke gegenüber und starrt zu mir herüber. Kaum sieht er meine erschreckten Augen, fängt er an zu lachen. Ich ziehe mich zurück und laufe aus der Baracke, um mich woanders zu verstecken.

»*Ruskaja, ruskaja*«, ruft ein Mädchen. Ich höre sie hinter mir herlaufen, sie holt mich ein. »Dich meine ich, verstehst du«, sagt sie auf Französisch. Ich bleibe stehen; sie ist blutjung, mollig und herb, hat funkelnde kleine schwarze Augen, volle Wangen, tiefschwarze Haare und weiße Haut.

»Ich heiße Jeanine. Polò hat mir von dir erzählt. Polò ist mein Freund, ich wollte gerade zu dir kommen.«

Sie geht neben mir an den Baracken entlang, und ohne sich darum zu kümmern, ob ich sie verstehe oder nicht, erzählt sie mir sofort lebhaft plaudernd, dass sie zur Frau wurde während der Reise, und zwar durch irgendwelche sehr netten und zartfühlenden Deutschen, die ihr alles Erdenkliche geschenkt haben. Dann hatte sie sich einen italienischen Freund genommen, einen gewissen Paolo, aber nicht diesen hier, einen anderen, einen blonden Pummeligen. »Stell dir vor, der sagte immer *Amore, grazie* zu mir«, sie sagt die Worte auf Italienisch, wie um mir zu beweisen, dass sie nicht lügt, dann ist sie nach München ausgerissen, hinter ihm her, dabei hatte er sie fortgejagt, dieser kleine Scheißkerl. Also ist sie wieder hierhergekommen, und seit drei Monaten ist sie mit ihrem neuen Freund zusammen, der heißt auch Paolo, ist aber viel besser als der andere. Zunächst einmal kommt er von der Marine, nicht aus dem gewöhnlichen Fußvolk, er hat schon Befehle gegeben, und reden kann er. Außerdem trägt er die Mütze auf dem Kopf wie ein Franzose. Allerdings gibt es hier auch einen Franzosen, der sie will, einen wie wir – sie blinzelt mir zu –, aber sie ist ihrem Polò treu, außer dass sie in manchen Nächten zu einem Dolmetscher geht, Polò besäuft sich dann, zu einem, der ihr viel Geld gibt und so vornehm ist, dass aus den Taschen seines neuen Mantels Lederhandschuhe ragen. Er ist allerdings ein bisschen langsam, nicht stark und geistreich wie Polò. Aber sie mag ihn schon. Er will sie sogar heiraten, aber sie findet das nicht angebracht, vor allem, wo er doch eine Frau in Frankreich hat. Mit dem Geld kauft sie Alkohol für Polò, wenn sie auf dem nahe gelegenen Bauernhof Gemüse für das Lager abholen geht, gemeinsam mit einem Italiener aus der Küche, der auch ihr Freund ist, aber von dem lässt sie sich nicht anfassen, dann kann sie ihn nämlich länger ausnehmen.

»Ach, da ist er ja.«

Ein mageres grinsendes Männchen kommt auf uns zu, ein Bauer, der so geht, als würde er zwischen belaubten Zweigen gehen und dabei spitzen Ästen ausweichen. Er grüßt uns äußerst umständlich mit einer verwunderten und feierlichen Miene, lädt uns ein, ihn hinten in der Küche zu besuchen, und geht weiter.

»Ein Original, vollgestopft mit Käse«, erklärt mir Jeanine.

Ich beobachte das Hin und Her der Ausländer und versuche, die Flüchtlinge auszumachen. Ein junger Mann, der seine runde Baskenmütze im Nacken trägt, grüßt uns mit einem hinterhältigen, höflichen Blick. Ich stoße Jeanine mit dem Ellbogen an.

»Ja«, sagt sie, »das ist ein Student aus der Gascogne, langweilig wie ein Buch. Warte«, sie zerrt mich am Arm. »Schau, jetzt, links vor der Latrine, das ist François, stell dir vor, ein Student!«, sagt sie verächtlich lachend. »Wenn der mich sieht, lässt er mich nicht in Frieden, gehen wir lieber zurück.«

Im metallischen Dämmerlicht kann ich gerade noch einen jungen Mann erkennen, fast noch ein Junge, feingliedrig und abgezehrt, mit sanften Gesichtszügen. Ich werfe auch einen Blick auf die Latrinen.

»Seid ihr alle Franzosen?«, frage ich.

»Und Italiener. Wir sind die Schlauesten. Aber sag mal«, sie bleibt plötzlich stehen und stemmt die Hände in die Hüften, »wieso sprichst du eigentlich Französisch?« Sie lacht.

»Ich bin da geboren.«

»Wo? Ach was, das spielt keine Rolle, sag nie was Genaues über deine Person.« Sie geht wieder los. »Ich will sie dir alle zeigen, wir sind wie eine Familie. Wir nehmen nicht gern Neue auf, aber bei dir machen wir eine Ausnahme. Du gefällst uns, Polò und mir, und wir haben dich der Gruppe schon vorgeschlagen. Im Großen und Ganzen sind sie einverstanden, weißt du, Polò hat sofort gemerkt, dass du Angst hattest, du hast ihm leidgetan, und das hat er den anderen gesagt. Jetzt machen wir die Vorstellungsrunde, weil sie dich noch nicht gesehen haben und dir zuerst einmal ins Gesicht gucken wollen, bevor du endgültig aufgenommen wirst. Heute Nacht kriegen wir die Bestätigung, da kannst du sicher sein, und dann kannst du mit uns ein fröhliches Leben führen, anstatt mit den Russen und ihren Wanzen zu vermodern. Siehst du den feinen Pinkel dort? Das ist ein Italiener.« Ein dunkelhaariger, gut gekleideter junger Mann, groß und schlank, mit Pomade im Haar, beobachtet mich. »Der gehört zu uns, weil wir ihn aufgegriffen haben, aber er ist uns fremd. Stell dir vor, er verachtet Polò wegen seiner zerschlissenen Kleidung, und weil er den Kopf rasiert wie eine Bocciakugel trägt. Wenn Polò nicht wegen Karies die Zähne ausfielen, wäre er hundertmal schöner als dieser Lackaffe, aber auch so würde ich Polò nicht einmal für ein Repatriierungspapier gegen den tauschen. Ich weiß nicht einmal, wie er heißt, und ich will es auch gar nicht wissen. Jetzt zeige ich dir eine französische Nutte, die heißt hier *La Scopina** wegen ihrer Haare, aber sie fegt wirklich hier im Lager, und sie geht mit den Männern bloß für eine Zigarette. Dabei hat sie einen Freund, der ist Kohlenmann. Stell dir vor, der hat zu ihr gesagt: ›Ich verlange nur eins von dir – betrüg mich nicht. Es wird dir an nichts fehlen, weder an Kleidung noch an Essen, noch an Zigaretten. Ich werde Überstunden machen und dir alles recht machen. Ich werde überhaupt nichts von dir verlangen, nicht einmal, dass du meine Wäsche in Ordnung hältst‹« – Jeanine biegt sich vor Lachen –, »›nur betrüg mich nicht.‹ Sie hat es ihm geschworen bei ihren beiden in Frankreich gebliebenen Kindern und hat sich dabei die Tränen abgewischt, sie würde ihn nie hin-

* Wortspiel; *scopare* heißt fegen und ficken.

tergehen. Ich erzähl keine Lügen, weißt du, ich hab nämlich in dem Bett genau daneben gelegen, als sie diesen Pakt geschlossen haben, ich habe alles gehört und gesehen. Aber unter dem Vorwand, den halben Tag bei den Männer-Strohlagern auszufegen, geht sie mit jedem ins Bett, ›damit ich nicht aus der Übung komme‹, sagt sie. ›Falls der alte Bock sich das noch mal überlegt.‹ Aber er ist auch ein Schaf.«

Jeanine sieht durch die Tür in eine Baracke.

»Da ist sie«, sagt sie. In der Mitte des Raums unter dem Lampenschirm sehe ich eine Frau mittleren Alters stehen, sie sieht gutmütig aus, hat rötliche Haare, ein breites, ausdrucksloses Gesicht, einen gedrungenen Körper und lange, hagere Beine. Die kupferfarbenen Haare über dem glatten, hellen Gesicht sind das einzig Lebhafte an ihrer Person.

»Was willst du?«, fragt sie Jeanine träg. Die nimmt mich wortlos am Arm und führt mich weg.

»Die Scopina ist eigentlich keine von uns, weil sie mit ordnungsgemäßen Papieren arbeitet, aber sie ist nützlich für uns, weil sie frei im ganzen Lager herumläuft und viel sieht, und ihr Freund versorgt uns immer mit Kohlen.« Jeanine scheint nachzudenken. »Gehen wir«, sagt sie dann, »jetzt bleiben nur noch der Franzose neben mir und Jean aus Lille, ein sympathischer junger Arbeiter, und dann gibt es noch den Marokkaner, der ist ein echter Kapitalist, mal abgesehen davon, dass er das Gesicht voller Pockennarben hat. Aber alle drei haben mir gesagt, dass sie dich gesehen haben. Ach ja, da ist noch die Verlauste. Benito hat sie so getauft. Benito ist der mit dem Käse. Der arme Kerl ist wütend, denn am Ende der Nacht hat er sie immer am Hals. Da hört man ihn dann manchmal schimpfen: ›Ich schlafen und basta, ich bezahl dich auch ohne‹. Was glaubst du, wie wir da lachen. Und sie raucht ununterbrochen, sogar Kartoffelschalen in Zeitungspapier. Ach so, wie heißt du eigentlich? Einen falschen Namen aber bitte.«

»Carla.«

»Gut, Carlà. Jetzt gehen wir zu Benito. Er gibt damit an, dass er ein gefährlicher Partisan in Italien war, mit dem Decknamen Benito, stell dir vor, der Trottel! Polò nennt ihn ironisch so, und er legt großen Wert darauf, wer weiß, als was er sich vorkommt, er macht allen Geschenke, und ob du's glaubst oder nicht, er isst nichts, der schuftet den ganzen Tag, damit er sich das leisten kann, aber wegen seiner Großzügigkeit ist er bei allen bekannt und ist glücklich.«

Wir haben die Baracken abgeschritten, die eine neben der anderen in parallelen Reihen stehen. »Sei vorsichtig bei den Baracken in der Mitte, da wohnen die Freiarbeiter.«

Ich versuche, einen Blick in die Baracken der Freiarbeiter zu werfen; sie sind geräumiger als die anderen, haben keine zweistöckigen Bettgestelle, sondern Feldbetten, und die Strohsäcke haben karierte Baumwollbezüge.

»Vergiss nicht«, erklärt Jeanine, »dass wir Flüchtlinge in Baracke 51 sind.«

»Wie ist das hier aufgeteilt?«

»Es gibt Baracken für Männer, für Frauen und für Familien. Die Freiarbeiter sind gesondert untergebracht.«

Während ich so neben Jeanine hergehe und ihr zuhöre, inmitten von bunt gemischt herumschlendernden Ausländern, die draußen die Abendluft atmen, spüre ich das unsichtbare Lager nebenan. Bei uns war es sogar verboten herumzulaufen, wir lebten zusammengepfercht in den dunklen Baracken.

Wir kommen hinter der Küche an, einem Holzbau mit Blechdach, der länger ist als die anderen. Hinter der Küche am Zaun gibt es einen Müllhaufen, in dem kleine Kinder wühlen. Wir wollen hier auf Benito warten und lehnen uns an den Zaun wie an die Reling eines Schiffes. Das Konzentrationslager liegt auf der anderen Seite.

»Jeanine«, sage ich, »ist es nicht gefährlich hier, so nahe an ...« Ich deute in Richtung der Ebene. »Verstehst du, die SS.«

»Kommt ein Nazi etwa auf die Idee, dass wir vor seiner Nase stehen?«, fragt sie lachend. »Nein!«

Benito kommt angelaufen, hockt sich hin, knüpft einen Lappen auf, den er unter seinem Hemd hervorzieht, und breitet ihn auf seinen Knien aus. Darin sind Brot, Kartoffeln und ein Stück Käse.

»Rasch«, bedeutet er uns, »lasst alles verschwinden.«

Er nimmt die Sachen und verteilt sie mit raschen Bewegungen seiner mageren, knotigen Hände, als würde er gerade etwas stehlen, versteckt den Lappen dann im Hemd und richtet sich wieder auf mit einer unsicheren Bewegung und einem raffiniert idiotischen Gesichtsausdruck.

»Jetzt hauen wir ab«, sagt Jeanine abschließend, »mir reicht's. Iss deine Portion in der Latrine und lass dich nie erwischen, wenn du etwas hast, denn das verzeiht dir keiner. Mach's gut, Carlà, mach's gut, Flöhchen, ich komme mir schon vor wie deine Glucke.«

Sie lacht und verschwindet hinter der Ecke einer Baracke.

Als sich die Wachen nach dem Appell zurückziehen – sie kommen mir fast unbewaffnet vor, hier, wo sie nicht ständig aufgeregte Schäferhunde dabeihaben wie im Konzentrationslager –, laufe ich zur Latrine, um Paolo zu treffen.

Ich klopfe an die Wand.

»Ich hätte nicht geglaubt, dass du kommst«, höre ich die vibrierende ernste Stimme Paolos sagen. Ich suche mit den Blicken, wo sie herkommt, bis ich hinter der letzten der acht Kloschüsseln unten die Lücke für das aus der Trennwand herausgelöste Brettchen sehe.

»Wieso hast du mich entdeckt?«, frage ich, setze mich auf den Boden und beuge mich zu der Öffnung hinunter. »Ich war so froh, niemanden zu kennen. Du irrst dich nämlich, wenn du glaubst, dass ich bei euch sicherer bin, an Orten wie diesem ist man besser allein, unbekannt, namenlos.« Ich rede hastig, werde jäh von der

Angst erfasst, Zuneigung zu Menschen zu entwickeln: »Also, lass mich in Ruhe, mich gibt es nicht.«

Paolo antwortet nicht, und ich bekomme Zweifel, ob er mich überhaupt gehört hat.

»Paolo?«

»Was willst du?«

»Ich dachte, du hättest mich nicht gehört.«

»Wolltest du das denn nicht, da es dich doch nicht gibt?«

»Hilf mir, ich habe Angst.«

»Und wovor? Ich fühle mich so wohl mit diesem stumpfsinnigen Leben, dass ich es nicht ändern will.« Paolos Stimme steigt langsam zu mir empor.

Die Tür fliegt auf, und vier Mädchen stürmen herein, die sich lautstark in einer slawischen Sprache unterhalten, die Röcke hochziehen und sich auf die Klos setzen. Sie sehen mich auf dem Boden hocken, machen sich gegenseitig auf mich aufmerksam und lachen gedämpft. Dann verschwinden sie wieder und lassen die Tür offen, die im Wind schlägt. Ich stehe auf und schließe sie, dann hocke ich mich wieder vor die Trennwand auf den Boden.

»Ich war in eine Italienerin verliebt, die sehr schön war«, erzählt die Stimme weiter. »Sie arbeitete in der gleichen Fabrik wie wir Gefangenen. Sie war eine sehr schöne und praktische Frau, die Durcheinander nicht ertragen konnte. Eines Tages hat sie mir gesagt, ich wäre unordentlich, streitsüchtig und unbeständig, ich wäre überhaupt nicht der richtige Mann für sie. Am nächsten Tag war sie nicht mehr da, sie hatte sich in eine andere Stadt versetzen lassen. Ich bin abgehauen, um sie wiederzufinden, und hier bin ich gelandet. Ich habe mich Jeanine angeschlossen. Kommt einem gar nicht so vor, als hätte man eine Frau im Arm, wenn man bei ihr schläft, sie hat einen Körper wie ein spielendes kleines Mädchen, was soll's, sechzehn Jahre, mit der kann man herumalbern wie mit einem Kätzchen, so schelmisch, und außerdem weiß sie sich zu helfen, manchmal kommt sie an mit Tabak oder

Schnaps oder Brot: ›Denk nur, Polò, was für ein Zufall!‹, sagt sie dann und lacht. Ein kleines Mädchen, das mir mein Leben erträglich macht und mich da unten lässt, wo ich bin; sie akzeptiert mich, wie ich bin, und will nicht groß was daraus machen.«

»Wie jung sie ist«, sage ich seufzend.

»Spiel bloß nicht die Uroma, du bist doch ebenfalls jung. Wie alt könntest du sein? Achtzehn, wie?«

»Stimmt, ich bin erst neunzehn, aber ich vergesse es immer. Und wenn es mir dann wieder einfällt, ist es wie eine Entdeckung, und ich bin ein bisschen glücklich, weil ich noch so viele Jahre vor mir habe, aber dann werde ich sofort traurig, kriege schreckliche Angst vor der Zukunft, und es kommt mir vor, als könnte ich nach all dem nicht weiterleben.«

Ich liege inzwischen fast lang auf dem Boden, mit dem Kopf unter dem Abflussrohr der Kloschüssel, ich kann nichts mehr sagen, und auch Paolo schweigt.

»In den Lagern«, fährt er schließlich nachdenklich fort, »überleben diejenigen, die sich den moralischen Halt bewahren, es gibt keinen Mittelweg. Das ist das Schöne, hier kannst du nicht mogeln. Übrigens, woher kommst du genau?«

»Ich habe es ja gewusst. Das wolltest du also, dass ich rede, dass ich dir von mir erzähle.« Ich reiße den Kopf hoch und schlage dabei mit dem Nacken gegen die Kloschüssel.

»Wenn du dich verschließt, bist du verraten und verkauft«, sagt die Stimme ruhig, und nach einer Pause: »Hast du nicht gesehen, mit welcher Gefügigkeit die Deportierten sterben? In Gesellschaft ist das ja so einfach!«

»Ich weiß genau, warum sie sterben«, entgegne ich, »ihr Leben hat schon vorher aufgehört, das jetzige haben sie weggeworfen, sie empfinden es als feindlich, wie eine Mauer. Ich nicht, ich behüte es, wie die Maulwürfe. Nicht fühlen, nicht lieben: schlafen, während es friert.« Hysterisches Weinen erstickt meine Stimme. »Deshalb wollte ich nichts mit euch zu tun haben, aber ihr habt es geschafft, seid ihr jetzt zufrieden? Ich habe Leute gekannt, die verhungert sind, die aber nie bereit waren, Suppe aus Gerste und Wanzen zu essen. Was soll ich machen? Ich habe sie gegessen. Sie sind gestorben, und ich habe begriffen, dass das ganze Leben so ist. Sie weigerten sich zu arbeiten, sogar unter der Peitsche. Sie waren Helden. Was ist das? Was bedeutet das? Sie haben das Spiel der Nazis gespielt.« Ich schlage mir die Hände vor das Gesicht.

»Du widersprichst dir selbst«, antwortet die Stimme leise. »Du nimmst es denen übel, die dieses Leben hier wegwerfen, dabei willst du es genauso machen.«

»Nein, es ist anders.«

»Maulwurf«, wiederholt er meine Worte, »nicht fühlen, nicht lieben.« Schweigen folgt, dann: »Ich dagegen genieße diese Lebensbedingungen, siehst du nicht, wie ich mich darin aale? Ich werde sie auskosten bis zur Neige.«

»Du bist hier derjenige, der sterben will«, murmele ich.

Wieder fliegt die Tür auf, und ohne hinzusehen, wer da hereinkommt, fahre ich erschreckt hoch und reiße mir die Hosen herunter. Ich setze mich auf die Kloschüssel mit einem Gefühl unbeschreiblicher Erleichterung, als hätte ich einen Personalausweis in der Tasche. Als die Mädchen wieder weg sind, kauere ich mich wieder in die Ecke, lasse aber die Hose offen, um schneller aufs Klo flüchten zu können, falls es wieder eine Störung gibt.

»Paolo?«, flüstere ich.

Seine Stimme dringt zu mir.

»Du hast recht, Ruskaja, hier kann ich endlich in Frieden krepieren, langsam aber sicher.«

»Warum hast du mich dann angesprochen?«, protestiere ich wieder. »Soll ich mich vielleicht auch kleinkriegen lassen wie du?«

»Ich scheine wohl dafür geschaffen zu sein.«

»Was heißt hier geschaffen, das glaube ich nicht, du warst nicht immer so, sonst würdest du bestimmte Dinge nicht verstehen. Du redest dir das ein, um nicht so zu leiden.«

»Nicht mal das. Ich war immer schon zügellos, habe mir immer gefallen als Opfer des Schicksals, und hier habe ich jetzt meine wahre Umgebung gefunden, das Brot für meine Zähne«, er lacht, »die obendrein von Karies zerstört sind.«

»Und du sagst, dass ich die Uroma spiele. Du benimmst dich wie ein Alter. Wie alt bist du?«

»Einunddreißig.«

»Als was hast du früher gearbeitet?«

»Bootsmann. Frachtschiffe.«

Wieder Schweigen. Schließlich frage ich ihn:

»Wenn du in Frieden krepieren willst, warum versuchst du dann, den anderen zu helfen?«

»Ach, nur so, zum Zeitvertreib. Jahrelang zur See fahren«, antwortet er gedehnt, »da kannst du machen, was du willst, das steckt in dir drin.« Ich höre seinen Atem. »Vielleicht war es im Güterwaggon«, seine Stimme wird erregt, »ich bin verrückt geworden. Ich habe nämlich Platzangst, das geht einem an die Gurgel. Da kannst du nichts machen, du kriegst keine Luft mehr. Madonna, wie habe ich sie gehasst, und das Ergebnis siehst du ja selber. Ich habe sie mit meinem Schicksal identifiziert.«

Ich bekomme einen Schreck.

»Langsam verstehe ich dich, du bist noch schlimmer als sie«, sage ich.

»Wer sie?«

»Es war schrecklich ...«

»He«, höre ich es neben mir brummen.

»Wenn du die Frauen gesehen hättest«, sage ich. »Sie haben sich gestritten wie wilde Tiere um eine Zigarette, eine Rübe, einen Mann, immer mit den gleichen Drohungen, sie haben sich gegenseitig bei den Kapos und der SS denunziert wegen Beleidigung des Nazismus, Bespucken von Hitler-Bildern, sie sind dann verhaftet worden, und«, meine Worte bröckeln. Ich reiße mich zusammen. »Paolo, der Nazismus war *ihre* Waffe«, vertraue ich ihm an. »Aber du bist gebildet, bist in der Welt herumgekommen, bei dir ist das viel schlimmer, du machst dir daraus ein Alibi. Weißt du, an wen du mich erinnerst? Da war eine Deutsche bei den gewöhnlichen Kriminellen, die sang im Morgengrauen im Waschraum lauthals ein Lied, eine ganz gewöhnliche Parodie, ich weiß nicht, warum, aber es verfolgt mich immer, wenn ich Hungerkrämpfe bekomme.« Ich stimme den Refrain auf Deutsch an:

Es geht alles vorüber
es geht alles vorbei
mein Mann ist in Russland
mein Bett ist noch frei.

Der zittrige Ton meiner Stimme, mit der ich unterm Abflussrohr der Latrine in die Öffnung der Zwischenwand singe, wirkt merkwürdig auf mich, und ich höre auf. Ich spüre Verwirrung, eine irrationale Sehnsucht, so dass es aus mir hervorbricht: »Ich habe sie verlassen. Sie sind jetzt da. Ich habe es nicht geschafft. Bestimmt sind sie meinetwegen bestraft worden.« Schluchzen erstickt meine Stimme. »Aber ich wollte nicht sterben, es war stärker als ich, glaub mir.«

»Ich bin überzeugt, dass die Deutschen mich längst bemerkt haben, sie drücken nur ein Auge zu, um mich besser beobachten und dann im richtigen Moment über mich herfallen zu können, hier kann ich sowieso nicht viel Schaden anrichten, verstehst du?« Er lacht hämisch.

Das Licht der Glühbirne wird schwächer wegen der nächtlichen Verdunkelung und taucht die Latrine in einen trostlosen Halbschatten, der sich über den plumpen weißen Kloschüsseln staut.

»Es ist zehn«, sagt Paolo seufzend.

»Bei uns war es um die gleiche Zeit.«

»Du bist zum ersten Mal abgehauen, stimmt's?«

»Zum zweiten Mal. Diesmal komme ich aus einem Münchner Lager.«

»Na, dann weißt du ja schon Bescheid, meine Schöne, von jetzt an wirst du nichts anderes mehr machen, als abzuhauen, wirst du nur noch daran denken, dass du selber davonkommst, und alles Übrige wird dir scheißegal sein. Du wirst immer unsensibler werden«, sagt er hämisch (aber es klingt wie eine Klage).

»Eben nicht, es ist genau umgekehrt. Es wird immer schlimmer für mich«, sage ich weinend.

»Na, komm, ich wollte dich nicht entmutigen.« Die Stimme bricht ihm. »Du brauchst nicht auf mich zu hören, ich quatsche hier nur, verstehst du, ich quatsche immer.« Dann wird der Ton plötzlich fest: »Schluss jetzt, reden wir über ernsthafte Dinge. Du sitzt in der Patsche. Als ich heute Morgen hinter dem Ofen da auf dich zugegangen bin, bist du so hochgefahren, dass du auch den letzten Trottel misstrauisch gemacht hättest. Denk daran, jemand, der bei jedem Schatten erschrickt und ein Gesicht macht, als wäre er bereit, die eigne Haut teuer zu verkaufen, denunziert sich selbst.«

»Das stimmt nicht, ich war Herr der Lage, ich habe eben aufgepasst.«

»Aufgepasst!«, lacht er mich aus. »Mit Augen, die nicht stillstehen können. Genau das ist die Psychose des Gesetzlosen, was denn sonst? Man fühlt sich ständig verfolgt.«

»Soll man vielleicht reinfallen darauf, dass äußerlich alles ruhig ist? Damit vernachlässigst du sogar die elementarsten Vorsichtsregeln.«

»Du fällst sofort ins andere Extrem. Es geht doch um etwas ganz anderes: Du musst auf die großen Probleme scheißen, Helden, Bedeutungen und was du da noch alles hervorgekramt hast! Waffe, Alibi. Alles Mist. Du musst dich durchschlagen, wie es kommt, so kommt's, und nur so siehst du die praktische Seite der Dinge. Du musst instinktiv Widerstand leisten, meine Liebe, der Krieg ist morgen nicht etwa zu Ende, das dauert noch, mindestens noch ein paar Monate.«

»Monate?«

»Ja, Monate, bestimmt. Den ganzen Winter mit Sicherheit.« Er schweigt, dann fährt er unvermittelt fort: »Das Beste habe ich überhaupt vergessen. Ich habe dich hierher gerufen, um dich vor einer bevorstehenden Gefahr zu warnen, aber keine Angst, sie ist sozusagen nur technisch. Die Russen werden nämlich, sobald sie ihre Papiere erhalten haben, sonst wohin abtransportiert als Zwangsarbeiter, auch wenn sie glauben, sie kehrten in ein normales Leben zurück.« Einen Augenblick lang lacht die ernste Stimme hinter der Trennwand mit stumpfsinnigem Vergnügen. »Am Tag ihres Abtransports könntest du den Deutschen auffallen, sei wachsam, unsere Unterstützung kann dir dann nämlich nützlich oder besser nötig sein.«

Der Gedanke an notwendige Vorsichtsmaßnahmen für die allernächste Zukunft rüttelt mich auf.

»Danke«, sage ich. »Entschuldige bitte, was ich am Anfang gesagt habe, aber ich kann nicht mehr.«

Ich höre hinter der Wand Schritte und Stimmen von Männern. Mit geschlossenen Augen, wie betäubt, warte ich darauf, dass sie weggehen. Dann rufe ich:

»Paolo?« Niemand antwortet. »Paolo? Bist du noch da?« Ich warte noch eine Weile, dann sehe ich nach, die Lücke in der Wand ist geschlossen. Mit steif gewordenen Beinen stehe ich auf, mir dreht sich der Kopf ein bisschen.

Ich trete hinaus in die eiskalte Dezemberluft. Ich gehe auf meine Baracke zu, in Gedanken versunken, dicht am Drahtverhau entlang, um zu schauen, ob ich nicht vielleicht nachts doch mein altes Lager erkennen kann. Aber plötzlich bleibe ich stehen und ducke mich, denn nur wenige Meter entfernt schwanken Laternen und hallen deutsche Rufe durcheinander, Befehle, die mir wie Peitschenhiebe um die Ohren knallen, wie immer, wegen dieser unterdrückten Gereiztheit im Ton der SS-Leute.

Sie stehen genau vor der Baracke, in der ich schlafe; meine Russen werden von ihren Lagern gerissen und in den Hof getrieben. Mir wird klar, dass sie noch heute Nacht fahren; die Barackentür steht offen, sie kommen einzeln heraus, werden von den Wachen angehalten und mit der Lampe geblendet, blinzeln und zeigen ihre Papiere. Schwache Autoscheinwerfer nähern sich langsam von außerhalb des Zauns, die Lastwagen stellen sich am Lagereingang in einer Reihe auf. Die Lichtstrahlen durchdringen das Dunkel mit heimtückischer Langsamkeit, und ich habe Angst, entdeckt zu werden. Wenn Paolo sich nicht mit mir getroffen hätte, wäre ich geschnappt worden. Ich weiß nicht, wohin ich mich flüchten soll. Dicht an den Baracken entlang schleiche ich mich zurück in die Latrinen. Von dort aus höre ich die unpersönlichen Stimmen der Deutschen, die flehentlichen Rufe der Russen, das Brummen der Motoren, das Getrappel der Schritte.

Der abgrundtiefe Hass im Konzentrationslager war mir lieber.

Langsam entfernen sich die Geräusche und verlieren sich in der Nacht, wo sie einen Nachhall aus unterdrückten Klagen, dem Rascheln von Kleidern und dem Scharren hastiger Schritte, skandiert von kurzen autoritären Schreien und dem Dröhnen herrischer Militärstiefel hinterlassen.

Die Latrinentür wird vorsichtig geöffnet, und im Spalt erscheint Jeanines Gesicht. Sie blickt sich um.

»Carlà?«

»Hier bin ich.« Ich komme aus meinem Versteck unter den Kloschüsseln, wo ich mich auf den Boden gekauert hatte.

»Schnell, beeil dich!« Sie nimmt mich bei der Hand. »Verkriechst dich, damit ich auch noch herumlaufen muss!«, flüstert sie mir kopfschüttelnd zu. »Glaubst du, wir reden nur so aus Spaß?«

»Sei still, bitte!«, flüstere ich flehend.

»Sei selber still! Immerhin riskiere ich meine Haut für dich!« Jeanine zieht mich an der Hand hinter sich her dicht an den Baracken entlang, läuft dann wieder vor und bleibt an jeder Ecke abrupt stehen; schließlich wirft sie sich auf den Boden, und auf allen vieren robben wir über den Weg zwischen zwei Baracken, dann erneut aufrecht an Barackenreihen entlang, anschließend wieder auf allen vieren, ich weiß nicht wie oft, das Lager ist endlos, aber schließlich wird vor uns eine Tür einen Spalt geöffnet, und wir schieben uns in einen dunklen Raum. Kaum sind wir drin, macht jemand die blaue Glühbirne über dem Ofen wieder an, und Jeanine lässt sich geräuschvoll auf ein Strohlager fallen.

»Wir haben's geschafft.«

»Diese Verbrecher machen jetzt schon nachts Abtransporte!«, sagt eine Männerstimme.

»Was heißt hier jetzt, schon immer«, entgegnet Paolo, der an der Tür lehnt.

»Die lassen aber auch nichts aus, um einem das Leben schwer zu machen«, erbost sich der Student aus der Gascogne, der auf einem Strohlager sitzt.

Während sie so reden, hat Jeanine die Arme hinter dem Nacken verschränkt, beobachtet sie und trällert ein französisches Kinderlied:

Marlborough s'en va-t-en guerre
mironton mironton mirontaine
qui sait quand reviendra ...[*]

»Und wenn du das erzählst«, beharrt Paolo auf Französisch, »dann halten sie dich für verrückt. Was ist denn so verbrecherisch daran, die Leute nachts auf Reisen zu schicken? Höhere Gewalt wegen Knappheit und Überfüllung der Züge!«, sagt er höhnisch.

»Das ist der Punkt: den Leuten die Nerven ruinieren und selber immer auf der Seite der Vernunft stehen«, bestätigt der Student aus der Gascogne.

Jeanine fährt plötzlich hoch.

---

* Marlborough zieht in den Krieg / Mironton mironton mirontaine / wer weiß, wann er zurückkehren wird ...

»Schluss jetzt mit der großen Politik, das ist ja eine richtige Manie hier!«

»Sie hat recht«, stimmt ihr Paolo zu, »wir spielen *deren* Spiel.«

»Selbst wenn man über sie herzieht, unterstützt man sie noch bei ihren Zwecken«, sagt der Gascogner seufzend.

»Überschätzt ihr die vielleicht nicht selber?«, platzt Jeanine mit einem Achselzucken heraus. »So schlau sind die gar nicht!«

Ein Kind weint, und eine halblaute Frauenstimme tröstet es. Es sind Russen.

Der Student aus der Gascogne kommt auf mich zu, ich war neben dem Ofen stehen geblieben.

»Setzen Sie sich, Fräulein. Ich habe gehört, sie sprechen gut französisch.« Er redet wie ein Verschwörer aus einem Roman.

»Es geht so.«

»Die Russen liegen in ihren Betten, sehen Sie?«, fährt er fort. »Sie mischen sich nicht ein, sie haben da hinten eine Ecke für uns freigelassen. Was für ein gastfreundliches Volk! Was für ein hoher Sinn für das Lebenlassen!« Und bevor ich noch Luft holen kann, hält er mir einen ausführlichen Vortrag über die slawische Seele.

Unterdessen ruft mich Jeanine:

»Carlà, komm her zu mir, beeil dich, gleich wird abgeschlossen.«

Die anderen Flüchtlinge würden gern zu mir kommen und mich ausfragen. Ein paar Russen beugen sich vor, um mich zu sehen.

»Ich könnte bei Ihnen bleiben und mich mit Ihnen unterhalten, wenn Ihnen diese Promiskuität hier zu unangenehm ist«, sagt der Gascogner zu mir.

»Danke, ich bin müde.« Ich strecke mich neben Jeanine aus, die sich an die Wand drückt.

»Überleg mal«, sagt sie lachend zu mir, »wir sind die beiden einzigen brauchbaren Mädchen hier drin. An Auswahl fehlt es uns nicht.«

»Aber ich bin müde, Jeanine.«

Jeanine klatscht in die Hände.

»Gut! Muss Polò eben heute Nacht allein schlafen.« Sie lacht vor

Freude darüber, dass sie ihn ärgern kann. »Notfalls lasse ich dich mal einen Augenblick allein«, fügt sie dann hinzu.

Die Gestalten suchen ihre Lager auf, klettern paarweise nach oben, ich erkenne eine etwa dreißigjährige schmutzige und verwahrloste Frau mit einer strubbligen Mähne.

»Ist das die Verlauste?«, frage ich Jeanine.

»Ja.« Wie zwei Komplizinnen lachen wir unter der Decke.

Paolo kommt. »Ich gehe raus.«

»Mach doch!«, schmollt Jeanine, und er geht.

»Wohin geht er?«, frage ich.

»Trinken.«

»Wo denn?«

»Er steigt über den Zaun und kommt im Morgengrauen zurück. Das macht er oft.«

»Schnappen sie ihn nicht?«

»Den nicht. Draußen sind Ausländer, die kommen nachts in die Umgebung und verkaufen Alkohol. Das ist zu lang, um es dir jetzt zu erzählen. Nützen wir lieber die Zeit zum Schlafen.« Sie nimmt meine Hand und kuschelt sich unter die Decke.

Stille breitet sich aus wie ein Laken, und aus den verschiedenen Betten kommen Geräusche von Bewegungen und atemloses Geflüster. Manchmal eine wilde Beschimpfung.

»Seid mal leiser da!«, fordert Jeanine und schießt hoch. »Ihr seid hier nicht allein, hier ist noch das italienische Fräulein.« Sie wendet sich leise zu mir. »Bei uns gibt's nämlich ein Nachtleben!«, vertraut sie mir stolz an.

Eine Sirene heult durch die Nacht, sie ist noch nicht verklungen, als das Dröhnen von Fliegern schon die bedrückende Stille aufbläht, und gleich darauf folgt ein heftiger Bombenhagel, der alles außerhalb der dünnen Holzwände dem Erdboden gleichzumachen scheint. Es gibt kein Entrinnen, denn weder das Durchgangslager noch das Konzentrationslager Dachau haben Luftschutzräume für Ausländer, die gibt es nur für die Deutschen in der Verwaltung.

In der herabstürzenden Dunkelheit steigert sich das tolle Treiben in den Betten, als würde es aufgestachelt von der Unersättlichkeit der Bomben. Die Tür knarrt und wird aufgestoßen. Die schwankende Gestalt eines Mannes taucht in der Öffnung auf.

»Das ist er nicht«, sagt Jeanine ungehalten.

»Jeanine«, brüllt der Mann heiser, »ich bringe dich um.«

»Uh, das ist François«, eröffnet mir Jeanine mit einem kaskadenhaften Lachen. Sie dreht sich auf dem Strohsack um. »Der hat es auf mich abgesehen. Weil ich mich einmal mit ihm eingelassen habe, will er mich jetzt immer. Ich bin schließlich nicht sein Eigentum.«

Der betrunkene Franzose macht das Licht an. Eine Welle von Angst breitet sich in der Baracke aus. Es ist der bleiche Student, ein Junge noch, den ich bei der Vorstellungsparade neben den Latrinen gesehen hatte.

Jeanine, die sich verkrochen hat, schreit:

»Mach das Licht aus, du Schwein!«

François greift den Schürhaken und stürzt zähnefletschend auf sie zu. »Ich bringe dich um!«

Männer springen von ihren Strohlagern herunter, jemand macht das Licht aus.

Der Betrunkene knipst das Licht wieder an.

Eine Bombe, die aus den Grundfesten der Erde hervorzubrechen scheint, explodiert mit einem satten Knall. Einen Augenblick später, Zeit genug, um festzustellen, dass unsere Baracke noch steht, stürzen sich die Männer auf François. »Mach aus«, herrschen sie ihn an, bebend vor Verachtung, »die können uns von draußen sehen, du verdammter Dreckskerl.«

Das Licht geht aus, wieder an, wieder aus.

Der grollende Donner scheint sich zu entfernen, tiefe Stille breitet sich aus.

»Du Schwein!« Jeanines silberhelle Stimme moduliert deutlich das Wort und kippt um in genüssliches Lachen. Ein Schrei antwortet, und der Betrunkene tappt in die Richtung von Jeanines Stimme.

Männer schieben ihn zurück, beschimpfen das Mädchen.

»Jeanine!«, brüllt der rasende Junge. »Jeanine!« Angstvoller Kummer klingt in seiner Stimme mit.

Wieder trällert Jeanine: »Kuckuck!«, und lacht. Es hagelt Beschimpfungen und Verwünschungen von allen Seiten.

»Kuckuck!«, neckt sie weiter. »Kuckuck!«

»Gießt ihm einen Eimer Wasser über den Kopf«, ruft einer.

»Wo ist er denn?«

»Neben dem Ofen.«

»Wehe, wenn sich einer bewegt«, sagt der Junge eiskalt. »Ich habe ein Messer in der Hand.« Die Männer treten beiseite.

»Stellt zwei Strohmatratzen ans Fenster und macht das Licht an!«

Das Licht geht an, François steht vor Jeanine und mir und rollt mit den Augen. Jeanine stößt einen Schrei aus, der Betrunkene stürzt auf sie los, ich werfe mich dazwischen.

»Gib mir das Messer«, sage ich.

»Lasst mich«, antwortet er und kommt mit dem gezückten Messer in der Faust auf mich zu. »Geht mir aus dem Weg!«

»Gib mir das Messer.« Auch ich gehe auf ihn zu und sehe ihm dabei fest in die Augen. Er ist höchstens achtzehn und sieht aus wie ein Schüler. Keiner der Umstehenden wagt ihn anzufassen, aus Angst, er könnte mich verletzen. Er weicht zurück und fleht mich an:

»Ich will nichts von dir. Lass mich in Ruhe!« Er weicht weiter zurück zwischen den Strohlagern.

»Gib mir das Messer, oder ich schütte dir einen Eimer Wasser ins Gesicht.«

»Der Wein ist ihm zu Kopf gestiegen!«, spottet Jeanine, die durch mein Eingreifen wieder mutig geworden ist.

Als er Jeanines Stimme hört, fangen seine Augen an zu lodern, und er stößt eine Art Schmerzensschrei aus.

»Ich habe nichts gegen dich.« Er starrt mich an. »Hau ab, habe ich gesagt.«

»Nein.« Ich lächle ihn an.

Wieder kommt er auf mich zu. Ich versuche, ihm das Messer wegzuschnappen, aber er ist schneller als ich und verletzt mich. Ich halte die linke Hand vor der Brust und sehe erschreckt, wie sie sich allmählich rot färbt. Ich presse sie fester. François sieht mich an, er denkt, er hätte mich durchbohrt, lässt das Messer fallen und zieht sich mit angsterfülltem, wildem Blick in eine Ecke zurück.

Besorgt nehme ich die Hand von der Brust. Ich habe nur einen Ritz am Zeigefinger.

»So ein Schmierenkomödiant«, sagt Jeanine gereizt. Und schon kommt der Betrunkene mit noch glühenderem und finstererem Gesicht als vorher wieder aus seiner Ecke, schlägt einen kräftigen Jungen, der ihn festgehalten hat, zu Boden, hebt das Messer wieder auf, das noch auf dem Boden lag, und schreit:

»Ich bringe dich um!« Seine Stimme mündet in einem Rülpser.

Inzwischen bin ich bei dem Wassereimer, eine Russin reicht ihn mir heimlich, und ich nehme ihn. Ich schwenke ihn hin und her. François bemerkt mich.

»Wieder die, was will sie denn?« Er sieht auf den Eimer. »Nicht das Wasser«, fleht er mit aufgerissenen Augen. »Nicht das Wasser, bitte.« Er weint und kommt mit dem gezückten Messer auf mich zu. »Haltet sie fest, ich habe nichts getan.« Starr vor Schreck blickt er um sich. »Haltet sie fest!«, knurrt er, dann schreit er plötzlich los: »Ich bring dich um.« Er stürzt auf mich los, während ich blitzschnell das Wasser über ihn schütte.

Er bricht mit einem Zitterkrampf zusammen. Sie ziehen ihn aus, legen ihn hin und löschen das Licht. Ein immer stärker werdendes Brummen schluckt jeden Atemzug, ein Knall lässt die Baracke wackeln, das elende Geheul und Geschluchze des Betrunkenen begleitet ihn.

»Sie dürfen sich nicht wegen einer Kleinigkeit so aufregen«, murmelt mir der Gascogner mit tonloser Stimme zu. Er zündet sein Feuerzeug an und erklärt mir im Licht der winzigen Flamme mit einem tiefen Blick in meine Augen, wie unverhältnismäßig meine beispielhafte Geste verglichen mit ihrem erbärmlichen Anlass sei. Seine Augen gehen ins Grüne, er hat regelmäßige, aber unauffällige Gesichtszüge, die etwas Feuchtes haben. Er erzählt mir, dass François Gymnasiast war und wegen Zwistigkeiten mit den Eltern von zu Hause weggelaufen ist. Auch Jeanine ist von zu Hause ausgerissen und hinter der Tafel Schokolade eines kleinen deutschen Soldaten hergelaufen, wie ein Pferdchen hinter einem Zuckerstück, dann ist sie hier gelandet, und zwar vor allem, um nicht arbeiten zu müssen. Paolo ist ein Unteroffizier der Marine, Berufssoldat, der Intelligenteste und Reifste von allen hier, aber ohne wirkliche Energie.

Ich sehe hinüber zu Jeanine, die friedlich eingeschlafen ist. Der Bombenangriff hat sich entfernt und ist nur noch als ein gedämpftes Grollen zu hören. Der Gascogner redet weiter, ohne die Stimme zu heben oder zu senken. Er ist Ingenieurstudent und in Paris aufgegriffen worden, aber er stammt aus den Pyrenäen, »wo es ganz hohe Wälder gibt«, sagt er, »und die Luft getränkt ist von wilden Gerüchen, die Erde feucht und würzig«. Er senkt die Lider. »Wenn Sie wüssten, welche Ruhe da oben herrscht, die dräuenden Berge, die Fetzen Himmel zwischen dem Grün ...«

Ich merke, dass ich unaufmerksam bin, und starre wieder auf seine Lippen.

»Die Sonnenuntergänge sind unendlich lang und rosig«, murmelt er, »rosig voller Scham, verstehen Sie? Nicht abrupt und rasch, als ob alles plötzlich brennt, sondern so, als ob man alles durch Wasser sieht, können Sie mir folgen? Und dieser Wind, der in einen dringt, frisch und scharf in den Lungen.«

Ich kann die Augen nicht mehr offenhalten, während ich auf dem Strohlager neben dem Studenten aus der Gascogne sitze, der im Gestank der Baracke die Gerüche seiner Heimat atmet.

Die Sirene ertönt: Entwarnung.

Mein Nachbar sieht auf die Armbanduhr.

»Es ist drei Uhr«, sagt er.

Ein Mann setzt sich neben mich; es ist der saubere, rasierte und frisierte junge Italiener, den Jeanine mir bei der Vorstellungsparade als Lackaffen präsentiert hat.

»Ich habe Sie den ganzen Abend beobachtet, Fräulein, aber ich weiß noch immer nicht, was Sie denken, wie Sie das alles beurteilen.«

»Alles was?«

»Diese schreckliche Situation, diese Leute! Reden Sie frei heraus, denn die verstehen hier kein Italienisch, und selbst wenn sie es täten, nehmen sie vielleicht irgendwelche Rücksicht auf Sie? Aber die Nazis werden noch büßen für ihre unmenschliche Grausamkeit. Nur die Verachtung und die Wut, die ich in mir habe, bewahren mich vor dieser Promiskuität.«

Ich schweige weiter und überlege. Ich fühle mich nicht so angeekelt.

»Ich glaube nicht, dass man so leicht urteilen kann«, sage ich schließlich.

»Können Sie sich denn in all diesem Chaos noch lebendig fühlen?«

»Ja.«

»Bringen Sie etwa auch noch Interesse auf?«

»Ja.«

»Aber was reden Sie denn, betrachten Sie die Dinge doch mal einen Augenblick von außen: Das ist so monströs, dass kein Mensch etwas daraus lernen kann. Das gilt schon für uns. Und dann denken wir an diejenigen, die nicht hier gewesen sind, wie sollen die sich dafür interessieren? Es gibt nichts Universelles in unserem Leiden, nur Aufhetzendes, Unmenschliches und Triviales. Ich möchte alles so schnell wie möglich wieder vergessen, alles auslöschen.«

Ich lege mich auf das Strohlager neben Jeanine. Der elegante Italiener steht auf und geht. Der Student aus der Gascogne ist im Sitzen eingeschlafen. Ein Mann tastet sich an den Holzgestellen mit den Strohlagern vorbei und weckt Jeanine. Sie flüstern. Jeanine erzählt ihm offen und ungeniert ihre Abenteuer.

»Du bist wirklich ein Früchtchen«, kommentiert der Mann belustigt. Aber Jeanine scheint dieses Urteil zu kränken und erzählt ihm, was sie alles den Deutschen schon an den Kopf geworfen hat. »Mit denen gehe ich nicht!«, ruft sie voller Vaterlandsliebe aus. Und ebenso ernst und entschlossen fügt sie hinzu: »Zumindest bis jetzt.« Sie bricht in Lachen aus und fragt ihn, was er bereit wäre, ihr zu geben.

Der Franzose setzt sich neben sie, zündet ein Streichholz an, dessen Flamme Jeanine beleuchtet. Sie wirft ihm einen boshaften Blick zu. »Letzten Endes bist du wie alle anderen!« Der Mann hat ein waches Gesicht, lebhafte Augen und ist zierlich und wohlproportioniert. Er erklärt, er würde ihr für Gelegenheitsbesuche einen guten Preis zahlen, wenn es allerdings etwas Festes würde, dann würde er ihr sehr viel zu essen geben und ihr Freude machen.

»Freude mache ich doch dir!«, gibt Jeanine zurück. Auch sie richtet sich jetzt auf, die Verhandlung wird ernsthafter, Jeanine wird lauter, zieht die Nase kraus, diskutiert, stampft mit den Füßen. Schließlich steht sie laut lachend auf.

»Du gefällst mir nicht genug«, sagt sie und neigt sich zu ihm. Dann dreht sie sich zu mir um. »Uh, Carlà ist aufgewacht!«, ruft sie. Dann fährt sie den Franzosen an: »Hau ab!« und redet dann zerstreut auf mich ein: »Du bist eine Flasche. Aber was soll's. Ich mache es nicht so spannend. Jedenfalls hat Polò ausdrücklich gesagt, dass du nicht rausdarfst. Du musst das befolgen, er ist nämlich der Bandenchef.«

Der Franzose zündet eine Zigarette an und geht.

»Hast du den gesehen?«, flüstert Jeanine mir zu. »Ich habe immer Nein gesagt, es geht wirklich nicht, weißt du, wegen Polò. Nicht wegen ihm, er weiß es ja nicht, sondern wegen der Leute und deren Gerede. Denk nur an die Scopina, die obendrein Syphilis hat. Ich möchte nicht bloßstellen. Und Polò hat auch kein Geld. Es wird wahrscheinlich damit enden, dass ich mich mit dem da hinter den Küchen verabrede.« Sie reckt sich hoch und streckt den Kopf vor. »Da ist sie«, murrt sie. »Warum muss sie immer hierherkommen zum Schlafen?«

Die Scopina bleibt am Fußende unserer Strohlager stehen, eine Zigarette im Mund. Hinter ihr kommt ein Mann, der ihr mit der Taschenlampe ins Gesicht leuchtet, beide Gesichter erscheinen im Lichtkegel, das weiße, breite, ausdruckslose Gesicht der Frau und das pockennarbige Gesicht des Mannes, der sie mit schamlosen Blicken misst.

»Das ist der marokkanische Kapitalist«, flüstert Jeanine mir zu und stößt mich an.

Die beiden verhandeln über ein Paar Schuhe, das er in der Hand hält, für zwei Stunden Liebe. Sie verschwinden in einem Bett.

»Ekelhaft!«, sagt Jeanine. »Man kann hier nicht in Frieden schlafen.« Sie spitzt die Ohren. »Es regnet.«

Der Regen hämmert schwer auf die Holzwand hinter meinem Kopf, sein Geräusch vermischt sich mit dem Getuschel, das durch die verbrauchte Luft dieses niedrigen Raumes schwirrt.

Das große Licht geht wieder an und verleiht den Gesichtern einen mürrischen und benommenen Ausdruck.

»Vier Uhr«, sagt Jeanine. »Sie verschwenden sogar Strom, nur um uns zu stören.«

Wieder geht die Tür einen Spalt auf, Benito torkelt herein, ein dickes Bündel unter dem Arm, und blickt sich sofort verstört um. Die Kleider kleben ihm nass am Leib, wodurch er noch magerer und unbeholfener wirkt, die Haare sind an der Stirn und zwischen den Segelohren plattgedrückt. Er geht auf Zehenspitzen. Am Ofen schüttelt er sich das Wasser von den Kleidern. Er öffnet das Bündel, in dem sich zahlreiche Brotscheiben befinden. Er betastet sie und schüttelt betrübt den Kopf. »Der Regen hat noch gefehlt!

Ausgerechnet jetzt musste es regnen.« Er streichelt das Brot, eine Scheibe fällt zu Boden und macht ein Geräusch wie ein Stein.

Die Flüchtlinge, die, immer hungrig, da sie keine Suppe bekommen, Benito erkannt haben, rufen ihn von ihrem Lager aus, ohne aufzustehen.

»Da kommt unser Retter. Brot den Verhungernden.«

»Der große Benito! Brot den Verdurstenden.«

»Komm hierher, Brot den Elenden.«

Und er läuft gefügig und betroffen von einem zum andern, ein mitleidiges und bescheidenes Lächeln auf den Lippen, und macht mit der Hand beschwichtigende Gesten.

»Das ist nichts, gar nichts. Das Brot ist gut, nur der Regen hat es ruiniert, sonst ist das Brot gut. Aber morgen«, verspricht er mit geheimnisvoller Miene, »morgen werdet ihr sehen, da bringe ich euch ein paar Eier.« Er zwinkert mit einem Auge und legt den Zeigefinger auf den Mund. »Lasst Benito nur machen, ihr werdet schon sehen.«

»Hoch lebe Benito.«

Jeanine ist die Einzige, die aufsteht und ihm entgegengeht.

»Armer Kerl«, sagt sie zu ihm, »du siehst aus wie ein geprügelter Hund, hast eine schöne Dusche abbekommen, pass auf, dass du nicht abkratzt, mein Alter!«

Ihre Aufmerksamkeit wird jetzt auf die Tür gelenkt, die sich langsam öffnet; ein Mädchen schleicht sich herein und sieht sich vorsichtig um. Unter einer Soldatenjacke trägt sie ein zerschlissenes Seidenkleid. Sie schließt die Tür, sieht, dass Jeanine sie beobachtet, lächelt sie an und entblößt dabei lange gelbe Zähne zwischen von Lippenstiftresten eingerahmten Lippen. Sie setzt sich hinter den Ofen, wie auch ich es getan habe, und spricht mit Jeanine, wobei sie sie aus großen hellen, kurzsichtigen Augen ansieht. Sie hat einen Bubikopf mit Pony, und die langen Fransen auf der Stirn sehen aus wie endlose, schmale Pfoten, die die kurzen, steilen Augenbrauen zu kitzeln scheinen.

Ein Junge lässt sich neben mir auf ein Lager plumpsen.

»Du bist also die Neue«, sagt er. »Ich bin Jean aus Lille.«

Ich schließe die Augen und hoffe auf Schlaf, aber ich sehe ein, dass der Vorstellungsritus weitergeht, es ist für mich eine große Hilfe zu wissen, an wen ich mich wenden kann, ich muss wach bleiben. Er erzählt mir unterdessen, dass er als Geisel deportiert worden ist, aber dass es hier fast schlimmer ist als in den Arbeitslagern. Und er fängt an, mir die Unterschiede zwischen den verschiedenen Lagern zu erklären, die ich sehr wohl kenne, aber das sage ich ihm nicht. Es gibt fünf verschiedene Arten: Neben den Durchgangslagern für alle gibt es die Freiarbeiterlager, die Kriegsgefangenenlager, die Arbeitslager, in denen Aufgegriffene, Geiseln, Angehörige der politischen Gefangenen und ausländische Partisanen und Deserteure interniert werden, schließlich die Konzentrationslager, wo die aus rassischen Gründen Auszumerzenden sind, also die Juden, die politisch Verdächtigen, die Saboteure, die nicht registrierten Prostituierten, die Schwulen und Lesben, die gewöhnlichen Kriminellen, Verbrecher, Mörder, Erpresser, Vergewaltiger, zählt er auf, »nicht gerechnet die sogenannten Endlösungslager, verstehst du? Die Vernichtungslager.«

»Ja.« Ich nicke.

»Mich haben sie in der Fabrik festgenommen«, fährt er fort. »Ich bin Arbeiter. Bei jedem Bombenangriff hier kommt es mir so vor, als hörte ich wieder den Krach in meiner früheren Fabrikhalle. Ich habe in Lille an den Hochöfen gearbeitet. Und du?«

»Aufgegriffen.«

Er beugt sich zu meinem Ohr. »Von wo bist du geflüchtet?«

Ich mache eine Bewegung mit dem Kopf. »Von da hinten«, murmele ich.

»Aus dem Konzentrationslager?«, fragt er verblüfft. »Warum haben sie dich denn nicht in ein Arbeitslager gesteckt?« Aber dann lacht er los. »Na ja, was soll sein, mal hat man mehr Glück, mal weniger«, sagt er mit einem vielsagenden Blick, »so etwas kommt vor.«

Er ist jetzt aufgestanden und lehnt den Kopf an einen der Holzpfeiler unseres Katafalks. Er hat ein gesundes, klares Gesicht mit goldenen, willensstarken Augen, er spricht langsam und verbissen und starrt dabei vor sich hin, verflucht die Nazis mit einer obszönen und brutalen Sprache, die in einem krassen Gegensatz zu dem nachdenklichen und ruhigen Ausdruck seines Gesichts steht.

Er legt sich wieder hin und nähert sich mir; er liegt auf der Seite, auch er stinkt nach Schweiß.

»Heute Nacht haben sie im Akkord bombardiert!«, sagt er. »Hast du keine Angst gehabt?«

»Doch.«

»Na komm, lass uns miteinander schlafen«, sagt er seufzend mit einem Unterton von Schicksalsergebenheit.

Ich schüttle den Kopf.

»Ah!« Er entspannt sich wieder. Er sieht mich fast liebevoll an, und während er es sich neben mir bequem macht, vertraut er mir an, dass er dieses Leben satt hat, wo nur der Schwanz zählt, und dass er jetzt zum ersten Mal, seit er in Deutschland ist, eine Viertelstunde neben einer Frau liegen darf, ohne sofort zur Sache kommen zu müssen. Er erklärt mir, dass die Frauen Blutsaugerinnen sind und einen Mann nie in Ruhe lassen. Alle. Er gesteht mir, dass ich ihm ziemlich gut gefalle und dass er mich sogar gern zufriedenstellen würde, aber er redet lieber, er hat ein schweres Herz, ein Geheimnis, er wälzt sich fast auf mich und kneift mir in die Wange. »Ich werde heute im Laufe des Tages fliehen«, flüstert er. »Was meinst du, ob ich es schaffe?«

»Am Tag?«

»Am Tag, das klingt seltsam, aber da gibt es nicht so viele Wachen wie in der Nacht.«

»Wohin?«

»Ich habe mir die Papiere eines Freiarbeiters beschafft, der bei einem Bombenangriff abgekratzt ist. Die Fabrik, in der er gearbeitet hat, ist auch zerstört. Mit diesen regulären Papieren melde ich mich beim Arbeitsamt. Nach ein paar Monaten vorbildlichen Verhaltens bei der Arbeit lasse ich mir Urlaub geben. Und wenn ich erst wieder in Lille bin, gehe ich in den Untergrund. Hier ist alles.« Er zieht seine Ausweise heraus, hält sie einen Augenblick ans Licht und zwinkert mir zu. »Gar nicht so blöd, wie?«

Seine nahe Freiheit verbindet sich für mich unwillkürlich mit seiner Person, und während ich ihm zuhöre, spüre ich eine Anwandlung von Sympathie für ihn, als könnte er auch mich befreien. Ich stehe aus dem Bett auf, um mich anderswo hinzulegen. »Sei vorsichtig, Jean.«

»Bin ich dir auf die Nerven gegangen?«, fragt der Arbeiter überrascht.

»Nein, aber du musst jetzt schlafen, sonst bist du im entscheidenden Augenblick zu angespannt. Du hast nur noch wenige Stunden.«

»Na ja, hast recht, aber weißt du was«, er zieht mich am Arm, »so ein netter kleiner Fick mit dir würde mir schon gefallen.« Er sieht mich treuherzig an.

Ich lache aus vollem Herzen. »Viel Glück!«

Genug, ich will niemanden mehr hören und sehen, ich will einschlafen. Ich gehe durch die übelriechende schwammige Luft auf der Suche nach einem leeren Lager. Hoffen wir, dass Jean aus Lille es schafft.

Aber die Neue mit dem Pony winkt mich zu sich hinter den Ofen.

»Du bist von drüben, stimmt's?«, fragt sie mich auf Französisch.

»Ja.«

»Gibt es hier Hunde?«

»Bis jetzt habe ich keine gesehen.«

»Sterben viele?«

»Ich glaube nicht.«

»Und die da?« Sie blickt sich um. »Kann man sich auf die verlassen?«

»Ja. Von den anderen weiß niemand, wer wir sind, und untereinander helfen wir uns selbstverständlich. Aber sag mal, ist nichts passiert, nachdem ich ...«

»Wann?«

»Vor sieben Wochen.«

»Ach komm!« sagt sie achselzuckend.

»Italienerin aus dem vierten Block, in der Baracke.«

»Ah!« unterbricht sie mich. »Vielleicht ...« Dann schweigt sie.

»Sag schon«, dringe ich in sie.

»Die Einzelheiten kenne ich nicht. Ich war drin wegen ...« Sie wischt die Erklärung mit einer Handbewegung beiseite und fährt fort: »Jedenfalls als gewöhnliche Kriminelle, was ich ja bin, habe ich nicht mit den anderen Kategorien verkehrt, aber das weißt du ja. Alle ohne Suppe am Abend und ...« Sie schweigt erneut, erschauert. »Vorgestern haben sie zwei hier draußen wieder aufgefischt und sie im Hof durchsiebt. Ein Mädchen hat geschrien, die haben sie mit Chloroform kuriert.«

»Wer?«

»Ich weiß nicht, eine Jüdin, heißt es. Ich kann nicht mehr.«

»Bleib nicht hier in der Mitte, geh in eine Ecke.«

»Ich friere«, sagt sie, steht auf und entfernt sich.

Jeanine ruft mich.

»Sie ist Französin, aber sie gefällt mir nicht, an ihrem Hals und ihren Ohren stimmt was nicht. Aber wenn sie sie trotzdem bei uns aufnehmen wollen, sollen sie es tun. Ich werde den Vorschlag jedenfalls nicht machen. Lass uns jetzt schlafen, es ist bestimmt gleich sechs, und um sieben müssen wir verschwinden, dann ist Appell in den Baracken.«

Wir hören die Tür knallen.

»Das wird Polò sein, der zurückkommt! Aber ich lasse mich nicht sehen, der soll mal lernen, was mit Vagabunden passiert«, erklärt Jeanine. »Ach nein, das ist ja der Kohlenmann.«

Ein schlaksiger, bleicher Mann mit einer eng um den Hals geschnürten Krawatte kommt herein.

Die Scopina fährt mit rotem Gesicht und zerzaustem Haar hoch, sie ist außer Atem.

»Reg dich doch nicht so auf, meine Liebe«, sagt der Kohlenmann. »Der Bombenangriff steckt dir noch in den Knochen, nicht wahr?«

»Ja.«

Er streichelt ihr Haar. Das Gesicht des Marokkaners taucht auf, er beobachtet das Paar mit einem vielsagenden Lächeln.

»Ich habe dich in allen Baracken gesucht«, sagt der Kohlenmann zärtlich. Er setzt sich auf ein leeres Strohlager neben das von Jeanine und mir. Die Scopina streckt sich aus und legt ihren Kopf auf die Knie des Freundes, der ihr Gesicht mit einem Arm umfasst. »Seht nur, wie schön sie ist!«, sagt er und berührt sie zart mit der kohleverschmierten Hand. Ich hebe den Kopf und betrachte im Halbdunkel unter dem Holzbaldachin das glatte Gesicht der Frau.

»Sie sieht aus wie ein Reklame-Baby.«

Jeanine prustet los, die Scopina fährt hoch und zischt giftig:

»Halt die Klappe und kümmere dich um deine eignen Angelegenheiten.«

»Und die wären?« Jeanine fährt hoch und sieht sie herausfordernd an.

»Das will ich lieber nicht sagen.«

»Sag's ruhig, dann pack ich nämlich auch aus.«

»Du weißt sehr gut, warum du hier in Frieden gelassen wirst.«

»Warum zankt ihr euch denn?«, mischt sich der Kohlenmann freundlich ein.

»Sie ist eine Rotznase!«, sagt die Scopina achselzuckend und legt ihren Kopf wieder auf die Knie des Freundes. Jeanine schnaubt ärgerlich, antwortet aber nicht.

Ich stehe auf, lächle dem Kohlenmann zuliebe sein Reklame-Baby an.

Die Tür wird aufgerissen, fahles Tageslicht dringt herein. Paolo tritt pfeifend ein.

Der Gascogner fährt aus dem Schlaf hoch und sieht mich an.

»Es ist grauenvoll«, sagt er, »man kann nicht einen Augenblick schlafen. Sehen Sie sich dagegen die Russen an, die hören und sehen nichts, man könnte meinen, sie wären gar nicht da. Die westliche Zivilisation reibt einem die Nerven auf und macht einen reizbar.« Und dann legt er mir die schädlichen Folgen für das Nervensystem durch eine Lebensform dar, die seit Generationen zu sehr an alle Bequemlichkeiten gewöhnt ist.

Jeanine liegt auf der Lauer.

»Wo warst du bei dem Bombenangriff?«

»Das weißt du doch«, antwortet Paolo.

»Busgiardò*!«, schreit sie ihm ins Gesicht in ihrem Italienisch, das immer die letzte Silbe betont. Und zum Zeichen ihres Protestes dreht sie sich auf den Bauch.

»Du könntest mir keinen größeren Gefallen tun«, entgegnet Paolo. »Ich falle fast um vor Müdigkeit.«

Wütendes Achselzucken von Jeanine, die einschläft.

Der Gascogner ist inzwischen bei Zar Peter dem Großen angekommen.

Die Scopina will, dass der Kohlenmann seine Hose aufmacht.

Ich gehe und muss mir einen Weg durch die eng aneinandergedrängten Menschen bahnen. In einer Ecke auf dem Boden treibt es die Neue mit dem Pony kratzend, beißend und unter zirpendem Gekicher mit François. Ich gehe in die Mitte der Baracke, wo die Lampe hängt.

»Fräulein«, ruft der geschniegelte Italiener mit brillantineglänzendem Haar, »können Sie kein ruhiges Fleckchen finden?«

Seufzend setze ich mich neben ihn. »So ist es, ich finde keins. In diesem Rhythmus erlebe ich das Kriegsende nicht mehr. Bei uns war das anders, wir waren nur Frauen, und ich bin verrückt geworden von dieser reglosen Stille in der Nacht.«

»Tut Ihnen wohl schon leid?« Dann erzählt er mir, dass er mit

* Von ital. bugiardo: Lügner

einer Deutschen verlobt ist, dass sie sich sehr lieben und dass er nicht leben kann so fern von ihr, sie ist auch gegen die Nazis.

Ich stehe auf und gehe, ohne mich auch nur zu verabschieden, und treffe auf Paolo, der am Fenster steht. Er packt mich am Arm.

»Carla«, sagt er atemlos, »es steigt langsam hoch.«

»Was denn?«

Seine Züge verändern sich. Jeanine stößt auf ihrem Bett einen Schrei aus und stürzt auf ihn zu.

»Polò, Polò!«, schreit sie tonlos und ohrfeigt ihn.

Paolos Kräfte lassen nach, wir stützen ihn unter den Achseln.

»Macht Platz da«, schreit Jeanine.

Geifer tritt ihm auf die Lippen, seine Augen werden starr, und die Beine knicken ihm weg, als wären sie aus den Gelenken gelöst. Bei dem Versuch, ihn auf ein Lager zu zerren, rutscht er uns aus den Armen, fällt nach hinten, schlägt mit dem Hinterkopf auf den Boden und fängt an, um sich zu treten und sich zu winden. In die Augen schießt Blut, er fängt an, heftig mit den Zähnen zu knirschen, der Speichel läuft ihm schäumend übers Gesicht.

Jeanine setzt sich auf seine Brust, ohne sich um die Schläge und Tritte, die er austeilt, zu kümmern, und reißt ihm den Kopf hoch.

»Das ist das Delirium tremens«, sagt sie zu mir, »halt seinen Kopf hoch. Gebt mir Wasser.« Paolo verdreht die Augen und verzieht knirschend den Mund. Jeanine taucht einen Zipfel ihrer Jacke in Wasser und befeuchtet seine Stirn. Dann versucht sie mit raschen Griffen, seine Kiefer auseinanderzureißen.

»Er beißt sich immer auf die Zunge. Ich fühle es im Voraus, wenn es wieder soweit ist. Er darf sich nicht in geschlossenen Räumen aufhalten, er weiß das. Hier erstickt man ja, er darf sich nicht überanstrengen, nicht nass werden, aber ihm ist das ja egal, jetzt liegt er wieder flach wie eine Küchenschabe. Du trinkst, du trinkst!« Dabei befeuchtet sie weiter seine Stirn, schließt ihm die Augen, beugt sich rasch zu ihm hinunter und küsst ihn auf die Stirn. »Lieg still, du Rhinozeros. Ich gehe nämlich extra mit ihm, stell dir vor.

Ich merke sofort, wenn er wieder seinen Rappel bekommt. Lieg still, sag ich dir.«

Mit einer heftigeren Zuckung wirft Paolo sie zu Boden gegen eine Bettkante.

»Haltet ihn fest, los«, schreit sie noch am Boden, »er tut sich sonst weh, er haut sich den Kopf ein!« Mit einem Satz springt sie hoch und wirft sich auf ihn, er tritt um sich, will sich befreien, ein paar Männer halten sie fest, während andere versuchen, Paolo bewegungsunfähig zu machen, der, befreit von Jeanines Gewicht, anfängt, zu winseln wie ein Tier.

»Du trinkst!«, schreit ihn Jeanine wie besessen an und blickt ihm in die Augen. »Du trinkst mehr, als du verträgst, du Idiot, du Schuft! Knebelt ihn, bindet ihn fest, bitte, er ist heute noch wilder als sonst.«

Schließlich schaffen sie es, ihn zu bändigen, und schleppen ihn auf ein Strohlager.

Jeanine fährt mit einem Ruck hoch.

»Neulich Nacht«, erzählt sie mir, »ist es ihm auf der Latrine passiert, ich war mit ihm dorthin gegangen, weil ich was gemerkt hatte, da hat er angefangen, mich zu verprügeln, und ich habe schon geglaubt, er will mich erwürgen, und bin abgehauen. Aber als ich draußen war, konnte ich ihn nicht so sich selbst überlassen und habe an der Tür gehorcht. Es hat sehr lange gedauert. Ich war zu Eis erstarrt. Er hat Lärm gemacht wie ein wasserscheuer Hund. Als ich nichts mehr gehört habe, bin ich wieder hineingegangen, habe mich neben ihn auf den Boden gesetzt und seinen Kopf auf meine Knie gelegt, bis er wieder aufgewacht ist. Währenddessen gingen die Männer die ganze Zeit ein und aus, um zu urinieren. Aber soll ich dir was sagen? Es hat nicht viel gefehlt, und ich hätte geheult.« Das elektrische Licht geht aus, und der Raum wird jetzt nur noch vom milchigen, trostlosen Licht des frühen Morgens erhellt, das durch die beiden Fenster dringt. Man hat den Eindruck, dass der Regen jetzt noch heftiger prasselt und direkt auf uns fällt.

»Jetzt ist Schluss mit dem lustigen Treiben«, sagt Jeanine seufzend. »Gleich dreht sich wieder das Karussell des Desinfizierens. Es beginnt um acht. Wir müssen hier weg. Zieh dir einen Rock von irgendeiner Russin an, dein Arbeitsanzug stinkt kilometerweit nach Deutschland. Wie soll ich den denn jetzt da wegkriegen, diesen Dickhäuter?« Sie deutet auf Paolo. »Es ist ein Jammer, aber wenn man ständig damit rechnen muss, dass plötzlich die Deutschen auftauchen, muss man dauernd wachsam sein, man schläft nur mit einem Auge. Glaubst du, dass ich manchmal das Gefühl habe, ich bin müde? Ich kann den doch hier nicht so schnarchen lassen. Am Ende halten sie ihn noch für ein viermotoriges Flugzeug und geben Alarm.« Sie lacht vor sich hin.

»Polò, wach auf, Polò! Verdammter Krieg! Polò?!«

Wie elektrisiert springen die Flüchtlinge aus den Fenstern und verschwinden im Regen.

»Haut ab!« drängt der Kohlenmann. »Sie kommen schon zum Appell.«

Ich laufe zur Latrine.

Die Scopina baut sich vor mir auf.

»Geh um die Ecke, vor der Latrine steht eine Wache.«

Ich gehe in Richtung der Abfallhaufen. Im grauen Tageslicht kann ich den Stacheldraht des Konzentrationslagers erkennen. Es liegt eingetaucht in ein Schweigen, das mir bedrohlich und tödlich erscheint. Der Regen durchnässt mich bis auf die Knochen. Geräusche von Schritten. Ich werfe mich zu Boden. Ich möchte mich nie mehr bewegen, da, auf diesem Abfallhaufen, ich möchte Teil dieser allgegenwärtigen Abfälle werden.

Geräusche von Lastwagen, Schreie, Triller von Militärpfeifen.

Ich träume, dass ich mit Jeanine losgegangen bin, um auf irgendwelchen gefährlichen Felsen ein Schaf zu stehlen. Wir haben ein Lamm gefunden und ihm die Beine gebrochen, aber da war es ein kleines Kind. Wir wussten nicht, wo wir es verstecken sollten, und haben es nachts begraben. Dann sind wir zu einem eindimensionalen Dorf gegangen, in das wir nicht eindringen konnten, an dem wir uns aber entlangstahlen. Schließlich gelangten wir zu einem kleinen Haus. Die Tür stand offen, und drinnen brannte Licht. Ein schönes dunkles Mädchen mit langen, im Nacken zusammengehaltenen Haaren kommt uns im Nachthemd entgegen.

»Töte sie nicht«, flüstere ich Jeanine zu.

»Warum sollte ich sie denn töten?«, fragt sie.

Wir nehmen das Mädchen in die Mitte, stoßen sie aus dem Haus und warnen sie vor Räubern, die kommen und ihren Schatz stehlen wollen.

»Geh nicht zurück«, sagt Jeanine zu ihr und winkt mir mit einer Geste des Einverständnisses. »Ich werde ihn in Sicherheit bringen. Geh du mit Carla dort hinaus. Lass dich nicht blicken, sonst bringen sie dich um.«

Das schöne Mädchen geht hinter mir auf der Straße, und ich fordere sie auf, sich in einen Graben unten an der Mauer zu legen.

»Da sind sie«, sage ich und bedecke ihr Gesicht mit einem Tuch. Ich mache Jeanine, die mich beobachtet, ein Zeichen. Jeanine schlägt die Türen zu und wirft die Möbel um, dann kommt sie auf Zehenspitzen mit einem Beil, bis sie hinter dem ausgestreckten Mädchen steht, und spaltet ihr den Schädel. Ich höre Stimmen, setze mich auf den Kopf des Opfers und Jeanine setzt sich auf ihren Bauch. Als es wieder still ist, ziehe ich das Tuch weg, vor mir liegt eine muntere Greisin, mit zwei spitzen Zähnchen, die ihr aus der Unterlippe ragen; sie sieht mich verwundert an und blutet aus den Augen.

Ich zerre sie hoch, stopfe sie fest in einen Sack und lade sie mir auf die Schulter. Jeanine trägt den Schatz. Als wir die gefährlichen Felsen wieder erreicht haben, werfen wir Frau und Schatz in eine Schlucht und gehen auf das Polizeirevier, um uns selber anzuzeigen.

»Was machst du hier?« Irgendetwas schüttelt mich. Ich kann

meine Glieder nicht bewegen, sie fühlen sich riesig und schlaff an wie mit Wasser vollgesogene Schwämme.

Ich drehe den Kopf zur Seite. Ein deutscher Wachposten steht über mich gebeugt. Schrecken packt mich, der mich blöde macht:

»Ich bin unschuldig!«, schreie ich. »Ich bin unschuldig!«

Die blauen Augen des Wachpostens ziehen sich zusammen.

»Steh auf, hier holst du dir eine Krankheit.«

»Ich bin hingefallen.«

Der Wachmann löst eine Feldflasche von seinem Gürtel und gießt mir einen Strahl Cognac in den Mund.

»Geh in deine Baracke zurück, es ist Zeit für die Desinfektion.«

Beim Klang des Wortes »Desinfektion« fällt mir die Realität wieder ein, trotzdem glaube ich angesichts der Trägheit meines Körpers, dass ich nicht am Leben bin, sondern noch träume. Immerhin fällt mir blitzartig eine List ein.

»Ich muss aufs Klo«, sage ich.

»Dann geh, dazu hast du noch Zeit.«

Der Wachmann hilft mir beim Aufstehen und stützt mich. Plötzlich erinnere ich mich daran, dass er ein Nazi ist, ich nehme all meine Kräfte zusammen, reiße mich von ihm los und patsche mit den Füßen in eine Pfütze, dass es spritzt. Er holt mich ein, packt mich am Arm, reißt die Latrinentür auf und schiebt mich hinein. Durch ein Oberlicht fällt fahles Tageslicht, der Regen prasselt unaufhörlich und begleitet die Trostlosigkeit des Ortes mit seinem monotonen Klagen. Die Verlauste sitzt auf einer anderen Schüssel.

»Du bist müde, wie? Hier ist es ganz bequem. Ich komme auch immer hierher, um mich auszuruhen. Mein schönes Kind, mir gefällt dieses Leben nicht, deshalb habe ich auch keinen Erfolg. Ich arbeite gerade so viel, dass ich mir das Minimum, was ich für Essen und Rauchen brauche, beschaffen kann, viel ist das sicher nicht, aber es macht mir überhaupt keinen Spaß. Der Mist ist, dass meine Veranlagung mir schadet. Jeanine zum Beispiel hat

Erfolg mit ihren sechzehn Jahren, ihr persönliches Vergnügen, die braucht nicht über den Preis zu verhandeln! Mich dagegen, mich will keiner.«

Die Tür wird aufgerissen, und der Wachmann kommt herein. »Zisch ab!«, fährt er die Verlauste an. »Los! Hoch!« Dann wendet er sich an mich. »Du auch, geh jetzt und zieh dich an.« Er behält mich im Auge, bis ich in meiner Baracke verschwunden bin. Ich lege mich neben eine Russin, die an ihrer harten weißen Brust einen völlig schorfigen Säugling stillt, und schlafe wieder ein.

Gereizte und harte Stimmen reißen mir die Kleider vom Leib. Ich richte mich im Bett auf.

Ein paar Wachen laufen in der Baracke hin und her und scheuchen uns ungeduldig hoch. Der Nazi, der mich am Kragen gepackt hat, um mich zu wecken, hat mir mit einem einzigen Ruck den ganzen Arbeitsanzug zerrissen, so dass er in Fetzen an mir herunterhängt, und ich versuche, ihn mir schnell vom Leib zu zerren und mich für die Desinfektion auszuziehen. Auch François und die Französin mit dem Pony sind in die Falle gegangen. Ein Wachmann zieht einen Sack hinter sich her, in den jeder seine Kleider werfen muss. Andere Wachen stehen vor den Bettgestellen und sorgen dafür, dass sich alle nackt ausziehen, Männer und Frauen, einer nach dem anderen. Ich habe meinen Arbeitsanzug unter der Strohmatratze versteckt, und niemand hat es bemerkt. Die Russen sind stumm und bleich. Eine völlig nackte, untersetzte, weiße Frau drückt ihr Kind an die Brust und weigert sich, es auszuziehen.

Die Wachen beobachten sie gelangweilt.

Jetzt stehen wir alle nackt zwischen den Holzgestellen mit den Strohmatratzen. Es ist das dritte Mal, dass ich in eine Desinfizierungsaktion gerate. Die Russen sind überzeugt, dass sie jetzt auf die Schlachtbank geführt werden.

Die Männer rechnen sich duckmäuserisch ruhig ihre Chancen aus, und die Frauen drücken verkrampft und erschreckt ihre Kinder an sich und weigern sich, aus ihren Winkeln hervorzukommen.

Die Naziwachen ziehen ihre Revolver und treiben die Gruppen zur Tür.

Die wehrlosen Massen drängen sich wie Viehherden im Regen zusammen, der heftig auf sie einpeitscht. Der volle Kleidersack wird auf einen Lastwagen vor der Baracke geworfen.

Ich befinde mich zwischen dem schamhaften François und der unbefangenen Französin mit dem Pony.

Wir werden in Reihen aufgestellt von Nazis in Regenmänteln, denen der Regen auf die glatten Schirme ihrer Militärmützen trommelt.

Die SS-Leute springen auf den Lastwagen, der sich in Bewegung setzt, und wir erhalten den Befehl, in Reih und Glied hinterherzugehen.

Der Lastwagen rast los, und wir fangen an hinterherzulaufen, gejagt von einem Motorrad, das mit aufheulendem Motor hinter uns fährt, wir stoßen gegeneinander, die spitzen Schottersteine bohren sich in unsere nackten Fußsohlen, wir sind völlig durchgeweicht vom niederprasselnden Regen.

»Hier ist sogar der Regen ein Nazi«, murmelt das Mädchen mit dem Pony neben mir.

Kreischend bremst der Lastwagen ruckartig vor einer anderen Baracke. Noch im Schwung vom Laufen, prallen die Leute in den ersten Reihen mit dem Gesicht gegen die hintere Wagenklappe. Jemandem läuft das Blut aus der Nase. Die Wachen mit ihren Lederstiefeln springen zackig vom Wagen. Aus der Baracke kommen andere nackte Wesen und zittern vor Kälte bei der Berührung mit dem Regen.

Alle Augen sind so voll von Hass, so blutunterlaufen vor Wut über die Demütigung und vor Gier nach Rache, dass die Nazis, würden sie es merken, sich nicht mit solcher Ruhe und solcher gefühllosen Kälte bewegen könnten, sondern in der Angst vor ihrem Schicksal leben müssten. Aber nein, sie wissen es ja, unsere Wut liebkost sie, und an ihrer Kaltblütigkeit gleitet der Hass ab wie der Regen an ihren erstklassigen und gut geschnittenen Regenmänteln.

Die neuen Nackten schließen sich uns an. Die Wachen springen wieder auf den Lastwagen, und er fährt los. Wir fangen wieder an zu laufen wie eine Meute Hunde, zitternd vor Kälte und Wut, äußerlich fröstelnd und innerlich glühend. Die Wachen auf dem Lastwagen verfolgen uns mit den Augen, begutachten unsere Körper und tauschen ohne jede Geste Bemerkungen und Urteile über uns aus. Wir laufen über den langen Hof des Lagers, schreiend vor Schmerzen wegen der Schottersteine, vor Kälteschauern wegen des Regens, wir hüpfen und bespritzen uns mit Dreckwasser, stützen uns gegenseitig, es geht an den Baracken entlang, immer hinter dem Lastwagen her, der mal schneller, mal langsamer fährt, und angetrieben von dem mutwilligen Gehupe des Motorrades hinter uns.

Wir müssen noch einmal halten, unsere Schar zählt ungefähr hundert Leute.

Vor den Baracken erscheinen die bereits Desinfizierten, sie sehen uns an mit betäubter Trauer oder bedenken uns mit beißenden Kommentaren, je nach Laune. Als wir vor einem Betonschuppen anhalten, wo der Lastwagen die Kleidersäcke ablädt, sind wir alle voller Schlamm, den wir beim Gehen aufgewirbelt haben. Ein paar Ausländer machen anstößige Posen vor den SS-Leuten, um sie zu provozieren, aber die kümmern sich nicht darum. Ich bin besessen von dem Gedanken, dass ich nichts zum Anziehen habe und nicht als einzige Nackte aus der Desinfektion kommen kann, und diese Aussicht quält mich so, dass mir verglichen damit die von den Nazis erzwungene Schmach der Nacktheit erträglich erscheint.

Während wir vor dem Betonschuppen warten, lässt der Regen nach und hört gleich darauf ganz auf.

Die tropfenden Körper scheinen sich plötzlich wieder zu beleben; die Frauen fangen an zu schreien, aber das sind nicht mehr die gequälten kurzen Schreie von vorhin, die nackten Männer lachen höhnisch.

Die Wachen kommen sich geradezu leutselig vor und schieben uns mit weit ausholenden Armbewegungen vorwärts wie Kühe auf einem Viehmarkt. Wieder fangen wir an zu laufen, ohne den Lastwagen vor uns, alle durcheinander. Die weichen Körper der Frauen klatschen, ein paar weinende junge Mädchen stolpern bei jedem Schritt, weil sie versuchen, sich mit den Händen zu bedecken, eine Frau mit zerzaustem Haar und einem Säugling auf dem Arm fällt hin.

Die Ersten sind in die falsche Richtung gelaufen, kehrt marsch, jetzt haben wir sie vor der Nase, ein Durcheinander von nackten Körpern und Haaren, Schreien und Befehlen, wieder werden wir geschubst.

Die nackt herumlaufenden Kinder klammern sich an die Hände und die Schenkel der Frauen, weinen mechanisch, sehen mit aufgerissenen Augen um sich und begreifen es nicht, zusammengequetscht und leicht aufzureiben in dieser Atmosphäre des Leids und der Schmerzen. Endlich kommen wir an einem großen Betongebäude an, schweißnass und fiebernd.

In Gruppen zu dreißig werden wir in einen etwa zwölf Meter langen dunklen Raum geschoben, wo aus Duschen an der Decke eine warme, nach Schwefel riechende Flüssigkeit auf uns herabspritzt, die auf der Haut brennt wie Säure.

Alle versuchen auszuweichen und springen schreiend im Halbdunkel herum, um diesem Desinfektionsregen zu entgehen, der sticht und Rinnsale zu unseren Füßen bildet.

Dann gehen wir in einen anderen großen Raum, in dem lauter Wasserwannen stehen, mit kleinen Gefäßen voller flüssiger Seife und Handtüchern aus grobem Leinen. Die Frauen drängen sich alle auf eine Seite, ein Teil versucht, sich gegenseitig zu bedecken, ein anderer kleiner Teil stellt sich mehr zur Schau. Die Männer sind fast alle erregt, spritzen beim Waschen Wasser auf die Frauen und gehen lachend auf sie zu.

Das Mädchen mit dem Pony trocknet sich mit aufreizenden Bewegungen ab und schreit: »Ihr Schweine! Ihr lasst euch auch keine Gelegenheit entgehen!«

»Wir sind ja nicht blöd!«, antwortet einer und tritt vor. Man sieht ihm sogar nackt noch an, dass er ein Neuer ist.

François versucht plump, sich an dem Mädchen zu reiben.

»Hör auf!«, sagt sie und schlägt mit dem Handtuch nach ihm. »Ich mag diese Dreistigkeit nicht.«

Während sie ein Bein wäscht, das sie hochgehoben und in die Wasserwanne getaucht hat, erklärt sie ihm:

»Du bist ja noch ein Kind, du erinnerst mich an meine Jugend. Ich kann dir eine Menge Dinge beibringen. Auf jeden Fall merk dir, dass ich dunkle Ecken mag und schüchterne Männer, die gern viel reden möchten, Sekt und Zigaretten.«

François mit seinem schwächlichen und unterernährten Brustkorb hört und sieht ihr verzückt zu. Seine Augen sind schon leicht lüstern.

Sie lächelt ihn an; ihr Körper einer Göttin ist mager, etwas eingefallen und gezeichnet von blauen Flecken und Spuren von Krätze.

Die Kinder weinen zitternd und nervös und immer verlorener. Die Mütter küssen sie ungestüm, während sie sie waschen.

Jemand klopft mir auf die Schulter.

»Was für eine angenehme Überraschung!« Es ist der Student aus der Gascogne. »So bin ich also nicht als Einziger in die Falle gegangen.«

Auf das anfängliche Gefühl von Ärger folgt bei mir die Hoffnung, dass er mir helfen kann.

»Ich habe keine Kleider«, sage ich sofort. »Wie kann ich hier herauskommen?«

Der Gascogner schüttelt den Kopf:

»Ich weiß ja, *noblesse oblige*, aber diesmal muss man wohl wirklich stehlen. Machen Sie sich keine Sorgen, ich kümmere mich darum.« Er dreht sich um und deutet auf ein paar Ausländer, die die nackten Frauen von hinten packen und hastig an sich drücken, wobei sie mit erschreckten Augen verstohlen um sich blicken.

»Die kriegen das gut hin, Menschen in Bestien zu verwandeln«, sagt er mit herabgezogenen Mundwinkeln.

Drei Wachen stürzen in den Waschraum und treiben die Ausländer mit verächtlicher Entrüstung zur Eile an. Bei ihrem Erscheinen erstarren alle Gesichter zu Eis, und wir gehen schweigend hinaus und weiter in den Raum, in dem die Haare desinfiziert werden. In Gruppen zu zwölf werden wir von einer Wache an der Tür abgezählt und in den Raum gelassen, Männer und Frauen zusammen, ohne Unterschied.

Die Tür schließt sich hinter uns. Ein paar Männer in weißen Kitteln geben jedem eine Packung Salbe, mit der wir uns die Leistengegend und die Achselhöhlen einschmieren sollen, sie ist gegen Filzläuse.

Kaum sind wir damit fertig, werden die nächsten zwölf hereingelassen, während die erste Gruppe in den Raum geht, in dem die Kopfhaare behandelt werden. Wer Läuse hat, wird geschoren von Pflegern mit Gummihandschuhen.

Ich habe keine Läuse auf dem Kopf (ich habe sie mir im Thomasbräu mit Petroleum entfernt) und gehe weiter mit einer kleinen Gruppe von Leuten, die ihre Haare noch haben.

Jetzt geht es in den Raum für Hautkrankheiten. Diese Räume sind alle eher Zimmerchen, gut ausgeleuchtet mit starken Lampen. In jedem Raum sind drei Fachärzte und ein paar Krankenschwestern. Im Raum für die Körperhaare hat man mich nach meinen Personalien gefragt, und ich habe natürlich falsche angegeben, man hat mir dann eine Karteikarte ausgehändigt, die ich den verschiedenen Fachärzten in den verschiedenen Räumen der Reihe nach vorlegen muss und auf denen dann sorgfältigst das Ergebnis der durchgeführten Untersuchungen eingetragen wird. Die Ärzte sind fast alle jung, kalt, verwirrt und müde. Nach dem Raum für die Hautkrankheiten gehen wir in den Raum, wo die Geschlechtsorgane untersucht werden; nur hier werden Frauen und Männer getrennt eingelassen und untersucht. Im Lungenraum danach wird einem der Brustkorb geröntgt, im nächsten das Herz abgehört, der Arzt ist alt und sehr nervös, so als wäre er mit seinem Tun hier selber nicht einverstanden und würde am liebsten alles hinschmeißen und fliehen. Trotzdem untersucht auch er uns gründlich und diktiert der Krankenschwester seine Diagnose. Als ich an der Reihe bin, sieht er mich forschend an. »Das Herz ist in Ordnung«, sagt er leise zu mir, diktiert aber laut: Herzgeräusche et cetera. Dann kommen Nase und Hals dran. Schließlich eine Tetanusspritze in die Brust. Viele klappen zusammen, vor allem die Männer.

Die Mütter sind trotz allem froh, dass ihre Kinder ärztlich untersucht werden.

Dann geht es hinaus in einen großen Raum hinter dem Schuppen, wo wir die Kleider abgeliefert haben. Sie sind noch heiß von der Desinfizierung und liegen in Haufen auf langen Tischen, nummeriert entsprechend den Baracken beziehungsweise dem Sack, dem sie entnommen wurden.

Die Ausländer drängen sich, um ihre Sachen aus den Haufen zu zerren. Ich suche mit Blicken nach dem Gascogner. Streitereien brechen aus, mit Kommentaren über den jeweiligen Körperbau. Ich finde den Gascogner, er ist bereits angezogen und gibt mir ein Kleid.

»Schnell, und dann weg hier. Ich habe es vom Tisch der Freiarbeiter genommen.«

»Wie?«, frage ich überrascht. »Werden denn die Freiarbeiter auch so desinfiziert?«

»Sicher! Das ist ein erbaulicher Ritus, er gehört zum Körperkult, wie er auch im Tempel der Nazis im Sportpalast geübt wird: Der wahre Mensch ist gesund, Nacktheit ist gesund. Schätzchen, sie machen nichts ohne edle Motive! Sie müssen schließlich die Menschheit erneuern, nicht? Und sie haben immer einen Haufen gerechter Gründe für ihre Brutalitäten. Aber ich sehe, dass auch Sie noch Ihre Haare auf dem Kopf haben«, sagt er lachend, »man erkennt eben sofort die Klasse!«

Das warme, neue Kleid löst wohlige Schauer in mir aus. Wir gehen hinaus, wo wir uns wieder aufstellen müssen. Der Gascogner Student zerrt mich hinter eine Baracke.

»Fotos und Fingerabdrücke«, flüstert er. »Das müssen wir unbedingt vermeiden. Schließen wir uns denen da unten an.«

Hunderte von Leuten in verschiedensten Kleidern stehen in Dreierreihen mit einem Aluminiumnapf in der Hand Schlange vor der langen Küchenbaracke. Zeit zum Essenfassen.

Wer seine Portion bekommen hat, geht zurück, um sie in seiner Baracke zu essen.

»Geben sie uns was zu essen?«, frage ich ausgehungert.

Der Gascogner grinst, geht aber rasch weiter.

»Nein, wir gehen nur an ihnen vorbei und mischen uns unter die vorher Desinfizierten. Fotos bedeuten Tod. Die Kartei mitsamt den Fotos wird weitergeleitet an die Polizeibehörde für die Fahndung nach Ausländern, die im großen Reich gesucht werden. Wenn sich nichts Belastendes findet, erhält man einen Ausweis. Andernfalls wird man nach deutschem Kriegsrecht bestraft, demzufolge wir – keiner weiß, warum – alle als deutsche Wehrmachtsangehörige gelten, also als Deserteure. Du hast doch hoffentlich einen falschen Namen angegeben?«

»Ja.«

Während der Gascogner sich über die Folgen der Verselbständigung der totalitären Systeme auslässt, erreichen wir unsere Baracke.

Dort treffen wir ein paar Flüchtlinge, die aus dem Fenster sehen.

»Somit haben wir auch heute wieder gegessen!«, ruft Jean aus Lille.

»Genau, das haben wir auch geschafft!«, pflichtet ihm der Student aus der Gascogne bei.

»Wieder eine Sorge weniger, nicht?«, gluckst die Französin mit dem Pony, die schneller hierher zurückgeflohen ist als wir.

»Da ist ja unsere Heilige!« Jeanines frische Stimme schallt durch den Raum. »Wo zum Teufel hast du gesteckt?«

»In der Desinfektion.«

Sie lacht genüsslich. »Du weißt ja, wozu das gut ist, bei diesen verdreckten Strohmatratzen hier.« Sie schlägt sich an die Stirn. »Aber wer macht denn so was mit? Du hast überhaupt keine Ahnung, Polò und ich sind in den Latrinen gelandet, und du sollst dich nie von meiner Seite rühren, wie oft soll ich dir das noch sagen? Es gibt doch die Latrinen! Benito hatte dir übrigens was zu sagen, Pech für dich.«

»Kann er mir das nicht jetzt sagen?«

»Ehrlich gesagt, verdient hast du es nicht, aber komm, los.« Sie lacht. Springt von der Fensterbank. Sie hat eine makellos weiße Baumwollbluse an, die ihre unreifen Brüste hervorhebt, ein dunkles Röckchen, weiße Söckchen und Schnürschuhe. Um die Taille hat sie einen roten Pullover gebunden.

»Hast dich frisch herausgeputzt, wie?«, frage ich sie lachend.

»Du aber auch, wie man sieht! Gehen wir!« Sie fasst mich an der Hand und übernimmt die Führung, noch entschlossener und behender draußen im Schnee, der jetzt wieder fällt und sich sanft auf uns und auf die Dinge legt. »Gut, nicht?«, sagt sie lachend. »Alles von dem Dolmetscher, von dem ich dir erzählt habe, meine Liebe«, flüstert sie mir ins Ohr. »Er hat mich neu ausstaffiert, aber halt die Klappe, sonst schnappen sie ihn mir weg.« Sie wird lauter. »Na klar, die Scopina ist neidisch, deshalb erzählt sie herum, ich hätte Syphilis und die Deutschen hätten mich hierhergebracht. Dabei wissen alle, dass ich abgehauen bin. Ich komme nämlich nicht aus dem Krankenhaus wie sie!« Sie trocknet sich die Augen mit dem Handrücken und zieht geräuschvoll die Nase hoch. »Ich bin sechzehn, entschuldige!« Sie weint.

Wir sind hinter dem Abfallhaufen angekommen, wo wir Benito treffen, der mir ein dickes Stück Brot und zwei Essiggurken gibt. Jeanine prustet und seufzt. Schließlich zieht sie aus ihrer Bluse ein Paar Baumwollstrümpfe:

»Ich schenke sie dir«, sagt sie, »zieh sie sofort an, heute Nacht habe ich gesehen, dass du ganz blaue Beine hattest unter deinem Arbeitsanzug.« Sie lacht erneut mit glänzenden und verschmitzten Augen und dem Grübchen in der Wange.

Ich bücke mich, um die Strümpfe anzuziehen, aber ich habe kein Gummiband. Benito zieht Bindfäden aus der Tasche. Ich knote sie zusammen und ziehe sie mir über, die Strümpfe halten sehr gut an zwei Zwirnsfäden, die ich mir mit einer Schnur um die Taille binde.

Jeanine klatscht zufrieden in die Hände.

»Gehen wir jetzt.« Sie umarmt mich und wirft Benito, der sie mit den Augen verschlingt wie ein Hund, einen Blick zu. Einem plötzlichen Impuls folgend, sagt sie dann: »Geh schon mal allein, ich komme gleich nach. Nur einen Augenblick, er ist doch so nett, der Ärmste, und so allein, und so hässlich ist er gar nicht.«

Ich gehe zur Baracke zurück und sauge die Unbeständigkeit der Dinge im aufsteigenden Nebel ein. Ich trete an den Stacheldraht, um in der Ferne das Konzentrationslager zu betrachten. Die Baracken heben sich ab, arm und harmlos. Wie geht es wohl meinen Genossinnen? Ich sehe sie wieder vor mir, die erschreckten, die großspurigen und die verängstigten Gesichter, verkümmert zu einem Schwarm schrecklicher und wunderbarer Insekten.

»Das ist ein Tag, wie ich ihn mir wünsche«, sagt Jean aus Lille, elektrisiert und blass. »Es ist so weit: Jetzt sind sie alle damit beschäftigt, die Nackten zu fotografieren und den Angezogenen was zum Essen zu geben.«

Wir sind allein in der Baracke, die Russen sind noch nicht wieder zurück: Paolo und Jeanine, Benito und die Verlauste, die Scopina und der Kohlenmann, das Pony-Mädchen und François, der Student aus der Gascogne, Jeanines französischer Gefangener, der elegante Italiener, der Marokkaner, der Arbeiter aus Lille und ich.

»Es ist so weit«, wiederholt Jean aus Lille.

»Ich gehe jetzt«, teilt der Kohlenmann mit, »und du beeil dich.« Er winkt uns zu und geht hinaus.

»Ja«, sagt Jean aus Lille.

Jeanine stürzt auf ihn zu.

»Ich gehe mit.«

Paolo zerrt sie zurück.

»Du bleibst hier, und damit Schluss.«

»Ich gehe mit dir.« Jeanine wird von hysterischem Geschluchze geschüttelt.

»Der Krieg ist bald aus«, tröstet sie der Arbeiter aus Lille und streichelt ihr über den Kopf.

Der Student aus der Gascogne raunt mir ins Ohr:

»Wenn Sie möchten, wenn Sie nur wollen, lasse ich alles stehen und liegen, und wir gehen auch.«

»Die haben mich geschafft, diese Schweine haben mich geschafft«, stöhnt Jeanine matt.

»Ich habe Hunger«, sagt das Pony-Mädchen.

»Ganz ruhig, Jeanine.«

»Nimm mich mit!« Jeanine klammert sich schreiend an den Arbeiter.

»Schluss jetzt!« Paolo gibt ihr eine Ohrfeige, die Scopina hält ihr den Mund zu. Der Arbeiter aus Lille gerät in Panik.

»Willst du sie vielleicht noch auf mich aufmerksam machen? Du machst das wohl mit Absicht!«

»Sei du auch ruhig!«, weist ihn Paolo zurecht.

Jeanine hebt ihr tränenüberströmtes Gesicht.

»Eure Stunde kommt auch noch«, sagt der Arbeiter aus Lille.

Er drückt allen die Hand. »Viel Glück.«

»Viel Glück.«

»Komm, mach nicht so ein Gesicht, du siehst ja aus wie ein Flüchtling«, sagt Paolo. »Los, machen wir unseren rituellen Gruß.«

Und leise haucht er:

»Auf die Freiheit, hipp, hipp ...«

»Hurra!«, antworten die anderen tonlos, mit verschlossenen und entschiedenen Gesichtern.

»Leb wohl.«

Die Tür geht einen Spalt auf, und der Arbeiter aus Lille schlüpft hinaus.

Keiner von uns sagt ein Wort.

Plötzlich fängt das Pony-Mädchen an zu zittern, packt François am Arm und zieht ihn in eine Ecke auf den Boden. Durch unser anhaltendes Schweigen werden ihre sinnlosen Worte riesenhaft.

»Weißt du, was mir gefällt? Im Dunkeln, im Schein von höchstens einer Kerze, die im Hals einer leer getrunkenen Flasche steckt, an deren Glas das Wachs runterläuft, ein Mann, der dich da auf dem Boden nimmt. Verstehst du, ihn bis zum letzten Augenblick hinhalten, damit er nicht mehr weiß, was du willst, ob du bereit bist, ihm nachzugeben, ob jetzt der richtige Augenblick ist, ihn erregen und entmutigen, wenn er am wenigsten darauf gefasst ist, und ihn wieder anstacheln, bis er sich nicht mehr beherrschen kann und dich um jeden Preis will, und dabei selber nicht genau wissen, was du machst, ob du fliehst oder dich mit ihm verlierst.«

François murmelt überwältigt unverständliche Worte.

Das Gellen der Sirene zerreißt die Luft. Es ist die Sirene des Konzentrationslagers, die eine Flucht meldet, das Pony-Mädchen stößt einen Schrei aus und klammert sich an François.

Wir alle fahren hoch und lauschen hinter den Fenstern.

Das Pony-Mädchen stürzt aus der Ecke und schreit:

»Mein Freund, sie haben ihn geschnappt, ich fühle es, ich fühle es.«

»Wen?«

»Er wollte heute fliehen.«

»Warum hast du das nicht gesagt?«

Der Kohlenmann kommt keuchend herein.

»Sie kommen mit den Hunden. Haut ab, es sind viele.«

Jeanine nimmt mich an der Hand. Wir laufen an den Baracken entlang zu den Abfallhaufen. Die losgelassenen Polizeihunde bellen auf den Feldern, die Revolverschüsse hallen durch die Luft, Geschrei, Motorradlärm durchpflügt die Ebene.

»Armer Jean aus Lille!«, murmelt Jeanine.

»Ich habe Angst, Jeanine, lass mich nicht allein.«

»Denk dir nur«, flüstert Jeanine und drückt mir fest die Hand, »gestern kannte ich dich noch gar nicht.«

»Ja«, sage ich, »es ist erst ein Tag vergangen.«

Rom, 1954

ZWEITER TEIL

UNTER DEN STEINEN

SOLANGE DER KOPF LEBT

I

Das Bombardement dauerte drei Stunden, von mittags bis um drei. An diesem Tag war ich überzeugt, ich würde sterben. Ich hatte die ganze Zeit zitternd in einer Ecke des Kellers gekauert und den Atem angehalten, während das pfeifende Geräusch auf mich herabsauste, bis die Bombe in meinem Trommelfell explodierte, und immer wieder zitterte ich: »Ich halte das nicht mehr aus.«

Als es vorbei war, blieb ich an der Wand hocken und sträubte mich, denen zu glauben, die mich wegzogen und beteuerten, dass die fliegenden Festungen weitergeflogen seien. Schließlich ließ ich mich hinaus ins Freie führen. Überall Trümmer, Staub, Flammen. Auch auf das Hotel war eine Bombe gefallen, die zum Glück nicht bis in den Keller durchgedrungen, sondern im zweiten Stock explodiert war. Die Beine trugen mich nicht, ich zuckte am ganzen Körper.

Ein Pole, der mir immer half, ein deportierter junger Arbeiter, zwanzig Jahre alt wie ich, begleitete mich in ein Zimmer im ersten Stock, wo ich mich aufs Bett warf.

Er kam kurz darauf zurück, gab mir Cognac zu trinken und erzählte, dass ganz Mainz zerstört worden sei, was bedeute, dass die Amerikaner, die seit zwei Wochen zwanzig Kilometer vor dem Rhein standen, nun vermutlich jeden Augenblick in die Stadt einmarschieren würden. Für uns sei der Krieg also zu Ende.

Es war der 27. Februar 1945.

Ich kam wieder zu mir.

»Johann, komm, das müssen wir feiern.«

»Keiner bringt uns mehr um.«

Wir tranken, und ich beschloss, mich frisch zu machen, während er die Genossen suchen ging.

Ich lief die Treppe hinunter, immer vier Stufen auf einmal, um mein Köfferchen aus dem Keller zu holen, und fühlte mich von Kraft, Freude und Unternehmungslust erfüllt. Ich rannte wieder nach oben. Ich wusch mich von oben bis unten und zog mir saubere Sachen an.

Dann stellte ich mich vor den Schrankspiegel und betrachtete mich: Du bist kerngesund, das Leben gehört dir.

»Nichts mit Feiern!« Der Pole kam keuchend zurück. »Unsere Leute sind verschüttet, wir müssen uns beeilen.«

Ich folgte ihm schweren Herzens. Ich dachte daran, dass ich mir die Hose schmutzig machen würde.

Es war schon Abend.

Die Straße war voller Leute und Stimmen, überall züngelten Flammen. Dieses Schauspiel löste in mir immer eine barbarische Fröhlichkeit aus, das Bedürfnis, zu ihnen zu eilen, alles zu wagen.

»Hinter dem Tor rechts, auf dem Platz da.«

Wir gingen los, mit großen Schritten, hielten uns bei den Händen, und als wir gerade durch das Tor wollten, warf uns ein ohrenbetäubendes Krachen nach hinten, und das Tor stürzte brennend zusammen.

»Luzi! Johann!«, riefen unsere Freunde, die etwas weiter weg standen. Wir waren falsch informiert worden, als der Luftschutzraum einstürzte, waren sie längst draußen gewesen.

»Das ist heute kein Tag für mich«, sagte ich zu dem Polen. »Das merke ich schon zum zweiten Mal.« Aber als ich dann gemeinsam mit den Genossinnen und Genossen zurückging und es ein aufgeregtes Fragen und Antworten gab, dachte ich bei mir: Ach was, sterben!

Das Haus neben dem Hotel war eingestürzt. Davor flehte eine junge Deutsche die Passanten an, ihr zu helfen, ihre Familie zu retten.

»Gehen wir«, sagte ich. Aber wir waren nur zu dritt, der Pole, ein Belgier und ich, mit der Deutschen zu viert. Die anderen waren verschwunden. Ich wusste mir zu helfen, ich packte die Passanten, die flohen, am Arm und redete auf sie ein.

Wir brachten es auf sieben Mann. Der achte, ein deutscher Soldat, widersetzte sich:

»Nein, bitte, ich komme heute von der Front zurück. Ich habe drei Tage Urlaub. Lassen Sie mich meine Kinder wiedersehen.«

Wir waren jetzt elf, darunter zwei Frauen.

Wir räumten Steine und Schutt von der einen Seite des zusammengestürzten Hauses weg.

Wir zerrten aus dem Trümmerhaufen einen riesigen Balken heraus und luden ihn uns auf die Schultern.

Wir stiegen über eine Sprossenleiter auf einen noch erhaltenen Teil des ersten Stocks, von dem hinten noch eine Mauer stand. Wir besorgten uns ein Brett und bauten damit eine Brücke zwischen dem ersten Stockwerk und einem Spalt im Seitenteil des Hotels. In diesem Teil lief Wasser aus einem geplatzten Rohr.

Es war sechs Uhr abends. Wir verteilten die Aufgaben: Sechs von uns sollten den Balken von oben mit aller Wucht an die Seite des eingestürzten Hauses rammen, die wir freigeräumt hatten und die zum Luftschutzraum führte, um so einen Durchschlupf für die Verschütteten zu öffnen. Die anderen fünf sollten Wasserbehälter heranschleppen und in das Feuer schütten, das ringsumher brannte, damit die Flammen nicht als Erste durch das aufgeschlagene Loch in der Mauer drangen.

Wir wollten uns jede Viertelstunde ablösen, mit Ausnahme des deutschen Mädchens, das uns gebeten hatte, ihr bei der Rettung ihrer Eltern zu helfen. Ich wechselte mich mit dem Polen ab.

In der ersten Runde musste er zusammen mit den anderen den Balken rammen, in der zweiten ich. In der dritten Runde, als er wieder dran war, rutschte er auf dem Brett aus und verstauchte sich den Knöchel. Ich wollte gerade losgehen und Wasser holen.

»Das hast du mit Absicht gemacht«, sagte ich. »Das ist das dritte Mal heute.« Und damit packte ich wieder den Balken.

Der ruckartige Schub mit dem ganzen Körper, damit es den größtmöglichen Druck gab, drei Personen vor und zwei hinter mir, war ein solcher Kraftakt, dass ich alle Angst vergaß.

Wir merkten, wie der Beton nachgab, die für das Wasser zuständigen Männer sprangen zu uns herauf, um bei den letzten Stößen mit Hand anzulegen, als ein Schrei aus einer Gruppe von Schaulustigen kam, die sich unten auf der Straße angesammelt hatten:

»Die Mauer stürzt ein.«

Aber es war nicht die Mauer des Hauses nebenan, die wir einzubrechen versuchten, es war das erhalten gebliebene Stück Mauer des Stocks, auf dem wir standen.

Wir ließen den Balken fallen.

Alles geschah in einem Augenblick, ich sah gerade noch die Mauer hinter mir, drehte mich um, hielt mir die Arme vors Gesicht und dachte: Was für ein idiotisches Ende! Das war alles.

II

Dann erinnere ich mich nur noch, dass ich mitten in einem Feuer feststeckte und die deutliche Wahrnehmung hatte, in der Hölle zu sein. Ich hing kopfüber an den Füßen, Kopf und Arme waren unerträglich schwer, während der Rest meines Körpers und die Beine in die Luft ragten und nicht nach unten wollten. Ich sah mich umringt vom Hotelchef und von meinen Genossinnen, und das bewirkte, dass ich mich schließlich in dem Gedanken verlor, ich müsste mit ihnen die Ewigkeit verbringen.

Ich kam wieder zu mir, als ich mich in einem Abteil befand, das im Dunkeln hin und her schwankte, ich hatte am ganzen Leib furchtbare Schmerzen, und die gebrochene Stimme des Polen sagte zu mir: »Langsam, langsam, o mein Gott, o mein Gott.«

Dann erinnere ich mich noch an irgendwelche weißen Zimmer mit fahlem Licht und Reihen von Betten, aus denen es stöhnte und schrie, und wollte, obwohl ich das Fegefeuer deutlich vor mir sah, einen Augenblick lang auf eins von diesen weißen Betten sinken. Stattdessen brachte ich eine endlose Zeit in der Nacht zu, aus der ich vergebens zu fliehen versuchte.

Am nächsten Tag kam ich für ein paar Stunden wieder zu Bewusstsein.

Sie erzählten mir, dass die Mauer auf uns herabgestürzt und durch den Boden und das Erdgeschoss geschlagen war und uns in den Keller mitgerissen hatte.

Retten konnten sich: ein deutscher Soldat, der sich am Fuß der Mauer zu Boden geworfen hatte, weil er in einem Geistesblitz geahnt hatte, dass sie schräg von oben fallen würde; der belgische Hausmeister, der so geistesgegenwärtig gewesen war, auf die Straße zu springen, und deshalb mit einem Oberschenkelbruch davonkam, und der Pole, der mit seinem verstauchten Knöchel rittlings auf dem Vorsprung der Hotelmauer gesessen hatte.

Ein Ziegel oben aus der Mauer flog im Bogen gegen die rechte Schläfe des deutschen Soldaten, der uns vorher gebeten hatte, ihn seine Kinder wiedersehen zu lassen; er stand auf der anderen Straßenseite und fiel sofort tot um.

Der Pole hüpfte sofort auf einem Fuß auf den Rand des eingestürzten Stockwerks und ließ sich mitten durch die Flammen in den Schlund hinab, den die einstürzende Mauer gerissen hatte. Er scharrte die Körper der anderen frei, stieg über sie hinweg, bis er mich fand, nahm mich auf den Arm und lud mich auf die Schulter, wobei er mich mit der einen Hand hielt, während er mit der anderen versuchte, sich festzukrallen und hochzuziehen. Und ich habe ihn wohl, als er mich, immer noch auf einem Bein, hochhob, um mich wegzutragen, als Drecksack beschimpft und versucht, mich zu befreien.

Er kletterte über glühende Steine und Trümmer, schaffte es aber nicht bis nach oben, sondern rutschte immer wieder nach unten in die Phosphorflammen, die unlöschbar aus der zusammengestürzten Mauer züngelten.

In diesem Moment kam ein deutscher Leutnant, der im Hotel wohnte, aus dem angrenzenden Büro angelaufen. Er hatte den Einsturz der Mauer und die Schreie gehört und erfahren, dass ich verschüttet und der Pole bei meiner Rettung ebenfalls nach unten gerissen worden war. Er stellte die Sprossenleiter auf die Trümmer, um nach unten zu sehen, und rief.

Der Pole stemmte mich nach oben, und der Deutsche griff mich und zog mich auf die Trümmer hoch. Der Pole konnte sich, befreit von meinem Gewicht, selber nach oben ziehen.

Er riss zuerst mir die brennenden Kleider vom Leib, dann sich selbst die seinen. Gemeinsam trugen sie mich die Leiter hinunter. Dabei muss ich angefangen haben, ununterbrochen zu schreien:

»Die Füße runter!«

Sie trugen mich in die Hotelhalle, wo alle um mich herumstanden. Ich brüllte weiter: »Die Füße runter!«

Mittlerweile hatten mich der deutsche Leutnant und der Pole zwischen sich auf die Beine gestellt und stützten mich unter den Armen und in der Hüfte. Ich kam wohl wieder zu mir und blickte mich um, doch dann hatte ich das Bewusstsein verloren.

Sie hatten mich auf ein Sofa gelegt, mich geohrfeigt und mit Essig bespritzt. Ich weinte und muss wohl delirierend gemurmelt haben:

»Die Beine nach unten, bitte, die Beine nach unten.«

Leutnant Gauli ging los, um ein Auto zu besorgen.

»Ich bringe sie ins Krankenhaus, sie muss sofort behandelt werden, wie eine Deutsche. Es gibt Ärger, wenn etwas passiert.«

Ich war in dem Viertel bekannt, weil ich immer als Erste freiwillig bei Löscharbeiten und der Rettung von Verschütteten erschien.

Der Leutnant kam kurz danach am Steuer eines Autos zurück, und der Pole setzte sich, mit mir auf den Armen, nach hinten.

Im Krankenhaus, das mit Verwundeten überfüllt war, verlangte der Leutnant, dass man mich in ein Bett legte, ein weniger schwer verletzter Deutscher musste deswegen auf den Boden umziehen.

Ich verlangte im Befehlston, man solle mir sofort Gott herschicken, dann bat ich um einen Spiegel und erklärte, nachdem ich mich gesehen hatte, blutüberströmt, mit der zerschmetterten Stirn und den zerfetzten Wangen und Lippen:

»Es ist aus.« Dann fiel ich wieder in Ohnmacht.

Aber die ganze Nacht über saß der Pole neben mir, weil ich wie ein wildes Tier brüllte und dauernd versuchte, mich aus dem Bett zu stürzen, und zwar mit solcher Kraft und Hinterhältigkeit, dass er mich nur mit Mühe immer wieder richtig hinlegen konnte.

Ich hatte eine zusammengestauchte Wirbelsäule, Phosphorverbrennungen am ganzen Körper (vierzehn Stellen), eine Kopfwunde, die rechte Schulter ausgerenkt, hinten und vorne links gesplitterte Rippen und gebrochene Beckenknochen. Aber das war mir nicht bewusst.

Erst am nächsten Tag versuchte der Pole, dessen Fuß inzwischen eingegipst und dessen Brandwunden verbunden worden waren, zusammen mit dem deutschen Leutnant und ein paar anderen Männern die übrigen Leute aus dem Keller zu bergen. Drei waren tot, vier lagen im Koma und starben noch beim Transport. Nur das deutsche Mädchen, eine Physikstudentin, lebte noch. Ihr war ein Eimer auf den Kopf gefallen und hatte ihr den Schädel gespalten und vierundzwanzig Stunden lang ihren Hals eingeklemmt. Man musste sie mit der Säge daraus befreien. Aber sie hatte eine solche Lebenskraft, dass sie noch vierzehn Tage weiterlebte und mit dem Tod rang, bis zuletzt bei klarem Verstand und mit eisernem Willen.

Die Leute, die wir aus den Ruinen hatten befreien wollen, hatten sich mit Hacken und Hölzern von der entgegengesetzten Wand aus einen Tunnel gegraben und sich so aus eigener Kraft befreit.

III

Auch im Folgenden mischen sich eigene Erinnerungen und das, was mir berichtet wurde.

Am nächsten Tag erwachte ich in einer stillen kleinen Kammer. Als ich mich umblickte, bemerkte ich zwei belegte Betten hinter mir und eins neben mir. Wer immer auch darin lag, die Gesichter waren mit Laken zugedeckt.

Fest davon überzeugt, ich würde nicht lange durchhalten, nachdem ich mit meinem Gebrüll die Patienten in den Krankensälen hatte erstarren lassen, hatten mich die Ärzte mit Morphium vollgepumpt und in das Zimmer 18 im Keller verlegt, das als Sterbezimmer der chirurgischen Abteilung diente, seit das richtige zerstört worden war.

Die Toten blieben dort gewöhnlich eine Nacht und wurden am nächsten Tag im Bad eingeschlossen, damit Platz für die nächsten frei wurde, bis der Leichenwagen kam und sie abholte.

Im ersten Monat gab es so viele Tote, dass oft ein oder zwei Bahren neben meinem Bett standen.

In Zimmer 18 brachte man Patienten, die im Koma lagen, damit man die anderen in den Krankensälen besser versorgen konnte, denn die häufigen Todesfälle schufen eine depressive oder hysterische Stimmung, die das physische Ergehen der Verletzten beeinträchtigte und ihren Lebenswillen so sehr schwächte, dass man ihn nicht mehr für die Heilung nutzen konnte.

Natürlich wusste ich von all dem nichts. Ich muss in den ersten Tagen, sobald die Wirkung des Morphiums nachließ, automatisch so lange durch das Gebäude geschrien haben, bis man mir neue, immer stärkere Dosen von Betäubungsmitteln spritzte und ich allmählich wieder in den Dämmerzustand der Agonie verfiel. Man reinigte und versorgte jeden Morgen meine riesigen Verbrennungswunden mit Lebertransalbe, aber das war mir alles nicht bewusst.

Ich habe mich wohl immer gewehrt, umgedreht zu werden, und

zwar mit der Waffe bestialischen Gebrülls, und man musste mich mehrmals unter Narkose setzen, um meinen Rücken zu versorgen, meine Schulter einzurenken und meine Kopfwunde zu nähen.

Ich erinnere erst wieder, dass einmal beim Aufwachen meine linke Hand unwillkürlich einen Körper, eine Hüfte, einen Bauch, einen Schenkel berührte, jedenfalls Fleisch, das in meinem Bett und unter meiner Decke lag und mir nicht gehörte und kalt war. Neugierig streichelte und betastete ich mit der Hand diesen Körper, hob die Decke, um darunterzuspähen, und sah mit Entsetzen, dass dieser fremde Körper mir gehörte, dieser marmorkalte und gefühllose Körper meiner war. Ich schloss sofort, dass ich gestorben war. *Und die Schmerzen?* Es waren Schmerzen der Verwesung; tatsächlich stank der ganze Körper wie fauler Fisch.

Also überlebt das Bewusstsein den Tod des Körpers. Ich erinnere mich ganz genau an diese Augenblicke, denn damals spürte ich das unvorstellbarste Grauen meines Lebens.

Hatten die Ärzte und Schwestern gemerkt, dass ich tot war? Das musste ich als Erstes klären, wenn ich nicht wie alle anderen abtransportiert und unter die Erde gebracht werden wollte, Erde in Augen, Nase und Mund.

Ich konnte sehen. Das hieß, dass sie mir die Lider nicht zugedrückt hatten, und das war ein gutes Zeichen.

Kurz darauf kamen zwei Ärzte mit einer Schwester herein, ich riss die Augen auf und starrte sie an. Ich musste an Leichen im Lager denken, die mit offenen Augen dalagen und alle Vorbeigehenden durch die Wimpern hindurch anzublinzeln schienen.

Die Ärzte traten an mein Bett, und einer sagte:

»So viel Widerstandskraft habe ich noch nie erlebt. Aber das Gehirn muss verletzt sein, sie hat etwas Unnormales im Blick.«

Ich konnte hören.

Eine andere Schwester war eingetreten.

»Wenn ich bei ihr Nachtwache mache, habe ich immer Angst. Ich spüre ständig diese Augen auf mir.«

Dass sie mir bloß nicht das Herz abhorchen, dachte ich bei mir in Anfällen von Freude darüber, dass ich sie reingelegt hatte.

»Wer weiß, ob sie überhaupt getauft ist?«, sagte die erste Schwester seufzend. »Vielleicht wartet ihre Seele auf die Sakramente, um in Frieden gehen zu können. Warum habe ich daran nicht früher gedacht? Ich werde ihr die Letzte Ölung geben lassen.«

Mir fiel ein, ich könnte versuchen, ein paar Worte hervorzubringen. Meine Lippen bewegten sich.

»Ich muss nicht sterben«, kam heiser heraus.

Sie sahen mich verwirrt an. Mit Konzentration und Hartnäckigkeit konnte ich also vielleicht meinen Körper stückchenweise für das Leben zurückgewinnen. Vor lauter Erregung lachte ich gurgelnd.

»Gehen wir«, sagte einer der Ärzte und verzog das Gesicht. »Was für ein Jammer, sie ist so jung.«

Danach kann ich mich erneut an nichts mehr erinnern.

Der Priester versuchte in den darauffolgenden Tagen wohl öfter, sich mir zu nähern, aber jedes Mal, wenn ich ihn nur erblickte, fing ich wie vom Teufel besessen an zu schreien, so dass er wieder ging und ein bestürztes Gesicht machte, als lasteten allzu schwere Todsünden auf meiner Seele. Sie nannten mich das schwarze Teufelchen. Ich selber erinnere mich nicht daran.

Ich erinnere mich allerdings, dass ich einmal, als ich den Priester eintreten sah, Gott fragte: »Was willst du noch von mir, nach all dem, was du mir schon angetan hast?«

Ich gab dem Priester zu verstehen, dass ich beichten wolle, er solle einen Augenblick warten. Er muss es den Schwestern mitgeteilt haben, denn sie eilten gerührt herbei, dankten dem Himmel und bauten einen kleinen Altar auf. Dann zogen sie sich zurück.

Langsam und jedes Wort auskostend, behauptete ich, ich sei Holländerin, und gestand eine ganze Reihe von erfundenen Sünden; befriedigt über meine gelungene Rache bekundete ich Reue.

Der Pole besuchte mich zu jeder Tages- und Nachtzeit, und anscheinend flüsterte ich ihm dauernd ein, dass er stehlen gehen solle, weil ich viel, viel Geld brauche.

Zwei Wochen lang nahm ich keinen Bissen zu mir, konnte nicht einmal einen Schluck Tee bei mir behalten; ich war wohl sehr mager und hatte verstörte schwarze Augen.

Dann fing ich an, mich von verdünnter Milch zu ernähren, die mir der Pole mit einem Babyfläschchen einflößte. Ich saugte gierig, fühlte die Flüssigkeit die Speiseröhre hinunterfließen und war immer noch überzeugt, ich könnte ausschließlich kraft meines Willens Millimeter um Millimeter meines Körpers dem Leben zurückgewinnen.

Nach zwanzig Tagen hatte ich auch den rechten Arm und den Brustkorb zurückerobert.

Ich kam mir schlau vor, weil ich nicht wie die anderen Sterbenden tobte und mich bloßstrampelte, was leicht zu Lungenentzündungen führte und den Tod beschleunigte, sondern mich bis zum Kinn zudeckte und anfing zu schreien, sowie ich nur den geringsten Spalt entdeckte, und verlangte, dass man mich wieder fest einwickelte. Es war ja auch März, die Kälte war noch einmal zurückgekommen; Zimmer 18 hatte weder Fensterscheiben noch Tür, weswegen wir ständig im Zug lagen.

Langsam kam mir die Wirklichkeit wieder zu Bewusstsein. Ich stellte fest, dass sie mich jeden Tag wuschen und behandelten und dass der Fischgestank nicht von meinem Leichnam stammte, sondern von der Salbe, die sie mir auf die Brandwunden schmierten.

Ich bemerkte, dass man mir jedes Mal, wenn ich das Gefühl hatte, mein Kopf werde kreisförmig zusammengedrückt und innerlich ausgehöhlt und ganz trocken gepresst und sei ohne Blut und Speichel, während aus meinem Mund herzzerreißende Töne kämen, etwas spritzte, das mir nach und nach ein gewisses Gleichgewicht zurückgab. Ich fragte danach: Morphium. Ich dämmerte jetzt nicht mehr vor mich hin, sondern horchte auf das, was mit meinen Bettnachbarn geschah.

Wenn ein Kranker in mein Zimmer gebracht wurde, kam er für gewöhnlich wieder zu Bewusstsein und schlug um sich und flehte, man solle ihn wieder in den Krankensaal bringen. Zimmer 18 hatte einen unheilvollen Ruf im Krankenhaus, jeder fürchtete es als Vorzimmer des Todes, und das Entsetzen davor war so erschöpfend, dass das Ende noch schneller kam.

Aber die Oberschwester Vincentia hatte bald herausgefunden, wie sie sie beruhigen konnte.

»Wer sagt denn, dass du stirbst!«, sagte sie und rief dann: »Luzi! Luzi!« Und ich antwortete.

»Siehst du nicht, wie lebendig die Luzi ist, springlebendig sogar. Und weißt du, wie lange sie schon hier ist? Seit gut drei Wochen.«

Sofort heiterten sie sich auf. Und das Vertrauen war so mächtig, dass sie manchmal sogar einschliefen. Aber dann schreckten sie plötzlich wieder hoch und riefen angstvoll:

»Luzi!«

»Ja. Wie geht's?«

Wir hielten sogar Schwätzchen. Ich redete weiter, während sie in Agonie fielen. Die ersten Male hatte ich geschwiegen, sobald ich das Röcheln des Todes hörte, aber ich spürte, dass die Sterbenden dann erschraken; also hatte ich mir angewöhnt, einfach weiterzuerzählen, was mir gerade durch den Kopf ging – dass es uns bald besser gehen würde, dass ich sie, wenn ich als Erste sterben sollte, aus dem Jenseits beschützen würde und dass sie es umgekehrt ebenso machen sollten, dass ich Italienerin sei und niemanden hasse, und lauter solche Dinge.

Jetzt lebte ich nur noch auf das Ziel hin, die Sterbenden zu unterhalten, und diese ungewöhnliche Tätigkeit nahm mich so sehr in Anspruch, dass meine Kräfte wuchsen.

Ich erwartete die Neuen jedes Mal mit Spannung, ich zählte sie.

Neunzehn waren es, Männer, Frauen und Kinder, die ich an die Schwelle des Todes begleitete, allein unter vier Augen mit ihnen.

Anfangs blieb eine Nonne oder eine Krankenschwester da und

wachte bis zum letzten Augenblick, dann merkten sie, dass meine Gesellschaft die Sterbenden zerstreute, während ihre Anwesenheit am Kopfende sie nur argwöhnisch werden ließ.

»Luzi«, sagte Schwester Vincentia leise zu mir, »diese hat einen zerfetzten Bauch, ich vertraue sie dir an.« Oder: »Mit dem hier hast du nicht lange zu tun: Er leidet schon nicht mehr.«

Ich hatte mich so eingepasst, dass ich, wenn mir die Worte ausgingen, zu ihrem Geröchel vor mich hin sang. Manchmal kamen mir selbst die Tränen, wenn ich sang:

Du steigst von den Sternen herab, oh König des Himmels,
und kommst in eine Grotte in Kälte und Eis.

Ich brach ab, wenn der keuchende Atem neben mir stockte und mir das Schweigen des Todes ins Gemüt drang.

Schwester Vincentia hatte mich liebgewonnen. Oft kam sie an mein Bett, beobachtete mich, strich mir die Haare aus dem Gesicht, gab mir einen raschen Kuss auf die Stirn und zog sich kopfschüttelnd wieder zurück.

Ich weiß nicht, wie lange Zeit wir mehrmals am Tag beschossen wurden.

Wenn sie die Kranken in den Luftschutzraum gebracht hatte, wo viele so lange blieben, bis die Gefahr vorüber war, kam Schwester Vincentia wieder herauf, stellte sich betend neben mein Bett und ging nicht mehr weg, bis die Explosionen zu Ende waren. Sie stimmte das Ave Maria an, und ich antwortete. Wenn der Höllenlärm, das Knattern und Dröhnen, plötzlich aufhörte, ertappten wir uns dabei, dass wir wie Besessene aus vollem Hals rezitierten:

Ave Maria, gratia plena
Sancta Maria, Mater Dei

Verschämt senkten wir sofort die Stimmen, aber eine ganz unheilige Heiterkeit blieb. Einmal tötete ein Granatsplitter eine sterbende Frau, und eine Kugel traf einen Toten in den Schädel.

Manchmal nahmen einzelne Flugzeuge, sogenannte Jabos, ausgerechnet unsere Abteilung ins Visier, wer weiß warum.

Eines Tages, als ich mich gerade mit meinen Sterbenden unterhielt, wollte die Schwester mich in den Luftschutzraum bringen, aber ich trat meinen Platz, den einzigen noch freien, an ein zehnjähriges Mädchen ab, das oberschenkelamputiert war und neben mir lag.

»Weißt du, sie geht heute Nacht«, sagte sie, »du dagegen kannst noch eine Weile durchhalten.«

Schwester Vincentia war Caritas-Schwester, ungefähr fünfzig, mager, mit olivbrauner Hautfarbe, und arbeitete Tag und Nacht. Sie schleppte die Verwundeten selbst, wenn die Krankenträger sich beschwerten, sie war flink und immer guter Dinge.

Eines Morgens brach sie zusammen; sie hatte sich einen Bruch gehoben.

Sie wurde sofort operiert und in das Zimmerchen neben meinem gelegt. Sie kommunizierte mit mir, indem sie mit einem Stock an die Wand klopfte.

Danach, auch mit der Bruchbinde, hob sie weiter Verwundete, die nachts flehten, umgedreht zu werden, damit die Schmerzen weniger wurden.

»Hör mal«, sagte sie eines Abends zu mir. »Du willst doch nicht sterben.«

»Nein.«

»Ich sage dir das, weil du mutig bist. Jetzt hättest du einen schönen Tod. Ich hatte einmal eine Patientin, die war wie du und wollte nicht sterben, und sie war nicht einmal so schlimm zugerichtet wie du. Zehn Jahre später kam sie noch einmal in meine Abteilung und sagte mir immer wieder: ›Wäre ich doch damals gestorben. Danach habe ich nur noch gelitten. Ich kann nicht mehr‹, und sie überließ Gott endlich ihre Seele, die sie ihm so lange nicht hatte geben wollen.«

»Ja? Aber ich bin nicht diese Frau, und ich werde in zehn Jahren eigens aus Italien hierher reisen, um Ihnen zu sagen, dass es gut war weiterzuleben. Ich muss nur gesund werden, egal wann, dann werden Sie schon sehen!«

»Wirst du wirklich kommen?«

»Ja.«

»Aber wirst du dann auch aufrichtig sein?«

»Ja.«

»Warten wir's ab.«

Eines Tages kletterte die zweite Tagesschwester, Johanna, weiß und rosig wie das blühende Leben, auf eine Leiter, nahm das Hitler-Bild ab, schleuderte es zu Boden und trampelte wild darauf herum, dann drückte sie das Kruzifix ans Herz, küsste es leidenschaftlich und hängte es an die Stelle des Bildes.

Die Leser mögen bitte nicht ungeduldig werden, wenn ich weiter »eines Tages«, »eines Nachts«, »einmal« sage, aber ich weiß absolut nichts mehr über die Zeitabläufe in jener Periode.

Eines Nachts starb eine gesund und kräftig wirkende schöne Frau, ohne das Bewusstsein wiedererlangt zu haben. Sie hatte drei Tage geschlafen.

Die Nachtschwester, Petra, erzählte mir, die Frau sei von Negern vergewaltigt worden. Sie fragte mich, ob ich nicht den Lärm von der Stadt her höre, sobald es dunkel wurde. Sie hob ihre hellen Augen zu dem Kruzifix hoch und sagte:

»Herr, Du stirbst am Kreuz für die Menschen, und sie haben Dich vergessen.«

Ich fragte sie nach dem Datum. Es war acht Tage vor Ostern. Diese Auskunft erschütterte mich. Auch ich hatte Christus vergessen. Mit Ihm lag ich nicht im Hader wie mit Gott, denn er hatte gelitten, und was das bedeutete, verstand ich jetzt besser denn je. Ich glaubte, vom Garten des Krankenhauses her Stimmen von Betrunkenen und flegelhaftes Lachen zu hören. Ostern kam näher, und niemand kümmerte sich darum. Seine Einsamkeit, die Vergeblichkeit Seines Opfers machten mir das Herz schwer.

»Da Du auch gerade stirbst«, sagte ich zu Ihm, »werde ich auch Dir Gesellschaft leisten.«

Schwester Petra kam mit der Spritze herein.

»Was ist das?«

»Dein Morphium.«

»Ich will es nicht.«

»Du kannst es ohne nicht aushalten.«

Da ich mich beharrlich sträubte, sagte sie, ich hätte eben nie meinen Rücken gesehen, er sei eine einzige Kaverne, aus der die gebrochenen Rippen hervorragten, der Thorax, die Lungen, alles liege frei.

Je mehr sie redete, desto mehr erhitzte ich mich: »Hörst Du, was sie sagt?« fragte ich den Gekreuzigten. »Hörst Du gut zu?«

»Aber ich warne dich«, sagte die Schwester nachgebend, »quäl die Kranken hier nicht mit deinem üblichen Geschrei und mach womöglich noch die Neger auf uns aufmerksam. Beim ersten Muckser schläfere ich dich ein.«

Die erste Nacht war nicht nur eine einzige Folge von bohrenden Stichen, ein umfassender Schmerz ohne Pause, nicht nur eine Qual meines ganzen Seins, das sich, ausgehungert wie es war, rasch an das Morphium gewöhnt hatte; sie war auch ein ständiges Aufpassen, damit mir ja kein Schrei entwich. Im Morgengrauen waren meine Kiefer so verkrampft, dass ich sie nicht mehr aufbekam, ich war schweißnass, mein Herz schlug wie wahnsinnig. Ich verlor das Bewusstsein und erwachte mit dem Sauerstoffschlauch im Mund. Der Oberarzt stand neben mir.

»Du kannst es nicht so plötzlich absetzen. Die Dosis muss allmählich verringert werden.«

Ich wollte keine Vernunft annehmen.

»Keine Widerrede«, sagte er achselzuckend, »du würdest es sowieso nicht schaffen.«

Ich hatte eine neue anstrengende Beschäftigung gefunden: Ich musste es jetzt ohne Morphium schaffen.

Sechs Tage und sechs Nächte tat ich kein Auge zu.

Schwester Petra, die sehr schön war, leistete mir in jeder freien Minute ihrer Nachtwache Gesellschaft. Sie wand mir Kränze aus Blümchen um den Kopf, sie versprach mir, mir immer Blumen aufs Grab zu stellen und immer für mich zu beten.

In der Karfreitagsnacht erzählte sie mir im Kerzenschein die ganze Passionsgeschichte und wechselte dabei Stimme und Gestik, je nachdem, ob sie Pilatus, Petrus oder Judas darstellte.

Sie sagte, mein Gesicht drücke ein solches Leiden aus, dass sie nicht mehr wisse, was sie noch erfinden solle, um es ein wenig zu lindern.

In der Auferstehungsnacht trat Christus in mein Zimmer, das mindestens doppelt so groß war wie in Wirklichkeit; mein Bett stand in der Mitte.

Er war groß, bartlos, ernst und trug ein grünes Gewand.

Er schloss die Tür hinter sich und setzte sich auf den Rand meines Bettes. Er sah mich an, ohne zu sprechen. Dann drückte er meine Füße mit der Hand und schüttelte den Kopf.

Ich wachte auf, als ich ihm gerade etwas sagen wollte.

Schwester Petra erzählte, ich hätte eine volle Stunde geschlafen. Sie kniete sich neben mein Bett, und zusammen beteten wir den Rosenkranz, wobei ich verzückt zuhörte, denn ich kannte ihn nicht ganz.

IV

Die Toten wurden weniger.

Am vierzigsten Tag hatte ich zum ersten Mal Stuhlgang. Das Fieber, das mich seit dem Anfang verzehrte, sank plötzlich. Ich saugte nicht mehr verdünnte Milch – die einzige Nahrung, die ich bei mir hatte behalten können! –, sondern aß jetzt Suppen und Kompott.

Vom Morphium war ich entwöhnt.

Die Ärzte kamen überein, dass ich wohl doch leben könnte. Sie ordneten an, dass ich wieder zu den Patienten gelegt würde, die weiterleben sollten. Aber ich fühlte mich den Hinscheidenden verbunden und wollte sie nicht verlassen. Was sonst hätte sie bei ihrem Eintritt in dieses Zimmer trösten sollen, wenn die nicht mehr dagewesen wäre, die nicht gestorben war?

Es wurde noch eine zweiundzwanzigjährige Deutsche nach einer Unterleibsoperation hereingebracht, die bei einer Messerstecherei verletzt worden war. Sie hatte einen Freund, einen schönen jungen Griechen, der um sie bangte. Das Mädchen, das Kunigunde hieß, litt so stark unter Durst, dass sie es fertigbrachte, ihren Freund zu überreden, ihr Bier zu bringen. Sie leerte die Flasche in einem Zug. Sofort verschlechterte sich ihr Zustand, die Wunde begann zu eitern, sie wurde gelb im Gesicht, rief nach ihren Verwandten, vertraute mir an, dass sie ihren Verlobten an der Front mit dem Griechen betrogen habe und dass Gott sie nun strafe, aber wenn sie wieder gesund würde, werde sie ihr ganzes Leben Buße tun. Sie litt mehr moralisch als körperlich und starb.

Später besuchte mich der Grieche, der ziemlich unverfroren war. Er war in die amerikanische Armee eingetreten und bis an die Zähne bewaffnet, er redete laut und zeigte eine übertriebene Fröhlichkeit.

Ich überschüttete meine Bettnachbarinnen mit guten Ratschlägen.

Ich kämpfte zehn Tage lang gegen den Tod einer neunzehnjährigen Brünetten an, sie war auch Deutsche, schön und schweigsam, und hatte kaum noch Reserven, tat aber fügsam alles, was ich ihr einredete. Einmal jedoch entwischte sie meiner Wachsamkeit und warf entgegen all meinen Ratschlägen völlig verschwitzt in einer windigen Aprilnacht die Decke aus dem Bett. Sie hatte keine Verwandten. Eine Lungenentzündung raffte sie dahin. Damals gab es in Europa noch kein Penicillin. Sie rief nach mir bis zum letzten Augenblick.

Dieser Tod tat mir sehr weh.

Am nächsten Tag brachten sie mir eine bildschöne, schlanke und fast durchsichtige Frau. Sie war Ärztin und lag wegen Morphiumsucht im Koma. Alle Viertelstunden flehte sie vor Gier röchelnd: »Morphium! Mooorphium!« Sie starb, nach ihrem Gott Morphium schreiend.

In den Bäumen war das Gezwitscher der ersten Vögel zu hören. Ich bat darum, ins Freie gebracht zu werden. Sie schraubten Rollen an mein Bett. Als ich nach zwei Monaten wieder frische Luft atmete, fiel ich in einen Dämmerzustand und fühlte mich zum ersten Mal wohl in der Hülle meines gemarterten Körpers.

Ich begann, Pläne zu schmieden.

Ich lernte ein paar italienische Patienten kennen, mit denen ich Verhandlungen über den Erwerb eines Fahrrads aufnahm. Ich war entschlossen, mit dem Fahrrad nach Italien zurückzukehren, sobald ich wieder gehen konnte, um durch diese schöne Reise wieder zu Kräften zu kommen nach der langen Unbeweglichkeit – sie fing an, mich zu belasten.

»Wie lange brauche ich denn noch?«, fragte ich den Arzt.

»Neun Wochen«, antwortete er und ging sofort weg.

Ich fing an, die Tage zu zählen, als handelte es sich um ein genaues Datum.

Neben mir starben noch ein paar Leute, und es kamen, um sie zu zerstreuen, sogar zwei Italiener mit Gitarre.

Einmal, als ein sehr unruhiges altes Mütterchen ihrem Ende entgegenging, machten wir alle drei ein Konzert, und sie gab sich ganz dem Klang der Musik hin. Aber dann kamen ihre Verwandten angelaufen und schimpften lauthals, das wäre ein Sakrileg und eine Schande, und rissen die Alte aus ihrem wohligen Dämmerzustand, so dass sie merkte, dass sie doch sterben musste, und sich verraten fühlte und weinte und sich sträubte wie keine von den Jüngeren zuvor, in einer Art von Geiz, der eher abstoßend wirkte, als Mitleid zu erregen. Nach ihrem Tod schwang sich eine ihrer untröstlichen Enkelinnen, die entrüstetste von allen, auf das Fahrrad des Polen, der inzwischen eingetroffen war, trat in die Pedale und verschwand. Übrigens hatte er es selbst gestohlen.

Der Pole brachte mir alle Gaben Gottes, Kleider, Wäsche, Tischtücher, Wein, eingemachtes Obst und so weiter, natürlich alles geklaut. Auch den Nonnen und Schwestern brachte er etwas mit, ich kann mich vor allem noch an Unmengen von rosa Würsten erinnern.

Gelegentlich ertappte ich ihn dabei, wie er lange mit Schwester Vincentia auf dem Flur tuschelte.

Während ich die ersten Monate nie an ihn gedacht hatte, begann ich jetzt, auf ihn zu warten, wurde ungeduldig, wenn er später kam, und tat so – aus welchem Impuls heraus, weiß ich nicht –, als gefielen mir seine Küsse nicht, die er mir oft unter Tränen ins ganze Gesicht drückte.

Je besser ich mich fühlte, desto mehr redete ich ihm gegenüber von meiner bevorstehenden Genesung und berechnete pingelig jeden Tag und jede Stunde, die von den neun Wochen schon um waren, aber er wurde immer schwermütiger. Manchmal versetzte er mich. Nachts kam er betrunken an, warf sich auf die Knie und bat mich unter Handküssen um Entschuldigung. Er war streitlustig geworden und legte sich mit den Franzosen und Amerikanern an. Er erschien mit blauen Flecken im Gesicht und sah finster drein. Er stank nach Wein und stieß ins Blaue hinein düstere Drohungen aus.

Ich verstand das alles nicht. Manchmal ließ ich ihn von den Krankenträgern rauswerfen, dann wieder tat es mir schrecklich leid, dass er so heruntergekommen war.

Anfang Mai hatte es eine Inspektion durch amerikanische Sanitätsoffiziere gegeben. Ich lag im Garten unter einer Eiche in einer Bettenreihe. Ich merkte sofort, dass die anderen, die Deutschen, Angst hatten. Ohne nach irgendetwas gefragt worden zu sein, schworen und beteuerten sie sofort, sie wären nie Nazis gewesen. Feigheit hat mich immer angeekelt. Als die Amerikaner vor mir stehenblieben und erfuhren, dass ich Italienerin sei, leierte ihr Anführer herunter:

»Faschistin? Nein, nicht?«

»O doch, Faschistin«, antwortete ich.

Sie riefen einen Dolmetscher, und das Verhör begann.

Es kam heraus, dass ich Faschistin gewesen war, Mitglied des faschistischen Studentenverbandes GUF und fanatisch, und dass ich in Deutschland überzeugte Nazigegnerin geworden war, aber über die faschistische Idee kein Urteil abgeben konnte – abgesehen vom Bündnis mit Hitler –, da sich die italienischen Probleme schon zu lange von meinen persönlichen Interessen entfernt hatten.

Am Ende sprachen sie mir ihre Hochachtung für meine Aufrichtigkeit und Würde aus. Der Offizier ließ mir ein großes Militärpaket übergeben. Von dem Tag an stellten sie mich unter ihren Schutz, ab und zu besuchte mich einer von ihnen mit Geschenken, und wir verständigten uns in Zeichensprache und auf Deutsch.

In diesen Tagen wurde der Chefarzt, den die Patienten immer ehrerbietig gegrüßt hatten, wenn er an den Betten im Garten vorbeigegangen war, wegen seiner Mitgliedschaft in der Nazipartei verhaftet, obwohl er sich nicht politisch betätigt hatte. Während er zwischen zwei Polizisten davonging, sahen alle woandershin. Also rief ich ihm zu:

»Bis bald, Professor Niessen.«

Er belohnte mich mit einem Blick, und ich sah, wie sein Schritt lockerer wurde.

Am nächsten Tag wurde er freigelassen.

Er stellte mir seine Frau und seine Kinder vor; die Kleinen gewannen mich lieb und kamen oft zum Spielen, brachten mir Blumen und Kuchen.

Es kamen auch Vertreter des französischen Roten Kreuzes, die nach Landsleuten suchten. Schwester Vincentia führte sie zu mir. Als sie mich mit französischem Akzent über Reims und Paris et cetera reden hörten und erfuhren, dass ich in Frankreich geboren war und dort meine Kindheit verbracht hatte, schenkten sie mir ihr Wohlwollen und brachten mir ebenfalls manchmal Tabak und Schokolade mit.

Als Letzte ließen sich die Italiener blicken, machten sich wichtig, erörterten meinen Zustand mit der Schwester, rümpften die Nase und sagten mir dann, ich würde bald nach Italien zurückkehren und sollte schon mal Papiere und Krankengeschichte vorbereiten. Sie verabschiedeten sich mit großen Worten.

Tag für Tag bat ich die Oberschwester und den Arzt um die Befunde. Die Phosphorverbrennungen waren abgeheilt, die Haut wieder glatt und schimmernd, auch der Rücken war vernarbt. Die Frist lief ab. Sie gaben nur vage Auskünfte. Ich weinte. Schließlich wurde mir meine Krankengeschichte in einem dicken roten versiegelten Umschlag ausgehändigt.

Kaum war ich allein im Zimmer, öffnete ich den Umschlag, einfach so, aus Langeweile.

Ich las, dass ich wegen einer Verletzung des siebten und achten Rückenwirbels von der Taille abwärts gelähmt war, keine Empfindung mehr hatte und Stuhlgang und Wasserlassen nicht mehr kontrollieren konnte. Ich durfte aus der chirurgischen Abteilung entlassen werden, weil man dort nichts mehr für mich tun konnte. Man empfahl Elektroschocks, Massagen, passive Bewegungsübungen; es gab Bedenken dagegen, dass ich mich mit Korsetts und Beinstützen fortbewegte, weil meine vielfach gequetschten und gesplitterten Knochen zu bruchanfällig seien. Röntgenaufnahmen in allen Ebenen von Wirbelsäule, Brustkorb und Becken lagen bei.

Vielleicht haben die Leser dies alles von Anfang an geahnt.

Ich nicht.

Es war jetzt Ende Mai, und in all den drei Monaten hatte ich nie einen Augenblick lang daran gezweifelt, dass ich geheilt würde. Die einzige Alternative war Sterben oder Leben gewesen.

Ich begriff plötzlich unendlich viele Anspielungen, die Versuche von allen, mich auf diesen Gedanken vorzubereiten, mich auf die Besonderheit meines Zustandes hinzuweisen. Zum Beispiel hatte ich ständig einen Katheter in der Blase und eine Urinflasche zwischen den Beinen; manchmal lag ich morgens in meinem Kot. Wie hatte ich so ahnungslos sein können? Je mehr ich mich jetzt erinnerte, desto tiefer versank ich in dumpfe Bestürzung. Ich war festgenagelt in einem Rollstuhl, mein Leben lang, inmitten von Scheiße und Urin.

Ich glaubte es nicht.

Aber der boshafte Verstand sagte mir immer wieder, dass es stimmte. Du bist gelähmt.

Nein.

Ich nahm eine Flasche Cognac vom Nachttisch und trank sie in einem Zug aus. Ich lallte und erbrach mich den ganzen Tag. Der Pole küsste mich und schlug seinen Kopf gegen die Wand. Er gab meinem Drängen nach und brachte mir neuen Cognac. Ich trank ihn wieder in einem Zug aus und erbrach mich die ganze Nacht. Eine dritte Flasche am nächsten Morgen. Ich erbrach mich und hatte den ganzen Tag Durchfall. Der Pole ließ mich keinen Augenblick allein. Schwester Vincentia stritt mit ihm, ich hatte sie noch nie so außer sich gesehen.

»Wenn du nicht mehr willst«, sagte er immer wieder zu mir, »dann sterben wir eben zusammen.«

Am zweiten Abend tranken wir wieder jeder eine Flasche. Schwester Vincentia ließ ihn einsperren. Danach beschimpfte sie alle Leute und beleidigte und verhöhnte schließlich mich:

»Das ist also deine berühmte Kraft? Du ekelst mich an. Das ist ja eine schöne Kraft, wirklich. Schamlos.« Und so immer weiter.

Es schien mir, als weinten alle um mich herum.

»Ich bin nicht gelähmt! Ich bin nicht gelähmt! Ich bin nicht gelähmt!«

Aber selbst wenn ich entschlossen gewesen wäre, mich zu Tode zu trinken – allein beim Gedanken an Cognac drehten sich mir jetzt die Eingeweide um. Die von solcher Trunkenheit ausgelösten Störungen gehören wirklich zum Ekelhaftesten, was man sich vorstellen kann. Nachdem ich mich vierundzwanzig Stunden lang vor Brechreiz gekrümmt hatte, mit einem Geschmack von Exkrementen im Mund, von dem mir immer wieder schlecht wurde, sank ich schließlich in einen schweren Schlaf.

Tagelang ging es mir schlecht. Ich konnte weder essen noch trinken, noch sprechen, noch denken. Manchmal schoss es mir blitzartig durch den Kopf: Du bist gelähmt. Wie ein Messerstich. Aber es blieb nicht haften.

Eines Morgens wachte ich ganz früh frisch und munter vom Gesang der Vögel in den Zweigen auf. Ich hörte verwundert ihr reines, übermütiges, lebendiges Tirilieren. Das war es, weshalb ich nicht gestorben war. Hier wollte Er mich hinhaben. Gut. Ich nahm die Herausforderung an.

V

Noch am selben Morgen ließ ich Schwester Vincentia rufen, wir hatten seit dem Abend ihres Wutausbruchs nicht mehr miteinander geredet. Ich fragte sie, ob ich noch in ihrer Abteilung bleiben dürfe oder ob ich jetzt sofort entlassen werden müsse.

Sie antwortete, niemand hätte mich weggeschickt, ich selber hätte es gewollt.

Wir hatten beide glänzende Augen, sprachen aber höflich miteinander und vermieden es, uns anzusehen.

Ich sagte, ich würde gern einen Rollstuhl kaufen.

Sie nickte nachdenklich. »Wie viel kannst du ausgeben?«

»Das Geld, das ich für das Fahrrad beiseitegelegt habe.« Meine Stimme wurde brüchig.

Sie griff ein Glas auf dem Nachttisch und trug es hinaus. »Ich will hier keine Unordnung. Wie oft soll ich das noch sagen?«

Aber sie kam sofort zurück mit einem seltsam schroffen Gesichtsausdruck und fing an, die weiße Bettdecke an allen Ecken zurechtzuzupfen und die über dem Kopfende hängenden Handtücher auseinander- und wieder zusammenzufalten.

Ich sagte, ich beabsichtige, mich ans Sitzen und Bewegen im Rollstuhl zu gewöhnen. Ich müsse mir Bücher besorgen, um zu lernen, meine Sprachkenntnisse zu vervollkommnen und meine philosophischen Studien wieder aufzunehmen. Und schließlich:

»Ich gehe nicht nach Italien zurück. Ich bin tot.«

Sie erwähnte meine Eltern, den Schmerz meiner Mutter.

»Sie haben schon seit zehn Monaten keine Nachricht mehr von mir.«

An einem dieser Tage sah ich von der Ecke eines Krankenhausweges aus der Fronleichnamsprozession zu. Der Kies war mit Blumen übersät. Zarte Kinder und Priester mit Kerzen zogen singend vorbei. Als der Baldachin vorübergetragen wurde, knieten die Gläubigen in meiner Nähe nieder.

Man braucht nur festzustellen, dass Du Deinen Sohn umgebracht hast, sagte ich zu Ihm.

Der Pole nahm die Mitteilung, dass ich in Mainz bleiben wolle, außerordentlich erleichtert auf. Ich erfuhr, dass er beschlossen hatte, mir zu folgen, dass er mit mir heimlich über die Grenze gehen müsse; er war allerdings besorgt, ob er in Italien Arbeit finden würde. Mir fiel auf, dass er sich einen Schnurrbart und Koteletten hatte wachsen lassen, vielleicht um südländischer auszusehen. Er hatte immer Sympathien für die Italiener gehabt und sich sehr gefreut, wenn jemand ihn für einen von ihnen gehalten hatte. Mir fiel auf, dass er jetzt laut sprach, gestikulierte, sich beim Gehen in den Hüften wiegte und schöne Augen machte. Er war nicht mehr scheu. Er war auch nicht mehr finster und aufbrausend wie zu der Zeit, als ich immer von meiner Genesung gesprochen hatte. Im Übrigen sah ich ihn jetzt seltener, er kam nicht mehr jeden Tag und blieb gewöhnlich nur ein paar Minuten. Manchmal hatte ich das Gefühl, ich hörte seine Schritte, und Wärme breitete sich in mir aus. Dann kniff ich mich ins Bein, bis es einen Fleck gab. Alles Einbildung, sagte ich mir, *du spürst nichts.*

Ich ließ mir von den Amerikanern einen Schein ausstellen, mit dem ich alle Bücher, die ich haben wollte, von der Universität bekam.

Ich wachte im Morgengrauen auf und lernte drei Stunden Russisch, das ich schon ein bisschen konnte. Dann badete ich und machte im Wasser meine Bewegungsübungen mit der Masseurin. In der Wanne sitzend, streckte ich die Arme aus und fasste meine Zehen; ich stützte die Hände in die Taille und ließ meinen Oberkörper kreisen; kniend zog ich mich hoch, bis ich auf den Waden saß, dann knickte ich wieder ein.

Nach dem Essen las ich philosophische Bücher, die ich ausgeliehen oder die Johann in der Universität für mich gestohlen hatte, Spinozas *Ethik*, Kants drei *Kritiken*, und dort fand ich die Rationalität, die mir im Leben fehlte. Gegen fünf Uhr zog ich mich an und setzte mich im Rollstuhl in den Garten, um frische Luft zu schnappen.

Ich hatte mit einem kleinen russischen Mädchen Freundschaft geschlossen, das armamputiert war und kurz darauf repatriiert wurde. Bei ihrem Abschied schenkte sie mir einen abgewetzten Stoffhund, den sie sich immer mit ihrer einzigen kleinen Hand an die Brust gedrückt hatte.

»Er heißt Tobik«, hatte sie gesagt und ihn mir ganz behutsam anvertraut.

Ich lebte mit diesem Hund und trennte mich nie von ihm. Den Kindern, die auf dem Weg der Genesung waren und mir entgegenliefen, wenn sie mich aus der Station kommen sahen, einige auf einem Bein hüpfend, andere gekrümmt, wieder andere in Gips, erzählte ich Märchen, in denen Tobik die Hauptrolle spielte, und beim Erzählen ließ ich Tobik eins seiner schlappen Ohren aufstellen, bellen oder das Bein heben. Kurz, sie fragten mich jedes Mal: »Was hat Tobik heute wieder gemacht?« und baten, ihn anfassen zu dürfen, und waren überglücklich, wenn ich einem von ihnen erlaubte, Tobik einen Augenblick in den Arm zu nehmen; er war ein Preis, den ich jedem gab, der brav gegessen oder sich hatte behandeln lassen, aber nur, wenn er ein Zettelchen seiner Oberschwester zeigte, auf dem stand: Heute war xy brav, mit genauem Datum.

Auch die Erwachsenen, die draußen Luft schnappten, näherten sich und hörten den Geschichten zu, die ich erfand und die immer mitreißender wurden, je mehr das Publikum anwuchs.

Ein deutscher Soldat, der ein brandiges Bein hatte, das am nächsten Tag amputiert werden sollte, bat mich inmitten der Kinder ganz ernst, ihm Tobik für diesen Anlass zu leihen.

Danach schickte er ihn zurück, mit einem Lederhalsbändchen, das er selbst gemacht hatte.

Da Tobik allzu mürbe war und ihm die Strohhalme überall herausstachen, beschloss der Oberarzt, ihn zu operieren. Vor all meinen Kindern, die stumm und mit bangem Herzen im Operationssaal standen, band er sich die weiße Gesichtsmaske um und zog sich die Gummihandschuhe an, während Schwester Vincentia ihm die Instrumente reichte und immer nur den Kopf schüttelte. Er schnitt dem Hund den Rücken auf, stopfte ihm Stroh hinein, nähte ihn wieder zu und gab ihn mir feierlich zurück. Der Arzt war ungefähr dreißig, dunkelhäutig, mit kahlen Schläfen und dunklen Augen und kam abends oft zum Plaudern in mein Zimmer.

Da mein Rollstuhl den Gang versperrte, wurde beschlossen, ihn abends unter der Veranda abzustellen. Aber am Tag nach dieser Entscheidung fanden wir ihn mit platten Reifen und abgeschraubten Bremsen wieder; das waren meine kleinen Freunde gewesen in ihrer Begeisterung, an etwas von mir herumspielen zu dürfen.

In einem kleinen Zimmer auf der Isolierstation lag ein zehnjähriges Mädchen mit Verbrennungen am ganzen Körper; sie hatte einen unter Hochspannung stehenden Elektrodraht angefasst. Sie hatte von mir gehört und ihre Mutter losgeschickt, mich zu ihr zu bringen. Sie hatte mich mit großen Augen gemustert und mich schließlich gefragt, ob ich ihr Tobik schenken könnte. Ich hatte ihn ihr nicht gegeben. Dann hatte es mir leid getan, aber andererseits, wenn ich Tobik hergegeben hätte, wäre alles aus gewesen. Ich hatte den Hund selber so liebgewonnen, dass ich nicht einschlafen konnte, wenn er nicht mit der Schnauze unter meiner Achsel neben mir lag. »Wir haben beide nur uns«, hatte ich zu ihr gesagt.

Ich besuchte das verbrannte Mädchen aber kurz darauf wieder und schlug ihr vor, ohne zu merken, wie grausam dieser Notbehelf war, sie solle meinen kleinen Freunden erzählen, sie sei beim Spielen mit meinem Rollstuhl so zugerichtet worden.

»Wir sagen ihnen, dass es an meinem Rollstuhl einen Punkt gebe, den man nicht nennen dürfe, an dem ganz starker elektrischer Strom hindurchfließe, und deshalb sei es gefährlich, ihn anzufassen. Nur ich darf das. Hast du verstanden? Hast du dir alles gemerkt? Pass auf, sie werden kommen und dich fragen.«

Am selben Nachmittag erzählte ich den Kindern von dem furchtbaren Unglück, das einer Freundin von mir zugestoßen sei, weil sie auf meinen Rollstuhl geklettert sei, als ich nicht da gewesen sei. Sie sahen sich an, als wollten sie sagen: Diesmal übertreibt sie aber.

»Ihr glaubt mir nicht? Geht sie doch fragen. Ich warte hier auf euch.« Dann beschrieb ich ihnen den Weg.

Sie kamen zurück, noch immer leicht ungläubig, aber doch irgendwie beunruhigt. Von dem Tag an konnte ich meinen Rollstuhl unbesorgt unter der Veranda stehen lassen. Die Schwestern erzählten mir später, dass die Kinder ihn am Morgen aus gebührendem Abstand betrachteten und sich gegenseitig herausforderten; ein paar tippten mit ihren Fingerchen an eine Speiche oder eine Schraube, zogen sie aber schnell wieder zurück, weil sie angeblich einen Schlag bekommen hatten.

Danach besuchten sie ständig das kleine Mädchen mit den Verbrennungen, das jetzt nicht mehr sein entstelltes Gesicht versteckte und nicht mehr allein war wie vorher. Sie berichtete ganz aufgeregt in immer neuen Variationen von ihrem wundersamen Abenteuer mit dem Rollstuhl, an das sie mehr als jeder andere glaubte, während ihr alle andächtig wie einer Heldin zuhörten. Auch ich besuchte sie, und wir erörterten alle ganz ernst die vielen seltsamen Dinge des Lebens. Die Mutter lachte und weinte.

Aber die Kleine hatte inzwischen überall im Körper Würmer und starb.

Zwei Wochen nachdem ich mit Sitzen und Gymnastik angefangen hatte, stellte ich fest, dass ich einen Buckel hatte. Im Garten war immer jemand, der ihn streifte. Vielleicht hatte ich mich überanstrengt, mein Rücken war nicht kräftig genug, und ich fiel beim Sitzen schlaff zusammen. Außerdem war mein Bauch immer gebläht, und oft waren auch Beine und Füße blau geschwollen wegen der schlechten Durchblutung. Ich fand das nicht peinlich. Ich betrachtete meinen Körper wie einen Verwandten, der immer Pech hatte. Du kannst nur Ärger machen, sagte ich zu ihm und gab ihm einen mütterlichen Klaps. Ich hatte meine Beine getauft: Lazarus das linke, Kunigunde das rechte.

»Kunigunde ist schief«, sagte ich, und die Schwester stellte das rechte Bein gerade. Lazarus war der Ehemann und Kunigunde die Ehefrau. Er war ein echter Mann, fest und aufrecht, während sie sich immer wand und krümmte und die Zimperliese machen musste.

Die Nachtschwester Petra hatte einen schweren Zusammenbruch erlitten und wurde abgelöst von einer jungen Rotkreuzlerin, Schwester Luise, sanft und anmutig und schon Kriegerwitwe eines Ingenieurs. Eines Abends brachte sie mir ein kleines Madonnenbild, das sie in ihren Pausen für mich gemalt, ausgeschnitten und genäht hatte.

Am Morgen meines zwanzigsten Geburtstags fand ich beim Aufwachen mein ganzes Zimmer voller Blumen, kleiner Gaben und Glückwunschzettelchen, die Schwester Luise auf Zehenspitzen aufgestellt hatte. Die Patienten hatten sich heimlich das Datum weitergesagt, um mich zu überraschen. Den ganzen Tag über bekam ich Besuche, Blumen, Maiglöckchensträuße, Johannisbeeren und Glückwünsche. Ich hatte einen Kloß im Hals vor Rührung über das gute Herz des Menschen.

Nur der Pole ließ sich nicht blicken. Er tauchte erst gegen zwei Uhr nachts auf, sehr erregt und unsicher auf den Beinen; er bat mich, ihn zu heiraten. Er könne ohne mich nicht mehr leben. Ich brauche deine Hilfe, du hast ja keine Ahnung, in was für einem Zustand ich mich befinde. Als er das ausgesprochen hatte, schien er ruhiger zu werden und steckte mir einen metallenen Ehering an den rechten Ringfinger.

Schwester Luise konnte ihn nur mit Mühe zum Gehen überreden, sie würde sonst ihre Stelle verlieren, es sei nicht mehr wie früher, es gebe jetzt Besuchszeiten.

In meinem vertrauensseligen Zustand schlug ich der Rotkreuzlerin vor, mich morgen in die Stadt zu begleiten, ich wolle ihm in der ehemaligen Kaserne, wo er wohnte, einen Überraschungsbesuch machen. Also fingen wir gegen fünf Uhr morgens an, mich herzurichten und anzuziehen, und sobald sie Dienstschluss hatte, zogen wir los.

Die prickelnde Morgenbrise machte meine Lungen ganz weit. Schwester Luise schob mich mit schnellen Schritten die Bürgersteige entlang, und ich fühlte mich wie ein Neugeborenes, das von seiner Mama spazieren gefahren wird.

Innerhalb weniger Monate hatten die Deutschen wie die Ameisen ihre Stadt wieder hergerichtet. Überall waren Wohnungen mit schiefen Brettern als Wände und Wellblechstücken als Dächer, Pappe vor den Fenstern und blühende Geranien und Veilchen davor. Die Straßen waren sauber, die Trümmer ordentlich zusammengefegt.

Im riesigen Hof der ehemaligen Kaserne fragte ich nach ihm. Frauen mit zerzausten Haaren und Männer in Unterhemden mit harten Gesichtern sammelten sich um mich. Stimmen gingen hin und her. Dann sah ich ein Mädchen herbeilaufen, eine kleine, lebhafte, brünette Deutsche, die mich zu erwarten und zugleich aufgeregt schien.

»Sie wollen zu Johann, nicht? Kommen Sie mit.« Und zu den Neugierigen sagte sie leicht triumphierend: »Das ist seine Schwester! Die Schwester, die im Krankenhaus liegt!« Sie ging uns durch den Hof voraus, eine Hand an der Lehne des Rollstuhls, den Kopf erhoben. »Wie jung Sie sind!« Und dann platzte sie heraus: »Ich habe Sie mir alt und böse vorgestellt« und erklärte mir, dass sie Johann so oft gebeten habe, uns bekannt zu machen, er es aber abgelehnt und behauptet habe, ich wolle sie nicht kennenlernen, und eines Abends, als sie ihm zum Krankenhaus nachgelaufen sei, habe er sie an Ort und Stelle so zusammengeschlagen, dass sie es nicht mehr gewagt habe. Sie seien seit März zusammen, drei Monate jetzt. Ihre Familie wolle nichts mehr von ihr wissen, der Vater sei sogar krank geworden (als wollte sie damit sagen: Nicht nur seine Angehörigen, auch meine machen uns Schwierigkeiten). Sie sei Verkäuferin.

Schwester Luise sagte, es sei schon spät und wir müssten sofort zurück, sie sei schließlich verantwortlich für mich.

»Nur einen Augenblick, ich rufe ihn. Er wird mich bestimmt verprügeln«, sagte das Mädchen und zeigte die blauen Flecken an Armen und Beinen.

Aber Schwester Luise war dagegen, und wir gingen zurück. Das

Mädchen kam ein Stück mit; sie wollte herausbekommen, wie sie auf mich gewirkt hatte, ob ich meinem Bruder erlauben würde, sie zu heiraten, wann wir nach Warschau führen, wie meine und Johanns Eltern seien. Man merkte deutlich, dass ich für sie ein Albtraum gewesen sein musste, und sie war immer noch ungläubig.

»So nett!«, sagte sie immer wieder.

An einer Weggabelung umarmten wir uns und nannten uns Schwestern, mir rollten die Tränen herunter, während ich meine Wange viel zu fest an ihre drückte.

Wortlos kehrten Schwester Luise und ich zum Krankenhaus zurück.

Gemeinsam mit den aufmerksamen Schwestern Vincentia und Johanna legte mich Luise wieder ins Bett.

»Was für ein Schuft, dieser Polack!«, sagte sie.

»Er hat ein deutsches Mädchen«, teilte ich mit. »Sie soll meine Schwägerin sein, ich bin nämlich angeblich seine Schwester.«

»Alles Flittchen heutzutage«, sagte Schwester Johanna und wurde rot.

Sowie ich allein war, schob ich meine Decke fort, ich hatte das Gefühl, ich erstickte. Dann riss ich mir sofort den Metallring vom Finger und schmiss ihn aus dem Fenster.

Ich konnte meine Gedanken nicht zusammenhalten. Schließlich meldete mein Verstand, dafür wird er bezahlen, und ich merkte, wie mir leichter wurde. An diesen neuen Vorsatz musste ich mich klammern und meine Strategie entsprechend festlegen und durchhalten. Aber kaum schweifte ich einmal ab, fiel mir seine schlecht verhohlene Ungeduld wieder ein, wenn er schnell weg wollte, seine plumpen Ausreden: Einmal musste er sich verstecken, weil nach Ausländern gefahndet wurde, die repatriiert werden sollten, ein andermal musste er arbeiten, um Geld auf die Seite zu legen, dann all seine unausgegorenen Projekte, kurz, er redete einfach zu viel. Und wie er neuerdings angab; außerdem bat er dauernd um Verzeihung.

Er hatte mich nicht einmal gefragt, ob ich ihn liebte.

Und ich war immer friedlich, blind und taub gewesen.

Nur weil ich gelähmt war. Ich spürte einen Stich im Herzen, als ich mich daran erinnerte, wie ich zweimal in seinen Armen den Kot nicht mehr hatte halten können, als er mich in den Rollstuhl gehoben hatte.

Im März war ich noch dem Tod geweiht gewesen. Er hätte damals einfach verschwinden sollen, ich hätte es nicht einmal gemerkt.

Er hielt es für seine Pflicht, mich zu lieben. *Mich.*

Je mehr ich mich innerlich zerschlagen fühlte, desto mehr hielt ich mich an meine Kampflust. Meine Seele wühlte genüsslich in der Demütigung, während mein Gesicht weinte und meine Nase merkwürdige Geräusche machte. Genau in einem solchen Kampfmoment sah ich das Gesicht und den lebhaften Körper seiner gesunden Freundin wieder vor mir und mich daneben. Zum ersten Mal empfand ich ein so tiefes Schamgefühl über meinen Zustand, dass ich die Sinne verlor und einschlief.

Eine wohlbekannte Stimme weckte mich. Es war der Pole, der laut mit Schwester Vincentia diskutierte; er riss die Tür auf und stürzte in mein Zimmer, sie hinterdrein.

»Wie sehr man sich in einem Menschen täuschen kann!«, sagte sie bitter.

»Ich muss mit dir reden!«, sagte er arrogant zu mir.

Die Schwester gab mir hinter seinem Rücken ein Zeichen, ob sie mich mit ihm allein lassen sollte. Ich nickte und wies mit den Augen auf die Klingel. Sie ging und schloss die Tür hinter sich.

Er hatte sich offenbar Mut angetrunken. Fast schreiend, warf er mir vor, ich hätte ihn nie geliebt, ihn immer nur wie einen Sklaven behandelt, und ich hätte nicht das Herz einer Frau.

Ich setzte sofort eine schuldbewusste Miene auf (mein Herz hämmerte aufgeregt über den Triumph, den ich mir jetzt gönnte).

»Du hast recht«, antwortete ich leise und zerknirscht. »Ich liebe dich nicht. Aber du warst immer so gut, so großherzig zu mir, dass ich nie gewagt habe, es dir zu sagen.«

Als er den Sinn meiner Worte begriffen hatte, feixte er zuerst, wurde dann bleich und erklärte mir, er hätte es sich eigentlich denken können, dass ich falsch sei, eine Verräterin, typisch Italienerin eben.

»Du hast recht«, antwortete ich mit einer Gleichgültigkeit, auf die ich richtig stolz war.

Ich hätte es dabei bewenden lassen sollen, aber ich konnte der Versuchung nicht widerstehen, mit einem Anflug von Hohn hinzuzufügen: »Inzwischen ist mir allerdings alles klargeworden. Ich bin jetzt geheilt, aber gelähmt.«

Bei diesen Worten konnte er nicht mehr an sich halten, das Grinsen verging ihm, und er bat mich, ihn zu heiraten, weil er nur mich liebe. Wenn er mich nie kennengelernt hätte, hätte er vielleicht mit der anderen glücklich werden können, aber so müsse er immer an mich denken und sich die Zeit, trinkend und mit der anderen schlafend, vertreiben, damit er mich nicht dauernd vor sich sehe, und dabei komme einer ganz herunter, das sei kein Leben.

Als er »mit der anderen schlafend« sagte, zog sich mir das Herz zusammen.

»Ich bin tot«, sagte ich und drückte auf die Klingel.

»Schick mich nicht weg!« Man hörte Schritte näher kommen. »Sie weiß, dass ich dich liebe, ich habe ihr alles gestanden, sie hat es begriffen, sie ist gut, wir haben uns getrennt.«

Ich lächelte spöttisch.

»Du hast mich immer verachtet«, fuhr er hastig fort. »Du hasst mich.«

»Na siehst du, wie intelligent du bist! Also erspar mir auch dein Mitleid!« Ich war kurz davor, in Tränen auszubrechen.

»Das stimmt nicht!«, protestierte er. »Wie kommst du denn auf so was. Du hast überhaupt nichts verstanden.« Auf einen Wink der Schwester hin bauten sich die Krankenträger neben ihm auf. Er sah sie gedankenverloren an. Dann wandte er sich plötzlich an die Schwester: »Wer von uns verdient mehr Mitleid«, fragte er sie, »Luzi oder ich?«

Als er weg war, ließ ich mich endlich gehen und schluchzte unter der Bettdecke. Lohnte es überhaupt zu leben?

VI

Ich schreckte aus dem Schlaf hoch – ein dumpfes Geräusch, als wäre ich aus dem Bett gefallen. Ich merkte, dass ich die Hände in die Ränder der Matratze gekrallt hatte, mein Herz überschlug sich, es war dunkel, ich war allein, in meinem Bett, niemand konnte meine Mühsal verstehen, mir helfen, selbst Schwester Vincentia hatte mir empfohlen zu sterben.

Ich lockerte den Griff, ich musste tief durchatmen. Ich schloss die Augen und wartete ab.

Nichts war passiert.

Johann hatte es nie gegeben. *Vorher* war er mir doch auch gleichgültig gewesen!

Nein.

Es gab Johann, und ebenso wie ich mich an ihn gebunden hatte, nachdem er mir das Leben gerettet hatte, musste ich mich jetzt wieder von ihm lösen. Das war alles. Ich war nicht besiegt. »Du kriegst mich nicht klein«, wandte ich mich murmelnd, aber ohne Vorwurf an Gott, ich hielt Ihn für solidarisch. Im Übrigen ist sogar der schlechteste Vater erleichtert, wenn sein Kind sich allein zurechtfindet und nicht jeden Augenblick hinter ihm herläuft. Ich stellte mir all die Gebete, das Jammern und Wehklagen vor, mit dem sich die Menschen unablässig an Ihn wandten: »Wer weiß, wie müde auch Du bist«, sagte ich seufzend zu Ihm und fing an, über das Leben nachzudenken.

Es begann, hell zu werden, es kam mir vor, als bereitete ich mich auf ein sehr fernes und schwieriges Ziel vor, für das ich vielleicht mein Leben lang würde kämpfen müssen, das ich aber am Ende nicht verfehlen konnte. Ich war ruhig und voller Vertrauen und schlief ein.

Gegen neun wurde ich geweckt: Johann, der neben mir stand und mich beobachtete, streichelte mich, und unwillkürlich lächelte ich ihn an und blinzelte ihm zu.

»Raus hier!«, schrie Schwester Johanna, die plötzlich im Zimmer stand, mit gellender Stimme. »Die Besuchszeiten sind für alle gleich, donnerstags und sonntags von drei bis fünf!« Und mit hochrotem Gesicht und heftig raschelnden Röcken verschwand sie durch die Tür.

Gleich darauf tauchte Schwester Vincentia auf und winkte ihn heraus. Sie blieben im Gang stehen und sprachen miteinander. Ich konnte nicht verstehen, was er sagte, sie antwortete deutlich und in ruhigem Ton:

»Das ist alles schön und gut, aber lass sie in Frieden, sie hat dich um nichts gebeten. Luzi braucht niemanden.«

Ich absolvierte Behandlungen und Gymnastik und lernte in jeder freien Minute.

Jetzt starben nicht mehr so viele Leute, außerdem war das richtige Sterbezimmer wieder eingerichtet worden. Zu mir wurden Frauen mittleren Alters gelegt, denen man gerade Gallensteine oder die Eierstöcke herausoperiert hatte, unausstehliche Personen, die dauernd wegen nichts und wieder nichts klingelten und sich unaufhörlich beschwerten.

»Luzi!«, rief Schwester Vincentia. »Warum klingelst du eigentlich nie? Du brauchst wohl nie etwas?« Und immer wieder kam sie, wenn es heiß war, mit einem Getränk, einer Aprikose, rieb mir den Hintern ein: »Das ist schön kühl für dich.« Sie hob einen meiner Füße hoch und sah ihn an.

Nachmittags hatte ich immer viel Besuch, deutsche Patienten aus dem Krankenhaus, amerikanische Soldaten und jene Franzosen, mit denen ich Freundschaft geschlossen hatte und die zu jeder Stunde Zutritt hatten.

Wenn Johann auftauchte, flüsterte ich ihm zu: »Geh, der Doktor will das nicht, du bist kein Militärangehöriger und musst dich an die Besuchszeiten halten«, und vor ihm gab ich mich den Soldaten gegenüber betont offenherzig und vertraulich. Manchmal fuhr ich auch mit ihnen spazieren. »Auf Wiedersehen!«, entschuldigte ich mich dann bei Johann, wenn er aufgeregt dazukam. »Ich hatte schon eine Verabredung, die kann ich nicht absagen.«

Die Soldaten schoben meinen Rollstuhl durch die Mainzer Straßen, die Leute sahen unserem kleinen Tross nach, und ich musste lächeln bei der Vorstellung, wie das wohl aussah, so viele gesunde junge Sieger neben meinem besiegten Körper. Ich bestaunte die Bäume, die Gesichter der Passanten wie ein Schauspiel.

Oft fuhr der Pole mit dem Fahrrad hinter uns her, er war jetzt noch magerer als unter den Deutschen und schlecht rasiert, seine Augen funkelten. Die Franzosen sagten mir immer Bescheid, wenn sie ihn kommen sahen. Und gemeinsam lachten wir über ihn.

Ich war vertrauter mit den Franzosen als mit den Amerikanern, weil ich mich mit ihnen leichter verständigen konnte und wir in vielen Dingen ähnliche Ansichten hatten.

Die einen wie die anderen führten mich gewöhnlich in den Stadtgarten spazieren. Sie setzten mich dort sogar auf den Rasen unter eine Eiche. Wir machten Spiele. Ich hatte bei den Amerikanern das Pfänderspiel *cocuzzaro* in Mode gebracht. Sie mussten es aber auf Italienisch spielen. Wenn ich dann diese großen Jungen, weiße und schwarze, sah, wie sie mit eifrigen, konzentrierten Gesichtern auf der Wiese im Kreis saßen, hochfuhren, sowie ihre Nummer kam, und dann über den Satz stolperten: *»Perché quattro cocuzze?«*, konnte ich mich nicht mehr halten vor Lachen, und sie auch nicht, und wir waren den ganzen Tag lang so ausgelassen, dass Gruppen von Neugierigen stehenblieben, uns zusahen und mitlachten.

Vor allem die Amerikaner überhäuften mich mit Lebensmitteln, und bei jedem Ausflug kam jemand Neues dazu und fragte, ob er auch mitkommen dürfe.

Als eines Nachmittags kurz vor Sonnenuntergang während einer Spazierfahrt im schattigen Park mit meinen beiden besten französischen Freunden einer von ihnen mir gerade das Trittbrett des Rollstuhls höher stellte, um die geschwollene und verschwitzte Kunigunde zu entlasten, stürzte sich Johann auf ihn, der andere Franzose warf sich von hinten auf Johann, der zog ein Messer, sie renkten ihm den Arm aus, eine alliierte Militärpatrouille kam dazu und schleppte ihn weg.

Einige Zeit danach sprang er nachts durchs Fenster in mein Zimmer – zum Glück war ich allein – und zog ein Gesicht, dass ich es mit der Angst bekam. Aber ich tat so, als wäre ich besorgt, dass die Nachtwachen ihn einsperren könnten, obwohl ich sie in Wirklichkeit selber damit beauftragt hatte, weil ich solche Überfälle von ihm schon erwartete. Ich spielte so gut, dass er mir nach nicht einmal fünf Minuten vorschlug, mich zu entführen und zu befreien, über die Ärzte und Krankenträger redete, als wären sie meine Henker, und sich schließlich überreden ließ zu gehen, um mir Unannehmlichkeiten zu ersparen.

Je leichter er nach meiner Pfeife tanzte und seine Stimmungen änderte, desto weniger zählte er in meinem Herzen. Bald war ich so weit, dass ich mich seinetwegen schämte, wenn er schmutzig, verwahrlost und mit lauernden Blicken mitten zwischen all den Deutschen im Sonntagsstaat und erst recht neben den Amerikanern und Franzosen in ihren ordentlichen Khakiuniformen aufkreuzte. Auch seine Geschenke rochen jetzt zu sehr nach gestohlen, was nicht mehr erlaubt war: Dosen mit in Öl und Essig eingelegtem Gemüse nach Art der Deutschen, die alles Essbare einmachten, Hühner, Kaninchen, Eier. Er selbst zog sie viel zu verstohlen aus dem Hemd, und ich bat ihn deshalb, sie so schnell wie möglich im Nachttisch oder in meinem Koffer unter dem Bett verschwinden zu lassen. Wenn ich ihn nur kommen sah, dachte ich schon an den schlechten Eindruck, den er wieder machen würde. Der Gedanke an seine deutsche Freundin, der anfangs meine Boshaftigkeit immer neu angeheizt hatte, ließ mich jetzt, sofern er mir überhaupt noch kam, nur noch die Achseln zucken.

»So wirst du ihn nie los«, sagte Schwester Vincentia missbilligend. »Du zeigst keine Barmherzigkeit.«

»Und ich brauche auch keine von anderen.«

»Hast du dich nie gefragt, was du ihm gegeben hast?«

»Ich habe ihn nicht mit jemand anderem verwechselt. Er soll erst einmal die Leute unterscheiden lernen, bevor er sich wieder vorwagt.«

»Du bist diejenige, die ihn provoziert«, erwiderte sie.

»Er soll mir nachweinen, solange er lebt.«

Ich erinnere mich, dass ich zu der Zeit ständig erregt und angerührt war. Nachts wachte ich auf, wiederholte reihenweise Vokabeln in fremden Sprachen, konstruierte Sätze, grübelte. Das Gezwitscher der Vögel vor Morgengrauen, das Rauschen der Bäume am Abend, das anhaltende Gekreische der versehrten und verkrüppelten Kinder, die wild im Garten spielten, alles rührte mein Herz, ließ mir die Augen feucht werden, erfüllte mich mit Wärme, mit einem »Ja« tief drinnen.

Auch die Deutschen hatten ihre Probleme. Sie hatten Hunger, und ich hatte Vorräte, Geschenke von den Soldaten und von Johann, die ich gern weitergab; Schwester Vincentia übernahm die Verteilung. Vor allem aber hatten die Deutschen einige Anliegen, die die Besatzungsmächte betrafen, Sondergenehmigungen, Bestätigungen, verschiedene Lizenzen, ich bekäme doch regelmäßig Besuch von Amerikanern. So kamen sie ehrerbietig zu mir und baten mich, ein gutes Wort für sie einzulegen. Sie überbrachten lange Bittschriften und hinterließen mit hungrigen Blicken Stachelbeeren und Spargel auf meinem Nachttisch. Ich fügte den Papieren eine Notiz bei und übergab sie den Amerikanern. Oft wurden die Antragsteller dann von der Kommandantur vorgeladen und bekamen, was ihnen am Herzen lag und was sie ohne mich genauso bekommen hätten. Aber sie versuchten es lieber über mich und hielten mich für eine bedeutende Persönlichkeit.

Jemand gab mir einen Brief, der nach Amerika weitergeleitet werden sollte. Die zivile Post funktionierte noch nicht wieder. Die Sache sprach sich herum, und merkwürdigerweise kamen jetzt viel mehr Leute, um mir einen Brief zu übergeben, als sich vorher um irgendeine Konzession bemüht hatten. Sie wurden von einer wahren Schreibwut ergriffen. Die amerikanischen Soldaten, die diese Briefe mit ihrem eigenen Absender abschickten, baten mich um Mäßigung, denn sie durften zivile Briefe eigentlich nicht mit ihrer Post befördern und wollten keine Scherereien mit der Militärzensur bekommen. Aber die Deutschen waren völlig unvernünftig, sie verdoppelten das Quantum Stachelbeeren und Spargel, und zum Schluss hatte ich immer Blatt und Umschlag in der Hand.

Ich beschloss, auf eigene Faust eine Auswahl vorzunehmen, indem ich die allzu servilen oder überspannten Briefe aussortierte. Nach dem Abendessen wurde ich mitsamt meinem Bett in das Behandlungszimmer gebracht, und dort machte ich mich zusammen mit einer anderen Leidtragenden des 27. Februar, einer geistreichen vierzigjährigen Deutschen, an die heimliche Lektüre. Schwester Luise brachte uns gezuckerte Himbeeren und half uns, wenn gerade einmal niemand nach ihr klingelte.

Die aussortierten Briefe wurden zerrissen und dann im Klo hinuntergespült, und ich berichtete am nächsten Tag den Betroffenen, die Briefe seien auf dem Wasserwege befördert worden. Die vernünftigen Briefe dagegen übergab ich den Amerikanern und erzählte, sie seien auf dem Luftwege abgegangen.

Ich erinnere mich, dass einmal ein Deutscher an einen entfernten Verwandten seiner Frau geschrieben hatte, von dem er, wie aus dem Brief hervorging, seit zwanzig Jahren nichts mehr gehört hatte, um ihm vorzuschlagen, im Rheinland eine Fabrik für Klopapier aufzubauen. Er führte aus, dass Klopapier in Deutschland sehr begehrt sei, dass man seit Jahren danach lechze, weil Hitler, dieses Schwein, die Produktion sabotiert habe. Er bat ihn für die ersten Investitionen in den Betrieb um eine maßlos hohe Summe Dollar – und zwar postwendend, bevor andere ihm die Idee stehlen könnten.

Nachdem wir das mühsam entziffert hatten, rief Fräulein Schwarzmann:

»Das kommt mir wie gerufen! Um keine Zeit zu verlieren, werde ich mich damit schon mal abwischen!«

Eines Morgens Ende Juli kam ein Herr mit meiner Krankengeschichte in der Hand zu mir. Er war von der Verwaltung und wollte wissen, wann ich meinen Platz freimachen würde.

»Ich weiß nicht.«

Wie? Wann sich denn das italienische Rote Kreuz endlich um seine Verwundeten kümmere?

»Ich habe die Abreise verschoben.«

Er verstand nicht.

»So viele Ausländer bleiben hier in Deutschland.«

Vielleicht konnten diese Ausländer ihren Lebensunterhalt ja selber bestreiten. »Aber wer zahlt hier für Sie?« Ich müsse also weg, aber ich solle mir keine Sorgen machen, ich würde auf amtlichem Wege repatriiert.

Um Zeit zu gewinnen, erzählte ich ihm eine erfundene Geschichte, dass meine Familie nach Frankreich gezogen sei und mich dort erwarte und dass ich selber jetzt eine wichtige Antwort abwarten müsse.

Auf diese Weise erhielt ich zwei Wochen Aufschub, musste aber ein Papier unterschreiben, laut dem die Verwaltung mich unverzüglich abschieben würde, wenn ich nicht binnen vierzehn Tagen abgereist sei.

Zwei Tage später erhielt ich auf Antrag des Krankenhauses eine Mitteilung der französischen Gesundheitsbehörden, der zufolge mir als gebürtiger Französin die Einreise nach Frankreich gewährt würde, sofern ich Folgendes vorlegen könne:

a) meine Geburtsurkunde;
b) die Meldebestätigung meiner Eltern in Frankreich;
c) eine mit dem Sichtvermerk des Konsuls versehene Erklärung von ihnen, dass sie für meinen Unterhalt aufkommen würden.

Nach meinem einundzwanzigsten Lebensjahr könnte ich mich, wenn ich mich mindestens sechs Monate innerhalb des französischen Staatsgebietes aufgehalten hätte, dank des Privilegs, in Frankreich geboren zu sein, um die Staatsbürgerschaft bewerben und käme in den Genuss der Versorgung nach dem französischen Kriegsversehrtengesetz.

Mein Fall war nicht einfach, da ich in meinem Zustand ganz offensichtlich dem französischen Staat keine Einnahmen versprach, aber die in Mainz eingerichtete Stelle der Gesundheitsbehörde hätte mich dank der guten Beziehungen, die ich dort hatte, nach Kräften unterstützt.

Ich musste meinen Freunden gestehen, dass meine Eltern in Italien lebten und ich die Verwaltung irregeführt hatte, weil ich nicht nach Hause zurückwollte. Sie gaben zwar nicht gleich auf, aber ohne Verwandte in Frankreich war nicht viel zu machen.

Die Italiener in Graugrün mit der Sanitäterbinde am Arm erschienen eines Morgens, die Verwaltung hatte sie trotz des von mir erwirkten Aufschubs gerufen. Es waren dieselben wie beim ersten Mal, sie waren in Wiesbaden stationiert. Sie zeigten das für italienische Männer typische Gebaren, indem sie den Frauen, die sie für hässlich oder nicht begehrenswert hielten, Steine in den Weg legten, während sie schönen Mädchen alle Wege ebneten. Ich schaffte sie mir rasch vom Hals, indem ich mich zur Italo-Französin aus Paris erklärte und das »r« weich aussprach, was sie zu ein paar galanten Bemerkungen veranlasste.

Der bloße Gedanke an Italien drückte mich zu Boden.

Ich fiel von einem Extrem – heftigstes Heimweh – ins andere – Angst, die bis zum Abscheu reichte, und dazwischen gab es nichts.

Ich träumte oft von meiner Mutter, und morgens spürte ich das Bedürfnis, mich anzulehnen, weiterzuschlafen. Ich sah wieder die Freunde vor mir, die Anbeter, erinnerte mich an irgendwelche Episoden und lachte gerührt vor mich hin, aber bei der Vorstellung, sie wiederzusehen und mit ihnen wieder zu tun zu haben, wurde mir ganz kalt. Wenn ich mir dann noch unsere Begegnungen vorstellte, gefror ich regelrecht. Kein Ort in Italien, an dem ich gewesen war, zog mich an. Insbesondere misstraute ich meinen Verwandten. »Du hast selber deinen Kopf durchsetzen wollen. Das hast du jetzt davon. Hättest du nur auf uns gehört. Das musste ja so kommen, du warst eben viel zu sehr dies oder das.« Und beim geringsten Aufmucken von mir ertönte ein Chor des Protests: »Reicht dir das immer noch nicht, was dir passiert ist?« Ein ganzer Stacheldraht von Vorschriften zu meinem Wohl.

Und inmitten all dieser Kommentare meine Eltern, aufgerieben zwischen dem Stolz, sich nicht anmerken zu lassen, wie sehr mein Unglück sie im Innersten getroffen hatte, und der Angst vor neuen schlimmen Überraschungen durch mich. Angesichts meiner Bewegungsunfähigkeit wäre mein Vater unausweichlich dazu übergegangen, mich zur Ordnung zu rufen: »Das passt nicht, das macht man nicht«, entsprechend seinen unerschütterlichen Kriterien, die ihm sagten, was gut und was schlecht war für eine Tochter.

Ich dachte an Mamas naive Vorstellungen von dem, was vornehm war, und dem, was eine »anständige« Person für unter ihrer Würde zu halten hatte; ich dachte an alles, was ich gesehen, beobachtet und gelernt hatte. Sie war jetzt eher meine unerfahrene Tochter. Aber wie sollte ich ihr das begreiflich machen? Sie würde immer denken, sie müsste mich leiten, und meine Krankheit wäre ihre Waffe. »Was haben wir damit gewonnen, dass wir hinter Idealen hergelaufen sind? Wozu nützt das, meine ich? Unter deiner Mauer war gar keiner, aber du bist hinuntergestürzt.«

Ich war nicht ihrer Meinung.

Diese Weisheiten von Erwachsenen: »In deinem Alter wollte ich auch dies und jenes, in deinem Alter glaubt man immer ... später wird man ruhiger und versteht, dass ...« hatten meine Jugend vergiftet. Ich war nicht wie sie, ich würde mich nie zur Ruhe setzen, ergeben, in Bahnen lenken lassen. Verlier nicht den Mut, am Ende siegt die Wahrheit, wiederholte ich mir. Wenn es so aussah, als setzte sich das Böse durch, dann lag es an den positiven Werten, die es wirksam machten, an seinem Gehalt an Lebensfreude, Weitläufigkeit, Unvoreingenommenheit und Waghalsigkeit. Wenn es so aussah, als würde das Gute unterdrückt, dann lag es an dessen Schlaffheit, Sentimentalität und Wirklichkeitsfremdheit. Entrüstung war fehl am Platz, wenn das Gute wieder einmal zu spät die Augen öffnete; das hieß nur, es hatte nicht genug Energien gehabt und war eben nicht das wahre Gute gewesen, sondern lediglich Passivität.

Mein Gehirn arbeitete ununterbrochen, die ganze Nacht, während ich auf das Morgengrauen wartete, als ob ich erst dann die Nachtwache aufgeben und ausruhen dürfte.

In manchen Augenblicken fiel mir wieder ein, dass ich gelähmt war, als wäre das eine Neuigkeit, und es söhnte mich wieder aus mit allem und jedem, mit meiner Jugend, mit der Erinnerung an meine Familie. Ich hatte einen Kloß im Hals und Tränen in den Augen: »Mama, Papa, lebt wohl.«

Ich wusste, seit ich Seine Herausforderung angenommen hatte, dass ich nach Russland gehen würde, »wo sie gut ohne Dich auskommen«, aber meine beiden französischen Freunde waren dagegen und wollten es zunächst anderswo versuchen.

Sie brachten mich zur amerikanischen Kommandantur ins Rathaus unten in der Stadt. Ich wurde der Reihe nach von allen möglichen Offizieren empfangen, sie hörten mich alle leutselig an, fragten jeder von vorn, ließen mich alles von A bis Z noch einmal erzählen und erklärten daraufhin, es wäre ihnen leider nicht möglich, mich nach Amerika zu schicken. Aber ich könne ja nach Italien zurückgehen und mich dort an das vatikanische Hilfswerk wenden, das würde mich dann mit einem Wohltäter in Verbindung bringen, der die Kosten für Reise, Aufenthalt und Verpflegung übernehmen werde; in den Vereinigten Staaten wimmele es von derlei Menschenfreunden, und es sei gar nicht ausgeschlossen, dass sich auch für mich so jemand finde. Ich führte an, dass ich mehrere Fremdsprachen beherrsche und arbeiten und für mich selber sorgen könne. Gewiss, wenn mein Gesundheitszustand gut gewesen wäre, hätte ich auch bei ihnen arbeiten können. Aber so: Ich sei ja sehr tüchtig, sagten sie, wenn ich so viele Sprachen könne (ich hatte sie aufgezählt), ich solle fleißig weiterlernen, und sie wünschten mir viel Glück.

Die Franzosen brachten mich dann zum Internationalen Hilfsdienst für ehemalige Lagerinsassen, der hinter dem Haus lag, in dem der Karnevalsprinz residierte, in einem schlossartigen Gebäude am Rhein aus dem siebzehnten Jahrhundert. Der große Fluss bot einen schönen, erfrischenden Anblick in der Schwüle dieses Augusttages. Aber der Hilfsdienst kümmerte sich ausschließlich um jüdische Verfolgte. Es gebe allerdings am Ende der Stadt, in der Nähe des Stadtgartens, ein deutsches Amt, das vielleicht für mich zuständig sei. Dort kümmerte man sich jedoch nur um die deutschen ehemaligen politischen Häftlinge. Sie ließen uns jedoch nicht gehen, bevor sie uns und vor allem den beiden Franzosen klargemacht hatten, dass die deutsche Verwaltung allen Opfern – vor allem denen der Nazi-Tyrannei, die ja alle ohne Unterschied unterdrückt habe – eine Wiedergutmachung gewähre, wenn auch spät, und zwar in Form von Wohnungen, Autos, Kühlschränken, hohen Pensionen und diversen Privilegien wie zum Beispiel wöchentlichen Lebensmittelpaketen und gewöhnlich nicht zu beschaffenden Medikamenten.

Die Franzosen waren enttäuscht, weil dies die letzte Möglichkeit gewesen war und mir jetzt nur noch Russland blieb. Sie versteiften sich darauf, dass das deutsche Amt mir wenigstens so ein

Paket als Entschädigung geben sollte, aber die Herren lehnten bedauernd ab, woraufhin die Franzosen sie lautstark als schlimmste Heuchler beschimpften und mich davonschoben. An dem Tag durchbohrten sie auf der Straße alle, die sich nach mir umsahen, mit ihren Blicken und beschimpften sie als grausame Nazis. Ich dagegen war ganz fröhlich; ich wartete immer sehr neugierig auf den Ausgang wie in einem Glücksspiel, und bei jeder Schlappe und vor all diesen Beileidsmienen schlug mein Herz kämpferisch: »Vor denen soll ich kapitulieren?«

Die Franzosen hätten mich so gern gut untergebracht gesehen, mussten aber darauf verzichten, weil sie noch am selben Abend abreisten; einer wurde nach Berlin versetzt, der andere in ein Sanatorium in die Alpen geschickt, weil er die Schwindsucht hatte. Sie waren dreiundzwanzig und zweiundzwanzig Jahre alt.

Wir blieben den ganzen Nachmittag zusammen. Der junge Mann, der nach Berlin ging, war traurig und sah seinen Kameraden und mich abwechselnd ängstlich an. Wir beide dagegen alberten herum. Wir sprachen über die Liebe. Ich sagte, ich sei vom Herrn erwählt, denn Er erhöre mich in allem, wenn auch vielleicht manchmal ein bisschen zu wörtlich. Ich hatte ein Opfer bringen wollen, und Er musste mich gleich unter einer ganzen Mauer begraben; ich war der Meinung gewesen, dass Liebe für eine Frau gemeinhin bedeutete, sich einem Mann unterzuordnen, und Er hatte mich sofort in einen Zustand versetzt, in dem Liebe nicht mehr möglich war ...

»Dieu nazi!«

Zu jener Zeit hatten die vier Siegermächte in allen großen deutschen Städten eine eigene Standortkommandantur und die kleineren Staaten jeweils eine Vertretung für die Rückführung ihrer Deportierten.

Die sowjetische Kommandantur befand sich in einer Villa nicht weit von der Kaserne, in der Johann wohnte.

Am zehnten Morgen meines Krankenhaus-Ultimatums begab ich mich mit Schwester Luise dorthin.

Ich fragte nach dem Genossen Kommandanten. Ein untersetzter Mann um die fünfzig mit lauter Stimme in flaschengrüner Uniform und hohen Stiefeln kam in den Garten vor dem Haus. Er setzte sich auf eine Bank, stellte meinen Rollstuhl daneben und war bereit, mir zuzuhören.

Ich sprach gut Italienisch, Französisch und Deutsch, ich verstand, schrieb und las Russisch und Polnisch, erinnerte mich einigermaßen an Latein und Altgriechisch, konnte ein bisschen Rumänisch und lernte gerade Englisch, ich nahm also an, die Russen könnten eine Sprachkundige mit humanistischer Bildung gut gebrauchen und die kommunistische Gesellschaft gestehe aufgrund ihres ideologischen Ausgangspunkt jedwedem Menschen das sakrosankte Recht auf Arbeit zu.

Während ich mir vergeblich den Kopf zerbrach, um mich an ein besonders geschicktes Sätzchen zu erinnern, das ich in schlaflosen Nächten immer wieder vor mich hingesagt hatte und mit dem ich meinen ausdrücklichen Wunsch, nach Russland zu gehen, einleiten wollte, stand der Hauptmann auf, riss einem Soldaten den Besen aus der Hand und fing an, wie wild zu fegen und den Soldaten eine Schlafmütze zu nennen. Dann setzte er sich schnaubend wieder neben mich und warf mir einen beunruhigenden Blick zu. Ich hätte jetzt am liebsten gelacht über meinen kunstvollen kleinen Vortrag und erklärte ihm frei heraus, dass ich mich in Russland niederlassen wolle, weil ich gelähmt sei, ich wolle nicht in Italien bemitleidet und behütet werden wie eine, die sich selbst überlebt habe, wo ich doch, wenn überhaupt, heute viel stärker sei als früher, weil ich Dinge begreife, die andere nicht mal ahnen könnten, und dass ich nicht nur für mich selbst sorgen, sondern anderen nützlich sein könne und keine Angst vor dem Leben hätte.

»Du bist wirklich keine *Tikaj do matko*!«, sagte er; das war der

Spitzname, den die Russen den italienischen Soldaten im Krieg gegeben hatten und hieß so viel hieß wie »einer, der der Mutter davongelaufen ist«.

»Wir kehren schon alle zu unserer Mutter zurück, aber erst wenn wir uns gut geschlagen haben«, erwiderte ich, den Finger auf der Wunde meiner Landsleute.

Er lachte aus vollem Herzen: »*Karaschó*!« und ließ mir eine Tüte mit einem dicken Stück frischem rotem Rindfleisch bringen, wie ich es seit Jahren nicht mehr gesehen hatte, dazu eine Kugel Butter, eine Tüte Zucker, einen Laib Brot und Gurken.

Aber er stand vor mir mit einer Miene, als wollte er sich gleich verabschieden.

»Nun?«, fragte ich. »Lassen Sie mich nach Russland?«

»Meinst du das wirklich ernst?«

»Ja.«

»Wie kommst du denn darauf?«

»Ich nehme die russische Staatsbürgerschaft an.«

»In dem Zustand?«, fragte er und deutete auf meine Beine.

»Bravo!«, gab ich zurück. »Herzlichen Glückwunsch.«

Prüfend sahen wir uns gegenseitig an. Er setzte sich wieder und schlug sich mit den Händen auf die Schenkel.

»Musste die ausgerechnet zu mir kommen?«

»Ja.« Ich war mir jetzt sicher, dass er mich nicht unter einem billigen Vorwand abschieben würde.

Ein Grüppchen von Soldaten war näher gekommen; sie schielten nach der jungen hübschen Luise und baten, vielleicht um sich wichtig zu machen, den in seine Gedanken versunkenen Kommandanten mal um *bubulka*, Zigarettenpapier, dann um Feuer zum Anzünden oder fragten ihn nach der Uhrzeit, alles mit großer Vertraulichkeit, bis er schließlich die Geduld verlor, in maßlose Wut geriet und drohte, sie alle auf der Stelle erschießen zu lassen. Sie verzogen sich. Noch immer zornerfüllt, ließ er sich wieder auf die Bank fallen.

»Weißt du«, sagte er schließlich zu mir, »Heimatland«, er betonte besonders das Wort *semlja*, »bleibt eben doch Heimatland.«

Ich rümpfte die Nase: »Ach was!«

Wieder runzelte er die Stirn.

»Warst du Partisanin?«

»Nein.«

Forschend sah er mich an und fragte dann zögernd: »Faschistin?«

Ich gab keine Antwort.

Er stützte die Ellbogen auf die Knie und nahm sein breites rotes Gesicht zwischen die Hände.

»Los, rede«, sagte er leise, trocken und in gewisser Weise fair.

Ich war achtzehn Jahre alt, als die Badoglio-Regierung nach dem Waffenstillstand vom 8. September 1943 mitten im Krieg die Fronten wechselte und sich gegen den eigenen Verbündeten wandte, und so hatte die Verhaftungswelle durch die Deutschen angefangen; große geistige Verwirrung und Schrecken herrschten, jeder war sich selbst überlassen und versteckte sich, als wären alle Ideale von vorher plötzlich Verbrechen und alle Eide in den Wind gesprochen worden. Damals hatte ich mich selbst auf die Probe stellen wollen, um zu ergründen, ob ich mich auch bei der ersten Schwierigkeit zurückziehen würde. Ich brannte genau wie jetzt darauf, die bestmögliche Entscheidung zu treffen. Nachdenken und verwerfen, nachdenken und verwerfen – ich hatte begriffen, dass die einzige Möglichkeit, die Wahrheit über Faschisten und Antifaschisten herauszufinden (es wurde so viel geredet, dass man gar nicht mehr wusste, wo einem der Kopf stand), darin bestand, mich selber zu vergewissern. Nachdem ich das begriffen hatte, dachte ich, dass es das Beste wäre, wenn ich selbst an diese Orte ging, über die das Schrecklichste erzählt wurde, in die Nazi-Lager. So war ich am 8. Februar 1944 von zu Hause ausgerissen, um freiwillig als gewöhnliche »Freiarbeiterin« nach Deutschland zu gehen, mit Mussolini- und Hitlerbildern im Rucksack und meiner

Sache sicher. Aber nach ein paar Monaten, in denen ich in einem Arbeitslager in der Nähe von Frankfurt am Main wohnte, hatten meine Genossen und ich bei den I.G. Farben einen Streik organisiert, ich arbeitete dort in der Abteilung Ch 89. Deshalb war ich ins Gefängnis gekommen und dann nach Dachau gebracht und interniert worden. Von dort war ich, weil ich überleben wollte, im Oktober geflohen und hatte mich zwei Monate in München versteckt. Dann war ich auch dort weggegangen, nach dem Tod von Freunden, die mir geholfen hatten, einer schwangeren Polin namens Dunja, die bei der Entbindung gestorben war, und eines Franzosen, den die Polizei umgebracht hatte. Ich wollte wieder zurück in mein erstes Lager und fuhr schwarz in Zügen mit, versteckt in den Aborten, oder ging zu Fuß und schlief nachts in Luftschutzkellern, verlassenen Viehwaggons und Ausländerinnenbaracken. Ich hatte auch ein paar Tage in der Nähe von Donauwörth bei Bauern als Magd gearbeitet. Mitte Februar war ich in Mainz angekommen. Dort hatte ich sogar einen alten Genossen aus dem I.G. Farben-Werk wiedergetroffen, Johann, einer von denen, die den Streik damals mitorganisiert hatten. Er hatte rechtzeitig fliehen und der Verhaftung entgehen können. Er arbeitete als Küchenjunge unter falschem Namen in einem Mainzer Hotel. Er hatte auch mir eine Anstellung beschaffen können. Ich war seit einer Woche im Dienst, ich war jetzt gerettet, arbeitete als Zimmermädchen im Königshotel, wo ... die Stimme brach mir ... und jetzt war ich hier.

Der Hauptmann staunte.

»Ein Streik! Geflohen! Haben die Deutschen dich denn nicht wieder geschnappt?«

»Die Leitungen waren schon lange unterbrochen.«

Er reckte die Schultern und fing an, auf und ab zu gehen. Dann kam er auf mich zu und beugte sich herunter zu meinem Ohr: »Erzähl mir nichts von freiwilligem Arbeitseinsatz. Du warst Faschistin mit dem lauteren Herzen einer Genossin. Du wirst sehen, in Russland wird man dich menschlich und gut behandeln.« Doch dann besann er sich. »Ich kann dich nicht auf die Liste setzen. *Nie magú«*, sagte er, jede Silbe betonend.

Erst in diesem Augenblick begriff ich, dass er mich abgewiesen hatte. Ich bekam kaum Luft wegen der Hitze, ich fühlte mich erledigt, ohne Reserven, und fing an, still und nur in den Augen vor mich hinzuweinen.

Er drückte mein Handgelenk und sagte: *»Padaschdi, duschenka,* warte, Liebe.« Dann verschwand er im Haus und kam mit zwei Gläsern Wodka zurück.

»Wenn du wenigstens mit einem Russen verheiratet wärst!«, sagte er seufzend.

»Ist es denn sicher, dass ich mich da gleich wieder scheiden lassen könnte?«

»Sicher!« Und nach kurzem Nachdenken: »Wieso, hast du einen Mann?«

Ich lachte nervös. Johann war in Russland geboren, sprach Russisch wie ich Französisch, hatte keine Papiere und konnte sich durchaus als Russe ausgeben. Aber das sagte ich dem Hauptmann nicht. Ich fragte ihn nur:

»Wie viel Zeit braucht man zum Heiraten? Ich habe nur noch vier Tage, dann schmeißen sie mich aus dem Krankenhaus.«

»Bring den Mann hierher, mit all euren Papieren. Alles Weitere erledige ich.«

Als Luise mich wegbrachte, drehte ich mich noch einmal zu dem Hauptmann um, und mir schien, dass er mir wie betäubt nachsah. Mein Kopf drehte sich so eigenartig, vielleicht lag das am Wodka. Ich war auf dem Gipfel des Glücks, Herrgott, es gab kein Hindernis, das mir zu groß gewesen wäre.

Auf dem Rückweg wollte ich in der Kaserne vorbeischauen, aber Luise sträubte sich. Daraufhin bat ich sie, mich zum Tor zu bringen und Johann zu rufen, dann könne sie gehen. Er würde sich schon um mich kümmern. Die Sache gefiel ihr gar nicht, aber ich blieb beharrlich, und so tat sie es.

Johann schien sehr verärgert, mich zu sehen. Es war Mittag. Es sah so aus, als käme ich ihm ungelegen und er wüsste nicht, was er mit mir anfangen sollte. Keine Spur von seiner flehentlichen Leidensmiene, die er immer aufsetzte, wenn er mich besuchte oder bei meinen Ausflügen mit den Soldaten hinter mir herfuhr; er wurde von Minute zu Minute gereizter. Schließlich schob er mich durch den Kasernenhof zu einer kleinen Treppe, nahm mich auf den Arm und lief rasch mit mir hinauf, als hätte er Angst, gesehen zu werden. In einem leeren Zimmer legte er mich auf eine Liege, die verloren an der Wand stand. »Ich komme gleich wieder«, sagte er und verschwand.

Ein, zwei, drei Stunden vergingen. Seit dem frühen Morgen hatte ich den Katheter nicht mehr geöffnet und geleert und fürchtete, dass ich mich nass gemacht hatte. Ich fühlte unten nach, war aber zum Glück noch ganz trocken. Wieder verging Zeit. Ich versuchte zu rufen. Niemand hörte mich. Ich rief lauter. Geräusche von Schritten, die vor der Tür haltmachten. Ich rief erneut. Die Tür wurde einen Spalt geöffnet, eine Frau steckte den Kopf herein, schloss die Tür wieder und kam zurück mit einer anderen Frau. Nacheinander kamen verschiedene Leute herein, mit neugierigen Blicken.

Sie redeten alle durcheinander: Schuld daran war dieses Weibsbild, das alle immer so von oben herab behandelte, dabei war sie die Schlimmste, ein Biest, das einem armen Würstchen wie mir den Mann wegschnappte, du armes Kleines, so lieb – ich hätte einen Stein erweichen können. Und er, er ließ sich von ihr an der Nase herumführen, anstatt sie sich vom Hals zu schaffen, und eifersüchtig war er, seit ihr Verlobter aus der Gefangenschaft zurück war, er war so dünn geworden, dass er aussah wie eine Leiche, mit seinen zwanzig Jahren, und sie sagte einen Tag ja, und den nächsten Tag spazierte sie mit ihrem vertrottelten Heimkehrer an ihm vorbei, ohne ihn auch nur zu grüßen.

Die Sonne ging unter.

Ich bat, dass mich jemand ins Krankenhaus zurückbrächte. Das schien ein Riesenunternehmen zu sein, Stimmen und Gegenstimmen, Befehle und Gegenbefehle, und schließlich hoben sie mich zu viert hoch. Mit Gottes Hilfe saß ich schließlich wieder in meinem Rollstuhl im Hof. Von Johann noch immer keine Spur. Also brachen wir auf, ein halbes Dutzend Prostituierte und Kerle, die allesamt entrüstet waren und mich behüteten wie ein Küken.

Die Schwestern wandten die Augen zum Himmel, als sie mich so ankommen sahen. Rasch schickten sie meine Begleiter fort, die sich schon daran gemacht hatten, die ganze Geschichte mit zwei Frauen aus der Abteilung zu erörtern.

In dieser Nacht bekam ich hohes Fieber. Ich war mit einem völlig überschwemmten Rollstuhl zurückgekommen, der Katheter war mir aus der Blase gesprungen. Meine Hinterbacken waren in Höhe des Sitzbeins ganz hart und brannten wie glühende Kohlen. Ich fantasierte. Gott da oben hatte mir das angetan, damit ich ja nicht zu übermütig wurde. Ich kannte Ihn jetzt, mit Ihm legte ich mich nicht mehr an.

Schwester Luise wachte mürrisch an meinem Bett, und auch die Schwestern am anderen Morgen behandelten mich eher abweisend und frostig. Johann kam den ganzen Vormittag nicht. Ich schaffte es, die Masseurin zu erweichen, die ein Auto hatte; sie sollte ihn holen und zu mir bringen. Am Nachmittag platzte die eine Hinterbacke auf, eine faulige, unerträglich stinkende Masse quoll heraus, und das Fieber blieb bei vierzig Grad. Gegen Abend kam endlich Johann, die Masseurin hatte ihn nicht eher finden können.

Ich fragte ihn, ob er noch immer vorhabe, mich zu heiraten. Er ließ mich die Frage wiederholen. Dann fiel er mir um den Hals, küsste mein ganzes Gesicht, wie er es früher getan hatte, als es mir sehr schlecht ging, und fragte mich, was denn passiert sei. Ich wusste nicht genau, was ich antworten sollte. Wir würden endlich weggehen, ganz von vorne anfangen. Er bat eine Bettnachbarin um Entschuldigung, die erst an diesem Tag eingeliefert worden war, dann einen Krankenträger und küsste schließlich Schwester Vincentia die Hände, die immer nur murmelte:

»Armer Kerl!« Sie sah mich resigniert an. Da umarmte er sie so stürmisch, dass ihr die Haube verrutschte und sie fast umfiel.

Wir waren alle tief bewegt, ich streichelte ihm den Kopf. Aber als ich allein war, sammelte ich mich wieder; trotz des Fiebers hatte ich seine übertriebene Begeisterung und seine ausweichenden Blicke wahrgenommen. Sie brauchten mich zwar nicht zu interessieren, Hauptsache, ich erreichte mein Ziel, koste es, was es wolle. »Aber«, sagte ich zu Ihm da oben, »du lässt es mich teuer bezahlen.«

Es war damals leicht, Papiere zu beschaffen. Man brauchte sie nur bei einem entsprechenden Amt mit einem einfachen, von vier Zeugen gegengezeichneten Gesuch zu beantragen. Man konnte ohne Weiteres falsche Angaben machen. Und das taten wir. Johann gab einen russischen Familiennamen an und erklärte sich zum Russen. Ich gab den Namen an, mit dem ich mich in jenem Hotel vorgestellt hatte und unter dem ich im Krankenhaus registriert war.

Am nächsten Tag, dem dreizehnten, gingen wir zusammen mit zwei deutschen Paaren als Trauzeugen zur russischen Kommandantur. Mein Kopf dröhnte, obwohl das Fieber auf 38 Grad gesunken war, nachdem auch die andere Hinterbacke aufgeplatzt war. Ich hatte das Gefühl, auf meinem Rollstuhl hin und her zu schaukeln wie ein lebloser Gegenstand.

Der Kommandant musterte Johann und rief zwei Soldaten, die sich rechts und links von ihm aufpflanzten.

»Du bist Russe? Von wo? Wieso bist du nicht früher bei deiner Kommandantur erschienen?«

Johann, der jetzt auf Russisch Janka hieß, erklärte, er habe so lange warten wollen, bis mein Zustand eine weite Reise zulasse.

»Diese Heirat kommt dir also auch gelegen, sonst könnte ich eine schöne Meldung über dich machen.« Und mit harter Stimme fragte er dann: »Bei der SS gewesen?«

»Nein.«

»Untersucht ihn.«

Die Soldaten führten Janka am Arm nach drinnen. Die SS-Leute hatten eintätowierte SS-Runen unter den Achseln oder auf der Schulter oder anderswo.

Strammstehend erklärten sie, dass es keine Zeichen gebe. Der Hauptmann wollte sich selber überzeugen. Dann ließ er mich ins Haus tragen. Wir gaben unsere deutschen Ausweise ab, und der Kommandant warf sie auf den Tisch, als wollte er sagen: »Ich lasse das mal durchgehen.« Dann trugen wir uns in ein Register ein, und ein Militärschreiber übergab uns einen Trauschein. Der Genosse Offizier schien sich zu entspannen, er schlug Janka mit der Faust auf den Rücken.

»Du hast wirklich Glück gehabt, dass ich schon beweibt bin«, rief er jovial mit seiner lauten Stimme; und die anwesenden Soldaten konnten sich über diesen Ausgang vor Lachen nicht mehr halten.

Dann ließ er meinen Gemahl vollkommen links liegen, jagte die Soldaten wie Hühner mit ausladenden Armbewegungen hinaus und fragte mich, ob ich diese Heirat ernst meinte.

»Nein, pro forma, deshalb kann ich mich dann auch umso leichter wieder scheiden lassen.« Er pflichtete mir bei, ich sei nicht dazu geschaffen, mich zu binden.

Während er mich den Korridor entlangschob, erläuterte er mir, dass der erste Konvoi in einer Woche abfahre und dass er für die Zwischenzeit bei der Krankenhausverwaltung für mich haften würde. Wenn irgend möglich, würde er mich persönlich bis zur ersten Anschlussetappe nach Homburg im Saarland begleiten, ich sei nämlich ein mutiges, anständiges und, jawohl, ein schönes Mädchen.

Janka wollte mich in die ehemalige Kaserne bringen, was ich absolut nicht wollte, aber ich fühlte mich nach all der Anspannung wie ausgehöhlt und gab nach. Wir wurden schon erwartet, denn Männer, Frauen und Kinder kamen von allen vier Ecken des Hofes aus den Türen gestürzt. Janka hielt nach jemandem Ausschau. Vor der Treppe wollte er mich auf die Arme nehmen, um mich unter dem Beifall und Gehuste der Anwesenden hinaufzutragen, aber da ich mich an meinen letzten Besuch erinnerte und an den üblen Geruch dachte, der beim Hochheben von meinem durchgesessenen Hintern aufsteigen würde, sagte ich, ich fühle mich schlecht und wolle ins Krankenhaus zurück.

Während wir uns noch besprachen, rief ihn jemand aufgeregt beiseite. Er kehrte kreideweiß und verstört zu mir zurück.

»Sie hat sich die Pulsadern aufgeschnitten«, und vielleicht, weil ich keine Miene verzog, wiederholte er grollend: »Sie hat sich die Pulsadern aufgeschnitten.« Er hielt einen zwölfjährigen Jungen an, der gerade vorbeiging: »Bleib bei ihr, bring sie, wohin sie will.« Und er stürzte los.

Der Junge sah mich schmollend an. Ich versprach ihm Schokolade zur Belohnung, aber das konnte ihn auch nicht aus seiner schlechten Laune reißen. Als ich ihm dann unterwegs vorschlug zu wetten, wer von den Entgegenkommenden im Vorbeigehen meinen Buckel berühren würde, hellte sich seine Miene auf, und er machte sich einen Spaß daraus, meinen Rollstuhl so zu kutschieren, dass es für die Leute leicht war, mich flüchtig zu berühren. Ich zählte sie insgeheim. Eine ungerade Zahl würde mir Glück bringen, eine gerade Unglück; ich kam auf sieben.

Als ich entspannt und betäubt wieder im Bett lag, sann ich über all die Anstrengungen nach, die ich unternommen hatte – lauf los, arrangier alles, müh dich ab, um nach Russland zu kommen, und dann kommst du vielleicht gerade rechtzeitig zum Sterben an.

Janka tauchte am Abend vor unserer Abreise wieder auf, um meine Koffer zu packen. Als er damit fertig war, kniete er sich neben mein Bett, grub die Stirn in meinen Arm und murmelte:

»Du bist stark, du wirst mir helfen.«

»Vom Saarland aus kannst du ohne Weiteres zurückfahren und dich mit ihr anderswo niederlassen, wo dich niemand kennt, in Worms oder besser noch Mannheim, und deinen richtigen Namen wieder annehmen, sie richtig heiraten und dich bei der polnischen Vertretung in der Stadt melden. Sie wird gern mit dir gehen. Ich habe dich nur gebraucht, um mit diesem Konvoi wegzukommen. Wenn ich erst mal auf der Reise bin, brauche ich dich nicht mehr.«

Er stand wieder auf.

»Zu allen bist du gut, nur zu mir nicht.«

Am nächsten Morgen um zehn fuhr das Auto des sowjetischen Kommandanten vor. Es war ungefähr der 20. August.

»Ich gehe jetzt«, verabschiedete ich mich von Schwester Vincentia. »In zehn Jahren sehen wir uns wieder.«

»So Gott will.«

Aber bevor ich ins Auto gesetzt wurde, umklammerte ich die Armlehne des Rollstuhls, verbarg mein Gesicht in ihrem Kittel und weinte hemmungslos.

»Versuch zu beten«, sagte sie und hielt mir das Kruzifix zum Kuss entgegen. Nach einer Pause fuhr sie fort: »Wer weiß, ob es dir eines Tages gelingt, das zu finden, was dein unruhiger Geist sucht. Kopf hoch, sitz gerade, wir zwei dürfen uns nicht gehenlassen.«

Die Reise war angenehm. Ich saß eingebettet in Kissen neben dem Hauptmann auf dem Rücksitz. Es gab einen Fahrer.

Wir fuhren hinter einer Kolonne von Fahrzeugen her, in einem davon saß auch Johann; der letzte Lastwagen war ein Gefängniswagen, in dem Russen eingepfercht waren, die sich während der deutschen Kriegsgefangenschaft von der SS hatten anwerben lassen. Die sowjetischen Kommandos suchten überall nach solchen Leuten, und wenn sie sie aufgespürt hatten, verhafteten sie sie und schickten sie in die UdSSR zurück, wo sie als Landesverräter vors Kriegsgericht gestellt wurden.

Die Landschaft war angenehm wir fuhren in Richtung Süden. Als wir an einem Weinberg vorbeikamen und ich Italien erwähnte, sah der Hauptmann mich an, ließ halten und stieg aus. Vorsichtig ging er in den Weinberg und kehrte mit zwei Trauben zurück, an denen nur wenige goldgelbe Beeren hingen:

»Sie sind ganz sauer«, sagte er entschuldigend.

Die Männer auf den Lastwagen sangen mit beeindruckender Geschlossenheit:

Jesli saftra vainà, jesli saftra f pachot,
*but sivodnia k pachodu gatof.**

An der Grenze zwischen Rheinland und Saarland wurden wir zuerst von den Amerikanern und dann von den Franzosen angehalten; wir kamen in eine andere Besatzungszone.

Bei Sonnenuntergang fuhren wir in das Sammellager bei Homburg ein.

Der Hauptmann küsste mich nach russischer Art dreimal auf die Wange, und ich klammerte mich an seinen Hals.

Ich wurde in einen Krankenwagen gelegt und abtransportiert.

Das Krankenhaus lag in der Umgebung auf einer Anhöhe, es war sehr groß und hatte viele Gebäude, von denen eines für die Russen reserviert war.

VII

Die Russen teilten mir ein schönes, helles Zimmer im zweiten Stock mit zwei großen Fenstern zu, das Johann mir pompös herrichtete, mit Gardinen aus Tüll und Samt, mit Vasen, Büchern, die

* Wenn es morgen zum Krieg, wenn es morgen zur Schlacht kommt / sei heute bereit zu kämpfen.

von akademischen Physiklehrbüchern bis hin zu Abhandlungen über die Handlesekunst reichten, sowie mit einem dicken, damastbezogenen Federbett, das ich heute noch besitze und benutze; auch das Vorzimmer stand mir zur Verfügung.

Anfangs gaben sie mir zwei russische Frauen, eine für tags und eine für nachts, die sich nur um das Saubermachen kümmerten, die eigentliche Pflege oblag einer Krankenschwester und einer Rotkreuzschwester, die beide Deutsche waren. Schon bald wurden die russischen Frauen von einem sechzehnjährigen polnischen Mädchen abgelöst, eine Waise, die in den Lagern herumgestoßen worden war. Sie hieß Barbara, hatte lustige helle Äuglein, war blond, flink und immer zum Spielen aufgelegt. Barbara teilte von nun an das Zimmer mit mir, und Johann wurde ins Vorzimmer verlegt, dort schlug man ein Bett für ihn auf.

Johann hatte die Rolle des Ehemanns übernommen, gab sich als Hausherr vor den Russen aus der Abteilung, die mich besuchen kamen, und kreuzte abends mit Freunden aus dem Sammellager auf.

Er versuchte, sich mir zu nähern, aber ich stieß ihn zurück, angewidert und außer mir.

In Wirklichkeit hatte ich seine Annäherungsversuche erwartet und war neugierig gewesen, wie er es anstellen und was ich dabei empfinden würde, aber im entscheidenden Augenblick war die Klarheit über meinen Zustand stärker als meine Neugier. Am Tag dachte ich, dass er sich *aus Pflichtbewusstsein* für mich verausgabte und innerlich vielleicht ganz froh war über meine Zurückweisung; dass er nur aus männlicher Eitelkeit weiter um mich warb. Ich verhielt mich zurückhaltend; trotzdem ließ ich meine Urinflasche öfter leeren, kämmte mich, beschaffte mir Kölnisch Wasser und versuchte sogar, unbemerkt meine Beine zu bewegen.

Und wenn nun kein anderer Mann jemals mehr Lust verspürte, sich mir zu nähern?, fragte ich mich nachts. Wenn dies nun meine letzte Gelegenheit wäre? Er hatte mich schon vorher geliebt, er konnte sich also noch irgendwie angezogen fühlen. Aber ein anderer?

Und ich sollte ein Gefühl ausbeuten, das von Erinnerungen zehrte, von Rückfällen?

Und dann, wer weiß – ein winziger Hoffnungsschimmer –, vielleicht würde ich eines Tages doch eine wahre Liebe erleben?

Ich hatte immer einen eifersüchtig gehüteten Respekt gegenüber diesem Mysterium gehabt. Lieber verzichtete ich jetzt, auch wenn es vielleicht meine letzte Gelegenheit war, als dass ich mir die süße, starke, geheime Vorstellung verdarb, die ich mir von der Liebe machte. Was konnten daran gemessen die geschäftigen Versuche eines oberflächlichen Kontaktes mit Johann sein, zwischen Kathetern, Urinflaschen, die umkippen konnten, Uringeruch, Wunden und meiner Haut, die nichts spürte, und womöglich machte ich nicht einmal das passende Gesicht dazu, das war alles peinlich, nein, da wollte ich lieber mein Gesicht wahren und durch einen Ausdruck der Sorglosigkeit den Anschein erwecken, ich hätte ganz andere Dinge im Kopf.

An diesem Punkt obsiegte mein Sinn für Ironie, und ich fing unter der Decke an zu lachen, wenn ich mir vorstellte, welche Schwierigkeiten bei einer zärtlichen Annäherung er sich wohl ausmalte.

Ich hatte Fieber. Beim Waschen fühlte ich mit den Fingern in den Wunden der Gesäßbacken rechts und links zwischen harten Wundrändern zwei glitschige Rinnen, aus denen stinkendes Sekret austrat, und ich dachte an Johann.

Es dauerte nicht lange, bis er die Geduld verlor. Unter vier Augen warf er mir vielsagende Blicke zu, in dieser männlichen, kaltblütig berechnenden Art, die verlegen macht und die mich demütigte. Von einem Tag auf den anderen sah er alle Leute scheel an, die mich besuchten. Ich dachte, dass er mit seinem veränderten Verhalten nur das Terrain für seine Abreise nach Mainz vorbereiten wollte, zu der er von Anfang an entschlossen gewesen war, und gab mich aus Bosheit freundlich und treuherzig, während ich seinen Kampf zwischen Schuldgefühlen und dem Wunsch, einen Streit vom Zaun zu brechen, der seine Flucht rechtfertigen könnte, beobachtete.

Eines Abends, als er ein paar seiner Freunde in meinem Zimmer versammelt hatte, machte ihm ein Sowjetsoldat namens Piotr, ein schöner, lustiger Mann, den Vorschlag, mich an ihn abzutreten; er habe Syphilis, und eine enthaltsame Ehe sei genau das Richtige für ihn, sagte er grinsend. Wie auf ein Zeichen fingen alle an zu lachen und wollten gar nicht mehr aufhören.

Johann ging aus dem Zimmer, und als einmal die Tür aufging, sah ich ihn draußen im Vorzimmer mit gequälter, böser Miene sitzen. Auch der Russe sah ihn und rief mit dröhnender Stimme:

»Italienerin, heirate mich! Was willst du denn mit so einem Gespenst?«

Am nächsten Morgen kam Johann herein, ohne zu klopfen, er hatte die Ziehharmonika umgehängt.

»Du machst dich über mich lustig. Ich gehe«, verkündete er.

»War es so schwer, den Mut zu finden, mir das zu sagen?«

Voller Hass starrte er mich an, wollte etwas antworten, drehte sich dann jedoch auf dem Absatz um und ging türschlagend hinaus. Es war der 30. August, er hatte zehn Tage durchgehalten.

Eines Morgens fanden sie mein Bett durchnässt, der Katheter war verstopft und konnte nicht ausgetauscht werden, weil der Blasenausgang stark angeschwollen war. Ich verlor Tropfen für Tropfen Urin, ich konnte ihn nicht halten, und innerhalb weniger Tage bildete sich eine einzige Wunde.

Der Stationsarzt, ein schüchterner und schweigsamer Kaukasier mit gelber Haut, ließ die deutschen Spezialisten rufen. Ich hatte keine Schmerzen, fantasierte aber, weil ich inzwischen 41 Grad Fieber hatte. Der Urin trat nicht mehr aus. Die Haut meines Unterleibs war gespannt, ein Höcker trat hervor. Es war unmöglich, einen Katheter einzuführen. Nach sechsunddreißig Stunden wurde ich in der Nacht als Notfall in den Operationssaal gebracht. Ich sah, wie das Fleisch oberhalb des Schambeins in mehrere Schichten geteilt wurde und unter dem Skalpell ratschte wie Atlasseide unter einem Fingernagel, und ein Urinstrahl spritzte dem Chirurgen ins Gesicht, der ernst blieb, während ich unter den strafenden Blicken der Assistenzärzte in Lachen ausgebrochen war; ein dicker Gummischlauch wurde mir in den Bauch eingepflanzt, durch den mein Pipi von nun an abfließen sollte.

Nach dieser suprapubischen Blasenpunktion dachte ich, dass mein Körper, wenn er mir schon nicht diente, mir wenigstens keine Schmerzen mehr verursachte. Ich konnte mich doch glücklich preisen, dass ich keine Empfindungen hatte. Dem Ärmsten ging es schlecht, und ich lebte ruhig weiter und bekam seine Misshelligkeiten nur durch den einschläfernden Reflex des Fiebers zu spüren.

Sei es, weil ich durch die Krankheit im Mittelpunkt der Aufmerksamkeit stand, sei es, weil ich mich von Johann befreit fühlte, ich fühlte mich jedenfalls unbeschwert und voller Elan und hielt alle bei guter Laune, die mir mit Sympathie zulächelten. Schon Anfang September hatte ich ununterbrochen Besuch, von Russen aus der Abteilung und aus dem Lager und von Ausländern aus den anderen Gebäuden.

Ich weiß nicht, wie ich auf den Gedanken kam, ein schönes Schild in mehreren Sprachen zu malen und an die Tür zu hängen:

ZIMMER ZUR GUTEN LAUNE

Darunter standen die Besuchstarife. Eine Einzelaudienz kostete eine Zigarette pro Minute oder Schokolade; auch die Kollektivaudienzen hatten ihren Preis. Gezahlt wurde bei Eintritt.

Vielleicht hatte mich die Bekleidung der Ausländer dazu angestachelt; in Lumpen aus den Lagern gekommen, hatten sie beim Plündern von deutschen Warenlagern und Kleiderschränken nicht nur zusammengerafft, was sie konnten, sondern sie hatten sich auch verliebt in einen gewissen Aufputz, und so sah man vierschrötige Mädchen mit ellbogenlangen Handschuhen, gutmütige Bäuerinnen, die sich viel zu kleine Blumenhütchen aufgesetzt hatten, Jugendliche in knallengen deutschen Soldatenjacken, schwarzen Gesellschaftshosen, Sandalen und mit einem flatternden roten Baumwolltuch um den Hals und ernsthafte Männer, die breitkrempige, weiche Filzhüte auf dem Kopf hatten wie Gangster.

Barbara spielte meine Sekretärin. Klopfte jemand, fragte sie nach Namen und Beruf. Dann schloss sie die Tür wieder und beschrieb ihn mir. Wir warteten eine Weile, um dem Ganzen mehr Gewicht zu verleihen, und mussten schon loskichern. Dann ließen wir ihn eintreten. Wenn wir sahen, wie er mit seinem Päckchen in der Hand hereinkam und verstohlen die Vorhänge und die Bücher bestaunte, prusteten wir beide wie Verrückte. Der Besucher war eingeschnappt, und je beleidigter er sich fühlte, desto mehr lachten wir natürlich, während wir ihn aufforderten, sich doch zu setzen, und servierten ihm unter Verbeugungen auf einem Tablett mit Spitzendeckchen einen Fingerhut voll Wein und eine hauchdünne Scheibe Schwarzbrot mit einem Schimmer Marmelade. Unser Lachen wirkte wohl ansteckend, denn der andere lachte schließlich auch mit. Also bat ich ihn, uns dabei zu helfen, die anderen Freunde auch in den Spaß mit einzubeziehen. Die ersten Klienten wurden Verbündete. Piotr, der russische Prachtgenosse, fand Gefallen an uns und wurde bald zum Unterhalter bei unseren Kollektivabenden. Er machte im Lager für uns Reklame und schleppte, da er ein gewisses Ansehen genoss, immer neue Besucher an.

»Wenn dieser Janka Sowjetrusse ist, dann bin ich Kanadier«, sagte er augenzwinkernd zu mir.

Innerhalb weniger Tage verbreitete sich unser Ruf. Und wenn mir einmal nichts einfiel und ich schwieg, dann lachte der Besucher von sich aus wie über einen neuen geistreichen Einfall. Sie kamen schon mit guter Laune an.

Ich erzählte eine Menge Blödsinn. Zum Beispiel hatte ich eine

Spiegelscherbe, die ganz verkratzt war, und Barbara fragte mich, warum ich sie nicht wegwarf. Aber nein, um Gottes willen, die war doch in Pompeji ausgegraben worden! Und ich schilderte die Geschichte der Ausgrabung so dramatisch und wahrheitsgetreu, dass ein paar plötzlich auftauchende Antiquitätenliebhaber um Erlaubnis baten, sie sehen zu dürfen.

Manchmal nahmen wir auch jemanden aufs Korn. Einem eingebildeten tschechischen Leutnant machte ich weis, mein Vater wäre Straßenkehrer und meine Mutter Waschfrau, und in Italien hätten alle Töchter von Müllmännern Lateinkenntnisse und sprächen mindestens zwei moderne Sprachen.

Sogar ein italienischer Pfarrer besuchte mich, er trug Zivil wegen der Sowjets und hatte die Absicht, meine Seele zu retten und mir die Beichte abzunehmen. Ich ließ mich auf eine gelehrte philosophische Erörterung ein, der zufolge Gott vollkommen war dank seiner Entfernung, die ihn objektiv bleiben ließ, kurz gesagt, dank seiner Gefühlslosigkeit.

»Wer weiß«, schloss ich nachdenklich, »vielleicht entdecken wir eines Tages noch, dass Gott gelähmt ist.«

Aber normalerweise hatte ich nur im Sinn, die Leute aufzuheitern. Wenn die ehemaligen Deportierten kamen, aufgewühlt von ihrem Schicksal, in der Defensive, und wenn sich ihr Gesichtsausdruck dann ganz langsam veränderte von einer anfänglich gezwungenen, elektrisierten hin zu einer natürlichen Heiterkeit und sich die Gesichter glätteten, dann fiel mir jedes Mal ein Stein vom Herzen.

Es gab ein paar besonders eifrige Besucher, und um ein bisschen Ordnung in die Sache zu bringen, machte ich eine Nummernliste für bevorzugten Einlass. Barbara meldete mir die Besucher nach Nummern. Mancher zahlte extra, um eine bessere Nummer auf der Liste zu bekommen. Manchmal leistete uns der kaukasische Arzt Gesellschaft, bat uns zu singen und hörte melancholisch und still für sich zu.

Wenn mich jemand nach meinem Mann fragte, stutzte ich zuerst, konnte mich an meinen neuen Familiennamen nicht erinnern und verwechselte seinen und meinen Namen. Alles in allem kam mir der Ehestand vor dritten wie ein weiteres Spiel vor.

Oft wollten Leute einen Termin, um mir ihre Not zu schildern und sich Rat zu holen; also legte ich ihnen dar, was ich an ihrer Stelle gemacht hätte. Wenn ich mir dann aber nachts ihre Schwierigkeiten noch einmal durch den Kopf gehen ließ, befielen mich solche Zweifel, dass ich Herzklopfen bekam. Wenn sie jedoch mit ihren besorgten Gesichtern vor mir saßen, antwortete ich immer sicher und unerschütterlich. Um die Gemüter aufzuheitern, begann ich mit Handlesen. Die Zeichnungen der Linien in einer Handfläche sah ich als geologische Geschichte genau wie die Entstehung der Flüsse, Berge und Täler auf der Erde. Ich erinnere mich an die stark ausgeprägte, kräftige Lebenslinie eines jungen Russen mit sanften und erstaunten Augen, die auf unerklärliche Weise plötzlich abbrach. Dann erfuhr ich, dass er bei der SS gewesen war. Die Soldaten mit dem roten Stern und die Genossen behandelten ihn wie jeden anderen; nur wenn sie ihn mit leeren Augen vor sich hinstarren sahen, stießen sie ihn mitleidsvoll in die Seite, wie um zu sagen: Denk nicht dran. Er hatte sich nach monatelangem Versteckspiel und Zögern freiwillig beim sowjetischen Kommando dieser Zone gestellt.

Barbara und ich hatten uns angewöhnt, Karten zu legen und genau zu befolgen, was sie sagten. Einmal zwangen sie uns, bis um zwei Uhr mittags im Bett zu bleiben, und als jemand klopfte, riefen wir lachend:

»Wir können nicht, die Karten wollen es nicht!« Ein anderes Mal mussten wir schon um fünf Uhr früh mit Waschen und Anziehen anfangen.

Es war jetzt Ende September und schlechtes Wetter, Heizung gab es nicht, und im Fenster fehlte eine Scheibe. Morgens drang der Nebel ins Zimmer.

Eines Abends wütete draußen ein Gewitter mit zuckenden Blitzen und krachendem Donner, das uns vorkam wie ein Bombenangriff. Können wir schlafen gehen?, fragten wir die Karten. Nein. Kommt denn noch jemand? Ja.

Um zehn Uhr ein zaghaftes Klopfen. Wir hatten schon steif und gähnend dagelegen und fuhren hoch. Barbara lief zur Tür. Draußen stand Adam, der Stationstrottel. Wir hatten ihn nicht einmal auf die Liste gesetzt, geschweige denn je in Einzelaudienz empfangen. Jetzt stellten wir ihm einen Stuhl bereit und stopften ihn voll. Ich las ihm aus der Hand, seine Linien sahen aus wie weggefegt, ich spielte eine Melodie auf der Mundharmonika, und er lächelte mit rotem Kopf etwas blöd vor Glück. Um elf befragten wir wieder die Karten. Sie antworteten ja. Wir verabschiedeten ihn hastig, Barbara brachte ihn zur Tür, schloss sie dann ab und zog die Kiste unter dem Bett hervor, in der wir die Einnahmen aus den Besuchen aufbewahrten, die wir jeden Abend endlos begutachteten und aufteilten.

Piotr tauschte die Sachen, die unsere Kunden uns brachten, gegen Kleider und Geld. Barbara hatte ein Faible für Seidenstrümpfe, durchsichtige Wäsche und Handtaschen in allen Formen und Größen. Ich schwärmte für ganz lange, aufgeraute Hemden, Wollschals, Kaninchenfelle und einen Persianermuff, als wollte ich zum Nordpol aufbrechen. Ich habe noch immer ein blaues Spitzenkleid mit Volants aus jener Zeit. Ich besaß Ringe, Ketten, Uhren und viertausend Mark – eine bescheidene Summe damals in Deutschland, wo ein Kilo pappiges Schwarzbrot auf dem Schwarzmarkt sechzig Mark kostete. Aber für Italien war das ein ganz ansehnlicher Betrag und für Russland, so hoffte ich, auch. Wir verdienten nicht schlecht an diesem Verkauf von guter Laune.

Die Rotkreuzschwester, die in jedem Ausländer einen potenziellen Bräutigam sah, sie aber aus lauter Angst, dass sie sie nur als Spielzeug benutzten, dauernd mit Fragen bestürmte und so eine Enttäuschung nach der anderen erlebte, schenkte mir, wie es damals unter jungen Mädchen in Deutschland üblich war, ein Bildchen, auf das sie selbst »Humor ist, wenn man trotzdem lacht« gestickt hatte.

Mein Fieber schwankte. Der Abszess am Harnleiterausgang war zwar von selbst geplatzt, aber inzwischen hatte ich am Harnröhreneingang noch eine dritte Wunde bekommen; mein körperlicher Zustand besserte sich nicht.

Am letzten Septembertag geschah ein Drama.

Im Erdgeschoss unseres Gebäudes lebte ein fünfunddreißigjähriger deutscher Kommunist, der aufgrund der drei Jahre, die er für seine Überzeugung im Konzentrationslager gelitten hatte, die sowjetische Staatsbürgerschaft beantragt hatte. Er hatte große braune Augen, die tief in seinem verquollenen Gesicht funkelten. Er lebte mit einem achtzehnjährigen deutschen Mädchen zusammen, das ganz darin aufging, die freie Gefährtin eines politischen Märtyrers zu sein. Er belehrte alle wie ein Schulmeister mit seiner ermatteten Stimme, stellte sich als Beispiel dar und erinnerte ständig an die Foltern, die er durchgemacht hatte. Er stimmte mich immer melancholisch, und ich machte mir Vorwürfe, dass ich ihn so lästig fand. Er als ehemaliger Lagergefährte – wir sprachen zusammen über Dachau – fühlte sich seinerseits zu Recht enttäuscht von meiner Leichtfertigkeit.

Auch der Vater des Mädchens, ein Kriegsversehrter im Rollstuhl, war durch Vermittlung des ehemaligen Lagerinsassen bei uns eingeliefert worden. Der alte Soldat wollte dem jungen »Idealisten« nicht verzeihen, dass er ihm die einzige Tochter weggenommen hatte, ohne sie zu heiraten. Für ihn war das unehrenhaft, und er beschuldigte pausenlos seine Frau, sie hätte die Tochter nicht richtig erzogen, sondern sie verdorben. Die Frau wiederum fragte ihn, warum er eigentlich die Wohltaten annehme, die ihm der Freund seiner Tochter zukommen lasse, wenn er ihn so sehr hasse

»Wo soll ich denn hin?«, schrie der Vater verzweifelt. »Ohne Wohnung, ohne Arbeit, soll ich mich umbringen?« Und sie rächte sich dann damit, dass sie sich an den jungen Mann wandte und ihn vor ihrem Mann »unseren Wohltäter« nannte.

Zwischen den beiden Männern herrschte völlige Unversöhnlichkeit.

»Ich bin doch nicht schuld daran, dass sie ihn verfolgt haben!«, flüsterte mir der Alte zu. »Was kann ich dafür?« Im Grunde fand er, dass der andere übertrieb und sich nur auf gerissene Weise wichtig machen wollte.

Der junge Mann wiederum erklärte ihm die freie Liebe mit abstrakten Argumenten und beklagte sich bei mir über die rückständige Spießigkeit des armen Invaliden.

Eines Abends, als Mutter und Tochter, die ebenfalls als Gäste im russischen Gebäude lebten, von einem Ausflug im Auto des ehemaligen Lagerinsassen zurückkehrten, mussten sie die Tür des Alten aufbrechen lassen und fanden ihn tot am Boden.

Er hatte sich eine Schlinge um den Hals gelegt, das andere Ende des Stricks am Griff der abgeschlossenen Tür befestigt, sich gegenüber der Tür auf der anderen Seite aus dem Bett gestürzt und sich stranguliert.

Es hieß, der Konvoi werde am 3.Oktober weiterfahren. Aber der kaukasische Arzt teilte mir mit, dass der deutsche Urologe Einspruch gegen meine Abreise erhoben habe. Ich war in Gedanken der Reise schon ganz weit vorausgeeilt und rebellierte. Ich zwang ihn, mich mit der Gruppe der Verwundeten fahren zu lassen, denn ich sei sowjetische Staatsbürgerin und nicht einem Deutschen unterstellt, und drohte, mich an den sowjetischen Kommandanten in Mainz zu wenden. In seiner unterwürfigen und traurigen Art breitete er die Arme aus, er traue sich nicht, mich mitzunehmen, es gehe mir schlecht, ich könnte sterben, ich hätte Blutvergiftung, es sei besser, wenn ich mir darüber im Klaren sei.

Der lange Konvoi, der sich in Homburg vergrößert hatte, fuhr los in Richtung Leipzig, der zweiten Etappe. Das Sammellager leerte sich, und auf unserer Station blieben nur noch Barbara, die ohne mich nicht hatte weggehen wollen, und ich.

Piotr, der mich immer wieder bestürmt hatte, Janka aufzugeben und ihn zu nehmen – »Ich bin schon wieder fast gesund!« –, hatte sich nicht von mir verabschiedet.

Die deutschen Ärzte ergriffen wieder Besitz von der Abteilung. Die ganze Atmosphäre veränderte sich, Stille, feste Uhrzeiten, Medikamentengeruch. Barbara wollte das Schild »Zur guten Laune« abnehmen, aber die Schwester nahm es übel, und ich ließ es wieder an seinen Platz hängen.

Als hätten sie nur darauf gelauert, unterzogen mich die Deutschen jetzt allen möglichen Untersuchungen und Behandlungen, machten Röntgenaufnahmen, Infusionen, intramuskuläre und intravenöse Injektionen, Einläufe, Bluttransfusionen. Ich wurde beobachtet von ungefähr zehn Ärzten, die Professor Ort unterstanden, einem dürren, feinen, grüblerischen Mann mit weißen, im Nacken rasierten Haaren.

Stationsarzt war jetzt Dr. Haßlocker, der Erste und Letzte auf meiner Liste, die nur noch aus ausgestrichenen Namen bestand. Ich hatte von der Schwester erfahren, dass er ein wilder Frauenhasser war, seit ihn eine Frau einmal betrogen hatte. Ich erzählte ihm, mir könne er ruhig trauen, denn mich habe der Krieg durch einen bösen Zauber in eine Art moderne Sirene verwandelt, halb Frau, halb Fisch, die niemanden mehr betrügen, sondern nur noch die Vorbeifahrenden erfreuen könne.

In den kurzen Pausen zwischen den verschiedenen Behandlungen führte die Schwester hin und wieder deutsche Patienten zu mir herein und legte mir ans Herz, sie aufzumuntern. Sie kamen aus der Umgebung und hatten Angst vor den Russen, die ihnen das wenige stahlen, was ihnen nach Bombenangriffen und Plünderungen noch geblieben war. Bei jedem Geräusch schreckten sie zusammen, fuhren hoch, blickten sich vorsichtig um. Wenn sie in ihrer Not Würde bewahrten, gab ich ihnen zu essen, denn ich bekam überaus reichlich, und außerdem erhielt ich jetzt auch Pakete vom französischen Roten Kreuz, das seinen Sitz im Krankenhaus hatte; aber wenn sie einfach nur ihre schlechte Laune auslassen wollten, schickte ich sie mit leeren Händen wieder fort.

Manchmal dachte ich, dass ich, vielleicht gerade weil ich nicht einmal mehr meinen Körper besaß, einen Vorteil gegenüber den Gesunden hatte, ich war frei von so vielen kleinen Ängsten und materiellen Begierden.

Kaum waren die Russen abgezogen, kam ein Inspektionstrupp des französischen Gesundheitsdienstes. Dadurch dass ich wieder in meiner Muttersprache reden konnte, hatte ich das Gefühl, dass auch ein wenig von meiner Fröhlichkeit zurückkehrte. Ein paar von den jungen Männern sahen nun jeden Tag bei mir herein. Sie waren noch sehr jung, glühende Nazigegner, hatten sich freiwillig gemeldet und diskutierten mit Feuereifer über die Nürnberger Prozesse, die gerade begonnen hatten. Sie wurden wütend, wenn sie bei mir Deutsche sahen, die sich sofort mit erschöpfter Miene zurückzogen. Sie legten sich mit allen an, auch mit den Alliierten, vor allem den Amerikanern, die als Letzte gekommen waren, aber sie misstrauten auch den Russen. Für diese Jungen besaß kein Volk genügend politisches Bewusstsein. Ich bewunderte ihren kämpferischen Eifer, dachte nach über die Leiden der Menschheit und rechtfertigte meine Abneigung gegen politische Auseinandersetzungen mit der Überlegung, dass ich krank war und für Hass nichts übrig hatte.

Abends kam Ellen Marder, eine dreißigjährige deutsche Ärztin, Kriegerwitwe eines Schriftstellers und Mutter von drei kleinen Kindern, die sie großzog, zu mir ins Zimmer und strickte. Sie war sehr groß und hatte durchdringende blaue Augen und ein volles Lachen. Sie sagte, ich hätte das gleiche unberechenbare Temperament wie ihr gefallener Mann. Sie gab mir einen Roman von ihm. Es war die Geschichte eines sterbenden jungen Mannes, eines der trostlosesten, beunruhigendsten Bücher, die ich je gelesen hatte, so voller Einsamkeit und Vergeblichkeit. Er selbst schien ein sehr geistreicher und umgänglicher Mensch und voller Lebenshunger gewesen zu sein. Er war aus voller Überzeugung an die Front gegangen. Das konnte auch nicht anders sein, dachte ich, bei dieser verzweifelten Unrast im Herzen war der Krieg für ihn der letzte Ausweg.

Sowohl die Ärztin als auch die Franzosen wollten sich nicht damit abfinden, dass ich gelähmt blieb.

Nach zehntägigen Untersuchungen, Behandlungen, Waschungen und Stärkungskuren sagte Professor Ort, jedes Wort einzeln betonend, er könne den Eingriff versuchen. Die beiden verletzten Wirbel seien verrutscht und ineinandergeschoben, so habe sich der Buckel gebildet. Sicher wäre es besser gewesen, man hätte mich schon vor sechs Monaten, zum Zeitpunkt des Traumas, operiert und gestreckt; jetzt habe sich die neugebildete Knochensubstanz schon so verhärtet, dass er nicht garantieren könne, dass es ihm gelinge, das Knochenmark wieder zu dekomprimieren. Jedenfalls würde er mich nicht anrühren ohne eine ausdrückliche schriftliche Einverständniserklärung von mir.

»Kann ich dabei sterben?«

»Ja.«

»Kann ich geheilt werden?«

»Vielleicht.«

Ich will hier nicht erzählen, welche Erregung mich ergriff. Und ich hatte gedacht, ich hätte mich an den Gedanken, gelähmt zu sein, gewöhnt und die positiven Seiten für mich herausgefunden. Ich sah die Hand des Himmels im Spiel bei meiner verpassten Abreise. Deswegen war ich geblieben ... um zu genesen. Die ganze Nacht lang dachte ich an Italien, voller Überschwang, Verlangen, Harmonie. Auch meine anfänglichen Einwände waren nur Abwehr gewesen. In meiner Fantasie stand ich schon auf den Beinen und rannte los, das Gesicht im Wind, die Haare zerzaust, die Brust plattgedrückt vom Luftdruck. Göttliche Vorsehung. Dankbar schluchzend, drückte und küsste ich mein Kissen stellvertretend für Gott. Wie hatte ich nur leben können, ohne zu gehen? Wie hatte ich eine derartige Schmach nur aushalten können? Es war ein Albtraum gewesen.

Aber die Morgendämmerung, die zunehmende Klarheit, die sich mit der Morgendämmerung einstellt, führten mich zurück in die Wirklichkeit. Ich konnte auch sterben. Nein, denn ich verstand mich jetzt ein wenig auf die Unterschiede, die die Natur machte, und dies war nicht meine Stunde. Und wenn ich doch starb? Ich glaubte, wer weiß was vor mir zu haben, dabei hatte ich bloß bestimmte Kenntnisse und Erfahrungen des Lebens gesammelt, ein paar Prüfungen bestanden, und mehr hatte ich auf dieser Welt nicht zu tun. Allerdings, wenn das so war, würde ich auch ohne die Operation sterben.

Ich hatte mein Leben für andere aufs Spiel gesetzt. Konnte ich es nicht auch für mich aufs Spiel setzen? Ich behauptete immer, ich sei stark, und machte schon bei der ersten wirklichen Prüfung einen Rückzieher.

Am nächsten Morgen unterschrieb ich den Antrag auf eine Laminektomie.

Der Eingriff sollte am 20. Oktober vorgenommen werden. Jetzt war der 16. Oktober.

Unerwartet tauchte Johann auf, dicker geworden, sauber und mit Geschenken beladen, darunter ein Telefunken-Radio.

Als er meinen Entschluss hörte, war er dagegen.

Die Ärzte erklärten, sie könnten ohne seine Einwilligung nichts tun.

Ich warf meine Decken zu Boden.

»Was willst du von mir? Sieh mich an! Siehst du nicht, in welchem Zustand ich bin?«

Der Gummischlauch ragte zwischen meinen knochigen Hüften aus dem eingefallenen Unterleib.

Er war bestürzt.

»Willst du dich von denen wirklich noch einmal aufschneiden lassen, für ihre Ex-Nazi-Experimente?«

»Ich will leben. Ich kann diesen Kadaver nicht mehr ertragen.«

»Hör auf! Du bist viel lebendiger als ich.«

Er ließ sich durch nichts überreden, sondern verweigerte immer autoritärer und unzugänglicher seine Einwilligung und ging dabei in derselben arroganten Art im Zimmer hin und her wie damals in Mainz, als er in der schönsten Idylle mit seiner deutschen Freundin gelebt hatte und ich völlig ahnungslos gewesen war.

Bebender Zorn über meine Ohnmacht packte mich. Klar, die List, mit der ich ihn für mich ausgenutzt hatte, schlug jetzt voll auf mich zurück, aber ich hatte mir nie erlaubt, derart in seine persönlichen Angelegenheiten einzugreifen. Und überhaupt! Hätte es nicht die Komplikationen mit der Blase gegeben, nachdem er weggegangen war, wäre ich jetzt längst in Russland, und zwar allein! Er hatte es ja auch anderthalb Monate nicht für nötig gehalten, sich zu erkundigen, ob ich überhaupt noch lebte. Er hatte mich einfach zurückgelassen, obwohl er wusste, dass ich hohes Fieber hatte, außerdem eine Blutvergiftung, der russische Arzt hatte es ihm gesagt. Wie konnte er jetzt wagen, mir Vorschriften zu machen und sich zum Herrn aufzuspielen. Mit welchem Recht?

Ich ließ die Franzosen rufen, die sofort kamen. Ich gehöre zu ihnen, dachte ich.

Nachdem sie mich kurz angehört hatten, schlugen sie vor, ich sollte sofort umziehen, bevor Janka sich an die russische Lagerleitung in Homburg wenden und mich wegschaffen lassen konnte. Vier junge Burschen hielten sich zu meiner Verfügung; sie schlenderten vor dem Gebäude auf und ab und kamen gelegentlich herauf, um sich nach mir zu erkundigen und mich zu beruhigen mit ihrer entschlossenen und ritterlichen Beschützerhaltung. Einem deutschen Arzt gelang es, Johann einen Moment zu entfernen, unter dem Vorwand, er würde ihn zum Professor bringen, und die Rotkreuzschwester nahm Barbara beiseite.

Es war der Morgen vor dem Tag, an dem ich operiert werden sollte. Ein Franzose stand unten Wache, einer vor meiner Tür, und zwei nahmen rasch in meinem Zimmer die Vorhänge ab, räumten den Schrank leer, packten meine Sachen zusammen und legten mich dann auf eine Trage. Als alles fertig war, luden die beiden, die Wache gehalten hatten, die Sachen auf einen Lieferwagen, und die anderen beiden trugen mich die Treppe hinunter ins Freie, dann im Laufschritt über Beton- und Schotterwege und durch Beete zur entgegengesetzten Seite des Krankenhauses in das französische Gebäude. Manchmal hatten sie das Gefühl, verfolgt zu werden, und rannten noch schneller. Ich schaukelte auf meiner Trage und starrte in den grauen Himmel.

»Wir machen den Raub der Sabinerin.« Wir kamen uns vor, als hätten wir einen Streich ausgeheckt.

Sie brachten mich in ein Zimmer im Erdgeschoss, das so groß war wie ein Saal, und richteten es mir sofort her, während sie hitzig über die Maßnahmen zu meinem Schutz stritten. Weil sie alles besser machen wollten als die Russen, stellten sie mir Blumentöpfe auf die Fensterbank und ein schönes Kohlenbecken mit Glut neben mein Bett. Ich war glücklich. Paarweise standen sie Wache vor meiner Tür und lösten sich jede Stunde ab, während die junge Madeleine, mit schwarzem Haar und blauen Augen, bei mir blieb und ihre Mission mit kindlichem Eifer erfüllte.

Am Nachmittag hörte ich die zornbebende Stimme von Johann und die beharrlichen Reden meiner Leibwächter. Er ging wieder, und sie berichteten mir mit strahlenden Siegermienen von dem Wortgefecht. Aber er kam zurück, und diesmal trug er die Uniform der sowjetischen Armee und war bewaffnet. Also baten sie mich atemlos, meine Taktik lieber zu ändern, denn so konnten sie ihm den Zutritt nicht verwehren.

Er trat ein. Wir waren allein.

»Ich bin russischer Soldat«, erklärte er.

»Und ich lasse mich von den Franzosen nach Mainz bringen

und denunziere dich beim russischen Hauptmann als polnischen Spion.«

»Dann wird mein letzter Wille sein, dass man mich vor deinen Augen erschießt.«

Nach diesem Satz brachen wir in Gelächter aus. Und dann, als hätte es nie auch nur die geringste Meinungsverschiedenheit zwischen uns gegeben, überlegten wir gemeinsam, was wir den Russen sagen sollten, falls sie mich suchten: dass ich angesichts eines so heiklen Eingriffs lieber in der Nähe von Leuten das Landes blieb, in dem ich geboren wurde, mit denen ich mich, insbesondere nach dem Erwachen aus der Narkose, besser verständigen konnte.

Aber er stellte die Bedingung, bei mir bleiben zu dürfen, andernfalls wüsste er als russischer Soldat, was er zu tun hätte.

»Deine Erpressung taugt nur, solange ich vorhabe, nach Russland zu gehen.«

»Willst du nicht mehr?«

»Wer weiß.« Ich dachte an den Ausgang der Operation. »Aber eines Tages werde ich sicher dorthin gehen, und wenn ich zwanzig Jahre warten muss. Sie waren in den Lagern so solidarisch wie niemand sonst, sie haben mich am besten behandelt.«

Ich blieb die ganze Nacht wach. So hatte ich, falls ich sterben musste, wenigstens keine Minute Leben vergeudet. Die Franzosen spielten Ziehharmonika, und Johann tanzte Kosakentänze auf den Waden.

Nur Barbara, die mich ganz spät noch aufgetrieben hatte, weinte und schniefte verstört.

»Warum hast du mich allein gelassen? Ich bin doch deinetwegen hiergeblieben.« Aber dann ließ sie sich zerstreuen und sah den anderen zu, bis sie sich plötzlich wieder an sich selbst erinnerte und das Gesicht verzog: »Was soll ich jetzt so allein?«

VIII

Nachdem Professor Ort mit dem Skalpell die neue Knochensubstanz, die meinen Buckel bildete, durchtrennt hatte, stellte er fest, dass das Knochenmark doch nicht in zwei Teile zerschnitten war, wie man nach der monatelangen Reibung zwischen den Wirbelspitzen hatte erwarten müssen, sondern s-förmig zwischen den beiden übereinandergeschobenen Teilen der Wirbelsäule zusammengedrückt und *nur teilweise* gequetscht war. Er entfernte die eingekeilten Wirbelbögen, musste sich aber nach einer vierstündigen Operation damit begnügen, meinen Rücken aufzurichten; er musste die lädierten Wirbel nebeneinander liegen lassen und darauf verzichten, die beiden Wirbelsäulenteile wieder zusammenzufügen, weil mein Herz nicht mehr durchhielt. Dann modellierte er ein Gipsbett, in das ich gelegt wurde.

Das Erste, woran ich mich erinnerte, war die Vorstellung, dass wieder eine Mauer über mir zusammengestürzt war und mir niemand half, mich zu befreien.

Ich weiß nicht, wie lange ich Schmerz fühlte, einen ungeheuren, dumpfen, maßlosen Schmerz in einem riesigen schweren Körper, der wie Blei im Bett versank.

Während die Franzosen auf Zehenspitzen ein und aus gingen, fuhr Johann bei jedem Seufzer von mir hoch und streckte mir alles Mögliche entgegen in der Hoffnung, meine Wünsche zu erraten, aber ich war mit nichts zufrieden und beschimpfte ihn nur.

Frau Dr. Marder erzählte mir später, wie sie vor der Operation, als ich schon in Narkose auf der Trage lag, seufzend gesagt hatte:

»Es wäre besser, wenn sie nicht mehr aufwachte.«

»Nein!«, hatte Johann ausgerufen, und ihm waren die Tränen in die Augen geschossen. »Nein, Luzi nein.« Er konnte nicht viel Deutsch, also hatte er sich schließlich an die Stirn getippt: »Hier ... hier, solange der Kopf lebt.«

Sie fanden ihn, nachdem er vier Stunden vor dem Operationssaal gewartet hatte, atemlos und mit fragendem Blick: Lebt sie? Und dann brach er zusammen; sie mussten ihn mit Spritzen auf den Beinen halten.

Als ich mich eines Morgens abtastete, entdeckte ich, dass ich mager und schmächtig war und gar nicht so voluminös, wie ich mich fühlte. Ich hatte einen Bauch, zwei Beine, zwei Füße. Darin Tausende von Nadeln, die wie entfesselt zu stechen begannen, sobald jemand mein Bett auch nur berührte. Manchmal schnellte eines meiner Beine hoch, wodurch das Mark heruntergezerrt wurde wie ein Strick, ich legte meine Handfläche darauf, und es entspannte sich wieder. Ich hatte auch einen Nagel im Bauch stecken, wollte ihn herausziehen, aber ich griff nur einen Gummischlauch. Da fiel mir der Katheter über dem Schambein wieder ein, und ich ließ sofort los.

Wenn ich einmal einschlief, wachte ich gleich wieder auf, weil ich plötzlich Zweifel bekam, ob mein Körper noch da war. Doch, er war noch da. Manchmal gab ich mich dem Schmerz hin, als wäre er das Glück, jede Injektion war ein Fausthieb, jede Berührung durch jemand anderen ein Stromstoß für meine blank liegenden Nerven; ich schob selbst den Katheter auf und ab, um den brennenden Schmerz in meinem Fleisch zu verschärfen.

Bald entdeckte ich, dass ich mein Becken ein wenig bewegen konnte; stundenlang rutschte ich nun unbequem mit dem Hintern in meinem Gipsbett hin und her und genoss die Stiche der rasend gewordenen Nadeln. Und ich sollte mir schmerzlindernde Beruhigungsmittel wünschen? So erwarb ich mir den Ruf, außerordentlich widerstandsfähig gegen Schmerzen zu sein.

Kurz, die Beziehung zwischen meinem gelähmten Körper und dem Rest der Welt war noch nicht wieder so entwickelt, dass ich Berührungen genau hätte unterscheiden können, sie war ganz von Lust- und Schmerzgefühlen bestimmt.

Aber so sehr ich auch die Zähne zusammenbiss und die Fäuste ballte und vor Anspannung zitterte, während ich krampfartig mit

Gedanken meinen Beinen befahl, sich zu bewegen, sie blieben regungslos. Ich träumte, dass ich lief, wachte keuchend auf und hatte jedes Mal das Gefühl, um eine Zehntelsekunde zu spät gekommen zu sein, so dass meine Beine gerade noch Zeit gehabt hatten, wieder steif zu werden, ja, ich glaubte sogar noch zu spüren, wie sie bewegungslos wurden.

Die Leiterin der französischen Sanitätsgruppe, Madame Martineau mit ihrem verantwortungsbewussten und pflichteifrigen Blick, kam jeden Tag, um sich nach meinen Fortschritten zu erkundigen und Verfügungen für mich zu treffen.

»Zerstörung geschieht in einem einzigen Augenblick, aber für den Wiederaufbau braucht man Zeit und Geduld. *Ne soyez pas pressée, ma petite Lucette.«*

Auch um mich von meinen Schmerzen abzulenken, fing ich wieder an zu lesen und Radio zu hören. Ich hörte lange, von der erregten Stimme des Reporters gesprochene Berichte über die Nürnberger Prozesse, die meine Freunde voller Grauen und ich mit einer grenzenlosen Angst kommentierten.

Gelegentlich besuchten mich Deutsche, aber die Franzosen sahen es nicht gern.

Die Schwester von der russischen Abteilung kam zu mir und bat mich mit Verschwörermiene, wenn möglich ein gutes Wort wenigstens für zwei deutsche Schwerverwundete einzulegen – »einfache Soldaten, die zu den Waffen gerufen worden waren und nur ihre Pflicht getan haben, nichts weiter« –, damit sie ins Krankenhaus aufgenommen würden. Sie waren mit einem Güterwaggon voller deutscher Verwundeter eingetroffen, die man aus der Straßburger Universitätsklinik ausgewiesen hatte; von den anderen wolle sie gar nicht reden, aber wenn diese beiden ...! Sie sprach im Namen Christi, nannte es ein Werk der Barmherzigkeit, »sie werden sonst sofort sterben«, fügte sie noch als letzte Mahnung hinzu.

Höflich, aber trocken warnten mich die Franzosen und gaben

mir zu verstehen, dass ich kein Recht hätte, mich in solche Angelegenheiten einzumischen, noch immer müssten viele Ausländer auf Strohlagern krepieren.

Im Übrigen pflegten sie ihre Patienten selber und opferten sich auf, um ohne Unterstützung der Deutschen auszukommen, während die atheistischen Russen ohne Weiteres die Hilfe christlicher deutscher Ärzte und Schwestern akzeptierten.

»Wir sind für alles eingerichtet, wir brauchen sie nicht.« Und während der Visiten sagten sie höflich zu den Ärzten: »Danke, *merci beaucoup«,* aber wenn sie unter sich waren, fragten sie: »Wann kommen denn endlich die französischen Ärzte? Und unsere Priester? Ach, der Vorstand in Paris begreift nicht, welche Bedeutung, welche politische Dringlichkeit für uns ...«

In der Tat füllte sich das Krankenhaus immer mehr mit ausländischen Patienten aller Nationalitäten, die zum Teil zum Skelett abgemagert waren und nur noch dreißig Kilo wogen, bunt zusammengewürfelte, heimatlose, wartende Menschen. Ich lernte eine ganze Reihe von Italienern kennen, die sich, kaum hatten sie von mir gehört, ganz überschwänglich vorstellten.

»Wir sind Italiener!«, sagten sie und schüttelten mir fest den ganzen Arm, während meine Hand in ihrer lag wie in einem Schraubstock.

Ein abgezehrter alter Mann aus dem Veneto, der ein schlimmes Zwölffingerdarmgeschwür hatte, murmelte aus seinem zahnlosen Mund:

»Als mein Magen noch in Ordnung war, hatte ich nie was zu beißen. Und jetzt, wo man ein ganzes Regiment von meinen Portionen satt bekäme, kann ich nicht einmal mehr Brei essen.« Und trotzdem war er freundlich, ich unterhielt mich gern mit ihm, er erzählte mir von sich. Es war die Geschichte eines Emigranten, zwei Weltkriege auf dem Buckel, eine fruchtbare Frau und Söhne, die sich auf der Suche nach Arbeit über die ganze Welt verstreut hatten, schließlich die deutsche Gefangenschaft.

Barbara war von einer Stunde auf die andere vom polnischen Kommando in Saarbrücken festgenommen worden.

Der deutsche Kommunist hatte das Krankenhaus aus Protest verlassen, weil man seine Freundin und deren Mutter abgewiesen hatte. Im Übrigen bekam sogar er hinter der formalen Achtung, die man ihm aufgrund seiner Vergangenheit zollte, den stummen Vorwurf zu spüren, dass er Deutscher war.

»Die verdammte Rasse sind jetzt wir«, sagte er beim Abschied seufzend.

In jenem Monat hatte ich viel Kontakt zu einer ukrainischen Studentin namens Dunja Babiak, einem bleichen, unterernährten, gutwilligen Mädchen mit Nierentuberkulose. Wir brachten uns gegenseitig Grammatik bei, sie mir die russische, ich ihr die französische. Inmitten der allgemeinen Ungewissheit gab uns das Lernen ein Gefühl von Kontinuität.

Die Italiener sorgten für Zerstreuung; sie kochten Spaghetti mit Tomatensoße und brachten von Ausflügen Igel, Schnecken und Zichorien mit. So hatten wir leckere kleine Abendessen.

Johann war weggefahren, ich weiß nicht mehr wie lange, und das spielte auch keine Rolle mehr. So sehr er die Italiener mochte, so sehr verabscheute er die Franzosen; er hielt sie für korrupt, hochmütig und – zusammen mit den Engländern – für politisch schuldig, weil sie Polen zur Zeit von Danzig mit ihren Garantien getäuscht und damit zur Beute der Deutschen gemacht und es schließlich in die Falle zwischen Nazis und Bolschewiken hatten geraten lassen. Noch als wir auf der russischen Abteilung gelebt hatten, hatte er manchmal mit zusammengebissenen Zähnen gesagt: »Ich bin ein echter Pole, ich wechsle unaufhörlich meinen Herrn.«

Piotr machte sich über Polen lustig, nannte es eine Nation von Stutzern, wenn Johann dabei war, der sich nicht dagegen wehren konnte. Aber mir war nicht bewusst gewesen, wie sehr Johann darunter litt.

»Ich habe deinetwegen mein Vaterland aufgegeben«, brummte er verbittert. Aber obwohl er sich auch vor den Deutschen damals immer gerühmt hatte, Pole zu sein, und seinen P-Winkel wie einen Orden im Knopfloch getragen hatte, war ich nicht sehr überzeugt von der Stärke seiner Gefühle, sondern hielt sie eigentlich für Gerede, mit dem er zu vertuschen versuchte, dass er zu seiner Freundin zurückwollte.

»Dein Herr ist immer noch der Gleiche«, antwortete ich ihm. »Er hat nur das Geschlecht gewechselt, aus dem Deutschen ist die Deutsche geworden.«

Er teilte seine Zeit zwischen Mainz und Homburg auf wie zwischen zwei Familien. Bei mir blieb er nur ein paar Stunden, er kam kurz mit dem Motorrad und wollte sich vor allem vergewissern, dass ich nicht wieder irgendetwas ausheckte. Praktisch lebte er mit Grete, der anderen, und war innerhalb weniger Wochen wieder richtig aufgeblüht, hatte zugenommen, rasierte sich, trug gepflegte Kleidung und saubere Wäsche und trug ein Wohlbefinden zur Schau, das ich ihm nicht verzeihen konnte.

Ich hätte jetzt einfach zugeben können, dass ich gar nicht seine Ehefrau war – nicht vollzogene Scheinehe –, und wäre wieder frei gewesen, aber so gedankenlos war ich auch nicht, dass mir nicht klar gewesen wäre, wie gefährlich eine solche Offenbarung werden konnte. Es herrschte eine Atmosphäre der Unsicherheit. Die Nürnberger Prozesse hatten nicht nur den Groll auf die Deutschen verschärft, sie hatten auch unter uns Ausländern einen Zustand der politischen Überwachung herbeigeführt, so etwas wie die Überprüfung unserer Positionen, und die nationalen Standpunkte geschwächt.

Jeder fand, sein eigenes Volk hätte die grauenvollen Verbrechen des Nazismus nie begangen. Wir Italiener, die wir uns durch die Achse Rom-Berlin verdächtig gemacht hatten, behaupteten, wir wären eigentlich gute Menschen und selbst im Klima einer Diktatur völlig unfähig, in den Fanatismus der Menschen im Norden zu verfallen, und zwar aufgrund unseres kritischen Geistes und einer Skepsis, die hemmend wirkt und die wir jahrtausendealter Zivilisation und Geschichtserfahrung verdankten.

Die Notwendigkeit, nach Russland zu gehen, hatte sich für mich fast unmerklich in nichts aufgelöst. Wenn ich mir meine Zukunft in der Sowjetunion ausmalte, empfand ich ein neues Gefühl von Feigheit, als hätte meine Unabhängigkeit von der Lähmung eine Grenze, die Italien hieß.

Johann teilte mir mit, dass wir aufbrechen würden, sobald ich den Strapazen der Reise gewachsen sei. Wir würden zunächst bis Warschau fahren, wo er mich seinen Angehörigen vorstellen und sich mit ihnen über unseren weiteren Weg beraten wollte. Er war ganz Ehemann, redete vernünftig und ernsthaft, war rasiert und richtete gemessen den Blick auf mich; und ich sah ihn an und fragte mich, wer er war, ich kannte ihn nicht, es gab nichts Gemeinsames zwischen ihm und mir, und der Gedanke, mit ihm zu leben, erschien mir unvorstellbar.

Um mich zum Schweigen zu bringen, spielte er immer wieder darauf an, dass er russischer Soldat sei, und manchmal kam er in Uniform, blieb aber immer nur wenige Minuten, als säße er auf Kohlen. Sein Hin und Her, seine Haltlosigkeit konnten mich nicht überzeugen.

Olga, ein blühendes fünfzehnjähriges Mädchen aus der Umgebung mit gesunder Farbe und braunen Haaren, hatte zu mir eine Zuneigung gefasst wie zu einem Vorbild, dem sie nachstrebte. Sie hielt Johann für einen finsteren Abenteurer und machte es sich zur Aufgabe, ihm mit einer Art fasziniertem Hass nachzuspionieren. So fuhr sie einmal heimlich auf abenteuerliche Art und Weise nach Mainz, was damals ein sehr unvorsichtiges Unterfangen war, und suchte dort mit Hilfe der Beschreibungen, die sie mir entlockt hatte, nach ihm. In einem Raum der ehemaligen Kaserne fand sie ihn, er saß in amerikanischer Uniform auf dem Bett, in dem seine Grete lag. Da sie nicht recht weiter wusste, ließ sie sich eine Geschichte einfallen: Ich hätte sie den ganzen Weg von Homburg zu ihm geschickt, um ihn um einen Wecker zu bitten! Blass, aber stolz kehrte sie am selben Abend zurück und berichtete mir das Ergebnis ihrer Nachforschungen.

Also war er gar nicht russischer Soldat; wer weiß, welcher Schwindel hinter seinem Uniformwechsel steckte. Ganz sicher musste er alles vermeiden, damit die Behörden nicht auf seine Person und seine Existenz aufmerksam wurden, aber mich schüchterte er jetzt nicht mehr ein. Ich fing wieder an zu rauchen und schminkte mir die Lippen.

Nachdem ich ihn etwa zehn Tage lang nicht zu Gesicht bekommen hatte, platzte er eines Nachmittags, während ich mich mit dem Italiener, der an dem Geschwür litt, und zwei Franzosen unterhielt, herein und warf mir, als er meinen Verdruss bemerkte, vor, ich sei angemalt wie eine Französin und der Umgang mit diesen Leuten bekomme mir schlecht. Ich zuckte mit den Achseln, er gab mir eine Ohrfeige, das heißt, in Wirklichkeit streifte er mich nur leicht, aber die Franzosen, meine Paladine, mischten sich ein, ebenso der Italiener. Johann befahl mir, ich solle sagen, dass er mir gar nicht weh getan habe, dass er mein Ehemann sei und dass die anderen sich zurückziehen sollten, aber ich schwieg. Sie gerieten aneinander. Er traf den Italiener mitten in den Magen, so dass er der Länge nach zu Boden fiel; auf einen Pfiff der Franzosen stürmten noch ein paar ihrer Landsleute ins Zimmer und setzten Johann außer Gefecht; einer ging hinaus, um Handschellen zu holen. Johann zeigte sich bestürzt und so zahm, dass seine Wächter den Griff lockerten, und mit einem plötzlichen Ruck befreite er sich und sprang aus dem offenen Fenster.

Sie suchten den Krankenhausgarten erfolglos nach ihm ab.

Die Franzosen verlegten mich ins erste Stockwerk, weil sie fürchteten, dass er in ihrer Abwesenheit wieder durchs Fenster hereinsteigen und mich schlagen könnte.

Als ich nachts allein in meinem Bett im ersten Stock lag, hörte ich ein dumpfes Geräusch, eine Gestalt baumelte im Dunkeln vor dem Fenster und schlug immer wieder gegen die Mauer wie ein Gehenkter, dann ließ sie sich auf dem Fensterbrett nieder. Ich hörte, wie der Diamant die Fensterscheibe einritzte und das Glas klirrend am Boden zerbrach, ein frischer Luftzug, der Fensterknauf wurde herumgedreht, und Johann sprang ins Zimmer. Er knipste seine Taschenlampe an und aus und setzte sich an meinen Bettrand. »Du musst dich damit abfinden, dass ich dich überall aufspüre. Ich bin nicht mehr wie früher. Deine Bosheit hat einen Mann aus mir gemacht.« In der stillen Dunkelheit hörte ich seinen hastigen Atem. »Hör mir gut zu: Entweder lässt du dich morgen *freiwillig* in das russische Gebäude zurückverlegen, und in dem Fall werde ich auf dich warten, solange du willst, und dir nahe bleiben ...«

»In Mainz«, warf ich ein.

»In Mainz oder wo immer es mir passt, niemand kann mir verbieten, mir woanders zu besorgen, was ich bei dir nicht finde.«

»Oder?«

»Oder ich werde übermorgen dafür sorgen, dass wir stehenden Fußes nach Russland aufbrechen. Antworte!«

Ich antwortete, dass ich gelähmt sei, dass ich noch nicht klarsähe, dass ich Zeit brauche für so viele Dinge und gar nicht an ihn denken könne.

»Deine Lähmung fällt dir immer dann ein, wenn es dir passt.«

»Das habe ich von dir gelernt.«

Er verschwand wieder durchs Fenster, sprang auf den Baum, auf dem er wie auf einem Ausguck gekauert hatte, während die Franzosen den ganzen Park durchsucht und mich ausgerechnet in das Zimmer vor seiner Nase verlegt hatten, und ließ sich nach unten gleiten.

Am nächsten Morgen absolvierte ich einen neurologischen Test, bei dem ich mit verbundenen Augen Nadelstiche bekam, mit heißen und kalten Fläschchen am Körper und an den Beinen berührt, gekniffen und mit dem Hämmerchen abgeklopft wurde und die Gelenke der unteren Gliedmaßen bewegt bekam. Er ergab, dass die Haut weiter unempfindlich war, aber das Empfindungsvermögen für Bewegungen, Wärme und den Tastsinn hatte ich, wenn auch gedämpft wie durch eine Stoffschicht und verändert, zurückgewonnen. Auch Darm- und Blasenreize konnte ich wieder wahrnehmen, aber die Organe selbst konnte ich noch nicht wieder steuern. Mein Darm funktionierte nicht richtig. Ein Arzt schlug mir vor, einen künstlichen Darmausgang zu schaffen, ein Schlauch aus besonderem Material mit einem Verschluss, der je nach Bedarf auf- und zugemacht werden konnte; auf diese Weise wäre der Unsauberkeit sowie der Infektionsgefahr durch Exkremente in den Wunden vorgebeugt. Johanns Äußerung über die Experimente der Ex-Nazis fiel mir wieder ein, und so antwortete ich, ich hätte erst vor einem Monat die Laminektomie überstanden und wollte mich nicht schon wieder einer Operation unterziehen.

»Wir werden später noch mal darüber sprechen«, erwiderte der Arzt mit einem gelassenen und selbstsicheren Lächeln.

Am nächsten Morgen kamen drei russische Soldaten im Marschtritt in mein Zimmer. Zwei – einer davon war Johann – brachten eine Trage herein, und der dritte, der einen Helm aufhatte, deutete auf mich.

Ich gab den verabredeten Klingelalarm. Die blauen Augen von Rene Payoux, dem »Alten« (er war 23 Jahre), tauchten an der Glasscheibe der Tür auf. Kurz darauf trat ein kleines Kommando Franzosen ein, dem Rene, mit Helm, folgte.

Sie baten die Russen zu warten.

Ich flüsterte Rene zu, er solle Johann nach seinen Papieren fragen.

Der warf mir einen sarkastischen Blick zu, zeigte seinen Ausweis und wartete mit gespreizten Beinen, die Hände in den Hüften. Ich wollte das Papier selber überprüfen; es schien in Ordnung, hatte lauter Stempel und Unterschriften.

Frau Dr. Marder wurde gerufen.

Als sie Johann sah, lachte sie erleichtert: Er wisse doch ganz genau, dass ich so nicht transportfähig sei!

»Wissen Sie, was Luzi mir angetan hat? Sie hat sie aufgehetzt, mich ins Gefängnis zu werfen, und das ist nicht das erste Mal.«

Frau Marder wollte davon nichts wissen; was sich zwischen uns abspielte, durfte sie nicht interessieren. Sie wandte sich immer direkt an die Leute.

»Ich kenne Sie beide. Sie, Janka, sind ein anständiger junger Mann und wollen Luzi nicht umbringen.« Damit erinnerte sie ihn an den Tag, als ich operiert worden war.

»Luzi muss einsehen, dass ich es ernst meine«, entgegnete er, schon leicht betroffen.

»Luzi wird das von jetzt an einsehen, ganz bestimmt, dafür garantiere ich Ihnen.«

Ich bat ihn um Verzeihung und versprach ihm, ihn künftig besser zu behandeln; ich weinte, ein wenig wegen dem, was ich sagte, ein wenig aber auch wegen der Angst, die ich ausgestanden hatte.

Er musste noch am selben Abend nach Mainz zurück, wo er sich nach Olgas »Überfall« freiwillig zum sowjetischen Landsturm gemeldet hatte. Wenn ich mich zum Aufbruch entschließen würde, könne er demobilisiert werden unter der Bedingung, dass er in der russischen Stadt, in der ich ins Krankenhaus gehe, seinen Militärdienst ableiste. Ich erkundigte mich nach dem Hauptmann von damals, er war schon seit einer Weile nicht mehr da, es hieß, er sei in die Heimat zurückversetzt worden.

Aber die beiden anderen Russen wollten nicht nachgeben; sie hatten den Befehl erhalten, mich abzutransportieren.

Die Franzosen verlangten ein schriftliches Gesuch.

Der Soldat mit dem Helm, ein Unteroffizier, zeigte es vor.

Die Franzosen erklärten, sie müssten es ihren Vorgesetzten unterbreiten, die im Augenblick nicht da seien, da sie nicht berechtigt seien, irgendjemanden auszuliefern.

Da ich mit einem sowjetischen Soldaten verheiratet sei, könnten die Franzosen beim besten Willen keinen Anspruch auf mich erheben.

Aber ich befände mich auf französischem Hoheitsgebiet, seit ich in diesem Zimmer läge, und die Russen seien widerrechtlich hier eingedrungen.

Die Franzosen seien als Erste widerrechtlich in das russische Gebäude eingedrungen, als sie mich von dort fortgebracht hätten.

Aber nein, sie hätten mich ja mit meinem vollen Einverständnis abtransportiert.

Aber ich sei Sowjetbürgerin.

Ich hätte mich ja gerade zu den Franzosen geflüchtet, um meine Scheidung einreichen zu können, die mich von der sowjetischen Staatsbürgerschaft entbinden würde.

Johann spitzte die Ohren: »Gut zu wissen.«

Sie drohten sich gegenseitig damit, an höherer Stelle zu protestieren.

Der Russe mit dem Helm machte dem Streit ein Ende, indem er mitteilte, dass er am nächsten Tag mit Verfügungen wiederkommen werde, gegen deren Durchführung niemand irgendeinen Widerspruch wagen würde. Dann wandte er sich voller Verachtung an mich.

»Und auch du, Genossin, wirst dich für dein Verhalten rechtfertigen müssen. Wer die Ehre hat, Sowjetbürger zu sein, muss sie auch verteidigen.«

Mit festem, martialischem Schritt verließen sie den Raum. Ich rief Janka nach, aber er folgte ihnen, ohne sich umzuwenden.

Am selben Nachmittag kam einer der Chefs des französischen Gesundheitsdienstes; er hatte vom russischen Sammellager Homburg eine Protestnote erhalten.

Die französischen Jungen bekamen einen scharfen Verweis, weil sie mich vorsätzlich entführt hatten, anstatt für meine Überweisung auf legalem Wege zu sorgen.

Am Abend kam ein Offizier der französischen Polizei und berichtete, der diplomatische Zwischenfall habe sich so zugespitzt, dass sie sich, da die Franzosen unrechtmäßig gehandelt hätten, zu ihrem größten Bedauern gezwungen sähen, mich den Russen auszuliefern.

Schließlich kündigte mir Jean, einer meiner vier Freunde, um zehn Uhr abends an, dass der nächste Konvoi nach Russland innerhalb der nächsten achtundvierzig Stunden abgehe und er soeben inoffiziell erfahren habe, dass ich auf der Liste stehe und Janka zu meiner Bewachung sowie zur Bewachung der zum Tode verurteilten gefangenen SS-Russen eingeteilt sei.

Um Mitternacht kam Frau Marder, eingemummelt in Schals und Mäntel. Sie war über alles unterrichtet und schlug eine Lösung vor: Noch vor Morgengrauen würde ein Güterzug in Richtung Bayern mit zwei Waggons voller verwundeter deutscher Soldaten durch den Homburger Bahnhof kommen. Ich könne mit ihnen fahren, die deutsche Rotkreuzschwester, die mich auf der russischen Station gepflegt habe, sei bereit, mich zu begleiten. Wenn ich mitwolle, müsse ich mich sofort vorbereiten, und zwar heimlich, denn die Franzosen müssten mich jetzt an der Flucht hindern, da sie sich den Russen gegenüber verpflichtet hätten. Sie übergab mir meine Krankengeschichte, aber die lautete auf meinen russischen Namen. Ich erzählte ihr die Geschichte mit den falschen Namen. Es war zwei Uhr nachts, und sie eilte davon, während die Rotkreuzschwester hereingeschlichen kam und meine Koffer packte. Um drei Uhr erschien Frau Marder mit einem Duplikat meiner Krankengeschichte wieder, ausgestellt auf meinen richtigen Namen, den ich schon fünfzehn Monate nicht mehr trug. Sie ließ mir auch die andere Krankengeschichte, so dass ich doppelte Unterlagen hatte. »Für alle Fälle«, sagte sie.

Um fünf Uhr morgens kam ein deutscher Krankenwagen, der mich, die Rotkreuzschwester und das Gepäck auflud.

Jean, der Nachtwache hielt, stieg ebenfalls ein und fuhr mit zum Magazin, aus dem er fünf Rotkreuz-Lebensmittelpakete holte, die er mir schenkte. Dann fuhr der Krankenwagen weiter.

Am Bahnhof wurde ich in einen Viehwaggon gehoben und mit meinem Gipsbett mitten unter die verwundeten Deutschen auf das Stroh geschoben. Es war noch dunkel, als der Zug mit kreischenden Rädern abfuhr. Ich hatte mich von meinen Freunden nicht verabschiedet, nicht einmal von Frau Marder, von niemandem, und sie hatten mir alle geholfen und mich unterstützt, ohne zu fragen und ohne Anerkennung zu erwarten.

IX

Am ersten Morgen im Viehwaggon, in dem Gestank von faulem Fleisch, Salben und uringetränktem Stroh, der von Kältewellen durchschnitten wurde, die durch die Ritzen in den Holzbohlen drangen, im Halbdunkel zwischen den eingefallenen Gesichtern der ausgestreckten Verwundeten, den stumpfen Mienen der anderen, die an den Wänden hockten und bei den Stößen des Waggons hin und her schwankten, in dieser Totenstille, die nur von Klagen und Hilferufen unterbrochen wurde, dachte ich, ich würde sterben.

Bei jedem Rütteln des Zuges, das sich in einem stechenden Schmerz in Rücken und Beinen bemerkbar machte, drückte ich Tobik fest an die Brust.

Es war meine zweite Reise im Viehwaggon. Damals war ich gesund gewesen, der Gedanke an Schmerzen hatte mich nicht erschüttert, und selbst diejenigen meiner Gefährten, die ausgezehrt waren und an Darmentzündungen litten, hatten etwas Lebendiges und Hartes durch die ungerechte Beleidigung, die sie erlebten, einen aggressiven Blick und einen verachtungsvollen Zug um den Mund. Jetzt dagegen war ich gebrochen, nicht mehr rebellisch, sondern ängstlich, und auch meine neuen Gefährten waren innerlich zerstört. Ich werde immer mit denen sein, die leiden, dachte ich.

Ein Männchen im Kittel hüpfte behende zwischen den Leibern umher. Jemand bat um einen Zug aus einer Zigarette, ich erinnerte mich an die Pakete von Jean und gab dem kleinen Mann den Auftrag, den Inhalt unter den Soldaten aufzuteilen. Die Verteilung sorgte kurz für eine gewisse Aufmunterung.

Ein bildschöner Junge mit einem blutbefleckten Kopfverband, der neben mir auf dem Stroh lag, richtete seine fiebernden Augen auf mich und verzog den Mund zu einer Grimasse. Schließlich begriff ich, dass er mir zulächelte.

An einem kleinen Bahnhof stürmten zwei deutsche Mädchen in Uniformen, die ich noch nie gesehen hatte, in den Waggon, hoben den Verwundeten die Köpfe hoch und gaben ihnen zu trinken, aber mit so verkniffenen Gesichtern, als dürfte auch nicht ein Tropfen von dem faden Getränk verlorengehen.

Ein französischer Soldat streckte sein Gesicht herein, und der Sanitäter rief ihm zwischen Körpern balancierend zu:

»Italienerin! Italienerin!«

Ich sagte etwas auf Französisch und erhielt ein Lebensmittelpaket.

Ich wollte den Inhalt aufteilen, aber eine Stimme erhob sich:

»Die Reise ist lang, Sie kriegen auch noch Hunger, behalten Sie es lieber für sich.«

Die anderen pflichteten ihm bei. Der Zug ratterte über die Schienen. Mit einem Stimmchen, das kristallklar durch den Lärm drang, befahl ich dem Sanitäter, das Paket durch die Tür hinaus aufs freie Feld zu werfen. Sie protestierten.

Von nun an ließ ich mich an jedem noch so abgelegenen Bahnhof auf der Trage aus dem Waggon zur Erste-Hilfe-Station bringen, zeigte meine italienischen Papiere vor (die russischen lagen ganz unten im Koffer) und verlangte Lebensmittel und Medikamente.

Am zweiten Tag der Reise hatten wir untereinander und mit den Verwundeten vom anderen Waggon, denen wir einen Teil unserer Beute hinüberschickten, Freundschaft geschlossen.

Zum Zeitvertreib fing ich an, im pfälzischen Dialekt zu reden, ich spielte ein junges Ding aus »Menz am Rhoin«, der totenblasse Junge neben mir war mein Bräutigam, die Rotkreuzschwester meine Rivalin, die aus Eifersucht auf ihn geschossen hatte; es gab einen Bürgermeister, einen Pfarrer und, je mehr Verwundete mitspielten, immer weitere Personen, und jeder klammerte sich verbissen an seine Rolle.

Es ergaben sich so verwickelte und komische Situationen, dass wir irgendwann den Vorhang fallen lassen mussten, um wieder Atem zu schöpfen.

Am Abend sangen wir lange im Chor:

Wo die Nordseewellen rauschen an den Strand,
wo die gelben Blumen blühn im grünen Land
und die Möwen schreien grell im Sturmgebraus,
da ist meine Heimat, da bin ich zu Haus.

Wenn wir mal Pause machten und vor allem, wenn der Zug hielt, hörten wir wie eine Antwort aus dem benachbarten Waggon:

Im grünen Wald, dort, wo die Drossel singt,
und im Gebüsch das muntre Rehlein springt,
wo Tann' und Fichten stehn am Waldessaum,
verlebt' ich meiner Jugend schönsten Traum.

So damit beschäftigt, den weiten Raum von Wald und Meer mit Worten heraufzubeschwören, vergaßen wir den engen Waggon, das Gerüttel, die eiternden Wunden, den Hunger, die Kälte.

Am dritten Morgen verlor einer der verwundeten Deutschen das Bewusstsein und starb. Am Nachmittag verschlechterte sich der Zustand eines anderen Verwundeten.

Beim nächsten Halt ließ ich einen Krankenwagen rufen und erklärte, ich fühle mich schlecht. Ich nahm den Deutschen mit, dessen Zustand sich verschlechtert hatte. Im Krankenhaus des Ortes wiesen sie mir ein Bett zu, das ich ihm abtrat. Der Arzt protestierte, das gehe nicht.

Warum nicht, was könne denn schon passieren?

Er könne seine Stellung verlieren.

»Genau das ist es«, sagte ich, »so habt ihr Wehrlose ausgelöscht: vor allem, um eure Stellung nicht zu verlieren.«

Weil jedoch die Anordnung, die er sich von mir schriftlich geben ließ, von einer Ausländerin kam, die ihrer Sache sehr sicher war, nahm der Arzt meinen Schützling schließlich auf.

Mit der gleichen Kriegslist brachten wir nun in jedem Ort Verwundete ins Krankenhaus, die der anstrengenden Reise nicht mehr gewachsen waren und delirierten oder das Bewusstsein verloren hatten.

Von dem Gold, das ich besaß, und dem Kleingeld, das die deutschen Soldaten noch hatten, kauften wir Cognac.

Am vierten Abend suchte mein Bräutigam meine Hand, drückte sie und senkte mehrmals seine Lider über die großen grauen Augen. Dadurch teilte er mir mit, dass er jetzt sterben würde. Der Sanitäter sagte etwas von einer Gehirnerschütterung. Ich streichelte die ganze Nacht die Hand des Jungen, küsste sie und flüsterte, dass ich ihn gern hätte, er solle nur ruhig schlafen, ich würde bei ihm wachen. Kaum schwieg ich einmal, drückte er meine Finger, bis ich wieder anfing, leise auf ihn einzureden. Im Morgengrauen war seine Hand schweißnass und wurde immer kälter, sein Profil bekam eine ganz reine Linie, wie das eines Kindes. Er war siebzehn.

Die Waggontür stand einen Spalt offen; in der Ferne sah man zwischen Nebelschwaden einen See im Morgenrot glitzern. Es war der Selbstmörderinnensee, wie er genannt wurde, weil sich in den ersten Monaten nach dem Krieg so viele Frauen hineingestürzt hatten.

Am Mittag fuhren wir in den Münchner Hauptbahnhof ein, wo der Zug endete. Es regnete aus einer dunklen Wolkendecke. Es war der 23. November.

Ich wurde allein in einen Krankenwagen verladen und konnte nicht einmal mehr der deutschen Rotkreuzschwester danken, die mich die ganze Reise über betreut hatte.

Seit fast einem Jahr hatte ich München nicht mehr gesehen. Ich sah die Stadt jetzt durch das Fenster des Krankenwagens an mir vorbeiziehen: Trümmer, Mauerreste, auseinandergerissene Häuser, die aussahen wie Theaterkulissen, ein verlassenes Viertel nach dem anderen, und alles wirkte noch trostloser in dem Regen, der die Steine wusch, heftig, gleichmäßig.

X

Es war Nacht geworden, und noch immer lag ich allein in der Erste-Hilfe-Station eines großen modernen Krankenhauses am Stadtrand, im Dunkeln, mit nüchternem Magen seit dem Morgen, einer vollen Blase, die mir wehtat, einem Darm, der sich leeren wollte, und war erschöpft von dem fünftägigen Gerüttel im Güterwaggon, von schmerzhaften Umbettungen auf Tragen und in Krankenwagen, von Auseinandersetzungen und der Anspannung einer gewollten Fröhlichkeit, ohne Nachricht, wo mein Gepäck war, nur mit Tobik, der mich mit dem phosphoreszierenden Knopf ansah, dem einzigen Auge, das ihm geblieben war.

Endlich kam jemand herein, drehte den Lichtschalter an, wodurch sich der weiße Raum erhellte, und ging geschäftig auf ein Tischchen zu, wo er anfing, Schubladen auf- und zuzumachen und in Papieren zu blättern. Er trug einen Kittel und hatte einen großen grauen Schnauzbart.

Ich rief ihn, aber, ohne auch nur einen Blick auf mich zu werfen, herrschte er mich an, ich solle warten.

Ich beobachtete ihn, und immer, wenn es mir schien, dass er gleich aufblicken würde, deutete ich ein Lächeln an, aber er sah mich nicht. Er ging wieder hinaus.

Ich schüttete Tobik mein Herz aus: Wir beide hätten wirklich Pech, aber er solle sich keine Sorgen machen. Ich spürte, dass jemand hinter mir stand, und wandte den Kopf um. Der Mann von vorhin war wieder eingetreten, ohne dass ich es bemerkt hatte, er stand am Kopfende der fahrbaren Trage, auf der ich lag, und beobachtete mich. Er lächelte, schien sich plötzlich für mich zu interessieren und fragte mich, auf meinen Stoffhund deutend, wie es ihm gehe. Ermutigt erklärte ich ihm, der arme Hund sei hungrig und müde und würde frieren, er sei im Viehwaggon gereist und infolge eines Bombenangriffs gelähmt.

»Armes Tier!«, pflichtete er mir bei und schob meine Trage davon. »Gehen wir«, sagte er.

Korridore, Aufzüge, Höfe, mir drehte sich der Kopf, gepolsterte Türen, die sich an Federzügen hinter mir schlossen, ich war ganz benommen. Ich öffnete leicht die Augen und nahm wahr, dass mich jetzt eine dicke Schwester schob; Männer in Weiß, die in wissendem Ton redeten, waren um mich und warfen einen flüchtigen Blick in meine Krankengeschichte. Eine zierliche weibliche Gestalt in gestreiftem Morgenrock schlich sich heran und stahl meine Schuhe, die neben meinen Füßen auf der Decke standen, seit einem Monat hatte ich nämlich eine Schuhmanie und hatte immer ein Paar griffbereit. Jemand schrie in der Ferne.

Ich wurde in ein enges kleines Zimmer gefahren, das überquoll von merkwürdigen, paarweise aufgestellten Betten mit hohen Seitenwänden voller Bänder; in eins davon legten sie mich.

Die dicke Schwester schimpfte vor sich hin, ich wäre ekelhaft, dreckig und schmierig – ob ich das richtig fände, mich um diese Uhrzeit hier einzuführen –, und machte sich daran, mich zusammen mit einer Wärterin zu waschen. Sie seiften mich ein, barsch und ruppig drehten sie mich um und desinfizierten mich. Weinend bat ich sie, behutsamer zu sein, aber sie herrschten mich grob an, ich solle den Mund halten, und wüteten weiter, bis sie mein Gipskorsett zerbrachen.

Jemand knallte mir eine Metallschüssel auf den Nachttisch.

Im Halbschlaf hatte ich das Gefühl, im grünlichen Licht der Nachtlampe lauter verschlagene scheinheilige Idiotengesichter um mich herum zu sehen.

Ich dämmerte vor mich hin, als sich eine junge Rotkreuzschwester mit weichem Timbre, die erste menschliche Stimme in dieser Umgebung, über mich beugte:

»Gehört dir das schöne Hündchen?«

»Ja.«

»Wie heißt es denn?«

»Tobik!«

»Ist es gelähmt?«

»Ja«, sagte ich seufzend und fügte hinzu: »Vor allem ist es traurig, todtraurig.«

Meine Augen weinten, als sie in das freundliche Gesicht von Schwester Gisela sahen.

»Du bist ja gar nicht verrückt«, flüsterte sie mir ins Ohr. »Klingele, wenn sie dich ärgern«, und sie drückte mir den Klingelknopf in die Hand.

In der Nacht stöhnte meine Bettnachbarin zuerst wollüstig, dann fing sie an zu knurren, als hätte sie im Nahkampf mit jemandem zu ringen. Die hohen Trennwände hinderten mich am Sehen. Plötzlich beugte sie sich zu mir herüber, berührte mein Gesicht mit ihrem und keuchte asthmatisch. Ich klingelte. Die Rotkreuzschwester eilte herbei und schaltete das große Licht an. Meine Nachbarin richtete sich auf, sie war ein bildschönes Mädchen mit blutunterlaufenen Augen, Schaum vor dem Mund und blutüberströmten Handgelenken; eine feste und rosige Brust war durch ihr zerrissenes Hemd zu erkennen.

»Lieber Gott! Hast du dich schon wieder losgebunden? Wie

schaffst du das bloß? Nein, ich binde dich nicht wieder fest, aber du musst lieb sein.«

Das Mädchen beruhigte sich. Die Rotkreuzschwester flüsterte mir ins Ohr, ich müsse mich vor der hüten, sie sei die einzig Gefährliche hier drinnen, sie werde bei der nächsten Gelegenheit verlegt, sie habe Syphilis, eine Italienerin aus Mailand. Sie ging wieder hinaus.

Ich hörte im Hintergrund des Zimmers ein Tuscheln, in das sich Kichern, Seufzen, leise Schreie mischten.

Meine Bettnachbarin hatte mich ins Visier genommen.

»Wer du sein?«, fragte sie mit kehliger Stimme auf Deutsch.

Ich antwortete auf Italienisch. Sie verstand mich nicht. Sie sprach nur dieses verstümmelte Deutsch mit Infinitivformen. Aber die italienischen Laute schienen ihr zu gefallen; bis zum frühen Morgen kniete sie auf dem Bett, um mich anzusehen und mir zuzuhören.

Die folgenden Tage verbrachte ich vor allem damit, die Ärzte zu überzeugen, dass ich nicht geisteskrank war. Sie liehen mir herablassend und zerstreut ihr Ohr, tätschelten meinen Stoffhund, spitzten die Lippen, kniffen mich ins Kinn, rüttelten es hin und her und verschwanden rasch wieder.

Wütend zog ich während einer Arztvisite einen Arzt ebenfalls am Kinn und fragte ihn im gleichen lässigen Ton, na, wie geht es uns denn heute, mein Ärmster.

Ich starrte der dicken Schwester und der groben Wärterin in die Augen und erteilte ihnen dabei mit ruhiger, selbstbewusster Stimme Anweisungen; ich wandte meine Augen keinen Moment ab, solange sie bei mir waren; sie wurden daraufhin sanftmütiger, ihre Mienen weicher.

Aber mit den Verrückten kam ich besser aus. Sie hatten mich auf eine primitive, unterwürfige Art gern, wobei sie sehr eifersüchtig aufeinander waren. Ich musste achtgeben, dass nicht der Eindruck entstand, ich hätte Lieblinge unter ihnen, obwohl ich meine ungestüme Bettnachbarin wirklich lieber hatte, die Fausthiebe an jedermann austeilte und alle mit ihrer entfesselten Vitalität beherrschte – ich dagegen brauchte sie nur auf Italienisch zu rufen, und schon kauerte sie sich folgsam hin. Sie hatten alle ein Bedürfnis nach Menschlichkeit, nach Vernunft und Zuneigung, das mich rührte. Ein paar von ihnen, in deren irren Augen es schrecklich flackerte, sahen nicht vertrauenerweckend aus. Alle neun waren böse, spöttisch, unanständig und sehr nachtragend. Sie verstanden nicht, was ich redete, spürten aber, dass ich mit ganzem Herzen dabei war. Ich musste auf der Hut sein wie ein Dompteur mit Tigern. Sie verlangten von mir Gerechtigkeit und kamen wegen jeder kleinsten Streitigkeit zu mir; den ganzen Tag über rauften sie nur erregt miteinander.

Ich erinnere mich an eine rumänische Jüdin, die immer allein blieb, sich nie mit den anderen abgab und ununterbrochen Monologe über die Nazis und die Gaskammern hielt. Sobald die Ärzte in Begleitung der spritzenschwenkenden Wärter hereinkamen, fing sie am ganzen Körper an zu zittern, wich zurück, versteckte sich unter dem Bett und fing an, ohrenbetäubend zu schreien. Ein Wärter spritzte ihr irgendetwas, worauf sie sofort zusammenbrach; dann zerrten sie die leblose Gestalt hervor, warfen sie aufs Bett und zogen ihr die Zwangsjacke an. Diese Szene wiederholte sich zweimal täglich. Die Ärzte beobachteten die Operation achselzuckend, sie war ihnen lästig.

Eines Morgens konnte ich es nicht mehr aushalten und sagte ihnen, sie sollten sich schämen, die Verrückten seien besser als sie; wenn sie auch wahnsinnig seien, sie brächten mich wenigstens nicht um. Im Gegenteil, sie beschützten mich.

Die syphilitische Italienerin hielt mir erschreckt den Mund zu. Ich schob ihre Hand beiseite.

»Lass mich reden, Liebe, ich weiß, was ich sage.«

Die Herren Ärzte dagegen, sagte ich, hätten eine Menge klaren Verstand, aber kein Gewissen, sie hielten sich für etwas Besseres, weil sie einen Schimmer von Verstand hätten, den sie noch nicht einmal mit Demut zu gebrauchen wüssten. Tolle Heldentat, eine völlig verschreckte Frau zu terrorisieren!

Meine acht Geisteskranken waren näher gekommen, klammerten sich an mein Bett, schweigend, lauernd.

Ob die Ärzte vielleicht leugnen wollten, dass die Kranken ruhiger seien, seit ich im Zimmer läge? Sogar die Schwester hätte das erkannt, und dabei sei ich erst sechs Tage hier.

Die Ärzte waren kaum gegangen, als es an die Tür klopfte und Johann auftauchte, abgezehrt, staubbedeckt. Er blickte sich um und umarmte mich:

»Wo bist du denn hier? Was haben sie mit dir gemacht?«

Auch ich küsste ihn wie einen Retter:

»Du hast mich gefunden! Wie geht es dir?« Ich betastete sein Gesicht, ja, er war es!

Am Morgen des 20. November war er wieder in das französische Gebäude nach Homburg gekommen, um mich abzutransportieren, und hatte von meiner Flucht erfahren. Er hatte sofort die sowjetische Uniform ausgezogen und hatte sich auf die Suche nach mir gemacht. Überall hatte er mich gesucht, zufällig hatte er vom Bahnhofsvorsteher etwas über mich gehört und sich auf die Reise gemacht. Seit drei Tagen war er jetzt in München, hatte in allen Krankenhäusern nach mir gefragt, dieses hier war das letzte, er war von einer Abteilung zur anderen gegangen und hatte seinen sowjetischen Militärausweis vorgezeigt, und ausgerechnet hier war ich.

Ich drückte ihn an mich und schloss die Augen.

Als wir uns beruhigt hatten, dachten wir gemeinsam über unsere Zukunft nach. Der Nachmittag rückte vor, und immer erschöpfter und entschlossener wurde ich mir darüber klar, dass ich ihn hier zum letzten Mal sah; je mehr er redete, desto mehr drängten sich die Schwierigkeiten und Komplikationen in meinem Kopf; es war unmöglich. Ich würde nie heiraten. Aber ich traute mich nicht, es ihm zu sagen. Er beschrieb mir begeistert unser gemeinsames Leben in Italien. Er verdüsterte sich erst, als ich erwähnte, dass er gezwungen sein würde, bis zu seinem Tod Russe zu bleiben, weil wir durch falsche Namen verbunden seien. Diese Bemerkung lieferte mir auch das Stichwort: Er müsse unbedingt nach Mainz zurück, ohne sich von den Russen als Deserteur verhaften zu lassen, um sich beim deutschen Einwohnermeldeamt die Bestätigung seiner polnischen Staatsangehörigkeit zu holen, und zwar mit Hilfe der Bürgschaft des Hoteleigentümers, bei dem wir zusammen gearbeitet hätten, einem Mann mit einer Nase voller Auswüchse und ständig in Bewegung wie die Schnauze eines Kaninchens, und der für Geld und aus Angst alle erdenklichen Papiere für ihn besorgen würde. Dann könnten wir als russisches Ehepaar nach Italien gehen, damit er über die Grenze käme, und dort würden wir dann mit unseren richtigen Namen neu heiraten.

Aber er war irgendwie störrisch, wir diskutierten die ganze Nacht. Schließlich rechnete er sich aus, dass er in zwei Tagen alles erledigen und zurückkehren könnte. Er wollte, dass ich ihn wenigstens streichelte, aber ich bat ihn, mich nicht zu bedrängen.

»Aber danach werden wir einen Weg finden, wie wir uns lieben können, versprichst du mir das?«

»Ja.«

»Noch eine einzige Trennung von achtundvierzig Stunden, aber das ist die letzte.«

»Ja, die letzte.«

»Warum sagst du das so? Bist du schwach geworden? Tut es dir so leid, dass ich weggehe?«

»Ja.«

»Es tut dir leid, dass ich weggehe«, wiederholte er befriedigt. »Glaubst du jetzt endlich, dass wir gut zusammenleben können?«

»Ja.«

Ich sah zuerst ihn an und dann die Verrückten, die auf Zehenspitzen umherschlichen und auf ein Zeichen von mir warteten;

hin und wieder rief ich eine von ihnen zu mir und küsste sie. Johann hielt mir sein regloses Gesicht entgegen.

Er ging.

Kurz darauf kamen zwei Männer, um meine Bettnachbarin wegzubringen. Das Mädchen ahnte etwas, packte den Nachttisch, schleuderte ihn gegen einen Wärter und trat mit den Füßen um sich. Sie warf sich in meine Arme, schrie schluchzend »Mama!«, klammerte sich an mich und biss mich: »Mamaaa!«

Ich küsste sie wie eine Tochter. Brutal rissen sie sie aus meinen Armen, ich schrie lauter als das Mädchen und fiel in Ohnmacht.

Aber ich hatte keine Zeit für Ohnmachten. Johann würde in zwei Tagen zurückkommen, bis dahin musste ich fort sein, noch einmal fliehen.

Ich wurde zu einer Besprechung in das Ärztezimmer der Abteilung gerufen.

Dort erwarteten mich ein Arzt und eine Dame aus dem Büro. Wir unterhielten uns lange: ... entsetzt über den Irrtum ... traumatische Paraparese ... Missverständnis mit dem Stoffhund aufgeklärt ...

Ohne irgendetwas zu erklären, sagte ich, ich müsse aus persönlichen Gründen unbedingt innerhalb von vierundzwanzig Stunden abreisen. Die Dame schien mir voller Anteilnahme zuzuhören. Am nächsten Tag teilte sie mir mit, dass noch in derselben Nacht ein Rotkreuzzug mit italienischen Kriegsgefangenen aus Russland kurz in München halten und dann nach Italien weiterfahren werde. Sie hatte für mich einen Platz bestellt.

In der Nacht brachte mich ein Krankenwagen mit dem wenigen Gepäck, das ich wiedergefunden hatte, an den Zug. Ich wurde in einem Bett des Lazarettwagens untergebracht. Ich war die einzige Frau, die Reisenden und das Rotkreuzpersonal waren alle Männer. Die ganze Reise über defilierten Heimkehrer aus Russland an meinem Bett vorbei, um mir guten Tag zu sagen. Sie erkoren mich zu ihrem Maskottchen.

Am darauffolgenden Morgen, dem 4. Dezember 1945, überquerten wir den Brenner. Die Heimkehrer aus meinem Waggon hatten Tobik als Glücksbringer an die Decke gehängt und steckten ihm eine brennende Zigarette in die Schnauze.

Rom, 1961

DRITTER TEIL

ERSTE ANKUNFT IM DRITTEN REICH

IM CH 89

Nach und nach hatte ich mir innerlich ein merkwürdiges Bild von mir gemacht. Ich sah mich als schmales junges Mädchen mit zarten Handgelenken und Knöcheln, das durch die schlimmsten Erfahrungen gegangen war, ohne sein Aussehen zu verändern. Gleichzeitig jedoch sah ich mich auch mit einer Kartoffelnase in einem runden Gesicht und mit etwas pausbäckigen Gesichtszügen, trotz der schmalen Lippen und der tiefliegenden Augen.

Wenn ich mich an Wutausbrüche oder Schreckenssituationen erinnerte, sah ich meine kleine Gestalt und meine gemessenen Gesten inmitten eines Haufens ungebärdiger Leute.

Vielleicht behielt ich dieses immer leichter gewordene Mädchen im Kopf, damit es bruchlos hineinglitt in dieses Geschöpf »halb Frau, halb Sirene«, in das ich mich auflösen zu müssen glaubte.

Aber das Gesicht auf dem Foto eines Fabrikausweises und auf meinem letzten falschen Ausweis aus Mainz, bevor mir die Mauer auf den Rücken fiel, ist ein anderes: robust, schwer geworden und ohne Träume. In jenem glatten achtzehnjährigen Gesicht dagegen, mit den kindlichen Wangen zwischen struppigen Haaren, liegt ein gewisser Eigensinn in den schmalen, nach unten gezogenen Lippen, den schwarzen Augen, die starr auf das Objektiv gerichtet sind.

Beim Betrachten dieser Bilder habe ich mir noch einmal die Umstände vor Augen geführt, durch die diese Studentin aus gutem Haus zu jenem gekränkten, dickköpfigen jungen Mädchen geworden war, die ersten Monate meines Aufenthalts in einem Lager als Arbeiterin bei den I.G. Farben.

I

In den ersten Tagen fühlte Lucia sich erleichtert; das Leben in einem Lager war gar nicht so hart, wie immer erzählt wurde. Gewiss, in einer neun mal fünf Meter großen Baracke mussten zweiundzwanzig Frauen unterkommen, aber sie diente nur zum Schlafen, von acht Uhr abends bis vier Uhr morgens. Die übrige Zeit verbrachte man in der Fabrik, in den Kantinen, auf dem Weg. Wenn die Barackengenossinnen sich nur ein bisschen besser benommen hätten, hätte man auch mit dem wenigen Platz auskommen können.

Die doppelstöckigen »Katafalke«, paarweise nebeneinandergerückt wie Ehebetten, standen sich in zwei Reihen jeweils mit dem Kopfende zur Wand und dem Fußende zur Raummitte gegenüber. Sechs Katafalke waren zu zwei und zwei an der einen Längswand aufgereiht, und fünf an der gegenüberliegenden Wand, an deren einem Ende die Tür lag. Zwischen den Pritschen standen an der Wand Metallspinde mit Fächern, in denen jeder Lagerinsasse seine Sachen verstaute und sorgsam mit einem Vorhängeschloss sicherte. Der Zwischenraum zwischen den einzelnen Doppelpritschen betrug einen Meter. Die Frauen von unten stritten sich pausenlos mit den Frauen von oben um diesen Raum, dem einzigen Zugang zu den Spinden. Die Frauen von unten meinten, dass die von oben auch liegend von ihrem Strohlager aus ihr oberes Spindfach öffnen könnten und nicht den Durchgang zu versperren brauchten. Die Frauen von oben wiederum beanspruchten das gleiche Recht, sich zwischen Spind und Ofen frei zu bewegen, ohne jedes Mal hinauf- und hinunterklettern zu müssen. Auch um den Ofen, der in der Mitte des Raumes in dem etwa ein Meter breiten und neun Meter langen Gang zwischen den beiden Reihen von Katafalken stand, gab es Gezeter. Die eine hatte eine gestohlene Kartoffel zum Rösten, die andere ein Blatt zum Trocknen, um sich damit eine Zigarette zu rollen, die dritte hatte einen Blechnapf mit

Wasser zum Erhitzen, und keine wollte vom Ofen abrücken, aus Angst, dass ihr eine der Gefährtinnen ihr Eigentum wegnahm.

Szenen gab es auch um das kleine Waschbecken hinter der Tür. Es war unmöglich, vor zehn Uhr abends einzuschlafen, weil das starke Licht so lange brannte und den Frauen auf den oberen Strohlagern auf die Lider schien, ganz zu schweigen von der Störung durch die Nachtwachen, die zu wechselnden Uhrzeiten eindrangen und einem die Taschenlampe ins Gesicht hielten, vom Gebell der zwei Schäferhunde, die die ganze Nacht auf dem Kies zwischen den Baracken umherstreiften, und von den vielen Luftangriffen. Wenn man um vier Uhr morgens aufstand, war man müder als beim Zubettgehen.

Manchmal konnte Lucia kein Auge zutun, vor allem, wenn sie an den langen Weg dachte, den sie vor Morgengrauen bis zu der fünf Kilometer vom Lager entfernten Fabrik zu Fuß zurücklegen musste.

Schon am zweiten Tag hatte sie offene Wunden am großen Zeh des linken und an der Ferse des rechten Fußes durch die Reibung der Filzschuhe mit Holzsohlen, deren harte vorstehende Innennähte bei jedem Schritt ins Fleisch schnitten. Die Rehlederschühchen mit Korkabsatz, mit denen sie von zu Hause weggegangen war, hatten die Reise nicht überstanden und sich vollkommen aufgelöst an jenem Tag in Villach an der jugoslawischen Grenze, als sie zusammen mit Hunderten von »Freiarbeitern« und Aufgegriffenen neun Stunden lang vor dem Bahnhof im Schnee gestanden und auf einen Zug zur Weiterfahrt gewartet hatte. Die Gefährtinnen hatten sich Zeitungspapier um die Füße gewickelt, ihr aber nicht einmal auf freundliches Bitten hin ein Stückchen abgegeben.

»Die habe ich für einen Fick bekommen«, hatte ihr eine Französin geantwortet und ihr mit zwei Tageszeitungen vor dem Gesicht herumgewedelt. »Verschaff dir doch selber welche, Dame meines ...«, und dann hatte sie sich, statt das Wort auszusprechen, einen Klaps auf den Hintern gegeben.

»Pass auf, was du zu der sagst«, hatte eine andere Französin gewarnt und sie mit dem Ellbogen angestoßen. »Die ist eine von denen.«

»Das glaube ich nicht«, hatte sich Martine eingemischt. »Wenn sie hierhergekommen wäre, um uns auszuspionieren, hätte sie sich doch nicht gleich am ersten Tag verraten. Dann hätte sie sich hier nicht als faschistische Freiwillige ausgegeben, sondern als eine von der Resistenza, die verhaftet worden ist, und wir hätten ihr das abgenommen.«

»Trotzdem ist sie eine von denen«, beharrte das Mädchen mit den Zeitungen. »In der Fabrik haben sie sie zur Maschinenkontrolle eingesetzt wie eine Deutsche.«

»Weil sie zur selben Klasse gehört«, erwiderte Martine. »Die ist nämlich keine Arbeiterin wie wir. Die studiert an der Universität, und das berücksichtigen sie.«

»Du hast dich ja anscheinend auch einwickeln lassen.«

»Na, dann erzähl mal«, sagte eine andere und stemmte eine Hand in die Hüfte, »du, die du uns mit deinem ewigen Gerede von Antinazismus und Klassenkampf auf den Keks gehst, ich darf das ja wohl laut sagen, da du der Studentin ja so traust«, sie lächelte schmallippig, »wie erklärst du, dass eine, die Fremdsprachen kann wie die da, nicht in gut geheizten Büros arbeitet und nicht auf einer richtigen Matratze in einem Haus aus Stein schläft, sondern sich hier mit uns in die Baracken verfrachten lässt, wie! Das kommt dir wohl gar nicht verdächtig vor? Na, hab du nur Vertrauen, meine Liebe!« Sie lachte ihr ins Gesicht, dann brach sie schroff ab: »Ich bleibe auf der Hut.«

Martine wurde rot. Sie war ungefähr fünfundzwanzig, ein zierliches, dürres Mädchen mit kurzen braunen Haaren, einer feinen, spitzen Nase, lebhaften, stechenden Augen und schmalen, blutvollen Lippen, die einen roten Spalt in das bleiche Gesicht zogen. Achselzuckend kletterte sie auf ihre Pritsche und sagte von oben, jede Silbe einzeln betonend: »Gut! Wir werden sie auf die Probe stellen.«

Die fünf italienischen Frauen aus der Baracke waren ängstlicher. Sie tuschelten miteinander, aber sobald Lucia sie ansah, schwiegen sie sofort und lächelten schmierig, um sich bei ihr einzuschmeicheln. Sie ließen sie stets vorangehen, versuchten, vornehm zu reden, wenn sie sie ansprach, redeten von sich aus aber nie mit ihr. Zwei von ihnen waren Bergamaskerinnen um die dreißig (eine schwanger), die immer zusammensteckten und sich in die Haare gerieten wegen eines Mannes; er war etwa vierzig, schmächtig, pedantisch und besaß als Einziger von allen Lagerinsassen einen Schirm, den er offenbar nie aus der Hand legte, nicht einmal vor Morgengrauen im Waschraum, der für Männer und Frauen derselbe war.

Eine Arbeiterin aus Sondrio und ein römisches Friseurlehrmädchen, beide sechzehn und unzertrennlich, teilten jeden Bissen und tuschelten mit ersticktem Lachen bis in die späte Nacht auf ihren Strohsäcken nebeneinander. Schließlich lag auf der oberen Pritsche in der Ecke gegenüber der Tür eine abgemagerte und verschlossene Italienerin von etwa fünfundzwanzig Jahren. Sie war in einem Findelhaus aufgewachsen und mit acht Jahren von einem alten Mann adoptiert worden, der sie als Kind sexuell missbraucht hatte. Als er starb, hinterließ er all sein Hab und Gut seinen Neffen und Nichten und ihr nicht einmal ein Taschentuch. Sie hatte da und dort als Dienstmagd gearbeitet und war schließlich als »Freiarbeiterin« nach Deutschland gegangen, wo sie sich im Lager eine gewisse Stellung hatte aufbauen können, indem sie sich einem kroatischen Hilfskoch angeschlossen hatte, für den sie als Küchenmagd arbeitete. Sie war die Einzige, die an Margarine, Wurst, Marmelade herankam, die sie nach der Devise, zuerst das Geld und dann die Ware, zu teurem Preis weiterverkaufte. Nachdenklich, als bereute sie, nicht noch mehr verlangt zu haben, zählte sie dann lange ihr Geld. Sie verzog sich nach oben auf ihr Strohlager, um das Geld am Leib zu verstecken und den Spindschlüssel, den sie um den Hals trug, hervorzuholen. Sie öffnete den

Spind erst, wenn alle Schlafgenossinnen sich hinter den Ofen in den anderen Teil der Baracke zurückgezogen hatten. Wenn eine der Frauen auch nur einen Schritt nach vorn machte, schloss sie ihn sofort wieder und starrte sie aus fiebrigen Augen an. Unglaublich flink wickelte sie dann die Ware aus, schnitt die vereinbarte Portion ab, packte den Rest wieder ein, schloss das Sicherheitsschloss und hängte sich den Schlüssel wieder um den Hals. Dann glitt sie, plötzlich entspannt, zu Boden und streckte der Käuferin mit einem zugleich bescheidenen und gutmütigen Ausdruck in den großen grauen Augen und dem unterernährten Gesicht das Päckchen entgegen.

Zuweilen war Lucia betroffen von der »Kleinlichkeit« ihrer Barackengenossinnen, ihrer »Engstirnigkeit«, ihrer »Beschränktheit«. Das ist nicht nur Knauserigkeit, sagte sie sich, das ist eine erbärmliche Engherzigkeit. Und obwohl sie es sich selber nicht recht eingestehen wollte, dachte sie insgeheim, dass die Eltern gar nicht so unrecht gehabt hatten, wenn sie zu ihr gesagt hatten: »Bleib auf dem Platz, auf den du gehörst, und schlag dir die Grillen aus dem Kopf. Den Leuten aus dem Volk kann man nicht vertrauen. Sie verstehen nichts und wissen nichts zu schätzen. Man kann höchstens versuchen, ihnen ein bisschen Bildung beizubringen. Sonst erheben sie sich nur gegen dich, das ist das Einzige, was du davon hast.«

»Es sind Leute wie wir«, hatte sie ihrem Vater geantwortet. »Gewiss«, hatte er lächelnd gesagt. »Die Ärmsten, es ist ja nicht ihre Schuld, dass sie keinen Stil haben. Das ist wie mit den Buckligen! Willst du deshalb vielleicht auch bucklig werden?« »Warum musst du denn Arbeiterin werden«, hatte die Mutter gefragt, »wenn du in einem Ministerium sehr viel nützlicher sein kannst? Du kannst Aufgaben übernehmen, die einem Unwissenden verschlossen bleiben. Glaub mir, ein jeder muss auf seinem Platz bleiben.«

Es stimmte, die Barackengenossinnen hatten keinen Stolz, vor dem Lagerführer und den Wachen gaben sie sich servil. Und ließen sie sich wie Tiere behandeln. So mussten Männer und Frauen sich beispielsweise in gemeinsamen Waschräumen ausziehen.

Lucia betrat das Büro des Lagerführers, eines großen und kräftigen Fünfzigjährigen, der stets Skipullover und Stiefel trug und, wenn er mit zwei Schäferhunden im Gefolge herumging, seine kleine Peitsche knallen ließ.

Sie verlangte, dass er jeder Frau eine Waschschüssel zuteilen ließ, damit sie sich in ihrer Baracke frei und unbelästigt von Männerblicken waschen konnten.

»Dir lasse ich auch zwei geben, wenn du willst«, antwortete der Lagerführer belustigt, »denn du bist ein anständiges Mädchen und hast noch Schamgefühl im Leib. Aber die da? Das sind Weiber zum Wegwerfen, verstehst du, Abschaum!«

Lucia ließ nicht locker und erhielt die Waschschüsseln, zwar nicht für alle Frauen des Lagers, aber wenigstens für sich und die Gefährtinnen in ihrem Schlafraum. Bepackt mit zweiundzwanzig Emailleschüsseln betrat sie ihre Baracke.

»Seht ihr?«, rief sie triumphierend. »Wenn man etwas in Angriff nimmt, erreicht man auch etwas.« Und sie klärte die sprachlosen Frauen auf: »Ich habe es ihm gesagt, dem Lagerführer, dass internierte Frauen keine Tiere sind.«

Französinnen und Italienerinnen jubelten, weil Lucia es dem Lagerführer gezeigt hatte, und am nächsten Tag nach dem Wecken machten sie sich daran, sich in der Baracke zu waschen.

»Das hat sie gut gemacht, die Studentin«, sagten sie lachend. »Die Schweine sind die.« – »Man muss gar nicht mehr durch die Kälte, einfach heraus aus dem Bett und gleich eine schöne Abreibung in der Wärme.« – »Ein gefundenes Fressen!« – »Diese Dreckschweine, pfui!«

Aber mit dem dünnen Wasserstrahl, der aus dem einzigen Hahn über dem winzigen Ausguss hinter der Tür floss und der vielleicht gerade zum Trinken reichte, dauerte es unendlich lange, bis zweiundzwanzig Schüsseln gefüllt waren, und für zweiundzwanzig Frauen war auch nicht genug Platz in den engen Zwischenräumen zwischen den zweistöckigen Pritschen, die den ganzen Raum versperrten. Als über den Lagerlautsprecher die Sirene zum Morgenappell und zum Ausmarsch in die Fabrik ertönte, hatte sich erst ein Dutzend Frauen waschen können. Die berühmten Waschschüsseln landeten bald draußen auf einem Haufen hinter der Baracke, wo sie allmählich abblätterten und verrosteten.

Lucia stellte fest, dass die Leute um vier Uhr morgens nach dem Wecken immer verschlafen und schlecht gelaunt die gemeinsamen Waschräume betraten. Ohne auf ihren Nachbarn, ob Mann oder Frau, zu achten, seiften sie sich nur rasch ein und spülten sich ab. Im nächsten Monat dachte sie selbst bereits: Was ist schon Schlimmes dabei, wenn einer einen anzüglichen Witz loslässt oder eine zweideutige Bemerkung macht? Das hob nur die Stimmung und brachte etwas Belebung.

In Wirklichkeit fühlte sie sich vor allem abgestoßen davon, dass sie sich überhaupt gemeinsam mit diesen Leuten waschen musste, die ungeniert prusteten und schnaubten, sich räusperten und in die Waschbecken spuckten. Es war weniger Schamgefühl gewesen als vielmehr die Belästigung durch so ein unmanierliches Benehmen. Sie gestand es sich nicht ein, aber die Genossen hatten ihre Entrüstung bemerkt. Und sobald sich die Geschichte mit den Waschschüsseln im Lager herumgesprochen hatte, riefen Franzosen und Italiener hinter ihr her: »Das Fräulein ekelt sich!« – »Wer will dich denn schon angucken! Kein Mensch guckt dich an!« – »Das würde dir gefallen, wie?«

Beleidigt stand Lucia um sieben Uhr abends in der Lagerkantine Schlange inmitten dieser zusammengedrängten, schwitzenden und nach Maschinenöl und gekochtem Gemüse stinkenden Körper und spürte, wie sich ihr der Magen umdrehte, und weil sie Angst hatte, sie müsste sich vor den andern erbrechen, ging sie voller Bitterkeit und Verachtung hinaus und vergaß vollkommen die beiden Schäferhunde des Lagers, die dafür bekannt waren, dass sie jeden bissen, der allein herumging oder aus den Reihen trat.

Sie lief auf die Baracke zu, als sie plötzlich sah, wie etwa dreißig Meter vor ihr im Schnee ein dunkler Fleck aus der Nacht auf sie zuschoss. Ihre Wut war so groß, dass sie ruckartig stehenblieb und den Hund auf Deutsch anherrschte: »Komm nur her, du! Wage es!«

Zwei Meter vor Lucia bremste das Tier seinen Lauf mit keuchendem Atem. »Eine Berührung mit der Pfote, und ich drehe dir den Hals um!« Wie Klauen erhob sie ihre Hände vor dem Schäferhund, der sich zähnefletschend ganz ins Dunkel zu ducken schien, bereit, sich bei der geringsten Annäherung des Mädchens auf sie zu stürzen.

»Alles Feiglinge«, schnauzte Lucia den Hund an und ging, ohne ihn aus den Augen zu lassen, an ihm vorbei. »Verbrecher!«

Das Tier folgte ihr lautlos auf den Fersen. Sie behielten sich gegenseitig im Blick; Lucia ging langsam, schielte unaufhörlich nach ihm und sah das gesträubte Fell, die glänzenden Zähne und Augen, die angelegten Ohren des knurrenden, mit dem Schwanz schlagenden Tieres. Während sie ihn von der Seite fixierte, trat sie langsam in die Baracke, und nachdem sie die Tür hinter sich geschlossen hatte, drückte sie ihr Gesicht an die Fensterscheibe; sofort sträubte der Hund das Fell und fletschte die Zähne vor Wut. Wieder stieg Zorn in ihr hoch, sie fuhr aus der Tür und schrie das Tier auf Deutsch an: »Hau ab, schäm dich, du bist genau wie sie. Ihr fallt wehrlose Mädchen an. Was ihr braucht, ist die Peitsche, hau ab!« Und leiser fügte sie hinzu: »Geh und beiß deine Herren!« Mit Tränen in den Augen und ohne ihn noch einmal anzusehen, zog sie sich in die Baracke zurück, hungrig, und stellte fest, dass sie sich in die Hose gemacht hatte.

II

Tatsächlich hatte die Hauptperson dieser Geschichte im vierten, obersten Stock der Abteilung Ch 89 eine leichte Arbeit zugeteilt bekommen. Sie musste nur verschiedene Thermometer kontrollieren, die in einer Apparatur von Zylindern, Kolben und gewundenen Rohren steckten, und die Temperaturen stündlich einmal auf eine Tafel daneben eintragen. Wenn das Quecksilber über eine bestimmte rote Linie stieg, musste sie einen Schalter am Thermometer drücken, und dann leuchtete in der langen Glaskabine, die sich wie ein Pfahlbau über den Apparaturen erhob und in der der Abteilungsleiter saß, an einer Schalttafel ein Licht auf. Der Abteilungsleiter kam dann zu ihr und betätigte einige Hebel, deren Funktion er ihr erklärte.

Im Erdgeschoss der Werkshalle standen große schwarze, ölverschmierte Maschinen, und je höher man die galerieartig übereinanderliegenden und über Eisentreppchen zu erreichenden Stockwerke hinaufstieg, desto kleiner, komplizierter und sauberer wurden die Maschinerien.

Lucia lehnte oft am Geländer und sah von ihrem vierten Stockwerk aus hinab auf die Arbeiter im Erdgeschoss, aus dem von den verschiedenen Räderwerken ein ohrenbetäubender Lärm aufstieg. Gearbeitet wurde bei schwacher elektrischer Beleuchtung im ständig verdunkelten Gebäude, und Lucia musste ihre Augen zuerst an die Finsternis gewöhnen, um die Bewegungen der Männer dort unten erkennen zu können. Manchmal, wenn ihre Augen müde waren von dieser Anstrengung, sah sie gedankenverloren zur Decke hoch und betrachtete die Eisenträger, auf denen das schräge schwarze Glasdach ruhte. Manchmal glänzte eine Glasscheibe auf, wenn ein vor lauter Maschinenlärm unhörbarer Windstoß die großen Planen hob.

Wenn es ihr zu langweilig wurde, verließ Lucia zwischen zwei Kontrollen die Abteilung, indem sie so tat, als ginge sie aufs Klo, und streifte dann auf dem Werksgelände herum. Sie beobachtete die französischen Gefangenen, die in einer pechverschmierten Halle neben Ch 89 an der Drehbank standen. Sie verbrachte ihre Zeit damit, den sowjetischen Gefangenen zuzusehen, die gewaltige Säcke auf dem Rücken schleppten, und den russischen Frauen, die schwere Fässer an die Gleise der Werkseisenbahn rollten. Eines Nachmittags wagte sie sich etwas weiter vor und musste schließlich einen Mann vom Werkschutz auf dem Fahrrad nach dem Weg zurück in ihre Abteilung fragen. Wenn sie dann an ihren Arbeitsplatz zurückkehrte, wurde sie nie von irgendwelchen Deutschen gefragt, wo sie herkam. Im Übrigen stellte Lucia fest, dass die Deutschen sie zwar höflich grüßten, ihr aber aus dem Weg zu gehen schienen. Die Ausländer dagegen musterten sie nur spöttisch, obwohl sie sie doch jedes Mal, wenn sie ihnen bei der Arbeit zuschaute, mit einem Lächeln begrüßte. Die französischen Gefangenen stießen sich gegenseitig an, wenn sie sie ankommen sahen. »*Les collabos se baladent*[*]«, sagte dann einer grinsend. Vor allem die Italiener im Gebäude nebenan gerieten in Fahrt: »Emailschüsseln!«, rief da einer wie ein Straßenverkäufer, oder »Waaaschschüsseln!« antwortete ein anderer im Singsang. Nur die Russen und die Polen, alle die, die an ihrem Arbeitsanzug einen Tuchwinkel mit der Aufschrift OST oder P trugen, würdigten sie keines Blickes, gerade so, als sähen sie durch sie hindurch.

In den ersten Tagen ihres Lageraufenthaltes drehte sich Lucia der Magen um beim Anblick der essenden Arbeiter, die geräuschvoll die Suppe vom Löffel schlürften, sich bekleckerten, den Napf ausleckten, unter »derben« Witzen und aus Spaß rülpsten, als wären sie satt geworden, Leute »ohne Benehmen«, wie ihr Onkel väterlicherseits zu sagen pflegte. Er war leitender Ingenieur bei der Trockenlegung der pontinischen Sümpfe und behauptete, Hun-

---

* Die Kollaboteure gehen spazieren.

derten von Hilfsarbeitern und Erdarbeitern beigebracht zu haben, wie man »anständig bei Tisch sitzt«.

In jeder Kantine der I.G.Farben lösten sich in der Mittagspause, die zwischen 11 und 14 Uhr in drei einstündigen Schichten stattfand, Hunderte von Arbeitern ab, aber Freunde verabredeten sich für dieselbe Schicht, Paare trafen sich am selben Tisch.

Die Kantinen der I.G.Farben waren auf zwei Gebäudekomplexe aufgeteilt. Hinter den Fabrikgebäuden am Kanal lag die Kantine der Slawen mit den Tuchwinkeln, Russen und Polen, unter die man auch die Slowenen eingereiht hatte.

Rechtwinklig zum Kanal, entlang der Werkseisenbahn, lagen die Kantinen der »Westler«: Italiener, Franzosen, Belgier und Kroaten. Damals dachte man in Völkern, und so neigten die Lagerinsassen zuerst dazu, sich mit ihren Landsleuten zusammenzusetzen, aber schließlich kehrte jeder doch wieder in die Kantine zurück, in der er das allererste Mal gelandet war, und aß mit seinen Schichtkollegen. So vermischten sich die Nationalitäten allmählich, und es gab nur noch die Trennung zwischen »Ost« und »West«.

Auch in diesem ununterbrochenen Gedränge von Männern und Frauen vor den Ausgabeschaltern und in den engen Räumen zwischen den Tischen, wo jeder sich durchzwängte und die anderen anrempelte, bis er seinen bevorzugten Platz erreicht hatte, bemerkten die Tischgenossen sofort, wenn ein Neuling auftauchte. Ein Blick genügte, und alle Köpfe wandten sich dem Eindringling zu.

Lucia war nicht unbemerkt geblieben. »Spionin« hatte ihr jemand zugezischt und ihr den Weg verstellt, oder auch »Provò« (als Abkürzung für Provokateurin), aber im Allgemeinen hatten sich die Leute damit begnügt, einen Bogen um sie zu machen und ihr möglichst fernzubleiben. Martine war die Einzige, die sich neben sie setzte und überhörte, wenn Etienne mit Stentorstimme durch die ganze Kantine rief: »Martine!« Etienne war ihr Freund, ein Kriegsgefangener, der wie sie vom Pariser Stadtrand stammte, ein vierschrötiger Junge mit einem wachen Gesicht. Martine war ihm gefolgt und seinetwegen als Freiarbeiterin nach Deutschland gekommen.

Nachdem er ein paar Mal erfolglos gerufen hatte, entschloss sich Etienne, sich zu ihr an den Tisch zu setzen. Lucia versuchte, mit ihm ins Gespräch zu kommen, aber der Junge schlang wortlos seine Suppe in sich hinein und hob nur hin und wieder die lebhaften braunen Augen zu Martine auf, mit einem zugleich fragenden und herausfordernden Blick.

Bald nachdem sich der »Kreuzzug für die Waschschüsseln« herumgesprochen hatte, ließ sich in der Werkskantine ein bärtiger alter Franzose neben Lucia nieder, ein stinkender, verlauster Kerl mit triefender Nase, dem überall Haare sprossen. Martine war nicht da.

Lucia setzte sich an einen anderen Platz, und der Bärtige schlurfte brav hinter ihr her und setzte sich wieder dicht neben sie. An den Nachbartischen verstummten alle, wandten die Köpfe und sahen hinüber.

Als sich Lucia am nächsten Tag in derselben italienisch-französischen Kantine mit ihrem vollen Napf an einen Tisch setzte, stellte sie fest, dass der Verlauste ihr nicht folgte. Sie unterdrückte einen Seufzer der Erleichterung und steckte die Hand in die Tasche, um ihren Löffel herauszuholen. Aber der Löffel war nicht da. Mit wachsender Beunruhigung durchsuchte sie die anderen Taschen ihrer Jacke und Hose, sah sich schließlich auf dem Tisch um, ob sie den Löffel nicht vielleicht schon hingelegt hatte, und bemerkte plötzlich, dass eine ungewöhnliche Stille um sie herum herrschte. Alle Augen waren auf sie gerichtet. Diese Schufte, dachte sie, sie haben ihn mir gestohlen. Ausnehmend höflich bat sie einen Mann, ihr seinen Löffel zu leihen. Der schüttelte den Kopf und sah sie unverwandt an. Auch eine Frau verweigerte ihr den Löffel und dann noch eine. Ein Italiener wollte ihr sein Besteck anbieten, aber er wurde von den andern nach hinten gedrängt, eine Mauer von Männern in Arbeitsanzügen baute sich vor ihm auf und verbarg ihn vor den Blicken. Der Bärtige, der am Tisch gegenüber saß, stand auf und grinste mit zahnlosem Mund. Nachdem er auf den Boden gespuckt hatte, nuschelte er: »Willst du meinen?« und hielt der Studentin seinen Löffel entgegen. »Danke«, erwiderte Lucia lächelnd, und nachdem sie ihn ergriffen und mit einem Blick gesehen hatte, dass er ekelhaft verschmiert war, tauchte sie ihn in ihre Suppe. Sie versuchte, den Löffel nicht mit den Lippen zu berühren, ihn aber gleichzeitig möglichst lässig zum Mund zu führen, dann zu kauen und zu schlucken.

Als sie ihre Suppe gegessen hatte, scheuerte sie den verkrusteten Löffel am Wasserhahn hinten in der Kantine mit Sand ab, aber so viel sie auch rieb, die Kruste aus eingetrockneten Popeln ging nicht ab. Es fehlte nicht viel und sie hätte die Suppe erbrochen; sie kam ihr in Schüben wieder hoch, und sie schluckte sie immer wieder hinunter. Sie bahnte sich den Weg zurück zu ihrem Tisch und reichte dem Bärtigen seinen Löffel mit einem strahlenden Blick: »Falls du ihn mal verlierst«, sagte sie zu ihm, »leihe ich dir meinen.« Und mit plötzlich aufloderndem Hass wandte sie sich an die anderen und schrie sie an: »Ihr Scheißkerle!«

»Und du Faschistin«, murmelte Etienne zwischen den Zähnen.

»He, he!«, tadelte Alain sie, ein etwa vierzigjähriger französischer Kriegsgefangener, der sonst nie redete. »Solche unanständigen Worte nimmt man nicht in den Mund, mein Fräulein. Was würde denn da die Mama sagen?«

Alle grinsten höhnisch. Sie hatten sie eingekreist. Lucia fing an, sich mit Ellbogen und Stößen einen Weg freizukämpfen. Alain packte sie am Arm. »Oder«, fragte er mit ernstem Gesicht, »entwickelst du dich etwa allmählich zu einem menschlichen Wesen?«

Aber Lucia entriss sich seinem Griff, und mit Tränen des Hasses in den Augen sagte sie ihm im Vorbeigehen hämisch ins Gesicht: »Wenn ich vor den Hunden nicht kusche, kusche ich auch nicht vor euch.«

Am Abend in der Baracke geriet sie mit Martine aneinander: »Du hast dich heute aus dem Staub gemacht. Ihr hasst mich, ihr wollt mich fertigmachen. Die *collabos* hier seid ihr!«

»Das wurmt dich, hm?«, flüsterte Martine mit rotem Kopf. »Du willst nur die Privilegien als faschistische Studentin, aber nicht die Nachteile, die das mit sich bringt. Sieh mal einer an, ganz schön schlau, Mamis Liebling!«

»Was für Privilegien denn, lebe ich nicht genauso wie ihr? Arbeite ich nicht in der Fabrik wie ihr? Esse ich nicht den gleichen Fraß?«

»Der schien dir doch so ungeheuer gut zu schmecken! An den ersten beiden Abenden hast du sogar noch Nachschlag bekommen. Du hast ihn doch genossen wie Kaviar.«

»Ich hatte Hunger, verstehst du das nicht? Nach drei Tagen Reise, auf der ich fast nichts zu essen bekommen habe und halb erfroren bin.«

»Hör doch auf. Du hast doch selber gesagt, es gäbe hier mehr als genug zu essen, ich habe es mit eigenen Ohren gehört.«

»Na und? Ich hatte eben etwas Schlimmeres erwartet. Bei uns zu Hause haben wir nur von dem gelebt, was es auf Lebensmittelkarten gab, weil meine Mutter gegen den Schwarzmarkt war. Sie hat mir Fladen aus Kleie gebacken, und ich habe sie verschlungen, wenn's dir recht ist.«

»Auch noch knickerig, die Mami.«

»Nein, meine Mutter hat das aus Vaterlandsliebe gemacht.«

»Also dann bist du auch noch blöd«, fuhr ihr Martine über den Mund.

»Das nächste Mal kommst du nicht so einfach davon«, fuhr Lucia beharrlich fort. »Weißt du, dass mein Vater Staatssekretär der Republik von Salò ist? Wenn ich Privilegien gewollt hätte, dann wäre ich jetzt bestimmt nicht hier.«

»Das ist ja interessant. Und warum bist du dann hierhergekommen?«

»Um die Wahrheit herauszufinden.«

»Und hast du sie gefunden?«

»Ich bin dabei, und zwar am eigenen Leib und ohne meine Situation auszunutzen.«

»Das sagst du. Wenn du es wissen willst, dein Meister da im Ch 89 hat die Nase voll von all den Beschwerden der Deutschen über dich. Aber er hat Befehl von oben bekommen, er soll dir ›Zeit zum Eingewöhnen‹ geben und die Zügel locker lassen. Wenn jemand anders solche Ausflüge durchs Werk machen würde wie du, würde man ihm das nicht einfach durchgehen lassen wie dir. Und deine lächerlichen Waschschüsseln, meinst du, die hätten sie uns auch gegeben, wenn eine von uns sie verlangt hätte? Eine Ohrfeige hätte sie sich eingefangen, sonst nichts. Also halt bloß den Mund und spar dir deine Weltverbessererweisheiten. Warum willst du dich rechtfertigen? Du bist, was du bist.«

»Ich bin keine Kollaborateurin.«

»Und warum hast du dann unten im Rucksack Bilder von Hitler und Mussolini?«

»Ihr habt in meinem Spind gewühlt. Und du sagst, ich wäre eine Spionin, wie? Die Diebinnen und Spioninnen seid ihr!«

»Denunzier mich doch beim Lagerführer!«

»Das werde ich auch tun.«

Martine kletterte auf ihr Strohlager und zog die Decke übers Gesicht.

Lucia wälzte sich die ganze Nacht hin und her. Sie hatte diese Fotografien in ihrem Rucksack ganz vergessen (warum eigentlich?). Sie konnte auch wegen des Hungers nicht schlafen. Fast alle anderen hatten kleine geheime Vorräte, die aus wer weiß welchen Quellen stammten, nur sie ernährte sich allein von dem Essen, das in den Kantinen ausgeteilt wurde. Dabei hatte es ihr am Anfang sogar geschmeckt. Aber schon nach zwei Wochen stand sie immer hungriger vom Tisch auf, wie viel sie auch in sich hineinstopfte, obwohl sie sogar noch das Erbspüree und die Kartoffel- oder Rübensuppe aufaß, die Martine stehenließ. Ihr fiel auf, dass die anderen Französinnen sich nicht mit dem gewohnten Sarkasmus in den Streit mit Martine eingemischt hatten. Sie hatten still zugehört.

III

Am nächsten Morgen spürte sie einen Stich in der Herzgegend. Ich bin achtzehn Jahre alt, dachte sie, und verstehe mich nur mit den Schäferhunden, die den Nazis gehorchen.

Sie marschierte in der Kolonne zur Fabrik und machte sich bewusst, dass sie nur in der Abteilung ihre Ruhe hatte. Während sie auf die Werkshallen der I.G. Farben zuging, fiel ihr auf, dass die braun gewordenen Ziegelsteine ihr schon vertraut geworden waren, und sie beschleunigte ihre Schritte in Richtung der Rauchspiralen, die aus den Schornsteinen aufstiegen. In Höchst ging die Kolonne langsamer an den Hallen entlang, die im Maschinengetöse mineralische Gerüche ausschwitzten. Einzelne Gruppen lösten sich aus der Kolonne und gingen jeweils auf die Tore zu. Vor einer Straßenerweiterung mit Mietskasernen aus der Zeit der Jahrhundertwende ging Lucia unter den Blicken der beiden Wachen in den verglasten Portierslogen durch ein großes zweiflügeliges Eisentor, steckte ihre Karte in die Stechuhr und begab sich in ihre Abteilung.

An diesem Morgen rührte sie sich keinen Schritt von ihrem Arbeitsplatz.

Um zwölf Uhr jedoch, auf dem Weg in ihre übliche Kantine, ließ der Gedanke, wieder inmitten dieser harten Gesichter sitzen zu müssen, sie zögern. Sie beschloss, in der Kantine der Bergamasker zu essen, einer ganzen Gruppe von Landarbeitern und Hilfsarbeitern, die sich nie voneinander trennten. Sie war schon auf dem Weg dorthin, als sie sich klarmachte, dass sie von den neuen Tischgenossen ebenso abgelehnt werden würde wie von den anderen. So beschloss sie plötzlich, sich den Russen anzuschließen. Auf diese Weise könnte sie auch den Italienern und Franzosen beweisen, dass sie demokratischer war als sie. »Die sehen auf die Russen herab«, dachte sie, »sie halten sich für etwas Besseres. Denen werde ich es zeigen.«

Sie wusste nicht, dass jeder Kontakt zwischen den beiden Gruppen von Lagerinsassen – hier Ost einschließlich Slowenen, da West – streng verboten war. Sie betrat hinter den Werkshallen eine der Kantinen für Russen und Polen und mischte sich unter Hunderte von vermummten Gestalten, die ihren Napf hochhielten, Männer mit kehligen und Frauen mit schrillen Stimmen.

Sie arbeitete sich zu einem Tisch durch, und schon beim ersten Löffel Suppe spürte sie den Geschmack von Verdorbenem im Mund, kein Vergleich zu der Suppe, die die Westler zu essen bekamen. Diese hier bestand nur aus zerkochten Rüben, ohne eine Spur von Kartoffeln. Und das Schwarzbrot war so pappig, dass es an den Fingern kleben blieb.

Sie ließ die Suppe stehen und ging unverzüglich zur Werksleitung, um sich zu beschweren. Sie verlangte, den Direktor persönlich zu sprechen. Ihre Selbstsicherheit verwirrte die Angestellten. Nach kurzem Warten in einem Vorzimmer wurde sie in ein großes helles, bequemes und schmuckloses Büro eingelassen.

Sie ging auf den Herrn zu, der hinter dem Glasschreibtisch saß, hell gekleidet, mager, mit rotem, kurz geschnittenem Haar und dicken Gläsern vor den tiefliegenden Augen.

Klar und deutlich, jedes Wort betonend, erklärte sie ihm, dass die Verpflegung der Russen ungenießbar sei.

Dr. Lopp sah sie an.

»Ich verstehe«, fuhr das Mädchen fort. »Sie können das nicht glauben, kommen Sie und sehen Sie selbst«, beharrte sie.

Dr. Lopp sah sie immer verwunderter an. Als er aufstand, wirkte er noch magerer, aber auch jünger als im Sitzen.

»Du sprichst korrekt Deutsch«, sagte er. »Woher kommst du?«

Lucia erklärte: »Ich habe es in der Schule gelernt. Von klein auf war ich in den Ferien immer in Tirol und im Schwarzwald.«

»Was hast du studiert?«

»Geisteswissenschaften an der Universität Padua. Meine Familie ist mit der Mussolini-Regierung in den Norden gezogen.«

»Wie alt bist du?«

»Achtzehneinhalb.«

»So jung schon an der Universität?«

»Ich habe zwei Klassen übersprungen, eine in der Grundschule und eine auf dem Gymnasium.«

»Gut«, sagte er und verbeugte sich leicht. »Und jetzt geh.«

»O nein«, sträubte sich Lucia. »Ich bin hierhergekommen, um mich wegen der Verpflegung der Russen zu beschweren, diese Suppe ist ein Skandal, sie widerspricht dem nazifaschistischen Kulturversprechen.«

»Wie lange bist du schon in Deutschland?«

»Morgen sind es zwei Wochen.«

»Ach so«, antwortete er und setzte sich wieder an seinen Schreibtisch. »Ich werde der Sache nachgehen«, sagte er und winkte sie hinaus.

»Herr Direktor«, ereiferte sich Lucia, »Sie wissen doch, nur auf die Gleichheit der Völker lässt sich der tausendjährige Frieden bauen.«

Dr. Lopp drückte einen Klingelknopf auf seinem Schreibtisch und deutete, als ein Mann in der Tür erschien, mit dem Kinn auf Lucia. Der Mann packte sie fest am Arm und führte sie hinaus. Sie gingen durch eine Reihe von einfachen Büros mit langen Tischen und Regalen aus rohem Ahorn an den Wänden. Der Pförtner zeigte ihr den Weg hinaus über die Wendeltreppe des Lieferantenausgangs an der Rückseite des Gebäudes.

Aus Rache fand sich Lucia am Tag nach ihrer Beschwerde bei der Werksleitung wieder in der Kantine für Russen und Polen ein.

Als sie ihren Blick über die Tischreihen schweifen ließ, über die zusammengekrümmt dasitzenden Männer und Frauen, über die verdorbenen Rüben und die ungewaschenen Gestalten und Kleider, sah sie in einer Ecke auf einer Bank ein paar zusammengelegte Jacken von Deportierten liegen. Von einem Aufschlag trennte sie den Winkel mit der Aufschrift OST ab, den die Russen im Knopfloch tragen mussten, und heftete ihn später an ihre eigene Arbeitsjacke.

Als Lucia den vierten Tag bei den Russen und Polen aß – sie lernte Johann dort kennen –, wurde sie abgeführt und zur Werksleitung gebracht. Dr. Lopp fuhr von seinem Stuhl hoch. Nachdem er die Wache hinausgewinkt hatte, trat er auf das Mädchen zu und erklärte, sie werde in Dachau landen, wenn sie nicht Vernunft annehme.

Lucia antwortete, sie wolle keine Drohungen hören, sondern verlange Gerechtigkeit für alle vom Dritten Reich aufgenommenen Fremdarbeiter. Sie verließ den Raum aus freien Stücken, befriedigt, einem Rausschmiss zuvorgekommen zu sein. Sie lief in die Kantine zurück, wurde aber sofort festgenommen und ohne Essen in ihre Abteilung zurückgebracht. Der Meister teilte ihr mit, sie sei nach unten zur Arbeit vor der Werkshalle versetzt. Gemeinsam mit den russischen Gefangenen und den Aufständischen von Warschau sollte sie Blöcke von auf 78 Grad unter Null eingefrorener Schwefelsäure verladen. Der Aufseher erklärte ihr:

»Wenn du die so gern hast, kannst du ja auch mit ihnen arbeiten.«

Binnen einer Woche hatte Lucia rissige und aufgesprungene Hände, die Tag und Nacht brannten, und Wunden auf der Brust, weil sie immer die großen Blöcke dagegenpresste und Kleidung und Handschuhe keinen Schutz boten. Die Füße in den Pantinen aus Holz und Filz waren aufgeschürft und sonderten eine übelriechende Flüssigkeit ab. Durch die Reibung wurde der Schmerz bei jedem Schritt unerträglich.

Es war kalt und regnete (Anfang März 1944). Russische Soldaten, polnische Partisanen und Lucia luden im Regen ab und auf.

Lucia überkam ein friedliches Gefühl, wenn sie – in einem Schweigen ohne Gedanken – das Weitergeben einer Last von Hand zu Hand empfand wie eine Geste des Aufeinander-eingespielt-seins. Sie war endlich akzeptiert. Gelegentlich bedeutete ihr ein russischer Gefangener, sich den OST-Winkel von der Jacke zu reißen.

Die Schwefelblöcke mussten auf einen Lastwagen oder manchmal auf einen Karren gestapelt werden, den zwei Gefangene dann wie Pferde ziehen mussten. Es kam vor, dass die Arbeiter die Blöcke an dem kleinen Bahnhof am Kanal von den Waggons abladen und auf den Armen in irgendeine Abteilung tragen mussten, die immer gerade auf der entgegengesetzten Seite des Werksgeländes zu liegen schien.

Auch Lucia musste mehr als einen Kilometer weit mit dem an die Brust gedrückten Schwefeleis gehen, bis sie die Werkshalle erreichte. Begleitet vom Maschinenlärm, lief sie über das Gelände der I.G. Farben-Werke, entlang an schwarz gewordenen Gebäuden, die den menschenleeren Wegen den Rücken zuzukehren schienen.

Manchmal tauchte eine Gruppe von zerlumpten Menschen auf und verschwand dann wieder wie aufgesogen in einem dunklen Tor.

An manchen Tagen, wenn die Sirene zur Mittagspause ertönte und Lucia zum Essen lief, bekam sie beim Blick auf den Bereich, in dem die Kantinen für die französischen und italienischen Arbeiter lagen, wo auch sie anfangs ihren Hunger gestillt hatte, Lust, dorthin zu gehen, und sie ging langsamer. Aber sie ging mit den Händen in den Taschen weiter und zwang sich, sich nicht umzudrehen. Die Wachmannschaften sollten sehen, dass es ihr überhaupt nichts ausmachte, dort nicht eintreten zu dürfen. In Wirklichkeit hatte sie es versucht, aber der Unterführer hatte ihr den Zutritt verboten und ihr gedroht, sie würde aus ihrem Lager in das der Gefangenen aus dem Osten strafverlegt.

Außer Sichtweite blieb Lucia stehen und betrachtete das trübe, fettige Wasser des Kanals, der die Abwässer der I.G.Farben langsam in den Fluss schwemmte. Gummiartige Klumpen schwammen an der Oberfläche. Sie sagte sich, es wäre vielleicht sowieso das Beste, jede Beziehung zu den »Westlern« abzubrechen und ins Lager der »Ostarbeiter« umzuziehen, auch wenn es so überfüllt war, dass dreißig bis vierzig Personen in einem Raum schlafen mussten. Die Italiener und Franzosen würden dann begreifen, welches Unrecht sie ihr mit ihrem Spott getan hatten. Aber das Lager der Zwangsarbeiter aus dem Osten war noch weiter von der Fabrik entfernt, und noch drei Kilometer mehr schreckten sie ab, denn ihr kamen schon die fünf Kilometer (zwischen ihrem Lager und der Fabrik) endlos vor.

Manchmal riefen die französischen Gefangenen ihr nach, wenn sie auf dem Rückweg von einem Schwefeleistransport mit leeren Händen an ihrer Werkshalle vorbeikam. Aber Lucia wandte den Kopf ab.

Bei Schichtende verließ sie die I.G.Farben fast ungern. Während sie sich vor dem Werksgelände in die Kolonne einreihte, schnupperte sie die feuchte Nachtluft, in der von dem ohrenbetäubenden Maschinenlärm, den sie noch auf dem Trommelfell spürte, nur noch gedämpfte Laute zu hören waren, und atmete die scharfen Gerüche ein.

Und endlich – inzwischen waren sechs Wochen vergangen seit ihrem Aufbruch nach Deutschland – erhielt sie gleichzeitig zwei Briefe von der Mutter. Beim Abendappell nach der Rückkehr ins Lager wurden sie ihr vom Lagerführer ausgehändigt.

Die Freiarbeiter durften alle zwei Wochen eine Briefkarte an ihre Angehörigen schreiben, die man an einem Schalter in der Lagerkantine abholte und dann offen in den daneben befindlichen Briefkasten warf. Die Abgabe wurde registriert; wenn man die Postkarte verlor, kam man erst beim nächsten Mal wieder an die Reihe.

Gleich bei ihrer Ankunft in Höchst hatte Lucia ihren Eltern geschrieben, dass sie sich ihretwegen keine Sorgen machen sollten, die Ernährung sei ausreichend und die Baracke gut geheizt. Dann hatte sie sich bei der schwangeren Bergamaskerin gegen ihren Schal zwei weitere Postkarten eingetauscht, auf denen sie mitteilte, dass sie aus dieser Erfahrung sehr viel lerne. Sie berichtete, dass ihre Schuhe kaputtgegangen seien, und bat um ihre Bergschuhe. Auf der neuen Karte, die ihr dann wieder rechtmäßig zustand, hatte sie flehentlich darum gebeten, rasch Schuhe und Stiefel sowie *etwas zum Essen* geschickt zu bekommen, und hinzugefügt, dass man die Dinge aus der Ferne nicht verstehen könne.

Lucia sah auf das Datum der Poststempel und öffnete den ersten Brief. Die Mutter antwortete in ihrer großzügigen, geneigten Schrift, sie sei froh über ihre Nachrichten. Sie habe nie daran gezweifelt, dass die Gerüchte über die Nazi-Lager Verleumdungen seien, und »deshalb erschien es mir unsinnig, dass Du Dich auf diese Weise exponierst, um eine Wahrheit zu bekräftigen, die nie infrage gestellt worden war«. Sie habe »furchtbare Tage« verbracht, seit die Tochter ohne ein Wort des Abschieds weggegangen sei und nur dieses Zettelchen auf dem leeren Bett hinterlassen habe, bis sie ein erstes Lebenszeichen von ihr erhalten habe. »Jetzt weiß ich, wo Du bist«, schrieb sie. »Ich habe mich ein wenig beruhigt, meine Tochter.« Vor allem mache sie sich Sorgen wegen der Bombenangriffe, aber auch wegen der Kälte: »Zieh Dich warm an, wenn Du hinausgehst.« Und: »Denk immer daran, Lucia«, schloss sie, »halt Deine Würde hoch.«

Der Brief war unterschrieben: »Deine ängstlich um Dich besorgte Mutter.«

Erst spätnachts entschloss sich Lucia, auch den zweiten Brief der Mutter zu öffnen. Die Schrift war gebieterischer (kleine Indizien: die Querstriche am t, die Akzente). »Meine Tochter«, begann er, »Dir geht es nicht gut. Warum kommst Du nicht nach Hause zurück? Du brauchst nur zum italienischen Konsulat nach Frankfurt zu gehen und den Konsul persönlich zu bitten, Dir eine *ange-*

messenere Arbeit zu verschaffen. Der Konsul hat Verständnis.« Der Brief schloss: »Hoffen wir, dass diese Erfahrung Dich wenigstens gelehrt hat, dass ein jeder seinen Weg gehen muss. Um es mit den Worten Manzonis zu sagen: ›Erprobe nur so viele von den menschlichen Dingen, dass Du Dich um sie nicht mehr zu kümmern brauchst.‹ Bis bald, Deine auf Dich wartende Mama.«

(Später fand sich die Mutter mit der »Dickköpfigkeit« der Tochter ab und schickte ihr ein Paket nach dem anderen, aber da waren die Ereignisse, von denen hier erzählt wird, bereits geschehen.)

Lucia steckte die beiden Briefe in ihren Rucksack. Sie zerriss die dritte ihr zustehende Postkarte, die sie am Vorabend abgeholt hatte. Im Morgengrauen zog sie sich an, ohne sich zu waschen, und wartete noch vor den anderen auf dem freien Platz, dass sich die Kolonne zum Ausmarsch in die Fabrik formierte.

In der Baracke sonderte sie sich nun ganz ab und sprach keine ihrer Gefährtinnen mehr an. In der Kantine verschlang sie hastig ihre Ration und aß sogar die Suppenreste der Tischnachbarn auf, ohne darauf zu achten, ob die Leute schmutzig oder sauber waren. Sie war jetzt selbst verroht und wusch sich nicht mehr. Wenn sie vor dem Schlafengehen die Wollbinden, die ihr ein Russe geschenkt hatte, von den Füßen wickelte, nahm sie mit Genugtuung den Gestank wahr. Irgendeine Frau schenkte ihr ein Stück Brot, Lucia verschlang es, ohne danke zu sagen. Jacqueline, das französische Mädchen, das ihr damals das Stück Zeitungspapier verweigert hatte, war am großzügigsten zu ihr.

Lucia fing an, die sechzehn Französinnen in ihrem Schlafraum auseinanderzuhalten, von denen sie normalerweise nur vieren begegnete, da die anderen in anderen Schichten arbeiteten (und sich in der Baracke aufhielten, wenn sie nicht da war). Vor allem aber hütete sie sich, Martines Blick, den sie spürte, auch nur zufällig zu begegnen.

In mancher Nacht verließ sie die Baracke, presste die Hände auf die Brust, um den nagenden Schmerz zu mildern, den die Säure in ihr Fleisch brannte, ging, von den Schäferhunden verfolgt, bis zum Stacheldrahtverhau und dachte an Selbstmord.

Bei nächtlichen Bombenangriffen, wenn die Detonationen den Lagerinsassen im Gehirn dröhnten, aber niemand im Dunkeln abschätzen konnte, wie nah oder fern die Bomben fielen, blieb Lucia auf ihrer Pritsche liegen oder ging ziellos zwischen den Baracken umher.

Sie hatte allmählich ihren Hass auch auf den Luftschutzraum des Lagers ausgedehnt, einen etwa hundert Meter langen, halb unterirdischen Tunnel, in dem von den insgesamt drei- bis viertausend Lagerinsassen nur etwa tausend, stehend oder auf dem Boden sitzend, Schutz fanden; in Lucias Augen war es ein langer, gewundener Darm, der inmitten der Barackenreihen eine leichte Bodenerhebung bildete, von deren Wölbung der Kies mit einem Geräusch herunterkullerte, das einen bei jedem Schritt die Zähne zusammenbeißen ließ, während der Hohlraum darunter widerhallte.

Wenn alle sich von beiden Seiten vor den einzigen Zugängen – in der Mitte gab es keine Öffnungen – drängten, um sich »in diesen Darm stopfen zu lassen«, sagte Lucia zu sich selbst, sie fürchte zwar den Tod nicht, aber sie wolle auch nicht begraben werden in diesem Tunnel-Sarg, wenn Bomben die Ausgänge zuschütteten, und zusammen mit den Genossen ersticken, bevor Helfer die verstopften Türen wieder freilegen konnten. Sollten sie ruhig alle krepieren, sie waren ihr ohnehin gleichgültig.

Eines Nachts hockte sie sich draußen auf den Boden und ließ sich vom Märzregen nass regnen. In ihre Decke gehüllt und mit dem Rücken an die lose zusammengefügten Bretter der Barackenrückwand gelehnt, die bei jeder Explosion zusammenzubrechen drohten, die Arme um die eng angezogenen Knie geschlungen und auf ihr hüpfendes Herz horchend, betrachtete sie im tiefen Dunkel des Lagers die Brände, die trotz des Regens am Horizont loderten, begleitet von dem dumpfen Grollen der Einschläge, das lange durch die Nacht hallte. So blieb sie sitzen, bis die Entwarnungssirene ertönte und sie die erregten Stimmen ihrer aus dem Bunker zurückkehrenden Gefährtinnen hörte.

Beim Aufwachen am nächsten Morgen spürte sie, dass sie hohes Fieber hatte. Sie hustete ununterbrochen und wollte nicht aufstehen. »Marco, Visite«, erklärte sie dem Aufseher.

»Wenn du den OST-Winkel von der Jacke abmachst, dann darfst du auch ins Krankenrevier. Andernfalls raus, an die Arbeit.« Sie riss sich zusammen und ging in die Fabrik.

Nach dem Essen verbrachte Lucia die Mittagspause jetzt mit den Russen und Polen. Wenn es nicht regnete, legten sie sich am langen Kanal hinter den Werkshallen dicht aneinandergedrängt auf den Boden, um sich mit ihren Körpern gegenseitig zu wärmen, in die bleichen Sonnenstrahlen, die aus dem weißen Himmel bis zu ihnen drangen.

Lucia legte sich neben Gruschenka. Sie hatten sich im Ch 89 kennengelernt, wo das russische Mädchen für die unterirdischen Aborte zuständig war – ein strategisch günstiger Ort, wie sie erläuterte, der es ihr ermöglichte, die Stimmung der Arbeiter mitzubekommen.

Gruschenka war ausgemergelt, zerlumpt und schmutzig, aber sie besaß Anmut. Lucia hatte bemerkt, dass selbst die Deutschen bezaubert waren vom Anblick ihres ovalen Gesichts mit der hohen, kaum gewölbten Stirn, den bogenförmig verlaufenden Augenbrauen, den in die Ferne blickenden blauen Augen, der zarten Nase; ihr Gesicht war so vollkommen, dass es kalt und fast abstrakt wirkte.

Sie war vierundzwanzig und hatte an der Marineakademie in Moskau studiert, um Kapitän der Handelsschifffahrt zu werden. Sie war in der Nähe der Front verhaftet worden. Sie konnte von Glück sagen, meinte sie gelassen, dass sie nur deportiert worden war.

Die beiden Mädchen tuschelten eifrig auf Deutsch, einer Sprache, die die Russin besser sprach als die Italienerin.

Sie gewöhnten sich an, sich nebeneinanderzulegen in dem fauligen Gestank, der vom Kanal aufstieg und sich mit dem bestialischen Geruch der Arbeitsanzüge vermischte. Sie träumten im Nebel in einer für beide fremden Sprache davon, Kleider und Schuhe zu stehlen. Es war ein langsamer, ruhiger Traum, der sanft ihre Worte bestimmte und in dem es nur das eine Problem gab, sich nicht erwischen zu lassen. Mit ihrer kristallklaren Stimme empfahl Gruschenka, sie sollten sich als Dienstmädchen in Privathäusern anstellen lassen, um in aller Ruhe die Dinge aussuchen zu können, die sie dann in einem günstigen Augenblick wegtragen wollten. Lucia, immer von Hunger gequält, empfahl, eher an Geld, Essen und Lebensmittelkarten zu denken.

Neben den beiden Mädchen dösten nebeneinanderliegend zwei zivile polnische Deportierte, Johann und Stanislaw, die hin und wieder gähnend etwas einwarfen, vor allem Johann, der, sobald er etwas von dem Getuschel der Mädchen aufschnappte, einen Vorschlag der Russin oder der Italienerin brummend entweder guthieß oder verwarf. Stanislaw, der kein Deutsch verstand, gab dennoch ebenfalls ein Brummen von sich, wenn Johann ihn kurz über den Stand der Überlegungen der Mädchen, wie sie sich in einem deutschen Privathaushalt anstellen lassen könnten, informiert hatte.

IV

Während der ganzen Schicht schwatzten Gruschenka und Lucia glücklich miteinander. Die Italienerin entwischte, wann immer sie konnte, dem Blick des Aufsehers und hörte sich in den Aborten des Ch 89 aufmerksam die Ratschläge ihrer Freundin an. Die Frau eines Aufsehers hatte sie über ihren Ehemann zum Wäschewaschen rufen lassen. Sowohl der Lagerführer als auch die Aufseher lebten mit ihren Familien in einer Siedlung von Steinhäusern am

Rande des Lagers zur Straße hin. In einem dieser Häuser befanden sich auch die Büros der Lagerverwaltung, und in einem anderen war eine kleine Abteilung von Wachmannschaften untergebracht.

Nach Feierabend nahm der Aufseher Lucia mit nach Hause. Um auf seine Ehefrau einen guten Eindruck zu machen, hatte sich Lucia, wie mit Gruschenka verabredet, von Kopf bis Fuß gereinigt, nach der Arbeit im Waschraum eine Dusche genommen und eine möglichst intellektuelle und vornehme Miene aufgesetzt. Aber sie wurde gleich in die Waschküche geführt und musste dort von 19 bis 23 Uhr Wäsche schrubben, wobei ihr die Deutsche pausenlos auf die Finger sah und von Zeit zu Zeit ihre Wäschestücke nachzählte, weil sie sich einbildete, dass etwas verschwunden sei. Die Frau des Aufsehers – sie hatte ein sanftes und erschrecktes Gesicht – bat nicht nur ihren ältesten Sohn zu sich, sondern rief auch, um die Fremde nicht einen Augenblick unbeaufsichtigt zu lassen, wiederholt ihre jüngeren Töchter herbei, zwei kleine Mädchen, damit sie ihr noch einen Tropfen Bleichmittel oder ein Stückchen Seife oder einen vergessenen Bettüberzug holten; danach schickte sie sie aber schnell mit einem Handzeichen wieder hinaus. Die Kinder zeigten mit den Fingern auf die Fremde und machten sich gegenseitig mit Blicken aufmerksam auf die geflickten Stellen und einen herunterhängenden Saum an ihrer Kleidung.

Lucia hätte gern die letzten privaten Kleider angezogen, die ihr noch geblieben waren, ein dunkelgrünes Wollkleid und einen grauen, mit Persianer besetzten Mantel, die in ihrem Spind hingen. Aber als sie das Kleid anprobierte, stellte sie fest, dass es ihr nicht mehr passte; in den gut zwei Monaten, die sie jetzt hier war, hatte sie so zugenommen, dass die Nähte unter den Achseln und an einer Seite aufgeplatzt waren. So hatte sie sich in der Jacke und der Hose aus Barchent, die den Insassen zugeteilt wurden und die im Übrigen auch besser zu den Holzschuhen passten (den OST-Winkel hatte sie aus dem Knopfloch entfernt), präsentieren müssen.

Sie hatte sich das aus Italien mitgebrachte durchgeistigte Selbstbild bewahrt und sah sich nicht so, wie sie geworden war; sie wirkte plump in dem Arbeitsanzug, ihre Gesichtszüge hatten sich vergröbert, und in ihrem Blick lag, trotz ihres höflichen Benehmens, etwas Lauerndes. Sie bot sich allen Aufsehern des Lagers als Wäscherin an, aber sie wurde in keinem Privathaus mehr in Dienst genommen. Stattdessen verkaufte sie ihnen ihre goldene Omega-Armbanduhr für acht, den Mantel für fünf und das Kleid für zwei Kommißbrote zu je zwei Kilo.

Als sie die Armbanduhr verkauft hatte und unter der Decke oder versteckt auf dem Abort, um von niemandem beobachtet zu werden, in einer einzigen Nacht zwei Kommißbrote verschlungen hatte, kam ihr in den Sinn, dass sie sich keine Spur besser verhielt als die anderen, die sie noch immer dafür verachtete, dass sie heimlich aßen und für die hungrigen Augen der Bettnachbarinnen blind waren. In den wenigen Tagen, in denen sie von ihren Vorräten zehrte, rechnete sie unentwegt aus, wie viel Gramm auf jeden Einzelnen kämen, wenn sie ihre Kommißbrote mit den zehn russischen Gefangenen und den vier Warschauer Partisanen teilen würde, mit denen sie im Ch 89 zusammenarbeitete – ohne Gruschenka, Johann und Stanislaw mitzuzählen sowie die einundzwanzig Barackengenossinnen, ganz zu schweigen von den italienischen Gefangenen, die im Ph 32 gegenüber ihrer Abteilung arbeiteten, diesen etwa zwanzig verzagten Männern, die von den Deutschen »Badoglianer« und von den französischen Gefangenen »Faschistenschafe« genannt wurden und denen sie auch wenigstens einen Laib hätte zukommen lassen müssen. Die italienischen Gefangenen vom 8. September 1943 waren außer den sowjetischen Kriegsgefangenen die Einzigen, die nicht vom Internationalen Roten Kreuz unterstützt wurden oder von dem Franzosen, Engländer und Amerikaner Lebensmittelpakete bekamen. Ihnen konnte sie also ein Stück Brot gewiss nicht verweigern.

Abends lag sie nun, bis das große Licht ausging, auf ihrer Pritsche, die zum Glück die letzte in der Ecke gegenüber der Tür war, drehte ihrer Bettnachbarin den Rücken zu und schnitt das Brot unter der Decke gewissenhaft in immer dünnere Scheiben, um nur ja keinen von der Verteilung auszuschließen. Beim Wecken stopfte sie sich die Scheiben unter die Jacke und trug sie auf der bloßen Haut in die Fabrik. Dort angekommen, schämte sie sich plötzlich ihrer Knauserigkeit, verdoppelte die Rationen und versprach allen, die leer ausgegangen waren, ein Stück Brot für den nächsten Tag. Sie war so vom Aufteilen, Multiplizieren und Dividieren von Grammen in Anspruch genommen und ständig fiel ihr jemand ein, den sie vergessen hatte, dass sie gar nicht merkte, wie sie sich dabei immer wieder einen der durch mühsames Kopfrechnen aufgeteilten Bissen in den Mund steckte und glatt einen halben Kommißlaib verzehrte, so dass sie betrübt sämtliche Berechnungen neu anstellen musste, um die Rationen der anderen wieder gerecht und gleichmäßig zu verringern.

Von der Angst beflügelt, sich selber übermäßig vollzustopfen, wenn sie ihre Brotvorräte zu lange behielt, beschleunigte sie die Verteilung und fühlte sich sehr erleichtert, als die acht Kommißbrote nach sechs Tagen endlich verzehrt waren.

Es war Hitlers Geburtstag, der 20. April 1944, und durch die Lautsprecher im Werk und im Lager dröhnten Märsche und festliche Chöre, unterbrochen von kurzen Lobpreisungen des Führers.

Während sie in der Mittagspause am Kanalufer lagen, meinte Gruschenka, die Nazis seien offenbar ein metaphysisches Unternehmen, allgegenwärtig und dennoch unsichtbar. Sie hatte nur einmal, damals, als sie verhaftet und deportiert worden war, Nazis zu Gesicht bekommen, seither nur noch den Lagerführer, der im Übrigen aber nur selten selber auftrat, sondern alles von den Aufsehern und Wachmannschaften ausführen ließ. Der Meister in der Fabrik sah nicht besonders nach Nazi aus, und die wenigen deutschen Techniker schienen vor allem damit beschäftigt, die unterdrückte Gewalttätigkeit der Fremdarbeiter im Zaum zu halten.

»Versetz dich einmal in deren Lage, wir stellen mindestens achtzig Prozent der Belegschaft, zehn- bis fünfzehntausend Leute!«

Johann raunte ihnen zu, dass der deutsche Aufseher eines Magazins, in dem reiner Alkohol lagerte, ihn am Morgen beiseitegenommen und gesagt habe: »Ich will zur Feier von Führers Geburtstag ein Auge zudrücken, wenn du ein paar Flaschen Alkohol von hier wegschaffst, aber wehe, wenn du dich erwischen lässt, dann werde ich dich heftiger beschuldigen als jeder andere.«

Die letzte Viertelstunde der Mittagspause wurde also dazu genutzt, diesen Diebstahl zu organisieren. Sie standen auf, kletterten über die am Boden Liegenden und versammelten sich hinter einem Schuppen. Gruschenka machte den Vorschlag, auch die französischen Gefangenen in die Sache einzubeziehen, weil sie den Alkohol als Teil ihrer Rotkreuz-Pakete deklarieren und weiterverkaufen konnten. »Sie können einen hohen Preis verlangen. Wenn dagegen wir OST- und P-Leute Alkohol verkaufen wollen«, sagte sie, als handelte es sich um eine Firma, »denken alle, wir hätten ihn gestohlen!«, schloss sie mit gespielter Bestürzung. Ihr Gesicht erstarrte. »Jeder kann uns denunzieren oder erpressen. Deshalb musst du, Lùszia, versuchen, die Franzosen für die Sache zu interessieren, sonst können wir mit diesem Alkohol nichts anderes anfangen, als uns zu betrinken.«

»He!«, sagte Johann lachend mit einem Augenzwinkern, »hast du etwas gegen ein Neunzig-Grad-Feuer in deinen Adern?«

Stanislaw, der spindeldürre große Junge mit den brennenden Augen im verschwommenen Gesicht, redete unablässig auf Polnisch und steckte dabei die geballte Faust an verschiedenen Stellen unter die Jacke und in die Hose, als hätte er überall Höcker. »Einer, der jeden Abend mit irgendeiner ausgebeulten Stelle hinausgeht, muss schließlich auffallen«, übersetzte Johann. Außerdem, fuhr er fort, bestand Stanislaw darauf, dass man eine Kette bildete, damit nicht immer dieselben Insassen das Diebesgut aus der Fabrik tragen müssten.

Die vier jungen Leute verabredeten sich hastig für den nächsten Tag. Genau wie alle Westler mussten sich auch die Zivilinternierten aus dem Osten erst außerhalb der Fabrik auf der Straße zu Kolonnen formieren, so dass sie aus ihren verschiedenen Abteilungen auch einzeln zu den Toren gehen und sich unauffällig unter die französischen Gefangenen mischen konnten. (Nur die russischen und polnischen Kriegsgefangenen mussten direkt von ihrem Arbeitsplatz aus in Kolonne abmarschieren.)

»Mach mit den Franzosen ein paar Treffpunkte zur Übergabe aus, und zwar zwischen den beiden Gebäuden an den Wegkreuzungen innerhalb der I.G., über die wir jeden Tag gehen«, sagte Gruschenka, »so dass wir aushandeln können, wie viel Prozent sie für den Wiederverkauf des Alkohols haben wollen, und ihnen eventuell die Beute übergeben können.«

»Das irgendwo drinnen zu machen wäre viel besser«, erklärte Johann. »Keinem Menschen fällt auf, wenn man aus Versehen in einen falschen Waschraum geht. Sag den Herrschaften also lieber: Wir teilen uns gegenseitig mit, in welchen Waschräumen sich jeder von uns abends den Schweiß herunterwäscht, und anstatt dann in den eigenen Waschraum zu gehen, geht er aus Versehen in den des Genossen, der die Ware hinausbringen soll, und übergibt sie ihm.«

Abends in der Baracke rief Lucia Martine beiseite. Seit dem Zank nach dem Streich mit dem Löffel des Bärtigen vor acht Wochen hatten sie kein Wort mehr gewechselt. Die Französin lud Lucia oben auf ihre Pritsche ein, auf dem einzigen Katafalk, der einzeln stand, da er sich direkt neben der Tür befand. Martine rückte in die Ecke, um ihrem Gast Platz zu machen, und gestand leise, dass sie schon seit einiger Zeit gemeinsam mit Etienne und Alain in der Fabrik Zucker und Seife stehle. »Einmal«, berichtete sie stolz, »habe ich auf einen Schlag ein halbes Kilo Zucker geschnappt.«

Lucia verbreitete sich über die Waschräume. »Dort können wir mit allen Nationalitäten Freundschaft schließen, wir können sogar die Barriere zwischen Ost und West einreißen, die sie zwischen uns aufgebaut haben. Ich kann euch da Dienste leisten, verstehst du?« Und sie zählte an den Fingern ab: »Ich schlafe im Lager der Westler, ich arbeite mit den Ostlern, und ich kann die Sprachen.«

Plötzlich reckte sich Martine und erklärte Lucia mit leuchtenden Augen und ganz dunkelrot gewordenen schmalen Lippen, dass sie am nächsten Tag mit den französischen Gefangenen sprechen und ihnen vorschlagen würde, Gruschenka und Lucia, Johann und Stanislaw in ihre Bande aufzunehmen.

Bei der Kontrolle am Fabrikausgang zeigte Gruschenka eine Tasche voller Lumpen und harmloser Bündel vor, die sie ganz genau untersuchen ließ, Alain stellte sich vor sie und redete lautstark auf den Aufseher ein. Martine steckte das Diebesgut in Gruschenkas Tasche und fing an, über den Komplizen zu schimpfen, er halte den Aufseher auf und die anderen müssten deshalb in der Kälte warten. Und sie schob ihn zur Seite und bot sich zur Kontrolle dar, indem sie die Arme ausbreitete. Gruschenka seufzte mit dem resignierten Gesichtsausdruck, der einer Ostlerin angemessen war, und ging demütig hinaus.

Oder Lucia steckte sich ein Fläschchen Alkohol unter die Jacke des Arbeitsanzugs und hielt es mit verschränkten Armen und zum Schutz gegen die Kälte unter die Achseln gesteckten Händen gegen die Brust gedrückt und ging hoch erhobenen Hauptes an den Verschlägen der Aufseher vorüber, die die Arbeiter beim Hinausgehen abtasteten. »Schnell«, bat sie, »meine Kolonne geht schon los.« Ein Aufseher tastete ihr flüchtig Jacken- und Hosentaschen ab, und Lucia entfernte sich.

Aber man musste sich immer neue Methoden einfallen lassen. Ein Aufseher verlangte zum Beispiel, dass Lucia die Arme ausbreitete. Das Mädchen holte nur eine Hand unter der Achsel hervor und hielt ihm mit anklägerischem Blick eine verbeulte Hand voller blauer Flecken vors Gesicht. »Weiter, weiter!«, sagte der Aufseher ärgerlich, und Lucia schlüpfte rasch durch das Tor.

»Der Himmel beschützt uns«, flüsterte sie Martine zu, während sie zusammen in der Kolonne zu ihrem Lager gingen. »Ausgerechnet heute hat einer seinen Hammer auf meine Hand fallen lassen und mir die Finger zerquetscht. Was hätte ich dem Aufseher sonst zeigen sollen? Schau hier, die Wunden, die ich wochenlang gehabt habe, sind verschwunden. An Händen und Füßen habe ich jetzt eine Elefantenhaut, nicht einmal mehr die kleinste aufgesprungene Stelle.«

Die beiden Frauen hatten sich inzwischen angefreundet und unterhielten sich oft abends in der Baracke.

In der Geburtstagsnacht des Führers hatte Lucia unbeobachtet von den anderen die Fotos von Hitler und Mussolini aus ihrem Rucksack geholt, sie zerrissen und in den Ofen geworfen. Danach hatte sie stets darauf geachtet, dass das Schloss ihres Spinds gut verschlossen war, denn sie gönnte den anderen die Genugtuung nicht.

»Du verurteilst den Faschismus noch immer nicht«, sagte Martine unvermittelt, während sie sich oben auf dem Strohlager auszog. »Du findest für ihn immer noch mildernde Umstände verglichen mit dem Nazismus.«

»Ich muss einfach noch darüber nachdenken«, antwortete Lucia überrumpelt. »Ich muss einen Wertmaßstab finden, der nicht schon bei der ersten Prüfung zerbricht. Hier habe ich die Dinge von der anderen Seite kennenlernen können, aber dort? Darüber weiß ich nichts.«

»Gib's doch auf mit ihr«, mischte sich das Mädchen ein, das sich kleine Nebeneinkünfte mit Prostitution verschaffte. »Kapierst du nicht, dass die in der guten Gesellschaft aufgewachsen ist?«

Aber Martine wollte wissen, was die Italienerin am Faschismus je hatte gutfinden können.

Während sie Werte wie Vaterland, Hingabe an eine Sache, Seelenstärke bei Schwierigkeiten aufzählte, erkannte Lucia, wie aufgeblasen das klang, was sie da sagte. Sie fühlte sich gedemütigt und gab Martine die Schuld daran.

»Warum nennst du sie eigentlich Italienerin?«, fragte Jacqueline. »Siehst du denn nicht, dass sie immer mit uns zusammen ist, die ist französischer als du und ich zusammen.«

»O nein, meine Liebe«, gab Martine zurück, »entweder oder: Sie ist ihren Landsleuten gegenüber entweder deshalb überheblicher, weil sie bei ihnen die Klassenunterschiede deutlicher spürt oder aber weil sie sich schämt, Faschistin zu sein.«

»Von welcher Überheblichkeit sprichst du eigentlich? Wenn ich vierzehn Jahre in Frankreich gelebt habe, wo ich geboren bin, und nur vier in Italien, dann ist mir die italienische Mentalität einfach weniger vertraut, das ist alles.«

Eines Abends im Nieselregen hatte Lucia gehört, wie Martine beim Verlassen der Fabrik zu ihrem Freund gesagt hatte: »Es wäre ein Fehler, wenn man ihr ganz den Boden unter den Füßen wegziehen wollte.«

Etienne hatte Martine den Arm um die Schulter gelegt und war langsam mit ihr durch den Regen davongegangen. Aus den Gesten, die er im Gehen machte, konnte sie schließen, dass er ihr seine Gründe erklärte.

Martines Verhalten war unterschiedlich. Einmal sagte sie zu Lucia: »Lass dich nicht einschüchtern.« Ein andermal knurrte sie sie an: »Heg und pfleg du nur deinen Faschismus. Schlimm wird es für dich erst, wenn dir die Kröte einmal im Hals steckenbleibt und kein Mensch sich die Mühe machen wird, dir zu helfen.«

»Bis jetzt habe ich Urteile über Dinge von mir gegeben, die ich nicht kannte«, erwiderte Lucia. »Ich will aber nur noch über etwas urteilen, das ich kenne, und zwar indem ich die Wertmaßstäbe nehme, die ich habe oder vielmehr die ich entdecke.«

»Und was für Werte sollen das sein?«

»Solidarität zum Beispiel, das ist etwas anderes als das faschistische ›Gemeinnutz geht vor Eigennutz‹.«

»Wir werden ja sehen.«

Die französischen Gefangenen, die neben dem Ch 89 an der Drehbank arbeiteten, waren jetzt freundlich zu Lucia, wenn sie bei der Rückkehr von einem Schwefeleistransport bei ihnen stehen blieb.

»Nimm den OST-Winkel ab«, riet ihr Alain, ein älterer Gefangener.

»Das ist genau das, was die Nazis mir befohlen haben.«

Der Mann verzog verächtlich den Mund. »Du setzt dich zu sehr in Szene, das machst du nicht für uns.«

»Wer fragt denn nach euch?«, brauste Lucia auf.

»Siehst du! Wer zu sehr auffallen will, interessiert uns nicht«, erwiderte Alain zerstreut.

Lauter Chauvinisten, dachte Lucia, sie verkehren nicht einmal mit den Russen. Und mit mir geben sie sich auch nur deshalb ab, weil Französisch meine Muttersprache ist. Gleichzeitig hatte sie aber auch das Gefühl, dass sie sie immer prüfend anblickten, als wollten sie etwas von ihr.

Gegen Ende April wurde ihr allmählich der Zusammenhang zwischen einigen Besonderheiten klar. Im gleichen beiläufigen Ton wie Gruschenka bemerkte Martine, dass die Deutschen bei den I.G. Farben im Verhältnis zu den Ausländern in einer lächerlichen Minderheit waren.

Außerdem fragte Martine sie jetzt auch oft nach ihrer Kindheit und Jugend in Frankreich aus; sie wollte wissen, was ihr am Verhalten der Leute dort, lauter Unbekannten, aufgefallen war, was es in Italien nicht gab. Und von sich selbst erzählte sie, dass sie seit ihrem sechzehnten Lebensjahr als Montagearbeiterin bei Renault gearbeitet hatte. Die Streiks und Fabrikbesetzungen habe sie allerdings nicht mehr erlebt, weil der Krieg ausgebrochen sei und sofort die Besatzer gekommen seien.

Das erinnerte Lucia an die Demonstranten, die an ihrem Haus in der Pariser Rue Monge vorübergezogen waren. Sie erinnerte sich, wie ihr auf dem Schulweg von Kundgebungen Parolen ans Ohr gedrungen waren, die sie nicht verstanden hatte.

Und so kam Lucia eines frühen Morgens, als sie wieder in Kolonnen zur Fabrik marschierten, ganz unerwartet eine außerordentliche Idee. »Martine«, murmelte sie der Französin ins Ohr, »warum organisieren wir nicht einen Streik?«

»Bist du wahnsinnig geworden?«, sagte die Freundin und lachte ihr ins Gesicht. »Und was ist das neuerdings für eine Manie, hier herumzuerzählen, du wärst nach Deutschland deportiert worden, das habe ich jetzt schon von drei Leuten gehört. Du bist nun mal eine Freiwillige und wirst es bleiben.«

Lucia hatte nicht gewollt, dass Martine diese Schwäche zu Ohren kam, und da sie jetzt ertappt war, fuhr sie mit erstickter Stimme fort: »Das hätte ich mir ja denken können: Ihr habt Angst. Ihr bellt dauernd, aber beißen tut ihr nie.«

V

Seit über einem Jahr (das hätte Lucia sich niemals vorgestellt) bereiteten einige Franzosen bereits den Streik bei den I. G. Farben vor. Alain war französischer Partisan, der sich mit ein paar anderen Genossen aus dem Maquis nach Deutschland hatte deportieren lassen, um einen Aufstand der Fremdarbeiter zu organisieren, soweit man wusste, ungefähr fünfzehn Millionen Männer und Frauen, die nach Deutschland verschleppt worden waren, von denen sechs oder sieben Millionen in der Industrie beschäftigt waren.

Zweiundfünfzig Widerstandskämpfer, die ein ganzes Kommando bildeten, hatten sich von der Besatzungsmacht als Kriegsgefangene oder einfache Zivile festnehmen lassen, wobei sie darauf geachtet hatten, dass sie zu verschiedenen Zeiten und an verschiedenen Orten verhaftet wurden, damit sie mit direkten Transporten in verschiedene Städte gelangten. Alle waren hochqualifizierte Facharbeiter, die sicher sein konnten, dass man sie in den bedeutendsten Industriezweigen einsetzen würde. Aus Gründen der

Kontrolle und der logistischen Organisation wurden die ausländischen Arbeitskräfte in den großen Fabriken konzentriert, die Einzelteile herstellten, in die Unternehmen, in denen fertige Rüstungsprodukte hergestellt wurden, kam niemand. Die Aufgabe der französischen Widerstandskämpfer bestand darin, den Aufstand der in diesen Fabriken beschäftigten Ausländer zeitlich so mit der Landung der Alliierten in der Normandie zu koordinieren, dass sich die Nazis – auf diese Weise an der inneren Front geschwächt – schneller ergaben.

Diese Franzosen verständigten sich untereinander mit Hilfe eines Codes, und manchmal konnten sie sogar einen mitleidigen und ahnungslosen Deutschen dazu überreden, die Botschaften mit eigener Hand zu schreiben und die Briefe mit dem eigenen Absender aufzugeben.

Die heikelsten Informationen der Operationsbasis wurden mündlich durch Leute wie Martine vermittelt, die als Freiarbeiter das Recht hatten, den Ort ihres Arbeitseinsatzes selber zu bestimmen. Mit Etiennes Hilfe hatte Alain zehn Franzosen für die Sache gewonnen und in die Vorbereitung einbezogen. Die Kontakte mit den anderen unterhielt Martine, die als Freiarbeiterin mehr Bewegungsfreiheit hatte.

Die französischen Widerstandskämpfer hatten eine Karte der Lager gezeichnet, die in der Ebene westlich von Frankfurt-Höchst in der Nähe des Rheins lagen.

Es gab insgesamt vier Kriegsgefangenenlager, sie lagen nebeneinander, hatten jeweils eigene Küchen und einen eigenen Lagerführer, benutzten aber einige Einrichtungen wie chemische Entwesung und Bunker gemeinsam. Auch hier wurde die übliche Unterscheidung zwischen Ost und West getroffen; am weitesten entfernt von den I.G. Farben lagen die beiden Lager der »Bolschewiken« und der polnischen Gefangenen, und am nächsten die der französischen und italienischen Gefangenen. Und ganz am Rand, von allen anderen abgeschnitten, befand sich das kleine Lager der

Aufständischen von Warschau, wie die Handvoll polnischer Soldaten genannt wurde, die sich bei der Niederlage ihres Landes geweigert hatten, sich den Siegern zu ergeben.

Auf der anderen Straßenseite lagen die Baracken sowohl der zwangsdeportierten wie der freiwilligen zivilen Arbeiter, die auf zwei ungleich belegte Barackensiedlungen aufgeteilt waren; im Lager der »Slawen« lebten sieben- bis achttausend Personen, im Lager der »Westler« dagegen nur etwa halb so viele.

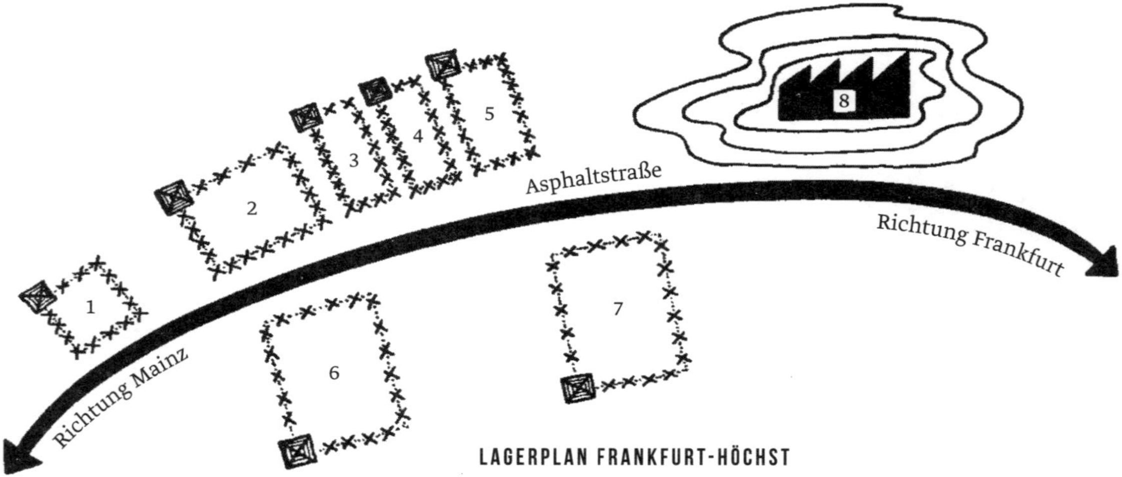

LAGERPLAN FRANKFURT-HÖCHST

1. Lager der Aufständischen von Warschau
2. Lager der »Bolschewiken« (russische Kriegsgefangene)
3. Lager der »normalen« polnischen Kriegsgefangenen
4. Lager der »Badoglianer« (italienische Partisanen)
5. Lager der französischen Kriegsgefangenen
6. Lager der Slawen (viele Ukrainer und russische Zivilisten aus Massendeportationen); das Lager war ebenso groß wie das für westliche Internierte, aber doppelt so dicht belegt.
7. Lager der internierten Zivilisten und »Freiarbeiter« aus westlichen Ländern
8. I.G. Farben-Werk (über hundert Abteilungen)

Schwieriger war es gewesen, die bei den I.G.Farben arbeitenden Menschen in einem Plan zu erfassen, und zwar nicht so sehr, weil die Werksgebäude verstreut lagen, als vielmehr wegen der Völkervermischung. An den Arbeitsplätzen wurde nicht so scharf wie in den Lagern und den Werkskantinen zwischen »Ost« und »West« unterschieden. Arbeiter mit und ohne Winkel, Kriegsgefangene und zivile Arbeiter waren in ein und derselben Halle beschäftigt, allerdings in verschiedenen hierarchischen Ebenen. Das obere Stockwerk neben den Laboratorien war den Destillations- oder Kontrollapparaturen vorbehalten – qualifizierte leichte Arbeit, mit der natürlich die Deutschen betraut wurden. Je weiter man nach unten kam, desto breiter wurden die Schichten, angefangen bei den Franzosen und Belgiern über die Italiener, Griechen und Kroaten (die man auf dieselbe Stufe gestellt hatte) bis zur Basis, den Slowenen und Polen und vor allem Russen, die die schwersten Arbeiten zu verrichten hatten.

Der pyramidenförmige Aufbau der Abteilungen erleichterte die Berechnungen nur scheinbar. Kein Fremder durfte je zur Balustrade oder in die Laboratorien der Deutschen hinaufgehen, es sei denn (einen Augenblick lang), wenn er irgendwelches Material hinbringen musste. Davon ausgenommen war nur »eine von ihnen« wie Lucia, und zwar weniger, weil sie Faschistin war – die wenigen französischen Pétain-Anhänger und rumänischen Nazifreunde vom Eisernen Kreuz befanden sich in den unteren Stockwerken –, als vielmehr, weil sie aus höheren Gesellschaftskreisen stammte, was sie auch bei jeder Gelegenheit betonte.

Daher hatte es die Organisatoren so viel Zeit und komplizierte Berechnungen gekostet, bis es gelang, die Deutschen zu zählen. Diejenigen, die damit beauftragt waren, ihre Gesichter zu zählen (die sie vor oder nach der Arbeit kurz im Vorübergehen sahen), beschrieben sie oft so, dass der Genosse einen, den er selber schon mitgerechnet hatte, nicht erkannte. »Der, den ich meine, ist ein anderer«, antwortete er dann etwa. Er war immer größer oder kleiner, und nachdem sie sich in Personenbeschreibungen ergangen hatten, einigten sie sich schließlich, dass sie zwei verschiedene Leute meinten. Aber es kam eine sehr hohe Zahl von Deutschen heraus, und so musste man wieder von vorn beginnen. Beim zweiten Mal wurde dann zugrunde gelegt, dass es sich doch um dieselben Personen handelte, und jetzt kam eine zu niedrige Zahl heraus.

Aber es hatte auch geduldige und genaue Arbeit erfordert festzustellen, wie und in welcher Anzahl die Angehörigen der verschiedenen ausländischen Nationalitäten auf die einzelnen Werkshallen verteilt waren, was wichtig zu wissen war für eine wirksame Planung des Streiks.

Zur Erläuterung muss gesagt werden, dass diesem I.G. Farben-Werk keine Konzentrationslager angeschlossen waren (sie waren Juden, politischen Häftlingen, Homosexuellen und »gemeinen Verbrechern« vorbehalten), sondern nur Arbeits- und Kriegsgefangenenlager. Es gab also keine Massenvernichtungen, durch die sich die in den Lagern eingepferchten Massen zahlenmäßig verändert hätten. Wenn man die Schwankungen in Rechnung stellte, die durch die Ankunft neuer Konvois, durch Austausch mit anderen Fabriken und durch die plötzliche Verlegung ganzer Arbeitseinheiten zur Verstärkung an einen anderen Ort eintraten, konnte man mit einiger Wahrscheinlichkeit davon ausgehen, dass es in Höchst etwa vierzehn- bis sechzehntausend ausländische Arbeiter gab, gut ein Viertel davon Frauen.

Waren die Kriegsgefangenen auf einen Blick daran zu erkennen, dass sie Militäruniformen und die groß aufgedruckten Buchstaben KG auf dem Rücken trugen, so ließen sich unter den Zivilen diejenigen, die Massenverhaftungen und Deportationen zum Opfer gefallen waren, von den Freiwilligen nur schwer unterscheiden. Letztere neigten nämlich, sobald sie sich umgesehen hatten, dazu, ihren Status als Freiwillige zu kaschieren und sich den anderen Lagerinsassen anzuschließen.

Anfangs hatten die französischen Widerstandskämpfer es für

unerlässlich gehalten, die beiden Kategorien unterschiedlich zu behandeln, weil sie die Freiarbeiter als unzuverlässig einschätzten. Nachdem sie aber ein paar Monate mit dieser fast unergiebigen Untersuchung vergeudet hatten, waren sie zu der Erkenntnis gekommen, dass der überwiegende Teil der Freiarbeiter mit Ausnahme von ein paar wenigen, die in ihren Heimatländern in den elendesten Verhältnissen gelebt hatten, einen fast noch größeren Hass auf ihre Bezwinger im Leib hatte als die Internierten.

Und wenn sie hörten, wie sich einer kaputtlachen wollte über die schönen Versprechungen, mit denen die Nazipropaganda wieder ein paar Trottel in die Falle gelockt hatte, dann wussten sie, dass einer von diesen Trotteln eben jener Mann war, der gerade darüber höhnte, und er sich im Augenblick des Streiks nicht zurückziehen würde.

Den Organisatoren blieb nicht mehr viel Zeit, denn Martine hatte im November 1943 die Nachricht überbracht, dass die Vorbereitungen für den Ausländeraufstand in Deutschland bis Mai 1944 abgeschlossen sein müssten – von da an müsse man jederzeit bereit sein, auf das erste Signal hin loszuschlagen.

Die Verschwörer waren noch dabei, die tatsächliche Anzahl der Deutschen in der Fabrik zu errechnen. Zwar hatten sie sie inzwischen zahlenmäßig erfasst, aber sie mussten jetzt auch noch die deutschen Bürger ersten Grades und die deutschen Bürger zweiten Grades auseinanderhalten, ein Unterschied, der ihnen für einen Ausländer nicht im Gesicht geschrieben stand.

Die deutschen Bürger zweiten Grades, das heißt, die Volksdeutschen, waren weniger zahlreich. Sie kamen aus Ländern, die sich das Dritte Reich auf verschiedene Weise einverleibt hatte, so aus dem Gebiet um Danzig, aus Elsass und Lothringen, einigen tschechoslowakischen sowie holländischen und flämischen Gebieten. Diese Leute wurden zum Arbeitsdienst eingezogen und in Konvois nach Deutschland transportiert. Sie stellten einen Großteil der Facharbeiter, der Lastwagenfahrer und ganz allgemein der Angestellten im Transportwesen sowie der Buchhalter in den Werkhallen und den Lagern, und sie waren Küchenchefs in den Werkskantinen.

Die »reinen« Deutschen dagegen, also die »Reichsdeutschen«, waren zahlreicher. Die gesamte Betriebsleitung bis zum letzten Doktor der Chemie bestand aus solchen Bürgern ersten Grades, ebenso der Verwaltungsapparat – fast ausschließlich Frauen –, dann die Wachmannschaften, die die ausländischen Gefangenen und Deportierten bei den Ausmärschen begleiteten, die Kerntruppe der Flak bei den I.G. Farben sowie das Aufsichtspersonal.

Von den Reichsdeutschen nahmen die Organisatoren des Streiks besonders die in den Werkhallen beschäftigten unter die Lupe, die Abteilungsleiter, Vorarbeiter und Techniker; es waren bis auf wenige Ausnahmen kriegsuntaugliche, alte oder vom Kriegsdienst befreite Männer. Die kriegstauglichen waren an der Front. Dann gab es noch die Laborantinnen, die dafür zu sorgen hatten, dass kein Ausländer die Labors betrat. Auf diese Weise sollten Sabotageakte verhindert werden, die bei der leichten Entflammbarkeit des Materials unvorstellbare Schäden hätten verursachen können.

Die Fremdarbeiter hatten allerdings genauso große Angst vor einem Brand wie die Deutschen. Daher fürchteten auch sie nichts so sehr wie einen Luftangriff auf die Fabrik. Bei all den chemischen Pulvern, Säuren und riesigen Öltanks wären die Gebäude der Reihe nach explodiert, und alles wäre in einem einzigen Feuer untergegangen. Jeder Einzelne war froh, dieser Gefahr bis jetzt entgangen zu sein. Die wachsende Angst des Personals in den Laboratorien jedenfalls konnte man ablesen an den weißen Totenköpfen mit den gekreuzten Knochen zwischen den Kiefern, die immer öfter an den Türen angebracht wurden.

Wenn man die Reichs- und Volksdeutschen zusammenrechnete, ergab sich also, dass zwischen einundachtzig und dreiundachtzig Prozent der Belegschaft Ausländer waren.

Nach Abschluss dieser Voruntersuchungen hatten die französischen Aktivisten mit Vertretern anderer Nationalitäten Kontakt aufgenommen. Zeitweilig schienen die Schwierigkeiten unüberwindlich. Es gab objektiv heikle Situationen. Viele Polen konnten den Russen nicht verzeihen, dass sie sich am Anfang des Krieges mit den Nazis verbündet und Polen überfallen und noch immer besetzt hatten, obwohl sie jetzt wieder Verbündete waren. Nur die 138 Aufständischen von Warschau hatten geschlossen dem Streikplan zugestimmt, und zwar noch bevor einer der Verschwörer ihn ganz erklärt hatte. Diese Männer waren abgemagert bis auf die Knochen und hatten einen nach innen gekehrten Blick. Sie durften mit keinem Menschen ein Wort reden, und wenn sie vorbeigingen, verstummten ihre eigenen Landsleute ebenso wie die anderen Ausländer mit einer Mischung von Achtung und Angst.

Die Nazis hatten die politische Knebelung der Ukrainer noch dadurch gesteigert, dass sie ihnen Unabhängigkeit von der UdSSR versprachen; sie hatten die separatistischen Bestrebungen in einigen litauischen Gebieten im Norden Polens genährt und die kroatische Vormachtstellung in Jugoslawien auf Kosten der Serben und Slowenen unterstützt. Und es war nicht einfach, so heterogene, von gegensätzlichen Leidenschaften geprägte Gemeinschaften dazu zu überreden, ihre inneren Zwistigkeiten zurückzustellen und dem Kampf gegen den Feind unterzuordnen, der sie dennoch alle vereint hatte, indem er sie von ihrer Heimat entfernt hatte.

Schließlich gab es noch die Verachtung der Franzosen für die Italiener; sie warfen ihnen vor, ihnen noch unmittelbar vor der eigenen Niederlage in den Rücken gefallen zu sein, um Frankreich Nizza und Savoyen zu entreißen.

Doch trotz aller Vorurteile hatte sich eine Reihe von Kriegsgefangenen und Deportierten aller Nationalitäten den französischen Kämpfern angeschlossen und baute mit ihnen gemeinsam ein Netz für geheime Agitation und Verbindungen auf. Da die lokale

Operationsbasis die Dreherwerkstatt neben dem Ch 89 war, wurde beschlossen, bei der Überzeugungsarbeit unter den Arbeitern in Spiralenbewegungen vorzugehen, das heißt, anzufangen bei den am weitesten entfernten Gebäuden und sich wie ein Kreisel immer mehr auf die nächsten Gebäude zuzubewegen. Die Organisatoren wollten damit vermeiden, dass es auffiel und Verdacht erregte, weil die zu große Nähe die schon informierten Arbeiter dazu verleiten könnte, pausenlos Nachrichten und Auskünfte einzuholen. Deshalb wurde die Überzeugungsarbeit im Ch 89 bis zum Schluss zurückgestellt. Die Organisatoren des Streiks verloren keinen Augenblick aus den Augen, dass ein Unternehmen von solcher Tragweite schon bei der kleinsten Plapperei auffliegen konnte.

Die Dinge schienen sich gut zu entwickeln, bis Anfang Februar 1944 im Lager der zivilen Westler dieses kleine Mädchen aufgetaucht war, eine Italienerin, wie sie behauptete, leichtsinnig und viel zu tollkühn, um glaubwürdig zu sein. Martines Argument, Lucia hätte sich, wenn sie wirklich Spionin gewesen wäre, als antifaschistische Partisanin ausgegeben, überzeugte die französischen Aktivisten nur halb. Gerade das hätte doppelt schlau eingefädelt sein können von denen, die Lucia benutzten, nämlich sie als die Naive erscheinen zu lassen, die bei der Probe aufs Exempel zum Gegner überwechselte. Darauf sei Martine schließlich selber hereingefallen. Und im übrigen sei Lucia, selbst wenn sie keine Spionin sei, schon wegen ihres widersprüchlichen Verhaltens gefährlich.

Also hatten sie verschiedene Taktiken ausprobiert. Anfangs hatten sie versucht, einen Streit mit ihr vom Zaun zu brechen, um aus ihren Reaktionen irgendwelche Hinweise zu bekommen. Aber alles, was sie getan hatte, ließ sich so oder so deuten. Sie konnte sich damit in Szene gesetzt haben, um sich bei den Internierten einzuschmeicheln und zum Beispiel beauftragt zu werden, Kontakt zu den Russen zu halten, um im richtigen Augenblick die Verschwörung aufzudecken; aber sie konnte auch aufrichtig gewesen sein.

In der Tat war nicht auszuschließen, dass für die in Frankreich geborene und aufgewachsene Lucia der Faschismus weit mehr eine aufgesetzte Sache war, als sie selber wahrhaben wollte. Es war also möglich, dass die Begegnung mit der Wirklichkeit sie tatsächlich von dieser jugendlichen Schwärmerei für die Mythologie des Regimes befreite. Martine, die zu der Annahme neigte, dass Lucia in gutem Glauben handelte, klopfte sie in diesem Sinne ab. Etienne dagegen hielt sie für eine heimtückische, berechnende Bourgeoise und blieb auf der Hut. Alain war unentschlossen, neigte aber eher zu Martines These. Die übrigen Aktivisten vertraten die Meinung, man könne keine Möglichkeit von vornherein ausschließen. Wenn sie sich übertrieben vorsichtig verhielten, entgehe ihnen vielleicht eine wirklich wertvolle Vermittlerin, denn wenn Lucia erst einmal dazu überredet worden sei, ihr früheres Ansehen als Faschistin und ihre Sprachkenntnisse zu nutzen, wenn sie die gewisse Nachsicht, mit der die Nazis sie noch immer behandelten, ausbeute, dann könne sie gut die letzten Kontakte intensivieren und so zum guten Gelingen des Unternehmens beitragen.

Zu diesem Zweck war es nötig, dass sie sich die Nazis nicht endgültig zum Feind machte, sondern ihnen wenigstens kleine Beweise eines Sinneswandels gab. Deshalb bat man sie, den Winkel von der Jacke abzumachen.

Auch als Lucia schließlich selbst auf die Idee zu streiken gekommen war, blieben die Franzosen bei ihrem Entschluss, ihr nur halb zu trauen. Sie verabredeten, ihr die ganze Initiative selbst zu überlassen, damit sie sich auch selbst vor den Lagerinsassen so weit gefährdete, dass sie niemanden mehr verraten konnte.

»Wenn sich einer von uns deine Extravaganzen geleistet hätte«, sagte Alain, als er neben Lucia die Abteilung verließ, »wäre er längst in Dachau gelandet, den hätten sie ganz sicher nicht nur in eine andere Abteilung versetzt. So den Bogen zu überspannen, das konnte sich nur so eine blödsinnige Heldin wie du leisten. Und wem hat es genützt? Weder dir noch den anderen.«

»Von einem, der nur bellt und nicht beißt, lasse ich mir nichts sagen.«

»Redest du jetzt auch noch in Metaphern?«

»Wie gebildet du bist!«, sagte Lucia spöttisch.

»Du wunderst dich wohl, dass ein Arbeiter gebildet ist und weiß, was eine Metapher ist? Dir steckt das Klassenbewusstsein tief im Fleisch! Du machst einen Riesenunterschied zwischen dir und uns!«

»Den mache ich nicht, den gibt es«, antwortete Lucia wie beiläufig. Sie wollte die Demütigung des Kriegsgefangenen auskosten; allmählich lernte auch sie, ihn stilvoll zu verletzen, mit dem gedankenverlorenen Gesichtsausdruck, den sie aufsetzte.

»Du irrst dich, mein armes Mädchen«, bedauerte sie Alain. »Mach doch endlich die Augen auf. Hier gibt es überhaupt keinen Unterschied zwischen dir und uns. Wir stecken alle in genau denselben sozialen Verhältnissen, wir sind alle Arbeiter, die in Baracken wohnen. Früher gab es Klassenunterschiede, und später wird es die womöglich auch wieder geben; würde mich wundern, wenn eine wie du sich nicht immer wieder zu ihrer Schicht verkriecht. Aber hier in Frankfurt-Höchst, in den Lagern der I.G. Farben, hier sind wir gleich, ob dir das gefällt oder nicht, ja, du stehst sogar weiter unten, du bist nämlich aus der Bahn geschleudert worden und wir nicht. Die Motive dafür, dass du hierhergekommen bist, zählen nichts angesichts der Tatsache, dass du hier bis zum Hals drinsteckst.«

Wieder stieg in ihr Groll gegen diesen Mann hoch. »Und du, warum beleidigst du mich dauernd? Was weißt du überhaupt, wie viel mich das alles gekostet hat, was ich getan habe, selbst wenn du denkst, ich habe bloß den Bogen überspannt?«

»Na, ich an deiner Stelle hätte etwas ganz anderes getan!«, rief Alain mit plötzlicher Jovialität aus. Er verlangsamte den Schritt, weil sie schon fast am Tor angelangt waren. »Wenn ich mich hier als Pétain-Anhänger oder Kollaborateur hätte ausgeben können, hätte ich es jetzt geschafft! Dann hätte ich hier Randale gemacht, meine Liebe, dass denen nur so die Haare zu Berge gestanden wären.«

»Aber wenn ich dir vorschlage, einen Streik zu organisieren, dann willst du nichts davon hören.«

»Du und Streik? Mit diesem OST auf der Jacke? Das soll wohl ein Witz sein, wie?«

»Habe ich vielleicht nicht gemeinsam mit dir in der Fabrik geklaut, mitsamt dem OST an der Jacke, für jedermann sichtbar?«

»Also dann weißt du wohl wirklich nicht, was du sagst! Willst du einen kleinen Diebstahl mit einem Aufruhr gleichsetzen? Also dann ...« Und der Mann entfernte sich.

VI

Lucia beschloss, sich allein durchzuschlagen. Sie wollte die Tatsache, dass sie in verschiedenen Abteilungen der Fabrik herumkam, dazu nutzen, sich umzuhören, wie die Streikidee aufgenommen wurde.

Sie meldete sich freiwillig, Kohlesäcke auf dem Rücken und Kunststoffrollen auf den Schultern zu schleppen; einmal hatte sie sich ein fast zentnerschweres Gerät auf den Rücken schnallen lassen und es eine Rampe hinaufgetragen. Sie war sehr kräftig geworden. Bei einer der Kontrollen des Sicherheitsdienstes zur Überprüfung der Personenbeschreibungen hatte sie auf der Waage gelesen, dass sie in drei Monaten mehr als 12 Kilo zugenommen hatte; sie war ein Meter fünfundsechzig groß und wog jetzt 64 Kilo.

Sie durfte sich nicht erwischen lassen, die Franzosen hatten recht, sich auffällig zu benehmen war unvorsichtig. Aber wie sollte sie zu einem Unbekannten gehen und ihm vorschlagen zu streiken? Lagerinsassen prahlten immer mit irgendetwas herum.

Sie wollte die Technik des Aufmuckens anwenden. Wann immer

ihr ein Ausländer begegnete, schimpfte sie sofort los: »Sind wir vielleicht Sklaven? Warum machen wir eigentlich nicht mal einen Streik?« Sie hatte solche Sätze nicht nur auf Russisch und Polnisch, sondern auch auf Griechisch und Slowenisch gelernt. Aber sie begegnete nur wenigen Arbeitern, weil die Mehrzahl in den Werkshallen arbeitete. Und diese wenigen beschränkten sich darauf, zurückzugrüßen und auf ihre Provokation mit einem »He!« zu antworten. Bestenfalls antworteten sie ihr mit einer Handbewegung, die ausdrücken sollte: »Das ist ein Wort!« Oder sie zwinkerten ihr kichernd zu: »Warum eigentlich nicht?« Das Ganze schien für sie einfach nur ein Scherz zu sein.

Auch die Russen, mit denen sie im Ch 89 schuftete, grinsten sie nur breit an, und ein paar gaben ihr zum Spaß einen Klaps auf den Rücken, von dem sie fast umfiel.

Im Lager hielt Lucia es nicht für angebracht, ihre Absicht zu verbreiten. In den Kantinen abends wollten die Lagerinsassen nur schnell ihre Suppe essen und reagierten mit Flüchen, wenn jemand sie aus ihrer Stumpfheit holen wollte. Am frühen Morgen in den Waschräumen war es noch schlimmer, da wuschen sich alle nur benommen wie Automaten.

In der Kolonne beim Ausmarsch und bei der Rückkehr von der Arbeit, die Männer vorne, die Frauen hinten, nach Baracken geordnet, hätte sie nur mit Frauen aus ihrer Baracke sprechen können. Aber die Personen, mit denen man lebt, dachte sie, dürfen immer erst ganz zuletzt informiert werden.

In der Fabrik dagegen waren alle wach und bereit für den Aufstand. Da herrschte mehr Bewegung, und alle Nationalitäten waren vermischt. Ideal wäre gewesen, in die Mauer der Kriegsgefangenen eine Bresche zu schlagen. Hatte Gruschenka nicht eines Tages gesagt, dass sie die KG beneide? »*Laut Konvention* und auch in den Augen der Deutschen haben sie ein Recht auf passiven Widerstand. Die KG sind grundsätzlich weniger gefährdet als die zivilen Deportierten, das gilt sogar für die sowjetischen, verstehst du, weil die Nazis was von *militärischen* Tugenden halten. Nur die Aufständischen von Warschau sind gefährdeter als die anderen.« Gruschenka hatte recht, die KG waren eine geschlossenere Gruppe als die Zivilen, sie konnten sie also auch beeinflussen.

Als der Aufseher einen Augenblick unaufmerksam war, schlich Lucia sich in die gegenüberliegende Abteilung. Sie hatte beschlossen, eine andere Methode zu wählen, nämlich entsprechend den jeweiligen Umständen den Ton zu bestimmen. Bei ihren Landsleuten schien ihr ein fester, nachdenklicher Ausdruck angebracht: »So können wir nicht weitermachen, wir müssen uns auflehnen.« Aber weil die Maschinen so laut waren, musste sie lauter sprechen. »Und wir haben eine hervorragende Waffe, wir können streiken.«

Die fünf italienischen Gefangenen des Ph 32, die sie neugierig hatten hereinkommen sehen, wechselten müde Blicke.

»Bei all dem Pech, das wir haben, hat uns so eine Schnapsidee gerade noch gefehlt!«, schrie ihr einer durch das Getöse zu und fuhr fort: »Kannst du dir den Reinfall vorstellen?«

Am nächsten Morgen war Lucia wieder zur Stelle und entwischte erneut der Aufmerksamkeit des Aufsehers. Aber die italienischen Arbeiter arbeiteten einfach weiter am Ofen und schoben die funkensprühenden glühenden Metallplatten eine nach der anderen in die Presse, wobei nach allen Seiten winzige Späne herausprasselten.

»Wir sind keine Hampelmänner mehr«, trompetete Lucia, die Hände trichterförmig vor dem Mund. »Wir handeln jetzt nur noch nach unserem eigenen Kopf.«

»Glaubst du, du stehst hier auf dem Balkon der Piazza Venezia?«

Rasch versteckte sich Lucia hinter einer Presse und schlich darum herum, entsprechend den Bewegungen des Vorarbeiters, der vermutlich durch die lauten Stimmen aufmerksam geworden und zu den Italienern gegangen war, um nach dem Rechten zu sehen.

Dann trafen sie sich wieder nach der Mittagspause, auf dem

Rückweg von den Kantinen. »Na, du römische Ostlerin«, rief ihr ein Badoglianer zu, »was sagen denn die anderen?«

»Was sollen sie schon sagen?«, fragte der Mann neben ihm dazwischen. »Weiß doch jeder: eine Seifenblase.«

»Na ja!« Ein Dritter lächelte vor sich hin. »Wir brauchen es ja nur auszuprobieren, und nach einer Viertelstunde wissen wir Bescheid. Wenn sie uns nicht allesamt mit einer einzigen Maschinengewehrsalve erschossen haben, können wir vielleicht doch noch die eine oder andere kleine Erleichterung erreichen.«

Innerhalb weniger Tage hatte Lucia gelernt, auch Widerspenstigen die Stirn zu bieten. Mit einem Blick entschied sie, ob sie ihre Argumente in vertraulichem Ton oder herausfordernd zur Sprache bringen musste, fast immer aber kam der sichere und zugleich ein bisschen lässige Ton am besten an.

Die Slowenen, die in Jugoslawien gegen die deutschfreundlichen Kroaten gekämpft hatten und von den Nazis verfolgt wurden, fingen an, ihr unmerklich ein zustimmendes Lächeln und einverstandene Blicke zuzuwerfen (sie arbeiteten in der Nähe des kleinen Werksbahnhofes).

Ein Grieche gab ihr mit Gesten zu verstehen, dass er, wenn alle die Arbeit niederlegten, auch mitmachen würde, aber nicht, wenn nur wenige streikten und die Mehrheit arbeitete.

Ein italienischer Zivilgefangener, der im ersten Stock des Ch 89 arbeitete, zeigte Interesse für das Problem. Lucia hatte sogar fast den Eindruck, dass der Mann, ein Immigrant aus Apulien, der ganz aus Nerven und Mimik bestand, sie abfing, um ihr seinen Standpunkt zu erklären. Er erhob Einwände, schlug Auswege vor, sah mögliche Gegenreaktionen der Nazis voraus, schien der Streikidee sehr zugeneigt und zuckte dann plötzlich die Achseln. »Nichts zu machen, es geht nicht.«

Je überzeugender Lucia die Ausführungen des Apuliers fand, desto mehr fühlte sie sich hin und her gerissen zwischen der Notwendigkeit, ihn zum Mitmachen zu bewegen, und dem Wunsch, sich möglichst schnell aus dem Staub zu machen, kaum dass sie aus dem Augenwinkel sah, wie er auf leisen Sohlen herankam. Ein Pfiff des Aufsehers erlöste sie gewöhnlich aus dem Dilemma.

Als Lucia eines Nachmittags mit einem Karren, den sie hinter sich herzog, an der Werkshalle vorbeikam, in der Alain und Etienne arbeiteten, bedeuteten sie ihr zu warten. Drei oder vier Franzosen machten sich an einem Gerät zu schaffen, das sie nach draußen getragen hatten; während sie ein Zahnrad abschraubten und auf Bolzen einhämmerten, fragten sie sie, wie es ihr ginge.

»Allen Angsthasen zum Trotz ausgezeichnet«, antwortete sie.

»Haben schon ein paar Trottel angebissen?«, fragte Etienne mit einem süffisanten Lächeln.

Lucia machte die Zustimmung unter den Russen, Slowenen und Griechen größer, als sie war, und verschwieg die Skepsis der Italiener.

»Interessant!«, brummte ab und zu einer der Franzosen vor sich hin und tat so, als arbeitete er ganz konzentriert.

»Wollt ihr nicht mitmachen?«, wagte sie zu fragen.

»Wir?« Sie prusteten vor Lachen.

Auch am nächsten Tag traf Lucia sie wieder auf dem Vorplatz vor ihrer Werkshalle, wo sie diesmal an einem Maschinenteil herumhantierten. Wie um zu verschnaufen, ließ sie den Sack, den sie auf dem Rücken trug, auf die Erde gleiten und blieb stehen. Sie erklärte, dass die Erfolgschancen ganz gut aussähen. Die Franzosen ließen sie reden und äußerten nur hin und wieder mit geschäftiger Miene eine (wie sie sagten) »technische« Frage zu ihren Plänen:

»Und wo wollt ihr die Arbeit unterbrechen? An den Maschinen? Und dann alle in den Latrinen verstecken?« – »Wer gibt das Signal?« – »Mit einer Pfeife oder mit einer Trompete?«

Lucia bemerkte, wie sie sich hinter ihrem Rücken dauernd Blicke zuwarfen und sich zublinzelten, dann plötzlich wieder harte Gesichter bekamen und ihr nur noch einsilbig antworteten.

»Wisst ihr was?«, brauste sie wütend auf. »Ihr mit euren Gesichtern könnt mich am Arsch lecken.« Und sie versuchte, sich ihren Sack wieder aufzuladen. Alain und Etienne liefen zu ihr, um ihr zu helfen. »Wie vulgär unsere kleine Studentin geworden ist«, sagte Alain seufzend, während er ihr die Last auf die Schultern hob. »Was sagst du dazu, mein Freund? Man kann sie ja nirgends mehr mitnehmen!«

Lucia fand den Ton, in dem sie die Fragen gestellt hatten, unverzeihlich. Ihr fiel kein Wort ein, das vernichtend genug gewesen wäre. »Gewürm«, »Tiere« sortierte sie aus, das war noch zu schwach. Schließlich sagte sie nur lässig: »Leute aus dem Volk.«

Verschlechtert hatten sich auch ihre Beziehungen zu Martine, die immer wegen der Italiener stichelte und behauptete, dass sie bei denen einen Reinfall erleben würde, vor allem bei den italienischen Kriegsgefangenen, die seien alle viel zu niedergeschlagen und misstrauisch. »Sieh sie dir doch an! Die laufen immer mit gesenktem Kopf herum, und wenn man sie anspricht, sehen sie einen an, als wollte man sie reinlegen.«

»Haben sie denn nicht recht? Bei all den Beleidigungen, mit denen ihr und die Nazis sie bedenkt, sollen sie da etwa Freudensprünge machen?«

»Du bist gut, gibst dich als geborene Französin aus, aber kaum rührt einer deine Italiener an, schnappst du immer gleich ein.«

»Das habt ihr euch selber zuzuschreiben, meine Liebe. In der Schule in Frankreich musste ich mir in der Pause so oft ›Makkaronifresserin‹ und ›Mandolinenklampferin‹ anhören, dass ich inzwischen stolz darauf bin.«

Und als Alain sich ihr nährte, während sie die Abteilung verließ, sagte sie ganz sanft: »Ich habe keine Zeit für geborene Knechte.« (Das war einer der Sätze, die sie sich nachts zurechtgelegt hatte.)

Zum Glück gab es Gruschenka, Johann und Stanislaw, die alle ihre Freunde für die Organisierung des Streiks mobilisierten. Aus den Tiefen der Ausländerlatrinen förderte Gruschenka Hinweise auf Leute im Ch 89 zutage, die wahrscheinlich für das Unternehmen gewonnen werden konnten. Sie brachte auf ihre träge Art mehr Leute in Bewegung als Lucia mit ihrem frontalen Vorgehen (sie bewog auch den apulischen Einwanderer zum Mitmachen).

Stanislaw weihte die vertrauenswürdigsten Polen in seinem Lager ein, und Johann, der gut Russisch sprach, redete mit den Ukrainern, die ihn zwar freundlich aufnahmen und ihm eine Gurke anboten, aber zögerten. Die Ukrainer waren besonders geschickt darin, auf dem Weg zur Fabrik und zurück Kohl und Gurken aus den Feldern zu reißen. Sie täuschten ein dringendes körperliches Bedürfnis vor und durften sich von der Kolonne entfernen, um sich hinter einem Busch zu erleichtern. Aber was den Streik betraf, waren sie störrisch.

Schon seit drei Wochen lebte Lucia nur noch für den Streik (es war fast Ende Mai). Sie hatte das Gefühl, sich in einem Vakuum zu bewegen und nichts in der Hand zu haben. Sie hatte mit zweihundert, vielleicht dreihundert Lagerinsassen über ihre Sache gesprochen, aber es gab mehrere tausend Ausländer! Wenn sie in diesem Tempo weitermachte, würde sie unendlich lange brauchen, bis sie mit allen Verbindung aufgenommen hätte, und wenn der Letzte endlich seine Zustimmung gegeben hätte, hätte der Erste bestimmt schon wieder alles vergessen. Außerdem bekam sie nach den ersten Tagen der Euphorie allmählich Angst. Die Aufseher mehrerer Abteilungen hatten sie bereits zurechtgewiesen und jagten sie weg, wenn sie sie nur auftauchen sahen. Sobald sie in Hörweite kam, fragten sie sie, wohin sie denn mit dem Fass oder dem Karren wolle, und machten ihr ärgerlich klar, sie habe sich in der Richtung geirrt.

Die Studentin hatte gehofft, sie hätte die Franzosen mit ihrem Unternehmungsgeist angesteckt und sie würden sich an der Vorbereitung des Unternehmens beteiligen. Sie hatte nie wirklich an ihren kämpferischen Fähigkeiten gezweifelt und glaubte, ohne ihre Unterstützung sei der Ausgang, trotz allen Vertrauens in die Russen und Polen, sehr viel ungewisser.

Mit ihrem geübten Verstand fiel es Gruschenka leicht, die allgemeinen Aspekte eines Plans zu erfassen, und sie beschäftigte sich vor allem damit, seine Verwirklichung vorzubereiten. Sie beriet sich stets mit den im Ch 89 stark vertretenen russischen Kriegsgefangenen und den Aufständischen von Warschau. Die wiederum besprachen sich in ihren Lagern jeweils mit ihren Kriegskameraden, von denen einige auch Kontakt zu den französischen Soldaten hatten.

Die Teilnahme der deportierten russischen Zivilisten machte kein Kopfzerbrechen. Die Arbeit niederzulegen bedeutete für sie lediglich die Fortsetzung dessen, was schon in der Heimat ihre Verhaltenstaktik gewesen war. Dort hatten zwar nur wenige Guerilla-Aktionen durchgeführt, aber alle hatten den eindringenden Armeen passiven Widerstand entgegengesetzt.

Nicht ganz einfach war es dagegen, die Agitation unter den Arbeitern aus Ost und West aufeinander abzustimmen und jeweils die passenden Argumente zu finden, um Arbeiter so verschiedener Herkunft dazu zu überreden, gemeinsam zu streiken, ohne ihnen dabei zu ehrgeizige Ziele in den Kopf zu setzen, wie zum Beispiel einen allgemeinen Aufstand. Jedenfalls erwies sich, dass der Gedanke an einen aktiven Krieg mit der Waffe in der Hand die im Zustand ständiger Erschöpfung lebenden Internierten nur abschreckte.

Die sowjetischen Gefangenen, einfache Soldaten, respektierten Gruschenka, der sie das Zeug zum Offizier zutrauten, weihten sie aber, da sie nur deportierte Zivilistin bei den I.G.Farben war und sie ihr Militärgeheimnis hüten mussten, auch nicht in ihr Komplott mit den französischen Gefangenen ein. Sie unterbreiteten ihr jedoch die schwierigsten praktischen Probleme und sorgten für die Ausführung der Befehle.

»Die Lage ist klar«, erklärte Gruschenka Lucia. »Mit Sicherheit können wir nur eines vorher beschließen, nämlich wie wir die Arbeit niederlegen werden. Alles andere müssen wir von der Reaktion der Deutschen abhängig machen. Aber der erste Schritt ist getan, und das ist schon viel.«

Hin und wieder vertraute Gruschenka Lucia einen »harten Knochen« an, auf den ihre Genossen sie aufmerksam gemacht hatten. »Versuch es bei dem mit deiner Dialektik, wir wollen sehen, was dabei herauskommt.«

Bei anderen Gelegenheiten mahnte sie zur Vorsicht. »Pass auf, Lùszia, die Entschlossenheit zum Streik muss im richtigen Augenblick den Siedepunkt erreichen, und der muss in allen Abteilungen der gleiche sein. Deshalb musst du in diesem Bereich mit der Agitation etwas zurückhaltender sein.« Die gleichen Ermahnungen gab sie auch Johann und Stanislaw, die beide erst neunzehn und genau wie Lucia noch zu unerfahren waren, um vor allem anderen zu bedenken, dass ein Streikplan sich organisch zusammensetzen musste. »Dosiert eure Propaganda«, warnte Gruschenka, die sich wieder an die Moskauer Marineakademie zurückversetzt fühlte und gelassen und, trotz ihres lässigen Auftretens, mit Autorität sprach. »Diese Milchbabys, die das Rote Kreuz durchfüttert, können uns wirklich gestohlen bleiben«, fügte sie in Anspielung auf die französischen Kriegsgefangenen hinzu, und ein erbarmungsloses Lächeln zog über ihr schönes ruhiges Gesicht.

Aber die Einwände der »harten Knochen« hatten ihre Wirkung auf Lucia nicht verfehlt. So dachte sie angstvoll darüber nach, welche Mittel die Deutschen zur Unterdrückung einsetzen könnten. Nachts lag sie stundenlang wach und grübelte über die Schwierigkeiten nach. Und wenn sie endlich einschlief, träumte sie Schreckensszenen wie die, die Johann von den Aufständischen von Warschau erzählt bekommen hatte. Eines Nachts träumte sie, dass nicht nur die Franzosen dem Streik fernblieben, sondern auch massenweise »Ostarbeiter« absprangen. Nur Gruschenka blieb auf dem Deck eines Schiffes stehen, die schmale Gestalt in Lumpen gehüllt. Als eine himmelhohe Sturzwelle sie zu verschlingen drohte, wachte Lucia schreiend auf.

Sie hatte Angst, wieder einzuschlafen, und als sie merkte, wie ihre Glieder erneut schlaff wurden, schüttelte sie sich, zog ihren Arbeitsanzug an, schlüpfte in die Holzschuhe und verließ die Baracke. Die Luft draußen war so trocken, dass die beiden Schäferhunde des Lagers ihre Schritte schon von weitem hörten. Lucia hörte, wie sie auf dem Kies auf sie zustürzten. Offenbar erkannten sie sie aber schon aus der Entfernung am Geruch, denn sie verlangsamten ihren Lauf. Der eine trottete ab, während der andere blieb. Als er näherkam, konnte Lucia seinen kurzen, erregten Atem hören. Es schien derselbe Hund zu sein, dem sie an einem ihrer ersten Abende hier die Stirn geboten hatte. Sie meinte den Geifer in dem aufgerissenen Maul mit der heraushängenden Zunge zu sehen, während das Tier hechelte, als könnte es ihre Angst erraten.

Jetzt hatte der Hund ihre Fährte aufgenommen. Sie wollte die Hand in der Hosentasche verstecken, hielt sich aber gerade noch zurück: »O nein, bloß nicht, er wird das für eine Bedrohung halten.« Also drückte sie die Finger fest gegen die Tasche, in die sie, wie sie sich erinnerte, ein halbes Würstchen gesteckt hatte. »Er riecht das und denkt, ich hätte es gestohlen, und akzeptiert mich deshalb nicht als Herrn. Aber dem werde ich zeigen, wie viele Würste ich habe!«

Und mit einem Schwung warf sie ihm das kostbare Stück Wurst zu, das sie sich für den Ertrag aus einem Diebstahl gekauft hatte, und sah, wie das Tier es im Flug mit laut zuschnappenden Zähnen fing.

Diesem Hund hatte ein Blockführer ein gestohlenes Kleidungsstück unter die Nase gehalten, und er war, nachdem er erst gierig an dem Stoff geschnüffelt hatte, ohne Hast im ganzen Lager umhergestreift, immer mit der Schnauze am Boden oder hoch in der Luft, und plötzlich losgeschossen. Irgendein Mann inmitten der auf dem Platz zusammengedrängten Herde von Lagerinsassen hatte angefangen zu wimmern und sich dadurch selbst verraten, noch bevor er zu Boden geworfen worden war.

Ein halbes Würstchen ist immer noch besser als ein Linsengericht, dachte Lucia und fühlte sich dabei gleichzeitig auch entmutigt durch ihren Schülerinnenhumor, während sie wachsame Blicke auf den Hund richtete, der jetzt neben ihr mit dem Schwanz wedelte.

Als sie am nächsten Morgen auf dem kleinen Werksbahnhof mit drei anderen Lastträgern auf einen Waggon wartete, der entladen werden sollte, schlief sie im Stehen ein wie ein Pferd.

Bei Schichtende hielt Alain sie an. »Entschuldige«, sagte Lucia und schob ihn beiseite, »ich habe keine Zeit zum Streiten.«

»Wir sind zur Zusammenarbeit bereit«, sagte Alain.

Lucia zuckte die Achseln und ging, während der Mann weiter auf sie einredete, auf das Tor zu, ohne ihm zu antworten und ohne richtig auf seine Worte zu hören.

»Hörst du mir nicht zu?« Er ergriff ihre Hand.

»Pardon.« Sie fühlte sich wie betäubt.

»Ich habe gesagt, dass ihr gute Arbeit geleistet habt, sowohl du und Gruschenka im Ch 89 wie auch Johann und Stanislaw im Na 14.«

»Wir waren es nicht allein.«

»Ich weiß.«

Auf dem Rückweg schloss sich Lucia der Kolonne der Italienerinnen aus ihrer Baracke an, die sich jetzt nicht mehr bitten ließen wie am Anfang, sondern ihr bereitwillig Platz machten. Sie fing an, über den Streik zu reden.

»Darauf kannst du dich verlassen«, sagte die schwangere Frau aus Bergamo, »mich müssen sie schon auf dem Boden wegschleifen, um mich zur Arbeit zu zwingen.«

»Ich arbeite nicht einmal, wenn sie mich an den Haaren wegzerren«, pflichtete ihr die andere Bergamaskerin bei. »Keinen Finger mache ich krumm.«

Carla, die brünette sechzehnjährige Arbeiterin, groß und kräftig, mit frischer Gesichtsfarbe und breiten Zähnen, die sich einem »badoglianischen« Kriegsgefangenen angeschlossen hatte, drängte sich zwischen Lucia und eine der beiden Bergamaskerinnen. »Mein Freund und ich, wir haben auch was dazu getan«, sagte sie mit sanfter Stimme und wandte Lucia ihre Samtaugen zu, »und ohne es an die große Glocke zu hängen.«

»Für mich ist es das Schlaraffenland!« sagte Pina, das römische Friseurlehrmädchen. »Viel besser als Schule schwänzen!« Seit ihre unzertrennliche Freundin einen »Verlobten« gefunden hatte, fühlte sie sich oft allein und hatte gegenüber den anderen Frauen ein kindliches Verhalten angnommen.

»Wie mir dieses Getue auf die Nerven geht«, platzte das Mädchen aus dem Waisenhaus heraus und wechselte aufgebracht auf die äußere Seite der Kolonne.

»Habt ihr gehört?«, jammerte Pina, die kleine Römerin. »Wenn hier einer Getue macht, dann doch sie, und streiken tut die sowieso nicht, du Halsabschneiderin, blöde Kuh!«

»Ganz recht«, entgegnete die Angesprochene würdevoll. »Ich mache da nicht mit. Aber ich bin weder eine Verräterin noch eine Streikbrecherin. Wenn es losgeht, melde ich mich krank.«

Am selben Abend rief Martine Lucia auf ihr Strohlager. Der Zeitpunkt für den Streik war für den kommenden Tag festgesetzt worden. Alle ausländischen Arbeiter sollten auf dem Weg von den verschiedenen Lagern zu den I.G. Farben informiert werden. Gleichzeitig sollten sie erfahren, wie die Operation ablaufen sollte, was Martine Lucia schon jetzt haarklein erzählte; sie klärte sie auch über die Hintergründe auf, die die Italienerin bisher nicht gewusst hatte.

Sie hatten die Köpfe unter der Decke zusammengesteckt, und Martine hatte eine Stunde lang in Lucias Ohr geflüstert, und mit den Worten: »Mit dem Vorrücken der Engländer und Amerikaner werden morgen alle ausländischen Arbeiter in Deutschland ...« schlief sie ein, ohne den Satz zu vollenden.

VII

Im Morgengrauen marschierten die Internierten aus den Lagern, in Kolonnen wie gewöhnlich und in schnellem Schritt. Die Ankündigung des Streiks wurde von Reihe zu Reihe weitergesagt. Sobald sie in der Fabrik waren, sollten die Arbeiter in ihre Abteilungen gehen, diejenigen, die nur einen kurzen Weg hatten, ganz langsam und etwas weniger langsam die anderen; aber niemand sollte sich beeilen, alle sollten bei Ertönen der Sechs-Uhr-Sirene auf der Höhe ihrer Waschräume sein. Wenn die Sirene ertönte, sollten alle Ausländer in allen Werkshallen der Fabrik gleichzeitig die Waschräume betreten, in die sie gewöhnlich nur abends gingen, um sich das Maschinenöl abzuschrubben, und zunächst so tun, als wollten sie sich die Hände waschen oder urinieren, um die Deutschen so noch ein paar Augenblicke lang zu verwirren. Dann sollten sie bis zum nächsten Kommando in den Waschräumen bleiben und sich nicht von der Stelle rühren. Nicht vergessen: Über das ganze Werksgelände verteilt, könnten die Ausländer die Lage unter Kontrolle halten; doch sobald sie sich von den Deutschen an einem Ort zusammentreiben ließen, seien sie verloren. Die Arbeiter würden jeweils über die nächsten Schritte des Streiks unterrichtet werden. Aber Vorsicht: Die Deutschen würden mit Sicherheit versuchen, Gerüchte zu verbreiten. Keiner solle auf Gerede hören. Die Losung hieß: Weisungen abwarten.

Nachdem die Ausländer einer nach dem anderen an den verschiedenen Eingängen der I.G. Farben ihre Lochkarten in die Stechuhren gesteckt hatten, verteilten sie sich im Gänsemarsch auf die Abteilungen und verzogen sich, als die Sirene zum Arbeitsbeginn aufheulte, in die Waschräume.

Carla, die vor lauter Aufregung gestolpert und mit dem Gesicht auf den Boden geschlagen war, hatte das Gebäude, in dem sie arbeitete, nicht mehr rechtzeitig erreicht und sich mit Lucia in einen Waschraum von Ch 89 begeben.

Nachdem sie ein paar Minuten, dicht zusammengedrängt, in dem Raum gestanden hatten, zwischen einer Reihe von Waschbecken an der einen Wand und den Urinalen an der anderen, erschienen die Wachen und befahlen: »An die Arbeit!«

Die Ausländer, ungefähr dreißig Personen, sahen sie ruhig an und rieben sich die Hände unter den Wasserhähnen oder taten so, als ob sie an den gegenüberliegenden Kachelwänden urinierten. Die beiden Wachen gingen auf die Lagerinsassen zu und versuchten, sie zuerst mit Stößen, dann mit Fußtritten zu zwingen, sich von der Stelle zu rühren. Doch sie schlossen einen so engen Kreis um die Wachen, dass die beiden, vom Druck der Körper, deren angespannte Muskeln sie spürten, bewegungsunfähig gemacht in der Grabesstille um sie herum, Angst um ihr Leben bekamen. Der apulische Arbeiter, der die uniformierten Deutschen direkt vor der Nase hatte, starrte sie an und presste hervor: »Wir könnten die beiden hier knebeln und entwaffnen, wenn wir sicher wären, dass sie auch in den anderen Waschräumen Geiseln haben.« Lucia übersetzte leise rasch ins Französische. »Wenn wir aber die Einzigen sind«, fuhr der Apulier fort, »können sie uns erpressen: Entweder lasst ihr die beiden Soldaten frei, oder wir werfen zehn Handgranaten in zehn Waschräume. Dann wären wir angeschissen!« Und er schloss: »Besser, wir lassen sie laufen.« Mit der Schulter begann er ihnen den Weg zu bahnen. Draußen hatte jetzt ein wildes, herrisches Konzert von Messingpfeifen angehoben. Widerstrebend machten die Ausländer einen schmalen Durchlass zum Ausgang frei und schoben mit dem Gewicht ihrer Körper die Wachleute rückwärts hinaus, die ohne die geringste Würde davonrannten, sobald sie die Tür erreicht hatten.

»Ah!« Alle stießen einen Seufzer der Befriedigung aus.

»Das war vielleicht nicht gerade ein sehr diplomatischer Akt«, bemerkte ein Franzose, der schon seit vier Jahren in Höchst arbeitete, »aber es musste einfach sein.«

»Was für ein Hochgenuss, Leute!«, rief ein Italiener und reckte sich vor Vergnügen.

Aber langsam begann allen der Mut zu schwinden. Jeder zischte seinen Nachbarn an, er solle still sein. Dann, als alle stumm lauschten, nickten ein paar zufrieden: keine Maschinengeräusche zu hören. Die Stille wurde immer wieder kurz durchbrochen vom Knattern eines Motorrads, das jenseits der Wand vorbeisauste, an der mit bleichen Gesichtern Männer und Frauen lehnten.

»Ich habe Bauchschmerzen«, sagte jemand.

Es war inzwischen wohl eine Viertelstunde vergangen, und noch immer geschah nichts.

»Sie werden uns mit Gas hier raustreiben«, jammerte eine Männerstimme, »und wenn wir erst einmal draußen sind, knallen sie uns alle ab.«

»Mal den Teufel nicht an die Wand!«, brachte eine Frau ihn zum Verstummen.

Aber übermannt vom Schrecken, löste sich der Mann, der gesprochen hatte, aus der Reihe an der Wand und lief durch die Tür hinaus in die Morgendämmerung, die ihn sofort verschluckte. Jenseits der menschenleeren Straße erhoben sich bleierne Gebäude ohne jedes Leben, so schien es jedenfalls.

Vielleicht eine Minute später tauchte der Arbeiter fassungslos wieder auf.

»Es klappt!«, verkündete er. Hinter der Ecke war er auf den Meister und die Gruppe von Vorarbeitern seiner Verhüttungsabteilung gestoßen. Sie hatten vor dem Tor herumgelungert und ihn angestarrt wie ein Gespenst, und er war zum Waschraum zurückgerannt. »Der Streik klappt ...«, wiederholte er ungläubig mit tonloser Stimme.

»Sie hatten uns psychologisch entwaffnet mit diesem furchtbaren Bild ihrer Grausamkeit, das sie uns ins Gehirn gehämmert haben«, begann der französische I.G. Farben-Veteran, der auch in der Résistance aktiv war. »Ihr müsst begreifen, dass uns das Bild, das wir von den Nazis im Kopf haben, von ihnen selbst eingebläut worden ist, damit wir uns aus lauter Angst vor ihrer Reaktion gar nicht erst trauen, einen Finger zu rühren. Man muss sich nur immer wieder sagen, dass sie Menschen sind wie wir, mit Schwächen und Ängsten und ...«

»Du stehst aber auch dauernd auf der Kanzel«, unterbrach ihn eine Frau ungeduldig.

»Aber es stimmt, er hat recht«, entgegnete der Mann, der wieder Mumm bekommen hatte, nachdem er »die Lahmlegung« der Gebäude ringsum gesehen hatte. »Tatsache ist jedenfalls, dass der Streik klappt.«

Während sie diskutierten, gab es Voralarm.

Sie sahen sich an. »Um diese Uhrzeit?« Es war ungefähr zwanzig vor sieben.

»Was ist los?«, fragte besorgt der Franzose, der schon seit 1940 in Höchst interniert war. »Um diese Uhrzeit hat es noch nie Alarm gegeben, kein einziges Mal in all den vier Jahren.«

Paarweise näherten sich Schritte über das Pflaster.

»In den Bunker!«, befahlen die beiden Wachen von vorhin, sie hatten Gewehre im Anschlag, sprachen aber in normalem Befehlston. »Alle in den Bunker, rasch! Es sind Bomberverbände gemeldet worden, wie wir noch keine gesehen haben!«

Nach kurzer Verständigung durch Blicke blieben alle Ausländer unbeweglich stehen, als wären sie zwischen den Waschbecken und den Abtritten der Urinale angeschraubt.

Sie konnten kaum ein Gefühl von Macht im Zaum halten; die Wachen waren auf der Schwelle stehengeblieben und hatten sie nicht mit dem Gewehrkolben geschlagen, obwohl ihre Gesichter äußerst empört gewirkt hatten, und sie waren schließlich abgezogen.

Der französische Widerstandskämpfer wischte sich mit dem Ärmel den Schweiß aus dem Gesicht. Er packte seinen Nachbarn am Nacken.

»Ganz klar«, sagte er keuchend, »wir sind nicht allein. Alle Fabriken, verstehst du?« Genau in diesem Augenblick zerriss das durchdringende Geheul der Sirenen, mit dem Vollalarm gegeben wurde und das einem das Blut in den Adern gefrieren ließ, die Luft.

Draußen war Lärm zu hören, jaulende Stimmen, das Klappern von Holzschuhen. Das Sirenengeheul hörte und hörte nicht auf.

Der erfahrene Franzose sah hinaus. »Ihr Scheißkerle!«, schrie er, um die heulenden Sirenen zu übertönen. »Geht in die Waschräume zurück!«

»Hier krepiere ich in den Flammen!«, brüllte einer.

»Geht zurück!«, schrie er aus voller Kehle. »Wir haben den Sieg in der Hand!«

Jemand stürzte zum Ausgang des Waschraums. Der Franzose stellte sich ihm in den Weg. »Ich muss kacken, ich kann es nicht mehr aushalten«, sagte der andere zitternd, versetzte ihm einen heftigen Stoß und stürzte hinaus.

Die beiden Wachsoldaten tauchten wieder auf, diesmal in Begleitung eines Deutschen in Zivil. Es war der Abteilungsleiter von Ch 89 höchstpersönlich. Der Gedanke, dass er sich nicht in den Bunker »Nur für Deutsche« gerettet hatte, beruhigte die Gemüter einen Augenblick lang. Und die Ausländer bemerkten zu ihrem Staunen, dass der Abteilungsleiter ihnen hinter dem Rücken der Wachen Zeichen des Einverständnisses machte. Nachdem er die Augen in Richtung der Waschbecken und der Wände gewendet hatte, hob und senkte er die Lider. Die Ausländer sahen sich zweifelnd an. Dann trat der Abteilungsleiter vor die beiden Wachposten und fuhr die in dem Waschraum zusammengedrängten Lagerinsassen mit harter Stimme an: »In den Bunker, Drecksleute.« Gleichzeitig steckte er den Daumen in die Westentasche, machte mit dem Zeigefinger ein Nein-Zeichen auf seiner Brust und legte schließlich die Handgelenke mit geschlossenen Fäusten über dem Bauch übereinander, das Signal für Handschellen.

Alle wandten sofort mit fast zu finsteren Mienen die Blicke vom

Abteilungsleiter ab, um jeden Verdacht der Wachleute zu zerstreuen. »Danke für Ihr Entgegenkommen«, wisperte Carla mit leuchtenden Augen auf Italienisch.

»Habt ihr verstanden?«, fragten sie sich gegenseitig augenzwinkernd, als sie wieder allein waren. »Die wollten uns im Bunker einsperren!«

»Der ist in Ordnung, der Abteilungsleiter! Wer hätte das gedacht!«

Auf dem Boden und auf den Waschbecken sitzend, rechneten sie sich mit lauter Stimme aus, wie viele Stunden sie wohl durchhalten mussten. Jemand machte den Vorschlag, nicht ins Lager zurückzukehren, sondern hier zu übernachten und ganz einfach die Hallen und Kantinen mitsamt den Lebensmittellagern zu besetzen. Sie hatten die Gefahr schon fast vergessen, als die Vorentwarnung ertönte.

»Ich gehe zu meinem Freund«, erklärte Carla, »ich mache den Streik mit ihm zusammen weiter« und stürzte hinaus. Gleich darauf hörten die anderen sie schreien und sahen einen Augenblick lang ihre Gestalt vor der offenen Tür, wie sie sich mit Fußtritten zwei Wachen zu entwinden versuchte, die sie an den Armen hinter sich her zerrten. Schreie von Frauen und Geräusche von dumpf aufschlagenden Körpern und raue Männerstimmen waren auch aus der Ferne zu hören. Und dann wurde erneut Vollalarm gegeben, mit dem bedrohlichen Geheul der Sirenen, das einem die Eingeweide umdrehte.

»Flieger!«, schrie eine Frau.

Wie versteinert horchten die Ausländer im Waschraum auf das Dröhnen der mächtigen Motoren, das sich von allen Ecken der Welt zu erheben schien, das unheilträchtige gedämpfte Brummen, das sie so gut kannten und das dem Auftauchen der Bomber am Himmel unmittelbar vorausging.

»Ich gehe in den Bunker«, stieß ein Mann in einem Ton hervor, der keine Widerrede duldete, und schon klang es, als würde das

Getöse der Bomber immer lauter. »Wehe dem, der mich daran hindert«, sagte der Mann mit einem drohenden Blick in die Runde. Vier andere gingen mit ihm.

Jeder war darauf gefasst, im nächsten Augenblick Bomben in die Werkshallen einschlagen zu hören, und jeder dachte an die brennbaren Materialien in seiner Abteilung, entschlossen, sich bei der ersten Explosion über die Weisung hinwegzusetzen, und im Herzen schon auf der Flucht zu den Toren, zwischen einstürzenden Mauern und Flammen hindurch, die, gefüttert von den Säuren, zu den Heizölvorräten hinüberzüngelten. Lucia barg den Kopf in den Armen. Das Brummen der Flugzeuge schwoll immer mehr an.

»Früher oder später mussten sie ja mal die I.G.Farben bombardieren«, meinte der Apulier, der im Schneidersitz am Boden saß und sich bitter hin und her wiegte.

»Aber ausgerechnet heute, wo wir streiken?«, gab der Veteran, der die Worte des Italieners verstanden hatte, auf Französisch zurück. »Ausgerechnet heute?«

»Hätten wir bloß die Geiseln hierbehalten!«, jammerte der Apulier.

Ein Arbeiter erschien an der Tür und klammerte sich keuchend an die Pfosten. »Es ist ein Hinterhalt«, sagte er auf Italienisch. Er konnte vor Atemnot kaum die Worte herausbringen. »Das sind keine Bomber.« Und mit einem angestrengten Ruck richtete er sich auf. »Sagt es allen weiter.« Dann verschwand er wieder.

Aber das Brummen der Flieger kam immer noch näher und ließ allen die Haare zu Berge stehen. Das Vibrieren war jetzt stärker als zuvor.

»Diese Schweine«, murmelte der französische Widerstandskämpfer, »an alles haben wir gedacht, Gefängnis, Erschießung, Massenvergasung in Buchenwald, aber nicht an diese ganz einfache Idee, den Streik kaputtzumachen durch einen falschen Alarm, durch einen simulierten Luftangriff.« Er hockte niedergeschlagen auf dem Boden. »Aber konnten sie sich das überhaupt erlauben, all ihre Fremdarbeiter auf einmal umzubringen, die sich am selben Tag in allen deutschen Fabriken gleichzeitig erhoben? Und die Kriegsproduktion? Was wäre dann aus ihrer Kriegsproduktion geworden? Wer hätte ihnen dann noch ihre Waffen hergestellt? Sie hatten ja gar keine andere Wahl, als den Streik zu negieren. Das ist doch das Nächstliegende. Warum haben wir daran nicht gedacht, frage ich …« Bestürzt blickte er sich um. »Das war doch der erste Gegenzug, auf den wir hätten gefasst sein müssen …«

»Wir haben sie unterschätzt«, räumte eine junge Wallonin ein, auch sie völlig niedergeschlagen.

»Das sind keine Bomber«, wiederholten die anderen Franzosen und Italiener, die an den Wänden kauerten und immer wieder von Zweifeln überwältigt wurden, wenn die Explosionen dicht aufeinander folgten.

Eine Frau wagte sich aus der Tür hinaus, raufte sich die zerzausten Haare und stieß einen bestialischen Klagelaut aus, der einem das Blut in den Adern gefrieren ließ.

Lucia hatte sich mit einer Gänsehaut unter ein Waschbecken geduckt.

»Das sind wohl auch keine Bomber, wie?«, schimpfte ein Mann böse. Er sprang auf die Füße. »Der Streik ist doch kein Selbstmord«, schrie er den Gefährten ins Gesicht, und mit weitausholender Geste forderte er sie auf: »Alle in den Bunker von Na 14, los!« Gebeugt, um nicht von den Splittern getroffen zu werden, schlüpfte er aus der Tür.

»Fallt nicht darauf herein«, beschworen der französische Widerstandskämpfer und das wallonische Mädchen, die sich wieder gefasst hatten, die anderen und stellten sich all denen, die hinaus wollten, entgegen. »Lasst uns in Ruhe überlegen«, rief Lucia und schloss sich den beiden an. »Es ist die Anspannung wegen des Streiks, die uns böse mitspielt.« Der Apulier, der auf dem Boden sitzengeblieben war, streckte die Füße aus und stellte blitzartig einem Mann und einer Frau ein Bein; beide fielen zu Boden.

Während des darauffolgenden Gezeters schlug jemand von draußen den Türhütern auf den Rücken. Diese wandten sich um, und alle verstummten mit einem Schlag. Ein Mann mit der Arbeitsdienst-Binde am Arm stand vor ihnen. Er trat in den Waschraum. »Keine Angst«, sagte er in hartem Deutsch. »Das ist die Flak.« Dann lächelte er, legte mit hochrotem Gesicht die Hände auf die Brust und verschwand nach einer kurzen Segnungsgeste.

»Das sind keine Bomben, sondern Schüsse von der Fliegerabwehr«, übersetzte Lucia.

»Das ist eine Falle, damit wir bei lebendigem Leib verbrennen.«

»Nein«, kam die Stimme des französischen Veteranen. »Dieser Mann hat die Wahrheit gesagt. Ich kenne ihn, es ist ein evangelischer Pfarrer, der Mitleid mit uns hat.«

Sie schwiegen ermattet. In der Tat wechselten die Explosionen mit ungewohntem Geknatter und dumpfen Aufschlägen und mit einer extrem dichten Folge von Maschinengewehrsalven ab; nicht das durchdringende Pfeifen, mit dem Bomben niedergingen, war zu hören, sondern ein weicherer Luftsog wie bei Kanonenschüssen. Bei genauem Hinhören schienen auch die Echos zu stark zurückzuprallen. Aber draußen hielten das Durcheinander und das Scharren von Schritten an. Die junge Wallonin ging hinaus, um die Ausländer aufzuhalten, die zu den Bunkern liefen. Der Apulier, der französische Widerstandskämpfer, Lucia und einige andere folgten ihr.

»Das sind Schüsse in die Luft«, schrie einer.

»Ein simuliertes Bombardement«, brüllte ein anderer. Die Leute blieben stehen, blickten um sich und starrten in den Himmel.

»Lasst euch nicht in die Falle locken, das ist psychologischer Krieg.«

Aber jetzt hörte man echte Bombeneinschläge mit dem unerbittlichen Pfeifen und den rollenden dumpfen Echos.

Die Verwirrung der Gemüter war grenzenlos (später war zu erfahren, dass die Bomben über freiem Feld abgeworfen worden waren, in einem abgetrennten Gebiet, wo die wiederholten Einschläge Krater in den Boden gerissen hatten).

Nur ein paar hundert Ausländer blieben in verlorenen Grüppchen in den Waschräumen zurück. Lucia traf Martine und Etienne, die sie mitnahmen.

Alain lehnte mit geschlossenen Augen an einer Mauer.

»Da kommt deine Feindin«, sagte Martine scherzend.

Alain zwang sich zu einem Lächeln. »Reingefallen«, sagte er, aber es gelang ihm nicht, einen unbekümmerten Ton anzuschlagen. »Wenn man vierzig ist, trifft einen das härter.«

Inzwischen überzeugt, dass Hunderte, Tausende Tonnen Sprengstoff von den am Himmel kreuzenden amerikanischen fliegenden Festungen abgeworfen würden, zitterten sie aus Gewohnheit, voller Apathie.

Nach und nach wurden die Explosionen jedoch seltener, der Krach ließ nach, und um elf Uhr morgens heulten schließlich wieder die Sirenen zur Vorentwarnung. Gleich darauf war ein unerklärliches Räuspern in der Luft zu hören, und dann ertönte eine verzerrte Stimme über die Lautsprecher aller Werkshallen. Obwohl sie durch die Lautsprecheranlage dunkler klang, erkannte Lucia die Kopfstimme von Doktor Lopp.

Er sprach in freundlich festem Ton. Er sagte, dass der Krieg immer heftiger wüte und dass angesichts der immer stärkeren Bedrohung durch die Luftangriffe die Belegschaften der deutschen Fabriken, ohne Unterschied der Völker und des Ranges, gemeinsam der Lebensgefahr ausgesetzt seien.

Ernste und einschmeichelnde Stimmen wiederholten die Worte des Direktors in den verschiedenen Sprachen: auf Holländisch, Französisch, Italienisch, Kroatisch, Russisch, Griechisch, Slowenisch.

Lucia bemerkte, dass die russische Übersetzung nicht an letzter Stelle kam, vermutlich ein Zugeständnis an die zahlenmäßige Stärke der »Ostarbeiter«.

Um das Feld nicht den feindlichen Mächten zu überlassen, fuhr Doktor Lopp fort, das heißt also, den reichen Nationen, die ihre Todesgeschosse auf Frauen und Kinder, auf deutsche Bürger und Fremdarbeiter, auf Feinde und Verbündete abwerfen würden, um die Zivilisation zu zerstören, müssten alle eine geschlossene Einheit bilden.

Nach der langen Reihe der Übersetzungen verkündete Doktor Lopp mit genau kalkulierter Großzügigkeit, dass trotz strengster Lebensmittelrationierung für das deutsche Volk eine außergewöhnliche Maßnahme ergriffen werde.

Die pausenlos aufeinanderfolgenden Übersetzungen verstärkten die Spannung.

»Heute«, die Stimme des Direktors wurde langsamer, »gibt es in allen Kantinen für alle bei den I.G. Farben beschäftigten Fremdarbeiter Erbsensuppe und ein gekochtes Ei pro Kopf. Ich wiederhole, in allen Kantinen haben alle ohne Ansehen der Volkszugehörigkeit und der besonderen Bedingungen, Freiarbeiter, Deportierte, Kriegsgefangene aller Länder in der heutigen Mittagspause Anrecht auf eine Erbsensuppe und ein gekochtes Ei.«

Während die Mitteilung weiterhin in den verschiedenen Sprachen der Lagerinsassen über die Lautsprecher verbreitet wurde, wimmelte es auf den Straßen des Werkgeländes bald von Arbeitern, die den Kantinen zustrebten.

Vergebens versuchten ungefähr hundert Fanatiker, gegen diese Flut anzukämpfen. »Gerade jetzt dürfen wir nicht nachgeben.« Aber: »Wir haben gesiegt«, entgegneten ihnen die Ausgehungerten jubelnd. »Sie haben Angst vor uns bekommen und geben uns ein Ei.«

»Nein«, schrien die Aktivisten zurück, »nur wenn wir ihr Almosen zurückweisen, kriegen sie wirklich Angst vor uns.« Sie hatten an der Weggabelung zu den Ost- und West-Kantinen eine Kette gebildet, indem sie sich in mehreren Reihen an den Armen hielten: Stanislaw, Gruschenka, der Apulier, Lucia, Johann, Martine,

Etienne, Jacqueline, ein russischer Gefangener, Carla, ihr »badoglianischer« Freund, ein Grieche, Alain und viele andere. »Jetzt fängt der Streik erst richtig an«, skandierten sie im Chor.

Die deutschen Wachen sahen zu, ohne einzugreifen. Tatsächlich war die Strömung in Richtung der Kantinen stärker. Die Massen drängten auf die Küchendünste zu, und das Wasser lief ihnen im Mund zusammen.

Lucia aß erschöpft ihre Erbsensuppe, während Martine sorgfältig ihr Ei schälte und ihr die Tränen über die verkrampften Wangen liefen. Aus dem Lautsprecher in der Kantine tönte eine halblaute männliche Stimme, erst auf Französisch, dann auf Italienisch:

»Der Luftangriff ist abgewehrt worden. Die Gefahr ist vorüber. Ihr könnt ruhig an eure Arbeit zurückkehren. Und falls die fliegenden Festungen den Nachschub nicht unmöglich machen, wird es morgen wieder eine Sonderzuteilung geben. Morgen gibt es einen Hering pro Kopf.«

Rom, 1975

VIERTER TEIL

DER UMWEG

I

Ich war nicht ganz ehrlich. Ich hatte so lange behauptet, ich wäre nach Dachau deportiert worden, dass ich es schließlich selbst glaubte. Aber es ist nicht wahr. Meine Genossen wurden in jenes Lager gebracht. Ich nicht. Ich wurde repatriiert.

Vier Tage nach dem Streik, am 6. Juni 1944 (es war ein Dienstag), wurde ich verhaftet, als ich gerade am Eingang des I.G. Farben-Werks meine Karte in die Stechuhr schob, und auf einen Polizeiwagen geladen, wo ich Martine und Gruschenka wiedertraf. Wir hatten gerade noch Zeit, uns mit den Augen zu verständigen: leugnen und fertig. Im Gefängnis teilte uns der Unterführer, der unsere Personalien aufnahm, uns abtastete und unsere Taschen leerte – Martine hatte ein Taschenmesser und Gruschenka ein Stück Bindfaden –, mit, wir würden des Diebstahls in der Fabrik bezichtigt. Sofort wechselten wir erleichterte Blicke; wir hatten ja schon seit ein paar Wochen nichts mehr gestohlen. Aber als wir die Treppen hinaufgingen, murmelte Martine:

»Wir sind erledigt.«

Ich ging vor ihr und drehte mich ruckartig um, aber sie schubste mich weiter. Erst auf dem vierten Treppenabsatz erklärte sie:

»Seit wann erzählen die einem, warum man verhaftet wird? Und ausgerechnet jetzt ein einfacher Diebstahl? Hier kommen wir nicht mehr lebend heraus.«

Im sechsten Stock führte uns einer der beiden Gefängniswärter, die uns begleiteten, durch einen langen, fensterlosen Gang mit verriegelten Eisentüren auf beiden Seiten. Er fing an, einen Schlüssel nach dem anderen in den drei Schlössern der ersten Tür herumzudrehen – das Gestochere hörte nicht auf, kreischende Schnappgeräusche, bei denen einem die Zähne stumpf wurden.

Martine stellte sich neben mich, fasste mich am Arm und sagte mit einem festen Blick auf die eiserne Tür, fast ohne die Lippen zu bewegen:

»Rette wenigstens du dich. Spiel deine faschistischen Karten aus.«

Ich sah sie so tödlich beleidigt an, dass sie unmerklich den Kopf schüttelte. »Du wirst nie begreifen«, schnaubte sie.

Die Eisentür sprang mit quietschenden Angeln auf, und es verbreitete sich ein lautloser Gestank von Mineralien und Urin. Ich drückte Martines Finger. Und Gruschenka ging, von einem Gefängniswärter ruppig am Arm geführt, an uns vorbei, weiß, mit einem schon erloschenen Abschiedslächeln in den Augen. Sie drehte sich nicht um. Wieder Gerassel drinnen im Raum, außerhalb unseres Blickfelds.

»Gruschenka«, rief ich, »Gruschenka.« Sie antwortete nicht.

Martine wurde von der nächsten Tür verschluckt. Dann war ich dran. Der Raum, in den ich eintreten musste, enthielt neun Zellen, vier an der Wand mit der Tür und fünf gegenüber an der Innenwand, wo von oben durch ein langes, schmales Fensterchen Tageslicht auf die Metallumrisse der Zellen fiel.

Ich wurde in die Zelle an der Wand gegenüber der Tür eingeschlossen, in der schon eine schwangere Frau mit stark vorgewölbtem Bauch war.

Ich will hier jetzt nicht über jene Tage erzählen, es waren zehn. Ich musste mich mit dem Boden begnügen, weil die Frau mir einen Fußtritt gab, sobald ich mich auf die Pritsche setzte. Sie hatte braune Haare und verschwommene Gesichtszüge und mied mich voller Ekel. Ich ärgerte mich krank, dass ich mich nicht neu eingekleidet hatte. Gerade am Vorabend hatte ich drei Pakete aus Italien auf einmal bekommen (von meiner Mutter), und es hatte eine solche Aufregung darum gegeben, dass ich die Verteilung meiner Güter auf den nächsten Tag verschoben hatte. Da waren Strümpfe, Unterhosen, drei Kleider, zwei Pullover, ein Paar Schuhe und die berühmten Stiefel, Dosen mit Kondensmilch und Trockenmilch, Marmelade und Kekse. Hätte ich mich wenigstens die ganze Nacht lang damit vollgestopft. Jetzt dachte ich immer nur an all die Kleidungsstücke, die ich hätte anziehen können. Mein Fehler war, dass ich mich vorher hatte desinfizieren wollen (ich war voller Filz- und Kopfläuse). Meine Zellengenossin jedenfalls erbrach jedes Mal eine gelbliche Flüssigkeit, wenn sie aus Versehen eine Wanze mit der Hand zerdrückte. Sie hatte mir in wenigen Worten ihre Geschichte erzählt, als man mich bei ihr eingeschlossen hatte.

»Was hast du gemacht?«, hatte sie ausdruckslos gefragt.

»Ich bin angeklagt wegen Diebstahls in der Fabrik, aber ich habe nicht gestohlen.«

»Ich aber, mehr als hundert Postpakete.«

Sie war Deutsche und hatte zusammen mit ihrem Mann ein Postamt geführt (ich glaube in Okriftel). Beide hatten die Pakete für die deutschen Soldaten an der Front gestohlen; die üppigsten Sendungen gingen an die russische Front, Kaffee, Schokolade, Wurstwaren, alle Schätze dieser Welt; es waren herrliche Monate und Jahre gewesen. Bis die Stunde der Inspektion kam. Sie wurden vor ein Kriegsgericht gestellt, ihr Mann wurde sofort erschossen, sie sollte gleich nach der Niederkunft hingerichtet werden.

»Bis dahin kann der Krieg zu Ende sein«, hatte ich geantwortet (ich verstand meine Gefühle nicht). Mein Satz musste sie verärgert haben. Sie richtete nie mehr ein Wort an mich und hörte auch nicht zu, wenn ich etwas zu ihr sagte. Mir war diese stumme Feindseligkeit auch lieber. Nachts, wenn ich in meine Decke gehüllt auf dem Boden lag, hörte ich, wie sie auf der Pritsche zusammengekauert und mit dem Gesicht zur Wand in Abständen »Drecksausländer« und andere finstere Schimpfwörter brummte.

Ich verbrachte die Tage damit, dass ich, das Gesicht an die Gitterstäbe gepresst, mit den Nachbarzellen redete. Die Eisenbleche, die uns voneinander trennten, machten mir die anderen Häftlinge unsichtbar. Diebinnen, Prostituierte, eine Mörderin, lauter Ausländerinnen mit lauten Stimmen inmitten dieser verfügten Verdammnis, emsig bemüht, jedes Mal, wenn die Wärter hereinkamen, ein kollektives Furzen zu organisieren. Sie teilten sich gegenseitig mit, wenn sie einen Furz lassen konnten, und feuerten sich an, ihn zurückzuhalten, die Stunde der Suppe war nah.

»Y a les chleux«, meldete ich, sowie das Auge eines Wärters im Spion meiner Zellentür auftauchte.

Und wenn die beiden Wärter mit der Wassersuppe hereinkamen, platzte ein Konzert krachender und dumpfer Fürze los mit einem Gestank, den wir alle nicht einatmeten, damit er voll in die Nasenlöcher der Polizisten eindringen konnte. Meiner Zellengenossin, der einzigen Deutschen im ganzen Raum, wurde so übel, dass sie sich über ihrem eigenen Bauch krümmte. Ganz langsam erholte sie sich wieder, tastete sich den Bauch ab, als könnten ihre Hände horchen, und hatte ein verborgenes Lächeln im Blick.

Eines Nachts wachte ich auf und sah sie auf der Pritsche stehen. Sie fuchtelte im Dunkeln an dem Gitterrost herum, der als Zellendecke diente. Ich begriff, dass sie etwas festband (ihre Strümpfe, dachte ich sofort, abends streichelte und küsste sie sie immer, nachdem sie sie ausgezogen hatte). Sie steckte den Kopf in die Schlinge. Mit einem Satz packte ich sie an den Beinen. Sie krallte sich mit den Händen oben am Gitter fest und versuchte, nach mir zu treten. Ich hielt ihre Knie eng umfasst und stand da, meine Wange an ihrem Bauch. Ich spürte durch den Stoff und das gespannte Fleisch hindurch, wie sich das Ungeborene langsam bewegte.

»Rühr mich nicht an«, zischte sie vom Ekel gewürgt, wässriges Erbrochenes quoll aus ihr heraus und tropfte mir auf Haare, Stirn und Mund; es kam mir vor wie Liter von Säuren.

Plötzlich fiel mir ein, ich könnte ja schreien. »Hilfe«, rief ich, *»au secours«,* immer schneller.

Die Zellen nebenan rührten sich träge. Die Frau über mir flehte mich jetzt an: »Danke, du hast mich gerettet, aber sei still, ich bitte dich.« Ich wunderte mich über ihre so überaus sanfte Stimme. »Es war ein Anfall von Verwirrung, aber jetzt sei still, schweig.« Gelähmt von dieser unerwarteten Sanftheit, hatte ich aufgehört zu schreien, um ihr zuzuhören. »Hilf mir, meine Füße wieder auf die Pritsche zu stellen, still, gut ... ja, so.«

»Aber nimm erst mal den Kopf aus der Schlinge«, sagte ich, angesteckt von einem Gefühl der Zerbrechlichkeit, leise zu ihr.

»Ja natürlich, aber wenn du nicht locker lässt, kann ich nicht, du hältst mich so hoch, dass mein Kopf plattgedrückt wird, das Gitter schneidet mich, ich bitte dich.« Immer noch diese mir ausgelieferte Stimme. »Du musst mich an den Füßen halten. So, setz dich auf die Pritsche, ich halte mich mit den Händen fest und stelle die Füße auf deine Schulter.«

»Das ist mir zu riskant.«

»Halt meine Knöchel fest.«

In den anderen Zellen spitzten sie die Ohren. »Lucia«, riefen sie ungewohnt vorsichtig, »was ist los mit dir.« Ich hörte ihr waches Atmen rings um unsere Körper, die sich im Dunkel umschlangen. Meine Zellengenossin sagte immer wieder: »Danke, danke, was wollte ich dir nur antun, mein Kind«, mit einem geheimen Raunen, während ihr Körper immer weicher auf mich sank.

Daraufhin drückte ich die Stirn herunter auf ihre Beine, die ich weiter mit dem linken Arm festhielt, und zog meinen rechten Arm heraus, um damit einen ihrer Knöchel zu packen. Aber da schlug mir ihr Knie spitz unter das Kinn, so dass ich ins Wanken kam, und gleich danach traf mich noch ein Kniestoß mitten ins Gesicht. Instinktiv griff ich mit der immer noch freien Hand an meine blutende Nase, und dann bekam ich einen Tritt in die Kehle von ihrem Fuß, der mich fast rückwärts auf die Pritsche geworfen hätte. Es hätte nicht viel gefehlt, und ich hätte sie jetzt erhängt, weil ich sie beim Fallen mitriss. Aber dank wer weiß welchen Reflexes verlor ich doch nicht das Gleichgewicht. Ich hatte ihre rechte Hüfte mit dem Arm in der Zange, so dass sie sich nicht einmal, wenn sie das Knie beugte, strangulieren konnte. Während ich mich noch darauf konzentrierte, nicht loszulassen und zu versuchen, ihr das andere Bein festzuhalten, das in alle Richtungen schoss, bekam ich den nächsten Kniestoß auf meine inzwischen wieder ungeschützte Nase – ich hätte nicht mehr sagen können, was da alles an spitzen Sachen mein Gesicht traf. Ich erinnere mich, dass ihr der Schuh von diesem ungreifbaren Fuß rutschte, und ich frohlockte mitten in diesem Handgemenge, mit Krämpfen in den Händen und dem Bedürfnis, mich festzukrallen, einfach so, ohne Zweck. Aber diesen kleinen Ausbruch musste ich sofort bezahlen, ihre Fußsohle klatschte mir ins Gesicht und klebte fest wie ein Saugnapf, als wäre sie angewachsen, ihre Zehen stachen mir in die Augen, und ich dachte mit einem Hoffnungsschimmer daran, den Mund zu verrenken und reinzubeißen – und wenn ich ihr den Fuß leckte? Von meiner Zunge gekitzelt, würde sie ihn wegziehen. Zu diesem Zweck musste ich den anderen Arm lockern, und sofort brach ein Hagel von Kniestößen, Fußtritten und Worten über mich herein. Ich hatte jedoch inzwischen den Knöchel des Fußes in meinem Gesicht gepackt und ihr die Wade so unter den Schenkel gedrückt, dass ich sie hochstemmte und sie wie ein Buddha in der Luft saß.

»Du dreckige Wanze«, schoss ihre pfeifende Stimme durch mich durch. »Was hast du mit mir zu tun, wer bist du, was willst du, wie kannst du es wagen, WIE KANNST DU ES WAGEN, was willst du mit *meinem* Leben, das ist *mein* Leben«, kreischte sie röchelnd, »Du Ekel ... mein Leben, WIE KANNST DU ES WAGEN.« Dabei zuckte sie so, dass die Gitter wackelten. Der plötzliche Ruck, mit dem ihr baumelnder Körper sich losriss, endete in einem weichen Aufprall, ich schlug zu Boden. Erst jetzt nahm ich das fürchterliche Getöse von Näpfen und das rhythmische Stampfen der Füße meiner Zellennachbarinnen wahr, die heiser nach den Wärtern riefen.

Das Verhör noch am selben Tag war seltsam leicht. Ich wurde abgeführt in ein Haus, das sich als Gerichtsgebäude erwies, in einen nie gesehenen kleinen Raum mit Männern in Zivil hinter einem

Tisch. Im Protokoll wurde peinlich genau mein geschwollenes Gesicht beschrieben; die Beulen und Blutergüsse auf meiner Stirn wurden gezählt, die Kratzer am Hals und auf den Händen (die ich mir nicht erklären konnte) mit dem Zentimetermaß vermessen, ein Schneidezahn war abgebrochen, Nasenbluten. Sie entlasteten mich nicht nur von jeder Mitschuld am Selbstmordversuch der »schwangeren Verbrecherin«, sondern belobigten mich auch, weil ich versucht hätte, das ungeborene Kind für das Dritte Reich zu retten, indem ich es dem Wahnsinnsanfall der Kindsmörderin entrissen hatte. Dafür würde mir Freiheit unter Aufsicht gewährt. Ich könne ins Lager zurückkehren. Man würde mich vorladen, damit ich zu meiner Verhaftung und der der anderen Ausländer Aussagen machte. Meine Führung in der Zelle sei ein sicheres Indiz der Reue. Die Nazijustiz zweifelte nicht an meinem Willen zur Zusammenarbeit.

Meine Baracke war noch leer. Aber meine Genossinnen würden nicht mehr lange auf sich warten lassen. Der Hunger machte mich wild. Ich lief zu meinem Spind. Das Schloss war aufgebrochen, die Fächer leer, nur der schlaffe Rucksack mit den Briefen von meiner Mutter in einer Seitentasche war noch da, außerdem die Tütchen mit Rattengift, die Gruschenka mir geschenkt hatte (sie hatte sie von ihrer Ration Desinfizierungsmittel für die Klos abgezweigt), als ich ihr erzählte, ich hätte zwei Kanalratten zwischen den Waschschüsseln hinter der Baracke scharren sehen. In einer Spiegelscherbe sah ich hasserfüllte Augen, die mich anstarrten, und entsetzt wandte ich mich langsam um. Es war niemand da. Ich klebte diese Augen wieder auf den Spiegel.

Ich versuchte die Spinde meiner Gefährtinnen aufzubrechen. Vergebens. Ich sah durch die Löcher in den Spindtüren, um vielleicht meine Sachen zu erkennen, ich atmete die Gerüche ein. Als ich mein eines Auge lange an ein Loch in Jacquelines Tür presste (das andere hielt ich mit der Hand zu), sah ich etwas Hellblaues schimmern. Ah! Das war mein in der Taille gekräuseltes Baumwollkleidchen, das freundlichste, das mir meine Mutter geschickt hatte. Diese Hyänen, ich weinte still vor lauter Entrüstung, die mich benebelte. Dann baute ich mich breitbeinig auf, um die anderen zu empfangen, Hände in den Taschen, an das Etagenbett gegenüber der Tür gelehnt, auf dessen oberer Pritsche Martine geschlafen hatte.

Einzeln oder zu zweit kamen sie herein und gingen mit flüchtigen Blicken auf mich seitlich an mir vorbei (schnell allerdings). Ich hängte mich an Jacqueline, die Einzige, die mich mit einem überraschten »Oh!«, das liebevoll, fast zufrieden klang, angesehen hatte.

»Ich will meine Sachen zurück«, brachte ich schließlich heraus. »Ich will meine Esssachen zurück.«

»Ach ja?« Langsam drehten sich die Gefährtinnen, die mich geschnitten hatten, nach mir um. Sie kommen näher. Ich fixiere sie.

»Diebinnen«, zische ich.

»Du hast die Genossen verraten«, sagt eine achselzuckend. »Deshalb bist du hier.« Und sie kehrt mir den Rücken zu.

»Genau«, meldet sich eine andere zu Wort, »sie hatten recht, die Nazis: Die Studentin hat geplaudert, haben sie gesagt. Schau nur, was für ein hasserfülltes Gesicht. Und wir haben es nicht glauben wollen!«

»Ah!« Mehr bringe ich nicht hervor. Ich stürze mich auf sie, schlage mit Fäusten und Ellbogen um mich.

»Du hast alles verraten, du Schwein, du hast dich kaufen lassen.« Alle redeten durcheinander.

Ich wende mich den Spinden zu. Alle auf den Boden kippen, denke ich. Sie merken es. Jede stellt sich vor das eigene Türchen, bereit, es mit dem Leben zu verteidigen.

Ihr Hyänen wolltet meine Leiche, sagt mein Gehirn, aber die Wörter kommen nicht heraus. Ich wiederhole nur immer dumpf: »Ich will meine Sachen zurück. Ich will meine Sachen zurück.«

»Und Martine? Und Carla? Warum bist du allein hier?«, stürmen die Stimmen vor den Spinden auf mich ein. »Sie haben nichts verraten, sie haben sämtliche Schläge und Foltern durchgehalten.«

»Ah«, fange ich wieder an, »ah!« Es ist ein Schmerz, den ich nicht mehr unter Kontrolle halten kann. Ich muss etwas tun, aber was, und wem zuerst? »Ja«, fange ich an zu schreien. »Ich habe euch verkauft. Und zwar gut. Ihr landet alle im Gefängnis.« Ich lachte.

Bei der folgenden Prügelei und dem Tumult von Stimmen und Leibern stürzt auch der Ofen um und stößt schwarzen Rauch aus, der sich über den Raum verteilt. Hyänen, Mörderinnen, ihr werdet mir alles zurückgeben, bis zum letzten Fetzchen, Nazisau, wir haben gar nicht bemerkt, dass deine Tür überhaupt aufgerissen war. Durch die Peitschenhiebe des Lagerführers, die auf uns niedersausen, werden wir in die Wirklichkeit zurückgerufen. Wir richten uns langsam wieder auf, ich krieche unter den anderen hervor, sehe ein Büschel von meinen Haaren in der Hand der großen Bergamaskerin und keuche in die vollkommene Stille hinein:

»Sie haben mir meine Sachen gestohlen.« Erst da bemerke ich, dass ich selber einen Strang schwarzer Locken in den Fingern halte. Ich starre der Reihe nach meine verstummten Gefährtinnen an, und das Siegesgefühl ist wie weggeblasen.

»Was haben sie dir gestohlen?«, fragt mich der Lagerführer betont verständnisvoll.

»Die Diebin ist sie selber«, platzen die Lagerinsassinnen heraus und drängen sich eng aneinander. »Sie hat in der Fabrik Alkohol gestohlen.«

»Meine Sachen«, beharre ich.

»Sie hat die Kontrollgeräte unbeaufsichtigt gelassen.«

»Meine Sachen, meine Esssachen.«

»Sabotage«, schreien sie durcheinander, »sie hat sich der Sabotage schuldig gemacht …« Dann eine zitternde Stimme:

»Sie wollte uns zum Streik aufhetzen.«

Aller Augen richten sich eisig auf die ältliche kleine Frau, die das

Unaussprechliche gesagt hat und mit zerknirschter Stimme stammelt: »Um uns zu provozieren, um uns auf die Probe zu stellen, aber wir sind nicht …«

»Was haben sie dir gestohlen?«, wiederholt der Mann sanft. Wie sanft Grausamkeit einen machen kann (denke ich).

»Eine Dose Milchpulver«, sage ich verwirrt.

»Ist das alles?«, fragt der Lagerführer mit freundlicher Ironie.

»Ja«, bestätige ich.

»Bist du sicher?«

»Ja.«

»Wirklich?«

Ich nicke.

»Gut. Ich werde die Schränkchen durchsuchen lassen. Hol dein Zeug heraus, es wird alles überprüft anhand der Inhaltsverzeichnisse von den Paketen, die du beim Abholen unterschrieben hast. Und wenn sie dir noch mehr gestohlen haben, keine Angst, du kriegst dein Recht. Sie werden dich mit keinem Finger anrühren.« Und an meine Gefährtinnen gewandt: »Es wird ein Protokoll aufgesetzt. Ihr werdet eure Anzeigen unterschreiben.«

»Was für Anzeigen?« Die Frauen drängen sich zusammen. Sie wüssten von nichts. Gerüchte, Gerede, nichts.

Jacqueline wagt sich vor: »Ihr Vater hat sie gesucht, das ist ein Regierungsmensch, ihr könnt sie nicht beschuldigen.«

»Das werden wir noch sehen.« Der Lagerführer geht hinaus und lässt zwei bewaffnete Wachen vor der Baracke zurück. Die Hunde winseln.

»Mein Vater hat mich gesucht?«, flüstere ich Jacqueline zu.

»Quatsch, wer soll dich suchen?«

Zerschunden, zerkratzt, aus Nase und Mund blutend, tragen wir auf meinem Strohlager meine Sachen zusammen, während vier Genossinnen aus dem Fenster sehen und unsere Bewegungen vor den Wachen verdecken. Es fehlen verschiedene Sachen, die in meiner Abwesenheit verzehrt oder getauscht worden sind. Jede rückt ein Kleidungsstück, einen Würfel Zucker, eine Prise Tabak heraus, bis wir meinen, eine dem Inhalt von drei Paketen entsprechende Menge zusammengebracht zu haben. Fehlt nur die von mir gemeldete Dose Milchpulver, sie ist weg. Wir verabreden, die schwangere Bergamaskerin, die zur Entbindung in ihr Heimatland abgeschoben worden ist und nicht verfolgt werden kann, des Diebstahls zu beschuldigen. Bei dem Gedanken, dass ich bei jeder Anfechtung nur die Schuld auf sie zu schieben brauche, fassen wir wieder Mut. Friedlich, auch vor Erschöpfung, setzen wir uns hin und warten auf die Kontrolle. Die Minuten vergehen.

»Ich habe Hunger«, sagte ich.

»Dann iss doch. Bei all den Sachen, die du hast! Sieh mal, alles deins, was willst du denn noch!«, sagte eine Stimme.

»Willst du uns vielleicht auch noch die Luft zum Atmen nehmen?«, fragte eine andere.

»Uns *auch?*« Eine dritte Stimme von einem Strohlager (war das etwa Jacqueline?).

Ich kauerte mich am Kopfende meines Strohlagers vor die *Sachen,* ohne auch nur einen Krümel Brot zu essen. Es herrschte also nur scheinbar Waffenruhe. Sie glaubten den Nazis. Ich würde sie nie überzeugen können. Ich würde überhaupt niemanden überzeugen können. Meine Eltern? Ich lachte vor mich hin. Die Stunden vergingen in Schweigen. Von Zeit zu Zeit stand eine der Frauen auf, um verstohlen einen Bissen aus ihrem Spind zu holen. Verstohlen, damit ich es nicht bemerkte. Sie schielten immer mit einem Auge nach mir (das wusste ich). Im Übrigen hatte ich sie denunziert. Ich konnte niemanden überzeugen. Im Grunde überzeugte ich nicht einmal mich selbst. Zu anstrengend.

Im Halbschlaf, als ich am Kopfende des Strohlagers saß – meine Wange auf den angezogenen Knien war eingeschlafen, meine Augen starrten auf das in greifbarer Nähe liegende Brot und den Zucker –, fielen mir die Tütchen mit dem Rattengift wieder ein. Die

Erleichterung nahm mir fast den Atem. Wieso hatte ich nicht schon vorher daran gedacht?

Ich überlegte in aller Ruhe. Ich musste mich jedoch schnell entscheiden, wenn ich nicht beim Wecken von den Gefährtinnen gerettet werden wollte. Es war jetzt vermutlich mindestens elf Uhr abends, vielleicht sogar schon Mitternacht. Rechnen wir einmal nach. Ich bin gegen fünf ins Lager zurückgekehrt. Die anderen sind gegen sechs, halb sieben gekommen. Sie wollten noch schnell in die Baracke, bevor sie zur Lagerkantine gingen (sogar ihr Abendessen, oder besser gesagt, die Suppe, haben sie verpasst). Länger als eine Stunde hat es nicht gedauert, bis der Lagerführer kam. Ob die Wachen wohl noch draußen stehen? Soll ich vielleicht noch pinkeln gehen? Nein, lauf nicht weg. Also, wie war das: Gegen neun war alles vorbei. Alle auf den Strohlagern? Vielleicht eher zehn. Verlier dich nicht in Einzelheiten. Der Reihe nach. Sicher ist es später, als du denkst, vielleicht eins? Schnell, aber ruhig. Was verlierst du, wenn du stirbst? Kommt dir nur so vor, aber das ist Gewohnheit. Du hast sogar Latein gelernt (ich lachte). Und morgen?

Beim Gedanken an den nächsten und die folgenden Tage entschloss ich mich plötzlich. Das ganze Danach stürzte auf mich und erdrückte mich mit einem Schlag: Was mache ich später mit dem, was ich hier erlebt habe? Da sah ich auf einmal die Mahagoni-Möbel, das feine Porzellan, das englische Silber von zu Hause vor mir und musste aus vollem Herzen lachen. Freude überfiel mich, ich sah und wischte weg, zack, weg, weg. Fieberhaft zog ich die Schuhe aus und ließ mich mit steifen Gliedern zu Boden gleiten, stand da auf unsicheren Füßen, weil mir ein Bein eingeschlafen war, schob die Hand in die Seitentasche des Rucksacks und tastete nach den Tütchen neben den Briefen meiner Mutter. Ich zog sie heraus, was für eine Erleichterung, ich zählte sie, es waren sechzehn. Ich fühlte mich ganz leicht.

Ich nahm meinen Aluminiumbecher und ging auf Zehenspitzen zum Waschbecken. Der dünne Wasserstrahl traf auf das Metall mit einem Klang, der mein Ohr erfrischte. Ich leerte acht Tütchen in den ersten vollen Wasserbecher, rührte mit dem Finger um, hielt mir die Nase zu und trank alles in einem Zug aus. Hastig leerte ich den Inhalt der anderen Tütchen in einen zweiten Becher Wasser und wollte, immer noch mit zugehaltener Nase, alles hinunterschlucken, ohne zu atmen, aber ich schaffte es nicht. Ich zählte dreizehn Schlucke. Einen halben Becher reines Wasser hinterher, um sicher zu sein, dass alles unten war. Ich empfand tiefen Frieden. Vielleicht sollte ich auf und ab gehen wie Sokrates. Es war so einfach gewesen. Vor meinem Strohlager blieb ich stehen. Ich wollte auf Martines Pritsche sterben. Martine hätte nicht den Nazis geglaubt. Langsam, um die unten liegende Genossin nicht zu wecken, kletterte ich nach oben. Ich legte mich auf den Rücken und schmiegte mich in Martines Stroh. Es war aus. Martine hätte mir geglaubt, Alain auch, und auch Etienne und Gruschenka, die schon so fern war, hätten mir geglaubt. Ich durfte mich jetzt gehenlassen. Endlich. Ich fiel in einen dumpfen Dämmerzustand.

Von allein und gegen meinen Willen standen mir die Haare zu Berge, eines nach dem anderen, von allein triefte meine Haut von kaltem Schweiß, Fieberschauer durchwogten mich von Kopf bis Fuß, meine Zähne klapperten wie bei einem Totenschädel ohne mein Zutun, etwas Röhrenförmiges in meinem Magen, vielleicht die Speiseröhre, krümmte sich, und ich fühlte jedes aufgerichtete Haar meiner Gänsehaut, die fast platzte. Aber es dauerte nur kurz. Dann überfiel mich Entsetzen. In allen Poren ein Entsetzen vor dem Tod, die Augen traten aus den Höhlen, das Endgültige stieß mich in dieses haltlose Entsetzen, mit dem ganzen Gewicht meiner Erbärmlichkeit.

Von jener Nacht blieb mir die Erinnerung, die immer, wenn ich daran denke (so selten wie möglich), noch ganz intakt und real ist, an jenes vollkommene Gefühl von Erbärmlichkeit, das ich in einem bestimmten Stadium der Vergiftung meines Körpers empfand (der Rest ist rekonstruiert). Dass *ich* mich dem Universum, dem Leben verweigerte, kam mir so erbärmlich vor – ich finde kein anderes Wort –, dass mein Entsetzen betäubt wurde von dieser Offensichtlichkeit. Aber in der chaotischen Verfassung meines Körpers herrschte noch immer die Entschlossenheit vor, keine Hilfe zu rufen, während mein verworrenes (und unnützes) Bewusstsein mir gleichzeitig sagte, dass diese Weigerung, mich vor den anderen Frauen zu erniedrigen, der niederste Grund für mein Elend war.

Ich wollte aufstehen, aber ich konnte nicht. Mich zur Seite drehen, aber ich konnte nicht. Zwei Finger, die ganze Hand in der Kehle, auf dem Rücken liegend, verdreht, merkte ich, dass ich auch, wenn ich wollte – und inzwischen wollte ich –, nicht mehr schreien konnte, es kam kein Ton aus mir heraus. Mein Fleisch zuckte, die Fasern, die Organe. Und Ströme von Erbrochenem überfluteten mein Gesicht.

Ich wachte wieder auf in einem Krankenhauszimmer; es war reinlich, himmelblau und weiß, mit Scheibengardinen und Metallbetten. Ich hatte einen Infusionsschlauch am Arm. Es war Blut. Sie übertrugen mir vier Liter, die die blutarmen, ausgehungerten Lagergefährten für mich gespendet hatten. Sogar das Blut nehme ich euch weg, dachte ich in den folgenden Wochen während der Rekonvaleszenz hin und wieder, mit einer ruhigen, gelassen-grausamen Verzweiflung, sogar das Blut, während ich die *Bekenntnisse* des heiligen Augustinus las, die der Pfarrer des italienischen Konsulats mir geschenkt hatte.

Am Morgen, nachdem ich das Rattengift geschluckt hatte, hatten sie mich mit ausgerenktem Kiefer in einem See von Erbrochenem und Blut gefunden. Die Überdosis, die ich in einem Zug hinuntergeschluckt hatte, war meine Rettung gewesen. Die Heftigkeit der Vergiftung hatte die Abwehrkräfte des Körpers mobilisiert und das Erbrechen ermöglicht. Hätte ich nur die Hälfte der Dosis eingenommen, hätte ich nicht überlebt. Nur die Nieren hatten Schaden genommen, für immer, ich weiß nicht, welche Gefäße da empfindlich sind, jedenfalls tritt bei der geringsten Anstrengung Blut aus.

Der Konsul kam höchstpersönlich. Doktor Lopp hatte ihn gerufen.

»Warum haben Sie sich nicht an mich gewandt? Sie werden auf offiziellem Weg in die Heimat zurückgebracht«, teilte er mit.

Der Konsul war ein rüstiger, gesetzter, grau melierter und gutmütiger Herr, der vor allem keiner Sache auf den Grund gehen wollte. Er hatte dem italienischen Außenministerium über mich berichtet. Er hatte es furchtbar eilig, mich davon zu überzeugen, dass er nichts gewusst und sofort, nachdem er unterrichtet worden war, Himmel und Hölle in Bewegung gesetzt habe, um mir den Beistand zuteil werden zu lassen, der meinem Rang gebühre. Er deutete auf die Gardinen und senkte die Stimme.

»Ein Krankenhaus nur für Deutsche«, vertraute er mir an und ergänzte mit erhobenem Zeigefinger und schlau blinzelnd, »Reichsdeutsche.« Er saß wie auf glühenden Kohlen, weil er nicht wusste, wer sich da hatte umbringen wollen, die Tochter meines Vaters oder die Gefangene der Nazis, das von den Lagerinsassinnen geprügelte Mädchen oder das Mädchen mit dem OST-Winkel an der Jacke. Er stellte eine Frage, zog sie aber sofort wieder zurück. »Denken wir nicht mehr daran. Es ist ein böser Albtraum gewesen. Schnee von gestern.«

Er saß kerzengerade an meinem Bett, trug ein Monokel, auf das ich gebannt starrte, und neigte sich nur vor, um die Schwierigkeiten zu unterstreichen, die er hatte überwinden müssen, damit ich »hier« aufgenommen wurde; dabei sah er wohlgefällig und mit einer ausholenden Handbewegung auf die Wände. Ich beobachtete die haarfeinen Äderchen in seinem gut durchbluteten roten Gesicht mit der weißen Stirn und dem weißen fliehenden Kinn. Ich merkte, wie spröde ich mich ihm gegenüber verhielt. Ich spürte nur eine einzige matte Regung von Sympathie für ihn, als er mit irgendwie fassungslosem Blick meines Vaters Seelenstärke, ja, seine »wahrhaft spartanische Natur«, wie er sagte, hervorhob, »so dass er trotz aller Druckmittel, über die er verfügt, mich um nichts für Sie gebeten hat, Signorina Lucia«.

»Er pfeift darauf«, antwortete ich mit sanfter Stimme. Der Konsul empfahl sich.

II

Ich bestieg den Zug, aber ich durfte nicht ins Lager zurückkehren. Sie brachten mir meine Sachen ins Krankenhaus. Sechs Wochen war ich dort gewesen. Die Ärzte waren zu mir zum Philosophieren gekommen. Die Schwestern hatten zufrieden genickt, als sie den heiligen Augustinus auf meinem Nachttisch sahen. Ein Konsulatsangestellter war bei der Zählung meiner Kleidungsstücke anwesend, bereit, sofort Reklamationen weiterzuleiten, falls etwas fehlte. Ich hasste das himmelblaue Baumwollkleidchen, all die Pullover und Wildlederschuhchen, all die Strümpfe und Unterhosen, ich hätte sie am liebsten zerrissen. Ich wollte den Konsulatsangestellten schon bitten, den ganzen Koffer (ein persönliches Geschenk des Konsuls) mit all meinen Sachen meinen Barackengenossinnen zu überbringen, aber dann dachte ich, dass er ihn nur für sich behalten hätte. Ich ließ den Pfarrer rufen, aber im letzten Moment hatte ich auch zu ihm kein Vertrauen. Ich verlangte, dass er und niemand anders mich zum Bahnhof bringen sollte. Er hatte ein Motorrad mit Beiwagen. Ich stichelte gegen die Nazis. Er ging darauf ein. Also sagte ich, er solle am Lager vorbeifahren. Er weigerte sich. Ich drohte damit, ihn zu denunzieren. Er fuhr mich hin. Ich kroch unter dem Stacheldrahtzaun durch und scheuchte den Schäferhund mit einem Fußtritt weg. Ich schob den Koffer mit einem Zettel unter Jacquelines Bett. Ich hatte die Stiefel an den Füßen, am Leib eine Hose, die der Konsulatsangestellte für mich gekauft hatte, um die Taille einen Pullover, und auf dem Rücken trug ich ein Kommißbrot und den heiligen Augustinus im Rucksack.

Die Apathie hielt an. Ich rauchte die ganze Reise, zündete mir eine Zigarette mit der Kippe der vorigen an. Ich hielt den Kontrolleuren meine Papiere hin, antwortete nicht auf die Fragen der Mitfahrenden im Abteil, was das Auf- und Zumachen des Fensters betraf. Nach etwa zwanzig Stunden war ich in Verona. Es war ein sonniger Morgen, vor dem Bahnhof gab es Stände mit Pfirsichen zu drei Lire fünfzig das Kilo. Es war ein Getümmel, das ich vergessen hatte, und dann diese italienischen Wörter überall, die mich auf Schritt und Tritt überraschten. Ich wusste nicht, wohin ich gehen sollte.

Von jenem Vormittag weiß ich nur noch, dass ich durch die Stadt streunte und mir die Leute ansah. Sie schienen alle Gesichter ohne Kriegsspuren zu haben. Kauf dir einen Pfirsich, sagte ich zu mir und liebäugelte mit den Bergen von samtigen Früchten in den Obstläden. Ich stellte mich neben eine Frau, die sie abtastete, und mein Annäherungslächeln verging mir sofort bei diesem aalglatten Gesicht, bei den Gesprächen und Gesten, die mich nichts angingen, und als ich vor dem Händler stand und dabei auch noch die anderen Kunden behinderte, steckte ich den gestohlenen Pfirsich kurzerhand in die Tasche und verdrückte mich gedankenverloren. Hinter der Ecke biss ich in die Frucht, die ich zwischen den Händen verbarg, und saugte langsam allen Saft heraus, bevor ich den Biss lockerte und weiterging. Aber als ich das dritte Mal zugriff (eine Pflaume diesmal), fühlte ich mich isoliert beim Klauen, es brachte mich den Passanten nicht näher.

In einer Gaststätte aß ich drei Teller angebrannte Polenta, über die Tomatensoße gestrichen war, und zwei Scheiben Kastanienkuchen. Ich war friedlich mit meiner Ernährung beschäftigt, als ich hörte, wie am Nachbartisch zwei Soldaten Pastasciutta bestellten. Soweit ich sah, gaben sie keine Lebensmittelkarten ab, also rief ich zum Wirt:

»Mir auch Pastasciutta.«

»Ich habe Ihnen doch schon gesagt, dafür brauchen Sie die Lebensmittelkarte.«

»Den Soldaten haben Sie sie gegeben.«

»Ja, selbstverständlich.«

»Ohne Lebensmittelkarte? Ich werde mich beschweren.«

»Was heißt ohne Lebensmittelkarte! Ich habe deren Marken längst, was glauben Sie!«

»Ich zeige Sie trotzdem an.« Ich machte Anstalten aufzustehen.

Der Mann lenkte ein, er schwitzte. Er servierte mir umgehend einen Teller Spaghetti mit Öl und Knoblauch, ein Glas Wein, ein Stückchen Schafskäse und sogar eine dicke Scheibe Brot. Ich genoss jeden Bissen und kaute ganz langsam.

»Sind Sie satt geworden?«, fragte der Wirt schließlich, ein etwa vierzigjähriger Mann mit vorsichtigem Blick. Ich nickte und musste lachen. Sofort blitzte er mich an. »Was wollten Sie eigentlich anzeigen? Diese Sachen habe ich Ihnen nur gegeben, weil ich sie Ihnen geben wollte, meine Liebe, die habe ich meiner eigenen Familie weggenommen, von unserer eigenen Ration habe ich sie abgezweigt.«

»Wie viel kostet es?« Die gute Laune war mir schon wieder vergangen.

»Entscheiden Sie selbst, Fräulein, lassen Sie Ihr Gewissen sprechen, denn diese Dinge sind heute unbezahlbar.«

»Wie viel?«, fragte ich noch einmal in schärferem Ton. »Ich verlange eine ordnungsgemäße Rechnung mit Unterschrift.«

Ich zahlte ein paar Lire. Draußen auf der Straße lachte ich in mich hinein beim Gedanken an den Wirt, der nicht schlau aus der Sache wurde. Ich setzte mich auf eine Parkbank in die Sonne. Ich wachte bei Sonnenuntergang wieder auf, ruhig und zufrieden.

Ich zählte nach, wie viel mir noch geblieben war von dem Geld (hundert italienische Lire), das der Konsul mir zusammen mit zwei Stangen Zigaretten ausgehändigt hatte. 82 Lire. 5 für Wasser im Zug und 13 fürs Essen, die Rechnung ging auf. Ich reckte mich. Jetzt musste ich mir einen Platz zum Schlafen suchen, aber zuerst ein Klo, ich brauchte nur jemanden zu fragen, ich befand mich in einer Grünanlage mitten auf einem Platz. Aber die Gesichter, die vorbeizogen, waren versunken in eigene Probleme, *als wäre eben alles so*, und ich verschob das Fragen bis zum nächsten Gesicht. Warum sollte ich mir die Freiheit vermiesen lassen, sagte ich mir und raffte mich auf, ich würde doch wohl allein den Weg finden. Ich wusste, dass ich wieder passabel aussah, nach dem Selbstmordversuch hatte ich mein altes Gewicht von 52 Kilo, war entlaust und sauber. Ich ging zum Bahnhof zurück. Soldaten sprachen mich an:

»Willst du den Abend mit mir verbringen?« Gesichter von unerfahrenen und gewalttätigen, kräftigen Jungen, *repubblichini*, Anhänger der Italienischen Sozialrepublik, mit dem Fez im Nacken oder in der Stirn. Ich erinnere mich an zwei besonders Hartnäckige, mit denen ich in einer Bar landete, der eine war groß, hatte kastanienbraune Haare und eine Art künstliche Fröhlichkeit, der andere war kleiner als ich, schwarzhaarig und hatte etwas Sardonisches.

»Seid ihr Faschisten?«, fragte ich leise.

»Das kannst du laut sagen«, sagte der Kleinere mit forcierter Dreistigkeit und lachte. »Als es ihnen dreckig ging, sind sie alle umgefallen, die Ratten verlassen das sinkende Schiff, aber ich halte durch. Diese Huren, mit den Deutschen lassen sie sich ein, ob du's glaubst oder nicht, aber mit uns, nein, da rümpfen sie die Nase.« Und er verzog die Nasenflügel, um die Mädchen nachzuahmen, die ihn zurückgewiesen hatten.

»Und du?« Der andere beugte sich zu mir herüber.

»Ich komme aus den Lagern und den deutschen Gefängnissen.«

»Ach.«

»Wie ist es dort?«, fragte der mit den braunen Haaren leise.

»So wie hier erzählt wird«, antwortete ich.

»Ach.«

»Wie bist du denn da rausgekommen?«, flüsterte der größere Soldat. Ich stand zwischen ihnen an der Theke, eine Tasse Zichorienkaffee mit Zuckerersatz in der Hand, und betrachtete sie im Spiegel vor mir.

»Ich habe mich umgebracht, und da haben sie mich nach Italien zurückgeschickt.«

»Du darfst wieder nach Hause? Hast du ein Glück.«

»Hüte dich vor den Partisanen. Die können keinem ins Auge sehen« (der Braune).

»Wirst du zu Hause erwartet?«

Der Gedanke an meine Eltern, dem ich bisher ausgewichen war, erdrückte mich. Unerwartet quollen mir Tränen aus den Augen.

»Ich weiß nicht mehr, wo ich hinsoll«, sagte ich, am Ende meiner Kräfte.

»Komm, gehen wir hier weg.«

Bis spät nachts liefen wir zu dritt durch die Straßen. Ich erzählte, was ich durchgemacht hatte, meine Probleme, die Angst, wieder zu meinen Angehörigen zurückkehren und den Bemerkungen meiner Eltern standhalten zu müssen, beschrieb in allen Einzelheiten die gedankenlose Art meines Vaters, verletzende Dinge zu sagen, die Denkweise meiner Mutter, die sich über alle Welt erhaben fühlte.

Der größere Soldat wollte mich unbedingt beruhigen, sie würden mich bestimmt gut aufnehmen, er sagte: »Sie werden dir verzeihen« und streute zwischen die immer genaueren Details meines Ergusses Vorschläge ein wie: »Warum gehen wir nicht was Anständiges essen? Wir können dabei reden, und mit vollem Bauch sehen die Dinge nicht mehr so schwarz aus.«

Der kleinere Soldat dagegen sagte kopfschüttelnd: »Einen Dreck werden sie verstehen«, aber auch er fand es eine gute Idee, essen zu gehen.

Vollgestopft wie ich war, hatte ich keinen Hunger und wirkte deshalb auf sie wie ein durchgeistigtes Geschöpf (sie tauschten Seufzer aus).

Im Restaurant aß ich dann doch alles, was sie mir vorsetzen ließen, vielleicht das Doppelte von dem, was sie selber zu sich nahmen.

»Alle Achtung, was du so einfahren kannst«, sagte der Kleinere grinsend und schenkte mir Wein nach.

Der andere drückte unter dem Tisch sein Bein an meins und fing an, davon zu reden, wie schön wir doch zusammen schlafen könnten. Ich setzte auf den braunhaarigen kräftigen Jungen, er schien mir aufrechter.

»Ich habe keine Lust, mit euch ins Bett zu gehen«, nuschelte ich mit weinschwerer Zunge, »weder mit ihm, der ohne dein Wissen versucht, mich unter dem Tisch zu begrapschen, noch mit dir, obwohl du anständiger bist. Also sagt mir jetzt, wie viel ich euch schuldig bin, und wir gehen als Freunde auseinander.« Dieses Mal weinte ich mit Absicht, damit sie Mitleid bekamen und ich meinen Anteil nicht bezahlen musste.

»Ich bitte dich!«

»Das fehlt gerade noch. Wir sind doch keine Paviane. Ein Faschist ist ein Ehrenmann«, schwafelte der ebenfalls halb beschwipste Braune. »Ist doch klar, dass du keine Lust hast in der miesen Lage, in der du steckst!«

»Ich wollte dich nur ein bisschen aufmuntern«, ließ sich der andere wieder vernehmen, »so müde, wie ich selber bin! Aber was soll's, du warst so niedergeschlagen.«

»Ja, ja«, hielt ihm der Braune vor, »du hast es ausgenutzt, ich nicht. Ich bin überhaupt nicht müde, ich könnte dir den Himmel auf Erden bereiten«, sagte er zu mir. »Aber ich bin ein Ehrenmann, und wenn du nicht willst, bleiben wir einfach Freunde.« Er zwinkerte mir zu. »Aber denk noch mal drüber nach ...«

»Genau.« Ich sagte, ich müsse aufs Klo. Ich ging durch einen Hintereingang hinaus, ohne mich von ihnen zu verabschieden. Ich war stolz auf den Streich, den ich ihnen gespielt hatte. Vielleicht hätte ich noch die Hotelrechnung sparen können, aber so war es weniger kompliziert. Ich konnte immer noch im Wartesaal des Bahnhofs schlafen. Und schließlich, wer konnte mir verbieten, spazieren zu gehen? Ich überprüfte mein Geld in der Hosentasche. Ich hatte mich gut durchgeschlagen, und wenn es so weiterging, konnte ich noch ein paar Tage auskommen, bevor ich nach Hause, nach Como, in die von der Mussolini-Regierung für meine Familie beschlagnahmte Villa musste. Und dann wäre es aus mit dem Schlendrian, dann würde es wieder heißen, bei Sonnenuntergang zu Hause sein, meine Mutter würde wieder vielsagend auf die Pendeluhr im Hauseingang blicken, wenn ich zu spät käme, und noch schlimmer wäre, dass sie mir den Burschen meines Vaters auf die Fersen setzten, einig darin, dass sie meinetwegen viel durchgemacht hätten, vielleicht würde auch der Fahrer nach mir ausgeschickt, wenn ich mich zu lange irgendwo aufhielte, oder vielmehr, ich würde gar nicht erst weggehen dürfen, es sei denn in Begleitung meiner Mutter zu jenen unerträglichen Damentees wie in Rom. Damals hatte ich mir einen Spaß daraus gemacht, mir einen Vorrat an Schwiegermüttern heranzuziehen; als Trick gegen die Langeweile übte ich mich darin, mir Mütter von Söhnen für alle Fälle geneigt zu machen. Aber jetzt kam mir dieser Zeitvertreib fad vor. Schon der bloße Gedanke an die Empfänge und Konzerte: meine Mutter mit Hutschleier oder mit dem breitkrempigen Sommerhut, der ihr schönes Gesicht beschattete, und ich mit Spitzenhandschuhen und zurückhaltendem, bescheidenem Lächeln, die auf Hochglanz polierten Offiziere, die mit stolzem Ausdruck dauernd die Hacken zusammenknallten, die ganze galante Atmosphäre, das alles war so abgewirtschaftet, dass ich mir meinen Selbstmordversuch in Erinnerung rufen musste, um nicht sonst wohin davonzulaufen.

Ich verirrte mich in den verdunkelten Straßen und wurde von einer Streife von *repubblichini* aufgehalten.

»Papiere. Weißt du nicht, dass Ausgangssperre ist?«

Inmitten dieser Soldaten, die mich eskortierten, etwa zehn

Männer, mit der Maschinenpistole in der Faust, im Rhythmus ihrer genagelten Stiefel auf dem Asphalt, in einem Duft von Oleander im reglosen Dunkel der langen Allee verschwand mein Gefühl von Verlorenheit, das mir, seit ich aus dem Zug gestiegen war, die Freude an der Freiheit verdorben hatte. Ich fühlte mich wieder wohl in meiner Haut, mit jedem gleichmäßigen Schritt kehrte mehr Leben in mich zurück, in Kolonne zur Fabrik mit den Gefährten.

Mir wurde bewusst, dass ich den ganzen Tag, seit ich in Verona war, nicht einen Augenblick an sie gedacht hatte, als hätten sie nie existiert, und mich überfiel ein seltsames Angstgefühl, als ich merkte, wie leicht ich über die eben vergangenen Monate hinweggegangen war, auch ich steckte ganz tief in dem gewonnenen Augenblick, als gäbe es nichts anderes. Alle verfolgten wir unwichtige Ziele. Ich würde nicht nach Hause zurückkehren. Ich würde in einer Fabrik in Mailand arbeiten gehen, oder besser in Turin – das lag weiter weg von meiner Familie. Aber ich musste vorsichtiger sein, keine albernen Klauereien mehr, nichts, was die Behörden auf mich aufmerksam machen könnte, die Ausgangssperre beachten, unbemerkt durchschlüpfen. Wenn der Konsul Mitteilung gemacht hatte, dass ich repatriiert worden war, musste mein Vater mich ja suchen lassen. Er verlor das Gesicht, wenn ich nicht wieder nach Hause zurückkehrte.

Wir kamen zu einem Gebäude, das sich als ehemalige Schule erwies. In einem Klassenzimmer, wo die Bänke an einer Wand aufeinandergestapelt waren, verhörte mich ein Unterführer hinter dem Pult. Wann ich angekommen sei? Warum ich nicht unverzüglich den Anschlusszug nach Como genommen hätte, wo ich laut Fahrkarte hinfahren sollte? Mit wem ich in Verona Kontakt gehabt hätte? Was ich nach Mitternacht in der Innenstadt getrieben hätte? Wen ich suche? Zwischen die Fragen streute er Beleidigungen und Drohungen. Ich verglich die Verhörmethoden der Deutschen mit denen der Italiener: zurückhaltend die ersteren, aufbrausend die letzteren. Es schien, als hätte ich jenem Unterführer (einem *maresciallo*, wie ihn die Soldaten ansprachen) persönlich unrecht getan. Ich muss ihn an seiner menschlichen Seite packen, dachte ich. »*Maresciallo*, ich habe nichts gegen Sie«, sagte ich zu ihm. »Sehen Sie sich meine Papiere an, lesen Sie hier, sehen Sie? Das ist der Stempel des Gefängnisses von Frankfurt: *Gefängnis*, verstehen Sie das Wort? Und hier die Bestätigung des Krankenhauses. Sie haben mich frei gelassen, weil ich unschuldig war, aber es ging mir schlecht. Und jetzt plötzlich wieder in Italien, all die Leute, die laut reden, Pfirsiche, die frei auf der Straße verkauft werden ...«

»Die Sonne«, ergänzte er.

»Ja, die Sonne, all das, nach fast sechs Monaten Eingesperrtsein im Lager und sonstwo, da habe ich es eben nicht so eilig gehabt, ich hatte einfach Lust, erst einmal ein bisschen zu bummeln.«

»Verstehe, aber erzähl das mal dem Vorgesetzten. Wer soll ihm das sagen? Sagst du ihm das?«

»Wenn niemand was sagt, halte ich auch den Mund«, versprach ich. »Geben Sie mir irgendwo was zum Schlafen, und morgen früh fahre ich nach Como, und kein Mensch hat mich je hier gesehen.«

Zehn Soldaten lagen auf dem Boden herum, einige schnarchten, andere waren wach und verfolgten die Szene.

»Und woher soll ich wissen, dass du nicht so eine bist? Ich will hier schließlich kein Bordell aufmachen. Es hagelt nur so Kontrollen, mein Schatz. Wenn du Partisanin wärst, wäre das in Ordnung, wir könnten anstandslos ficken. Da wäre die Schmach, die wir dir antäten, ein Verdienst; Hitler persönlich könnte uns hier mit einem steifen Schwanz erwischen, es wäre eine Kriegsaktion«, erklärte er und zog mit Daumen und Zeigefinger zusammen eine Linie durch die Luft. »Das wäre alles nach Vorschrift, verstehst du. *Aber sie haben dich freigelassen*, mit Papieren und Stempeln, *ihren* Papieren, kapiert? Wer soll sich darauf verlassen? Meine Liebe, was du hier machst, kann genauso gut eine Falle sein, und ich tappe da nicht rein.«

»Aber wohin soll ich denn jetzt?«

»Wie soll ich das wissen?«

Sie stellten einen Tisch mitten in den Raum.

»Leg dich hier drauf. Und wenn du dich muckst, um irgendeinem hier den gewissen Dienst zu erweisen, bringe ich dich zur Gestapo.«

Ich schlief auf der Stelle ein. Sie mussten mich ziemlich lange wachrütteln. »Du dumme Nuss, steh auf und hau ab. Wenn wir dich noch einmal hier erwischen, dann bist du erledigt, ich warne dich.« Und verwirrt, weil er mich beschützt hatte, gab mir der *maresciallo* beim Hinausgehen einen leichten Tritt in den Hintern, zum Abschied sozusagen.

Ich ging auf ihre Anweisungen hin in Richtung Bahnhof. In der frischen Morgenfrühe atmete ich tief durch. Ich überlegte, was ich jetzt tun sollte, und ging mit schnellen Schritten, um aus der Gegend wegzukommen. An einer passenden Stelle wollte ich abbiegen.

Aber unfreiwillig wurde ich langsamer. Ich hatte wieder Angst. Wer weiß, wie viel Groll es zwischen den einheimischen Truppen und den Besatzern gab, zwischen faschistischen und Nazi-Behörden. Das Radio in der Lagerkantine hatte Mussolinis neues Regime »Schattenkabinett« genannt. Gewiss, die umherziehenden Verbände, zum Beispiel die beiden Soldaten, bei denen ich das Abendessen geschnorrt hatte, redeten weiter von Treue zu dem loyalen Verbündeten, dem man in den Rücken gefallen war, aber die an der Spitze? Selbst mein Vater hatte sich immer geärgert, wenn meine Mutter und ich die moralischen Tugenden des deutschen Volkes verherrlicht hatten. Dabei war seine eigene Mutter, meine Großmutter väterlicherseits, rein deutscher Abstammung, Nachfahrin jener bayrischen Familien, die zur Zeit der Napoleonen in Italien Fuß gefasst und immer nur untereinander geheiratet hatten, eine von der Familie Klaus gegründete Künstlerschule, die sich mit Canova zusammengetan hatte. Die Erste, die von der Linie abwich, war meine Großmutter Bettina gewesen, die einen Apulier aus adliger Familie geheiratet hatte, den Vater meines Vaters. Aber wieso dachte ich jetzt an meine Großeltern? Ich verlor den Faden. Ach ja, mein Vater. In Deutschland waren noch Ausländer beteiligt gewesen, hier war das anders, er konnte nicht mehr so verfahren wie zu der Zeit, als ich in Deutschland war und er zur Strafe für mein unbesonnenes Handeln keinen Finger für mich gerührt hatte, er, der mich in seiner Position hundertmal hätte besuchen und persönlich sehen können, wie ich lebte. Wenn ich dagegen hier einem seiner Kollegen begegnete, wie stand er dann da, wenn er sich nicht um mich kümmerte? Mein Selbstmord hatte seinen Stolz befriedigt (wie hätte der Konsul von Frankfurt ihm darüber auch nicht Bericht erstatten sollen, allein schon, um seine mir geleistete Hilfe gehörig herauszustreichen), und jetzt musste einfach ein Akt der Milde gegenüber der Tochter, dem verirrten Schaf, folgen. Je mehr ich darüber nachdachte, desto überzeugter war ich, dass es für ihn eine Frage der Ehre sein würde, mich ausfindig zu machen. Und wer garantierte mir, dass der *maresciallo* nicht der Bahnpolizei von Como gerade meine bevorstehende Ankunft meldete? Die Geschichte, dass ich vor lauter Glück gebummelt hatte, war ihm vielleicht bei kühler Betrachtung doch nicht mehr so glaubwürdig erschienen, zumal wenn er wirklich fürchtete, die Nazis hätten mich freigelassen, um mich für ihre Zwecke zu benutzen. Das hatte er ja klar gesagt. So gab er sich den Anschein, mich aus Achtung vor ihren Papieren aufgenommen und freigelassen zu haben, und gleichzeitig war er damit seiner Aufsichtspflicht nachgekommen, und zwar genauso machiavellistisch wie in der Frage des Fickens – für so wenig wäre er doch kein Risiko eingegangen.

Ich war ganz sicher, dass er nicht nur nach Como telegrafierte, sondern auch an den Bahnhof von Verona, an die Endstation der Busse Richtung Lombardei und an alle Kontrollstellen. Kein günstiger Augenblick, um nach Westen zu gehen. Es war besser, nach

Osten zu gehen, nach Venetien hinein. Ich konnte nicht darauf hoffen, unbemerkt durchzuschlüpfen. Ich hatte im Flur der ehemaligen Schule, wo ich übernachtete, die Fotos von Gesuchten gesehen, auf die Kopfgeld ausgesetzt war, Leute aus Piemont, aus dem Friaul, halb hypnotische Passfotogesichter, die in starrer Ausdruckslosigkeit auf das »Klick« warteten. Ich stellte mir mein Gesicht daneben vor, darunter das Versprechen einer noch höheren Belohnung für jeden, der Informationen über mich lieferte, für meinen Vater war das eine Prestigefrage, er hätte ohnehin, so dachte ich damals voller Missgunst, später einen Weg gefunden, um sie nicht bezahlen zu müssen (ich brauchte diesen Hass auf ihn, um mir Mut zu machen). Außerdem waren die Zeiten jetzt sowieso heikel, jeder misstraute jedem, wer hätte es da auf sich genommen, mich zu verstecken? Ich hatte keine Beziehungen, zu wem auch? Mit wem sollte ich sie aufnehmen, so, stehenden Fußes, als Tochter von Faschisten, mit einer Mutter, die schon, als wir noch in Frankreich lebten, Sekretärin des Fascio gewesen und mit Goldmedaillen des Großen Rates für Emigrantenfürsorge ausgezeichnet worden war (sie arbeitete Tag und Nacht, um Kindergärten einzurichten, Kinder in Ferienlager zu verschicken, Theateraufführungen und faschistische Drei-Königs-Tag-Bescherungen zu organisieren und wöchentliche Lebensmittelpakete zu verteilen). Als Tochter von bekannten Faschisten, die immer mehr ins Blickfeld rückten, aus den Nazilagern repatriiert – Martine hatte ganz richtig gesagt, was alle denken würden: dass ich mich gerettet hätte, indem ich meine faschistischen Karten ausspielte. Aber es war noch schlimmer: Diese Karten hatten sich selbst ausgespielt. Es hatte keinen Konsul gegeben, der Gruschenka oder Martine befreit hätte. Wie der *maresciallo* sagte, bei uns musste alles seine Ordnung haben. Die Studentin konnte sich den Luxus leisten, Jeanne d'Arc zu spielen, denn letztlich *handelte sie gefahrlos*. Bei mir, als Tochter dieser Eltern, war alles, was ich tat, Luxus.

Der Schmerz machte mich zunichte, und ein Gefühl von Scham

lähmte meine Schritte. Ich musste mir meine Verhältnisse vom Leibe reißen. In Italien meinen Namen zu ändern hätte wenig genützt, es sei denn, ich hätte die Front wechseln können. Aber ich hasste die Amerikaner und den König. Und überhaupt. Ich brachte mich in Sicherheit, mehr nicht, denn ich war ja nicht bereit, mich von den Amerikanern anwerben zu lassen. Immer vorausgesetzt, dass ein Frontwechsel überhaupt möglich war. Mein Gesicht in einer Reihe mit den anderen Gesuchten blickte mich an, vom Flur der ehemaligen Schule aus, die ich gerade verlassen hatte, als hätte ich es in der vergangenen Nacht beim Eintreten dort gesehen. Zuallererst musste ich meine Ausweise wegwerfen, die ich im Rucksack hatte. Was für ein irrwitziger Entschluss, und die Zeit arbeitete gegen mich. Es war noch nicht die Rettung, aber eine Gefahr weniger, dass man mich aufspürte.

Und da sah ich in einer Querstraße eine von ein paar SS-Leuten eskortierte Gruppe herankommen. Ich blieb an der Ecke stehen, um sie mir anzusehen, sie kamen in meine Richtung. Die Beine der zivil gekleideten Männer und Frauen bewegten sich langsam und hüpften in die Luft, wenn der Tritt eines Nazistiefels ein Schienbein traf. Die SS-Leute mit ihren auf die Verhafteten gerichteten Maschinenpistolen sahen sich unablässig um, blickten zu den Häuserfenstern hinauf, liefen an der Menschengruppe entlang nach vorne und hinten und stießen zwischendurch Nachzüglern die Gewehrläufe in den Rücken.

Als sie auf meiner Höhe waren, richtete einer der (insgesamt sechs) SS-Männer die Maschinenpistole auf mich und bedeutete mir mit dem Kopf, aus dem Weg zu gehen. Sie haben Angst, dachte ich, sie haben es eilig, sie schießen nicht auf mich, weil sie nicht das ganze Viertel aufwecken wollen. Ich rührte mich nicht von der Stelle, sondern fixierte den SS-Mann. Ein anderer überholte ihn und kam im Laufschritt auf mich zu (aber fast lautlos, wie aus einem Hinterhalt).

»Pass auf, ich schreie«, sagte ich laut und deutlich auf Deutsch.

Vielleicht aus Überraschung, dass ich ihn in seiner Sprache angesprochen hatte, blieb er stehen. »Noch einen Schritt weiter, und wir schreien alle«, warnte ich. »Gib acht, das ist unser Signal.«

Augenblicklich befahl der SS-Unteroffizier, der hinter den Gefangenen gegangen war: »Halt!«, kam nach vorne, schickte mit einer Kopfbewegung zwei Soldaten an das Ende des kleinen Zuges, beorderte mit dem Zeigefinger zwei weitere an die Flanken und den fünften an die Spitze der Gruppe; alle wandten die Gesichter den Verhafteten zu und hielten den Finger am Abzug. Als er bis auf die Entfernung auf mich zugekommen war wie zuvor der Soldat, den ich angesprochen hatte, sagte er mit weicher Stimme, die die frühmorgendliche Stille nicht störte: »Komm sofort in die Kolonne, oder wir bringen euch alle um. Ich zähle bis drei. Eins, zwo ...«

Ich sprang in die Reihen. Zu hören war nur das Geräusch meiner Stiefel. Ich musste unbedingt meine Ausweise loswerden, den Repatriierungsbescheid. Wenn sie den bei mir fanden, war ich verloren. Ich brauchte mich nur des Rucksacks zu entledigen. Ein Stich beim Gedanken an mein Geld. Nein, es war in meiner Hosentasche, ich tastete danach.

»Hände raus«, sagte der Soldat, der dicht neben mir herging. »Wenn du noch einmal die Hand in die Tasche steckst, schieße ich auf dich.«

Ich dachte schon darüber nach, wo ich das Geld verstecken könnte, damit sie es mir nicht abnahmen, als mir wieder in den Sinn kam, dass der Rucksack das Problem war. Nach einigen menschenleeren Straßen sah man jetzt auch schon offene Haustüren. Die SS-Leute luden durch, um uns anzutreiben. Ich täuschte einen verstauchten Fuß vor, und während ich mich krümmte vor simuliertem Schmerz, ließ ich den Rucksack hinuntergleiten. Sofort wurde ich vom Lauf der Maschinenpistole vorwärts geschoben, schielte aber noch nach dem Rucksack auf dem Boden, so als wollte ich ihn wieder aufnehmen. Der Soldat kickte ihn zur Seite. Rasch sah ich nach der Nummer der Haustür, vor der er auf dem

Boden liegen geblieben war, und prägte mir, auf einem Fuß hüpfend, die Umrisse des Gebäudes und der Häuser daneben ein (ich zählte die Haustüren), bis ich das Straßenschild las. Für alle Fälle, dachte ich, für alle Fälle. Ich merkte mir auch die nächsten Straßen, durch die wir gingen, und täuschte deshalb ab und zu vor, dass ich mit dem verstauchten Fuß unter Schmerzen auftrat, betrübt, dass ich mich nicht wie neugeboren fühlen und die Bedeutung dessen, was ich getan hatte, nicht richtig auskosten konnte, unfähig, meine innere Befreiung wirklich zu genießen, vor lauter Angst, dass ich den Namen jener Straße vergaß, vor lauter Aufpassen, dass ich weiter auf einem Fuß neben den Verhafteten herhüpfte, die mich mit Abneigung ansahen, und bedrückt von einem Gefühl von Exhibitionismus, das stärker war als jede andere Regung in meinem Innern.

III

Dass die Dinge sich so ereignet hatten, habe ich später sogar vor mir selbst geleugnet. Ich musste erst fünfzig werden, um mir einzugestehen, dass ich repatriiert worden war. Ich habe sehr früh behauptet – bis ich schließlich selbst davon überzeugt war –, dass ich nach dem Streik mit den Genossen zusammen nach Dachau deportiert worden war. Ich habe das, was ich an jenem fernen 2. August in Verona getan habe, begraben wie etwas, das ausgelöscht werden musste. Ich wollte von den Nazis verhaftet und eingesperrt worden sein, damit nach und nach auch mein erster freiwilliger Einsatz verschwamm, die Monate bei den I.G.Farben sich vernebelten und sogar der Aufenthalt im Konzentrationslager Dachau in den Schatten trat, es war fast, als steckten darin Situationen, die mich zwangen, auch den Rest wachzuhalten.

Die Erinnerungen verengten sich. Sie kreisten um meine Flucht aus Dachau und tauchten im Hotel in Mainz wieder auf. Von der ganzen Kriegserfahrung blieben mir nur wenige verstreute Wochen des Vagabundierens durch das Dritte Reich, zwischen der einsamen Flucht und der Mauer auf dem Rücken, eine abgetrennte Zeit – und nicht einmal vollständig erzählt –, die irgendwo schwebte und keine Probleme machte. Es genügt zu sagen, dass ich sie »meine deutsche Klammer« nannte, als wäre sie eine abgeschlossene Vorgeschichte, die Voraussetzung für den Rollstuhl, ohne den ich mich nicht bewegen konnte, der historische Anlass für diese Widrigkeit, die mehr als alles andere eine technische war (sagte ich mir).

Der Leser hat es am Anfang dieses Buches gesehen, wo ich von meiner Flucht aus dem Konzentrationslager und den ersten Wochen meines illegalen Lebens erzähle. Das Mädchen aus *Thomasbräu* und *Asyl in Dachau* scheint nicht identisch mit dem aus *Im Ch 89* und dem, das aus Verona geflohen war. Als ich zwischen 1953 und 1954 jene Seiten schrieb, sah ich mich als Entflohene, ausschließlich damit beschäftigt, zu überleben, mich zu arrangieren und Zuneigung zu vermeiden, um mich freier bewegen zu können. Vom Bedürfnis, »gemeinsam zu kämpfen«, das mich bei den I. G. Farben angetrieben hatte, von der Notwendigkeit, unter Genossen zu sein, die mich in Verona dazu getrieben hatte, Zuflucht bei unbekannten Deportierten zu suchen, keine Spur. Dass ich nach Deutschland gegangen war und wieder dorthin zurückkehrte, hatte sich für mich verdichtet zu einem einzigen Gefühl: Flucht, und die Bilder, die ich davon bewahrte, gruppierten sich um diese amputierte Wahrnehmung herum.

Erst 1961, als ich *Solange der Kopf lebt* schrieb (unter welchen Umständen, werde ich noch erzählen), wagte ich, mir offen einzugestehen, dass ich freiwillig in die Lager gegangen war. Nach fünfzehn Jahren, in denen ich es wie ein Geheimnis nur ganz wenigen Leuten anvertraut hatte, flüsternd und immer verängstigt durch die Reaktionen der anderen auf meine »Kurzschlusshandlung«, so dass mir schließlich deren Bedeutung fast völlig aus dem Gedächtnis schwand. Und sogar 1961 habe ich es nur flüchtig abgehandelt, als das Argument, mit dem ich den sowjetischen Hauptmann zu erweichen versuchte, mich nach Russland zu lassen.

Ich habe noch weitere fünfzehn Jahre gebraucht, um zuzugeben, dass ich auch in die Lager freiwillig zurückgekehrt war. Warum so viel Widerstand? Warum war insbesondere meine Kehrtwendung in Verona die letzte Erinnerung, die an die Oberfläche kam? Nicht einmal vor einem Jahr, als ich *Im Ch 89* schrieb, habe ich es geschafft, an die Repatriierung heranzukommen. Ich habe den Streik bis zu dem Augenblick erzählt, in dem er zusammenbrach. Ich habe mein Gedächtnis bei der Sequenz mit der Niederlage angehalten.

Das zu verstehen ist es, was mich jetzt interessiert. Woher kam eine derartige Blockierung, auf welchem Weg habe ich es so lange geschafft, die Knotenpunkte jener gewalttätigen Vergangenheit zu vernachlässigen, und womöglich noch geglaubt, damit die Lektion zu bereichern? Auf welche Weise konnten sich Begebenheiten, die mich so gezeichnet hatten, am Boden meines Geistes ablagern, fast als wären sie nie geschehen (schließlich bin ich ja in meine Schicht zurückgefallen, wie Martine und Alain vorausgesehen hatten). Oder vielleicht haben sie in mir gearbeitet, obwohl ich sie ignorieren wollte, und sich jetzt endlich vor mir entfaltet, in der letzten Zeit, seit ich keine Reservewelten mehr habe, in die ich mich eingliedern kann. Wieder aufgetaucht sind auch jenes Morgengrauen in Verona und die Worte des *maresciallo* der *repubblichini*, der Gruppe von Leuten, die zwischen den SS-Männern aus einer Querstraße kamen, das Gesicht des Konsuls mit der Stimme, die wattiert war von diesem »Beistand, der Ihrem Rang gebührt«, in der sauberen Frankfurter Klinik. Jahrzehnte, um schließlich vor dem Sprung zu stehen, den ich ungestüm und blind dreißig Jahre zuvor gemacht hatte (und inzwischen haben sich die Haare grau gefärbt).

Aber um rekonstruieren zu können, wann diese dreißig Jahre

meines Lebens dauernde Verdrängung angefangen hat, muss ich zuerst die Lücken der verdrängten Erfahrung schließen, um herauszufinden, ob das Ausweichen von einem sozialen Bedürfnis in eine individuelle Vision insgesamt eine spätere Interpretation von mir gewesen ist oder ob dieses Wegsacken des Geistes nicht schon in der Wirklichkeit selbst begonnen hat, in den harten Situationen, an die ich mich nicht zu erinnern wagte.

Schon im Güterwaggon nach Dachau habe ich erfahren, was es bedeutete, wirklich auf der anderen Seite zu sein. Vier Tage lang zusammengepfercht mit fünfzig »arischen« Deportierten (die jüdischen waren in einem anderen Waggon), nur mit dem Proviantkörbchen versehen, das sie uns in Verona zugeteilt hatten – Brot, Käse, Obst –, voll Bedauern, dass ich mich nicht ausreichend mit Wasser vollgepumpt hatte, als sie uns vor der Verladung hatten trinken lassen. Zwischen endlosen Aufenthalten, bei denen wir uns gegen die verplombten Türen warfen und mit ohrenbetäubendem Lärm etwas zu trinken verlangten, dann reglos schwiegen, erschöpft vom Warten, fuhr der Zug quietschend und rüttelnd weiter, und wir liefen in dem Waggon im Kreis herum wie eine Meute Hunde im Zwinger.

Ich erinnere mich an bestimmte leere Gefühle. Wir saßen im Stroh, einer zwischen den Beinen des anderen, um Platz zu sparen. Ich kauerte zwischen den Schenkeln meines Stütz-Mannes, in dessen Gesellschaft ich die ganze Reise verbracht hatte. Ich hatte den anderen jungen Mann, der an mir lehnte, gebeten, mich einen Augenblick lang meine Beine hochziehen zu lassen, die mir eingeschlafen waren, und eine Weile mit meinen Knien als Rückenstütze vorlieb zu nehmen. So kauerte ich in einer Art embryonaler Haltung, nur mein Kopf war auf die Schulter des Mannes gesunken, der mich mit seiner Brust stützte. Das Gesicht an meine Wange gelehnt, blies er mir seinen sauren, nach nasser Kohle riechenden Atem in den Hals. Ich atmete diesen Geruch ein, der mir wenigstens den durchdringenden Durchfallgestank aus der Nase vertrieb, der den ganzen Waggon verpestete. Es musste Nacht sein, denn es drang kein Licht herein. Die Lichtstreifen, die vorher durch die Ritzen des Waggons gesickert waren, waren erloschen. So umarmt führten wir erschöpft Streitgespräche im Gerüttel des Zuges, im Getöse der Räder, inmitten der Schreie der Durstigen. Er buchstabierte mir seinen Argwohn fast ins Trommelfell, mit einer ausgedörrten Stimme, die ihm in der Kehle krächzte, und ich hauchte ihm mühsam meinen Sarkasmus ins Ohr, weil mir die Zunge wie ein Reibeisen im Gaumen kratzte, und versuchte dabei jedes Mal, wenn er das Gesicht hob, um mir zu antworten, im Dunkeln aus dem matten Glanz dort, wo seine Augen sein mussten, etwas zu lesen.

Meine Lehne war einer der Deportierten aus dem Veroneser Flügel der Resistenza, fünfundzwanzig Jahre alt.

»Ich bin irrtümlich aufgegriffen worden«, hatte er sich mir bei der Abfahrt vorgestellt.

Aber im Güterwaggon hatte ich aus seiner umständlichen Art zu fragen das irgendwie Tastende in der Stimme, im Blick und in den Worten wiedererkannt, das für Martine, Gruschenka und Alain typisch war. Und ich hatte geahnt, wer er war, auf jeden Fall kein irrtümlich Aufgegriffener. In der dritten Nacht hatte ich mich entschlossen herauszuplatzen:

»Hör auf, hier falschzuspielen. Du bist ein kommunistischer Partisan, das weiß ich.«

Ich fühlte, wie er körperlich in Abwehrstellung ging. Und stückweise hat er sich herausgeredet mit Sätzen wie:

»Nicht schlecht, deine Nummer in Verona, schade, dass du dich dann verraten hast, tja, da hast du einen Fehler gemacht, hast nicht mehr dran gedacht, dass du dir ja den Knöchel verstaucht hattest. Kaum hatten sie uns in der Kommandantur zusammengedrängt, habe ich dich nämlich normal laufen sehen. Die Nazis haben das gar nicht mitgekriegt, das weiß man ja, die glauben noch an Wunder, aber ich bin da skeptischer ...« – »Reizend dieser SS-Unteroffizier; mit dem schönen Schalldämpfer, den er da hatte, hätte er dich glatt umlegen können, nicht? Aber er dachte gar nicht daran. Als du zu ihm gesagt hast, pass auf, ich schreie, das ist unser Signal, hat er sofort die Maschinenpistole runtergehalten. Ich kann nämlich zufällig auch Deutsch. Aber erzähl doch mal: wessen Signal eigentlich?«

»Idiot«, zischte ich ihn mit ausgetrockneter Stimme an. »Ich sitze hier in deiner Scheiße ...«

»Entschuldige, du kackst auf mich«, stellte er richtig.

»Wenn wir Deportierten uns untereinander nicht trauen, ist es aus«, fuhr ich fort. »*Sie* sind es, die uns spalten, und damit haben sie uns *auch moralisch* in der Hand. Reicht dir die körperliche Scheiße noch nicht? Willst du mir auch noch den Geist versauen?«

»Soll ich dir vielleicht anvertrauen, welches unsere Partisanenbasen in Venetien sind? Lage, Bestände ...«

Ich weiß nicht, wie viele Stunden später es war, als unsere Menschentraube wieder einmal aufrecht stand (wir konnten immer nur abwechselnd auf dem Boden sitzen). Als wir auf dem Weg zu einem der beiden Latrinenkübel in den zwei gegenüberliegenden Ecken den Waggon durchquerten und mich mein Feind-Freund an der Hand durch das Gewühl von Leuten führte, die ununterbrochen zu den Kübeln rannten und bestürzt und enttäuscht (aber auch erleichtert) aufstöhnten, wenn sie sich auf der endlosen Strecke die Kleider vollscheißen mussten, tat mir mein Verleumder plötzlich leid. Er hatte recht, es war meine Schuld, ich verlangte von einem Genossen, mir zu trauen, obwohl zuerst ich ihm nicht getraut hatte (ich hatte ihm nichts von meiner Geschichte erzählt).

Nachdem wir am Kübel aufeinander gewartet hatten, gelang es uns, an der Wand lehnend weiterzufahren – das war einer der hochbegehrten Plätze, und wer so einen Platz erobert hatte, verteidigte ihn mit den Krallen. Mein Feind-Freund stand dort wie angeschmiedet. Mit einem etwas stumpfsinnigen Ausdruck im Gesicht, das von einem Lichtschleier aus einem nahen Spalt gestreift wurde, klebte er an der Waggonwand.

»Ah«, seufzte er, »halt dich an mir fest.« Er hatte die Augen geschlossen, der Mund mit dem immer trockeneren und schlechteren Atem stand offen.

An seinen Hals geklammert, an seiner Brust lehnend und ihn halb umschlingend, weil ich ihm durch die Stöße, das Stöhnen und das Getöse der Fahrt hindurch ins Ohr sprechen musste, erzählte ich ihm mein Leben, Freiwilligendienst, I.G.Farben, Eltern, Repatriierung, alles. Beim Reden weinte ich: »Verstehst du, sie haben mich aufgenommen« (ich spielte auf die sowjetischen und französischen Arbeiter an), aber dann musste ich wie der Blitz zum Latrinenkübel schießen.

Als ich danach wiederkam und ihn suchte, war er nicht mehr da. Er hatte sogar auf die Waggonwand verzichtet, um mir auszuweichen.

Stundenlang lief ich von einem Kübel zum anderen, im Zickzack, forschend zwischen einzelnen Sonnenfäden in alle Gesichter blickend, aber er muss wohl auch unterwegs gewesen sein, denn ich fand ihn nicht. Es war der vierte Tag, dass niemand uns aufmachte, und der Durst verschärfte meine Aggressivität (wenigstens glaube ich das), auch weil die Tüte Pflaumen, die sie uns pro Kopf bei der Abfahrt gegeben hatten, wie ein höllisches Abführmittel wirkte. Und kaum wurden in dieser Nacht die Schiebetüren geöffnet, stürzte ich mich wie ein wildes Tier in Richtung der Luftschwaden, die mit einem Duft nach Heu von draußen hereindrangen. Mag sein, dass ich mir meinen Weg etwas nachdrücklich, um nicht zu sagen mit Fäusten und Füßen bahnte, als mich eine Hand packte, ein Arm sich um meinen Hals legte und *sein* Gesicht, eingetaucht in einen Mondstrahl, mich mit einem hasserfüllten Blick durchbohrte, während seine Stimme hervorstieß: »Faschistenblut lügt nicht.«

Mir schwand alle Energie. Halb erwürgt vom Schraubstock seines Armes sah ich ihn mit schiefem Kopf an.

»Ist das alles, was ...«, stammelte ich.

Er ließ mich los. »Zufällig habe ich Durst, aber so viel dann doch nicht, um deinen Quatsch zu schlucken.« Dann schob er mich mit dem Ellbogen beiseite und mischte sich unter die Deportierten.

Kurz darauf waren wir am Zielort. Er half den Geschwächtesten vom Waggon herunter. Es war noch Nacht, verlassene Gleise mitten auf freiem Feld. Ich setzte mich auf den Rand des Waggonbodens, um mich hinuntergleiten zu lassen. Er streckte mir eine Hand hin.

»Die Komödie ist aus«, flüsterte er mir zu, »du kannst nach Hause gehen.«

Danach bin ich diesem Feind-Freund nur noch einmal begegnet, als ich ungefähr zwei Monate später im Konzentrationslager vor dem Krankenrevier Schlange stand, um eine Salbe gegen die Krätze zu holen, die mich am ganzen Körper plagte. Er stand wenige Meter hinter mir in der Männerreihe neben unserer Frauenschlange. Er bedeutete mir mit Blicken, nichts zu sagen. Er sah mich an, als wäre ihm bei meinem Anblick eine Last von der Seele gefallen. Wiederum nur mit Blicken schlug er dann vor, mit anderen die Reihe zu tauschen, damit wir näher zusammenstehen konnten. Er hatte einen geschorenen Kopf, Ringe unter den Augen und war ein Schatten seiner selbst.

Ich hatte ihn in diesen beiden Monaten so gehasst, dass ich mich wunderte, wie sehr ich mich über das Wiedersehen freute. Wir standen jetzt auf gleicher Höhe, sehr nahe, aber getrennt durch etwa hundert unüberwindliche Zentimeter.

»Ciao«, sagten seine Lippen.

»Ciao.«

»Wir müssen Kontakt halten.«

»Jetzt?« Ich hatte meine Flucht schon bis ins kleinste Detail geplant, es war nur noch eine Frage von Tagen.

»Warum? Hast du klein beigegeben?«

»Ich?« Ich spürte eine Welle von Groll in mir hochsteigen. »Faschistenblut?« Aber die Wut verflog sofort wieder. »Hör zu«, sagte ich nahezu tonlos, nur mit den Lippen, auf die er starrte. »Ich vertraue dir ein Geheimnis an, über das ich noch mit keinem gesprochen habe. Ich habe einen Fluchtplan. Hör zu, flieh mit mir.«

»Und die anderen? An die anderen denkst du nicht?«

Ich sah mir die menschliche Larve an, die diese Worte gesprochen hatte. Der Schmerz schnürte mir die Kehle zu, wie sollte ich ihm in den wenigen Sekunden, die wir zur Verfügung hatten, all das mitteilen, was ich während dieses Aufenthaltes im Konzentrationslager Dachau in mir angesammelt hatte? Meine ohnehin kürzere Schlange kam schneller voran als seine. Er drängelte sich weiter vor, um an meiner Seite zu bleiben, und nahm dabei in Kauf, dass die anderen Deportierten wütend wurden oder der SS-Mann ihm den Gewehrkolben über den Schädel zog. Schließlich murmelte ich:

»Die anderen? Ich hasse Opfer.« Ich sah ihn an, gepeinigt von einer Art bestialischer Liebe für diese Opfer, die ich hasste. Ich rückte einen Platz nach hinten und schob die Frau, die hinter mir stand, nach vorne. Ich bat meinen Feind-Freund, der mich aus der Tiefe seines knochigen Gesichts ansah, mit den Augen um Antwort.

»Ich habe dich gesucht«, sagte ich zu ihm.

»Bin gefoltert worden.« Er streckte mir zwei Finger ohne Nägel entgegen, wo man das bloße Fleisch sah. »Und zwei Monate verschärfte Haft. Aber ich habe nicht geredet.«

»Hau mit ab«, sagte ich und rückte wieder einen Platz nach hinten.

Er schüttelte den Kopf.

»Verurteilst du mich?«

Erneutes Kopfschütteln, und ein jungenhaftes Lächeln huschte über sein Gesicht.

Ich wollte wieder einen Platz nach hinten, aber die Kapo war schneller und schlug mit der Peitsche nach mir. »Du musst leben, hast du verstanden?«, schrie ich ihm jetzt laut zu, während ein SS-Mann mich ins Krankenrevier zerrte. Ich entwand mich ihm und rief in Habachtstellung »Heil Hitler!«, und der Wärter, der nicht wusste, wie er meine gebieterische Stimme beim Nazigruß deuten sollte, ließ mich los.

Ich konnte mich gerade noch kurz umdrehen und das Gesicht meines Feind-Freundes sehen: »Du musst leben«, wiederholten meine Lippen mit einem verstehenden Lächeln. »Vorwärts«, befahl ich dann dem SS-Mann, sah die Kapo mit einem Anflug von Wohlwollen kurz an und drehte mich noch einmal nach meinem gefolterten Gefährten um, der mir mit stummem Mund »Viel Glück!« wünschte (lachten seine Augen mir zu?).

Meine Kapo war eine mit schwarzem Winkel, mittleres Alter, früher drogensüchtig, es hieß, sie hätte ihren eigenen Bruder für eine Prise Pulver verraten, und jetzt waren wir ihre Tauschware für ein paar von den raren Gardenal-Pillen.

Meine Erinnerungen an das KZ sind nicht verschwommen. Ich kann sie in wenigen Absätzen zusammenfassen.

Dachau hat mich getroffen wie ein unerwarteter Schlag. Ich hatte es mir nicht so vorgestellt. In Höchst wurde darüber geredet, furchtbare Gerüchte gingen um, aber sie gewannen keine Gestalt in unserer Wahrnehmung. Es war wie mit dem Riesen im Märchen, schlimmstenfalls ein bedrückender Albtraum, in dem die Formen ineinanderlaufen und die Fakten keine Realität besitzen.

Die Verblüffung ist vielleicht das stärkste Gefühl gewesen, das ich bei der Ankunft in Dachau empfand. Das ging so weit, dass ich manchmal meinen Augen nicht traute in dem Moment, in dem sie etwas sahen. Vielleicht verlor ich auch deshalb nach meiner Rückkehr in die zivile Welt jahrzehntelang diese Abgründe, die nur im Schlaf entfesselt wurden, wenn sich mir irgendeine Szene aus der Vergangenheit wie ein Blutsauger ins Gemüt drängte und gespenstische Trugbilder aufwühlte, die ihrerseits irreal waren.

Die Verblüffung von damals ist eine Sache, die ich auch heute nie vergesse, wenn ich mit Leuten spreche, die nicht in Konzentrationslagern oder in Todeslagern gewesen sind.

In den zwölf Wochen, die ich in Dachau war, hörte ich nicht einen Augenblick auf, mich darüber zu wundern, wie unglaublich viele Belastungen der menschliche Organismus aushalten kann. Ich musste sogar lachen beim Gedanken, wie sehr ich mich über die Behandlung der Ausländer in Höchst empört hatte, wo man vergleichsweise in Wohlstand und Freiheit lebte, selbst als »Ostarbeiter« und als Pole. Und hier, wo man das Unerträgliche einatmete, verging einem die Entrüstung fast, in einer Art von Betäubung.

In Wahrheit hatte ich mich am Anfang schon etwas ereifert, ich war beschämt über die menschliche Natur, weil ich beobachtete, wie schnell ein denkendes Gehirn (mein eigenes an erster Stelle) sich den unwürdigsten Situationen anpasst. Dabei war an sich nichts Beschämendes daran, dass in einem geschwächten Körper auch der Geist erlosch. Das Licht der Vernunft war auf den eigenen Lebenshauch konzentriert. Die Mattigkeit des Körpers schläferte das Gehirn ein, es blieb ihm gerade noch die Kraft, einen Monat, einen Tag, eine Stunde länger durchzuhalten. Und nach wenigen Wochen wurde ich vollkommen in Anspruch genommen von einer anderen Entdeckung, die dann alle Kriterien, die ich zu jener Zeit besaß, auf den Kopf stellte.

Ich meine die vollkommene Normalität des Verbrechens, körperliche Gewalt, Denunziation, Perversion als alltäglicher Rhythmus der Beziehungen, plötzlich ganz natürlich, vertraut. Schon im Güterwaggon hatte ich eine ganz merkwürdige Lebensfreude empfunden; eine Art Wollust bei der Ankunft im KZ, als ich mich mitten in einem Haufen von Frauen auf einem Platz auf den Schotter fallen ließ. Und dann die Fußtritte hier, die Ohrfeigen da, und das Spucken, und wir standen alle wie unter Betäubung gefügig auf und ließen uns in eine Baracke drängen, wo das Glücksgefühl, dass ich mich endlich auf die Dielen legen konnte, alle Qualen mit einem Schlag löschte. Ich hatte in den Gesichtern der Gefährtinnen, die sich regelrecht röchelnd vor Freude auf dem Boden ausstreckten, den gleichen Geschmack an der Verrohung gelesen, der sich in meinem Schlaf breitmachte.

In der ersten Zeit demütigte mich diese übermäßige Fähigkeit, noch die geringste Erquickung zu genießen. Es war nicht wie in Höchst, wo ich meine Wut bewahrte. Hier ging ich so auf in dem, was ich tat – mich sorgfältig in eine Decke wickeln, in einem Winkel der Baracke ganz langsam einen gut eingespeichelten Bissen Brot kauen –, dass mir jeder andere Gedanke im Grunde abstrakt blieb. Ich machte mir Vorwürfe, die nicht in mich eindrangen.

»Wie? Deshalb bist du zurückgekehrt? Damit du mit den Läusen schlafen darfst? Damit du der fadesten Wassersuppe hinterhersabberst? Und der Kampf? Ein paar Wochen und der Kampf ist nicht mehr da?« Nichts. Ich gähnte.

»Mit wem denn?«, antwortete ich mir selber.

Die beiden ersten Wochen waren sehr langsam in einer der Isolationsbaracken verstrichen, im Quarantäne-Block, zusammen mit Dutzenden von Ausländerinnen, die ebenso verroht waren wie ich und wie die SS-Leute, die immer wieder kamen, um uns zu kontrollieren, Köpfe von germanischen, ukrainischen und sogar tatarischen Lumpenproletariern, denen die Brutalität so deutlich im Gesicht geschrieben stand, dass sie schon wieder unschuldig wurde. Ich musste mir ständig vorsagen: »Das sind Ungeheuer«, um mich nicht einwickeln zu lassen von der Selbstverständlichkeit, mit der sie sich über grausame Einfälle amüsierten wie Ohrfeigen auszuteilen, einen vollen Blechnapf mit dem Fuß umzustoßen, auf eine Decke zu rotzen, aber ohne Hass, nur so, um die Zeit totzuschlagen.

Dann kam die größte Enttäuschung. Die Nazis reihten mich nicht unter die roten Winkel ein – die politischen Häftlinge –, sondern markierten mich zusammen mit den »Asozialen« schwarz. Und sie wiesen mir ein Strohlager in einer der Baracken für diese Frauen zu. Der Block der roten Winkel lag an einer anderen Straße des Lagers, und es war für mich nicht leicht, dort hinzukommen. Die Männer waren noch weiter weg, getrennt von den Frauen. Die OST- und P-Häftlinge ebenso wie die Männer und Frauen mit gelben Winkeln (die Juden) waren für uns West- und Mitteleuropäer nahezu unerreichbar. Unmöglich zu erfahren, ob Gruschenka dort war. Es kam mir vor, als hörten die Barackenanlagen nie auf. Die einen sagten, wir wären zwanzigtausend, andere sagten fünfzigtausend, und wieder andere sagten, hunderttausend Häftlinge in diesem Lager, aber ich kannte niemanden, der einen Plan des Konzentrationslagers und der dazugehörenden Einrichtungen gemacht hatte wie die Freunde in Höchst, und noch heute kann ich es nicht beurteilen.

Ich weiß, dass ich tagelang nach Martine suchte. Ich fand sie nicht. Ich blickte in alle Gesichter, in der Kantine, beim Appell, in den Waschräumen, niemand vom I.G. Farben-Werk.

Allmählich fragte ich mich, ob ich wirklich hergekommen war, um das Schicksal meiner alten Genossen zu teilen, denn es wurde mir mit jedem Tag weniger wichtig, sie ausfindig zu machen. Schließlich hatte ich sogar Angst, jemandem von ihnen zu begegnen.

IV

Ich musste es machen wie Gruschenka auf ihrem Beobachtungsposten in den unterirdischen Klos in Ch 89, mich umsehen und mir ein möglichst genaues (und erschöpfendes) Bild der Lage machen, und zwar ziemlich rasch, bevor ich so unterernährt war, dass ich keine Kraft mehr zum Denken hatte. Die beste Zeit für Beobachtungen waren die Stunden des Abendappells auf dem freien Platz, wenn die KZ-Insassen von der Arbeit zurückkamen. Aber ich durfte auch den frühen Morgen in den Waschräumen nicht außer Acht lassen, und nicht die Sonn- und Feiertage. Und des Nachts konnte ich meine Schlafgenossinnen kennenlernen, denn dann waren sie zurück von ihren Schichten in der Fabrik oder in den Steinbrüchen.

In meiner Baracke wohnten vor allem Alkoholikerinnen jeden Alters. Bei meiner Ankunft zählte ich zweiundzwanzig Trinkerinnen. Lauter heruntergekommene Frauen mit vom Alkohol geröteten Gesichtszügen, gefügig und weinerlich wegen des totalen Entzugs. Trotz echter Wut gegen die Nazis waren sie nicht zuverlässig; ein Fingerhut voll Schnaps löste ihnen die Zunge, selbst wenn sie es nicht wollten.

Ferner gab es zwei verängstigte kleine Diebinnen, die immer unsere Rationen stahlen. Als eine Prostituierte sie bei der Lagerleitung denunzierte, beschuldigten sie sie, sie hätte sie zur Revolte aufgestachelt, und die Frau wurde im Krankenrevier umgebracht, mit einer Spritze, wie man es bei unheilbar Kranken zu tun pflegte (sie war tatsächlich Syphilitikerin im Endstadium). Eines Nachts bestahlen sich die beiden kleinen Diebinnen gegenseitig, weil es inzwischen schwierig war, uns anderen auch nur eine Krume wegzunehmen; wir hatten eine ständige Wache in der Baracke eingerichtet, eine Stunde pro Person Tag und Nacht. Bei der geringsten verdächtigen Bewegung der Diebinnen fielen wir über sie her und prügelten auf sie ein. »Ruf nur die Nazis, wenn du kannst!« Sie lieferten sich eine Messerstecherei, wurden sofort von den Schäferhunden bewegungsunfähig gemacht und auf dem Platz mit dem Maschinengewehr erschossen.

Am streitsüchtigsten waren jedoch die professionellen Prostituierten, ungefähr zehn, fast alle zerstört von Geschlechtskrankheiten, Kreaturen aus aller Herren Ländern. Ich erinnere mich an eine junge Böhmin mit verschleiertem Blick, die jeden Gegenstand mit den Fingern ertastete, ganz kleine Schritte machte aus Angst, umgebracht zu werden, und hocherhobenen Hauptes erklärte, sie sähe sehr gut, obwohl ihr die Genossinnen mit der Hand vor dem Gesicht herumfuchtelten und sich nichts darin regte. »Ein Glück für dich, dass du so gut siehst!«, sagten sie lachend und zwinkerten sich gegenseitig zu.

»Ja«, entgegnete die junge Frau, »ich sehe.«

»Und das hier, was ist das?« Sie zeigten ihr eine Kartoffel. Die junge Böhmin streckte die Hand aus. »Nein, nicht anfassen. Rate. Rate.« Ihr Gesicht leuchtete immer auf, wenn sie zufällig das Richtige traf.

Aber die »Asoziale«, die sich mir am tiefsten eingeprägt hat, war eine junge Flämin, die aus einem Freiarbeiter-Lager kam.

Eines Abends war sie zum Schlafen in die Baracke eines Slawen gegangen, mit dem sie sich seit Kurzem angefreundet hatte. Nachdem er sie gehabt hatte, war er aufs Klo gegangen und hatte ihr einen anderen aufs Strohlager geschickt. Nach einer gewissen Anzahl von Wechseln war ihr nicht nur die Männlichkeit ihres Gefährten verdächtig vorgekommen – jede halbe Stunde fing er wieder von vorne an –, sondern auch seine Wandlungsfähigkeit – einmal war er dicker, dann wieder dünner –, bis sie das Hin und Her zwischen den Pritschen bemerkt und sich gewehrt hatte, in einem stummen, vergeblichen Gerangel. Sie konnte nicht mehr sagen, wann sie angefangen hatte zu schreien, mit einem solchen Geheul, dass die Wachen gekommen waren. Sie hatte den Slawen angezeigt, aber die Fakten (und die männliche Mentalität) sprachen gegen sie. Warum sie nicht in ihrer Baracke geblieben sei? Sie kam auf die Liste für ein Bordell an der russischen Front. Daraufhin hatte sie mit geballter Faust das Hitlerbild beleidigt, ihm alle Beleidigungen zurückgegeben (das waren ihre Worte) und war nach Dachau deportiert worden. Und hier ging sie in bescheidenem Rahmen der Prostitution nach, und zwar mit SS-Leuten aus den untersten Rängen – deutsche oder ukrainische Landarbeiter – in den Latrinen. Gut gelaunt kam sie danach in die Baracke zurück, mit dem schlaff gewordenen Fleisch einer früher dicken Frau, die ausgezehrt war, mit trägem Blick, und schenkte immer einer von uns ein Stückchen von ihren schäbigen Gewinnen, eine Scheibe Wurst, ein Stück Brot, eine Portion Marmelade.

Auf zwei oberen Strohlagern lebten drei rosa Winkel, dänische (oder norwegische?) Lesbierinnen, die der Umwelt keine Beachtung schenkten und sich ständig gegenseitig wuschen und kämmten. Sie waren außerordentlich sauber für diese Umgebung, zarte, ausgemergelte Geschöpfe, die sich bis in die späte Nacht mit Aufmerksamkeiten und Liebkosungen überschütteten, verzehrt von der Glut füreinander, die sie in unseren Augen glücklich erscheinen ließ, jenseits von Hunger und Brutalität, vollkommen versunken in die gegenseitigen Zärtlichkeiten. Wenn man sie ansprach, antworteten sie höflich, aber einsilbig und flüchteten sich schnell wieder auf ihr Strohlager. Manchmal sah ich sie alle drei nacheinander ein und denselben Napf an den Mund führen.

Wir hatten nur einen grünen Winkel in der Baracke, also eine »gewöhnliche Verbrecherin«. Sie war eine französische Prostituierte und Kindsmörderin, deren Gesicht durch wer weiß was für einen Unfall verunstaltet war, sie hatte kein Kinn mehr und fast keine Nase, ihr Mund war ein Spalt, und die Augen waren immer etwas aufgerissen, weil die Haut wegen der Narben gespannt war. Es hieß, sie könne hervorragend Schwänze lutschen. Während ich dort war, gab es einen SS-Unteroffizier, einen gutaussehenden, schön gewachsenen Mann, der seine Nächte vor dem Barackenfenster verbrachte und sie anflehte rauszukommen; er schenkte ihr bis zu drei Tafeln Schokolade auf einmal, nur um sie zu bewegen, zu ihm zu kommen. Jemand denunzierte ihn dann. Es ging das Gerücht, dass es Lulù selber gewesen sei. Der Nazi-Unteroffizier schien verzweifelt, weniger weil er mit einem der Strafbataillone, bei denen noch strengere Disziplin herrschte als in der Fremdenlegion, an die Front geschickt wurde, sondern vielmehr weil er sich nicht mehr mit Lulù treffen konnte. Bevor er ging, gab er ihr seinen gesamten Sold, auch die Ersparnisse und ich weiß nicht wie viele Sachen zum Essen. Sie brummelte etwas mit ihrer zahnlosen Stimme durch die Narbe ohne Lippe, während sie ihre Schätze versteckte, und als sie bemerkte, dass ich ihr zusah, flüsterte sie mir ins Ohr: »Es gibt so viele Wege, sie bezahlen zu lassen, lern sie ruhig auch.«

Ich stritt mich nie mit all den Gefährtinnen, die sich, mit Ausnahme der drei Lesbierinnen, regelmäßig sonntags in die Wolle kriegten. Kränkungen, Streiche, Denunziationen, Kräche waren an Feiertagen an der Tagesordnung, wenn sich zweiundvierzig Frauen in einem fünfundfünfzig Quadratmeter großen Raum (elf mal fünf Meter) zwischen sieben dreistöckigen Doppel-Katafalken gegenseitig auf die Füße traten. Sie zerfetzten sich die Arbeitsanzüge und rissen sich die wenigen noch verbliebenen Haare aus. Die Werktage verliefen schweigsam, sie sprachen höchstens im Fieber, wenn sie sich nach dem Abendappell seufzend auf ihren Strohlagern ausstreckten und mit offenen Augen vor sich hinstöhnten.

Es war beeindruckend, ihre halluzinierten Hasstiraden auf die Nazis anzuhören, für die sie sich dann, zum Überdruss der Wachen, die sich einen Spaß daraus machten, sie für einen Tropfen Schnaps oder eine Prise Tabak zum »Singen« zu bringen, gegenseitig denunzierten.

Obwohl ich die einzige Italienerin war und niemand meine Sprache verstand, lebte ich in der ständigen Angst, ich könnte im Schlaf sprechen. Auch deshalb wollte ich nicht an meine früheren Gefährten denken. Was, wenn ich von Diskussionen mit Martine träumte? Ich konnte mich auch auf Französisch verraten, eine Anspielung auf Frankfurt-Höchst rausrutschen lassen, meinen wahren Namen sagen.

Es gab keine Pritschennachbarin, die nicht während eines unruhigen Schlafes Worte gemurmelt hätte, und ich hatte das Gefühl, ich war nicht die Einzige, die die Ohren spitzte, um aus den Satzfetzen einen Sinn herauszuhören. Beim Aufwachen sah ich forschend in jedes Gesicht, um in einem eventuellen Judaslächeln den Beweis dafür zu finden, dass ich etwas preisgegeben hatte. Wenn ich mich verraten hätte, was kostete es dann die Lagerleitung, meine Fingerabdrücke an die I.G. Farben zu schicken und sie mit den dort gesammelten vergleichen zu lassen ...

Sobald eine von uns beim Abhauen erwischt wurde, umringten die anderen sie. Wir ließen uns von den Trinkerinnen anhauchen, und sobald eine auch nur entfernt nach Alkohol stank, wurde sie – mit Hilfe von Nadelstichen und Verbrennungen – gezwungen zu erklären, wie sie ihn sich beschafft hatte.

Ich hätte nicht einmal auf die Unterstützung der anderen Internierten rechnen können. Die schwarzen Winkel wurden von allen gemieden, insbesondere von den roten Winkeln, die unter ihnen die Spitzel der SS fürchteten. Die »Asozialen« galten als noch viel unzuverlässiger als die grünen Winkel, die gewöhnlichen Kriminellen, die untereinander solidarisch schwiegen. Man erzählte von einem bekannten Widerstandskämpfer, den die Lagerführer absichtlich unter die »Asozialen« gesteckt hätten, um seine Glaubwürdigkeit bei den Deportierten von vornherein zu untergraben. Das war ihnen gelungen; der Mann war von allen gemieden worden und hatte sich schließlich die Pulsadern aufgeschnitten.

Früher hatte ich mich immer mit meiner Bekanntheit als faschistische Freiwillige aus der Affäre gezogen, das italienische Konsulat wisse von meiner Existenz, es gab zu viele Faktoren, die verhinderten, dass meine Person einfach beseitigt werden konnte. Und vor allem galt ich, um die Wahrheit zu sagen, nicht als gefährlich.

Aber jetzt hatten sich die Dinge geändert. Um die Existenz einer rückfälligen, untergetauchten Elena Pareschi hätte sich kein Mensch geschert. Gerade die falschen Personalien, die ich den Nazis angegeben hatte, gaben ihnen die Möglichkeit, mich umzubringen.

Also: kein Sterbenswörtchen. Nur dein Gefährte aus dem Güterwaggon weiß, wer du bist, aber er wird dich trotz seines Hasses nicht verraten. Sieh dich weiter um, ohne aufzufallen, aber beeil dich mit dem Kapieren, bevor du zu sehr heruntergekommen bist, um überhaupt noch etwas unternehmen zu können.

Zunächst einmal wusch ich mich jeden Morgen und jeden Abend von Kopf bis Fuß im Waschraum, und zwar in Windeseile, um das Gezeter der Genossinnen zu vermeiden, die hinter meinem Wasserhahn Schlange standen, aber ich achtete trotzdem darauf, meine Haut sorgfältig mit der groben Seife zu reinigen, die sie uns gaben (mein Albtraum war, dass ich mich bei den syphilitischen Gefährtinnen ansteckte). Dann rieb ich mich nackt mitten zwischen den Frauen, die mich ansahen, als wäre ich übergeschnappt, kräftig mit einem Lappen ab, um meine Durchblutung anzuregen.

»Hast wohl zu viel Puste, was?«

»Sie will ausgewählt werden für das Bordell der Offiziere.«

»Schonen wir unsere Nerven«, antwortete ich.

»Spar deine Kräfte, solange du noch welche hast«, rieten sie mir.

Nicht nachgeben, sagte ich mir, halt sie unter Kontrolle. Ich übte mich darin, den Schäferhunden hinter dem Rücken der SS-Leute Befehle zu geben, stumme Befehle mit den Augen, mit dem kleinen Finger, mit winzigen Gesten. Und darüber vergaß ich den Hunger. Aber sei vorsichtig, bei der Kälte im Herbst schaffst du es nicht. Beeil dich (ich wusste allerdings nicht womit).

Während ich mir wie unter Zwang immer wieder sagte, »all dies ist nicht normal«, überfiel mich eine furchtbare Ahnung, die mir zuweilen jede Hoffnung nahm, dass ich es je schaffen könnte: Die

KZ-Gesellschaft trieb die Selektion, die in der Außenwelt stattfand, lediglich auf die Spitze, *sie war keine andere Wirklichkeit, sondern lediglich eine unerhörte Verschärfung der Ordnung draußen.* Dieses Gefühl wuchs in mir während des stundenlangen Schlangestehens beim Appell, in der Kantine, bei jeder Gelegenheit, wenn sie uns antreten ließen. Ich vergaß die Müdigkeit über dem Auftrag, den ich mir selbst erteilt hatte, die Gesichter zu studieren, zu fragen, wer bist du, woher kommst du, was hast du in der bürgerlichen Welt getan? Ich dachte dann nachts darüber nach, wägte all die kleinen Informationen ab und sortierte sie, so wie ein Geizkragen sein Geld immer neu zählt.

Ich machte eine immer wiederkehrende Beobachtung: Wie in Frankfurt gab es auch hier in Dachau keine Reichen, keine Mächtigen.

Aber wenn man das in den an Industrieanlagen angeschlossenen Lagern noch verstehen konnte – eine Fabrik braucht Arbeiter, keine Herren –, so wurde die Sache in einem KZ verdächtig: Gab es in der hohen europäischen Gesellschaft womöglich keine Nazigegner? Oder wurden sie nicht verfolgt?

Sogar die Juden waren fast ausnahmslos aus den mitteleuropäischen Ghettos zusammengetrieben worden, ein Strom von Handwerkern, Arbeitern, Kleinhändlern, ein paar Handvoll Intellektuelle, vor allem Ärzte, Chemiker, Ingenieure, das heißt solche Leute, die ein »geistiges Kapital« (wie die Nazis sagten) besaßen, das dem Dritten Reich zugute kommen konnte. Die großen Finanziers, die *wahren* Wohlhabenden, hatten sich ins Ausland geflüchtet. Die ökonomische Diskriminierung war also noch stärker als die rassische. War sie nicht vielleicht sogar deren Grundlage? Jüdisches Leben als Geisel, als Fleisch zum Tauschen ... In der kurzen Zeit, die ich in jenem KZ zugebracht habe, hörte ich wer weiß wie oft etwas von Verhandlungen munkeln, die die Nazis mit der Schweizer Regierung über den »Ausverkauf« eines »Bestandes an Juden« führten. Ich glaube nicht, dass die zusammengedrängten Massen das nur träumten, die wir hinter dem Hof vorüberziehen sahen, von unseren Baracken für Untermenschen aus, die eine kleine Stufe höher standen, denn wir *gehörten zu den wirtschaftlich höherentwickelten Ländern*, wir deportierten Arier aus dem Westen.

Am besten informiert darüber waren die roten Winkel, auch weil unter ihnen der Prozentsatz der Akademiker (so hießen bei uns alle Internierten, die irgendeinen Studientitel hatten) höher war als bei den anderen Gruppen. Viele von ihnen waren in der Verwaltung und im Krankenrevier beschäftigt und sorgten dort für Leute ihresgleichen, indem sie sie in den Küchen unterbrachten. Als Schreiber, Buchhalter, Sanitäter, Kartoffelschäler (stets den deutschen Internierten untergeordnet) waren diese Akademiker besser dran als jene, die draußen in den Bergwerken oder an den Hochöfen arbeiteten oder die Straßen teerten. Ich sah sie gerade deshalb voll Missgunst an, weil ihr »geistiges Kapital«, auch wenn es brachlag, sie vor vielen Gewalttaten schützte. Sie konnten sich müheloser als das niedere Volk der Häftlinge auch weiterhin entsprechend den Werten verhalten, die sie in ihrer »zivilen« Welt hochgehalten hatten.

Ich erzählte das einer Krankenpflegerin, die ich kannte, sie war eine der wenigen Häftlinge, die in diesen Rang aufgestiegen waren (die Frauen hatten normalerweise keinen Zugang zu solchen Posten, sie waren eine Subspezies auch unter den Deportierten).

»Ach, lassen Sie mich doch zufrieden mit Ihren Idealen. Sie können sich die erlauben.«

Ich kann jetzt nicht argumentieren wie früher, bevor ich diese Hölle kennengelernt habe (dachte ich). Und ich ging wieder zu der Krankenpflegerin, einer Holländerin, die alle schätzten wegen ihrer unermüdlichen Arbeit im Krankenrevier. Sie war vierzig und hatte schon eine Spur von Entsagung in ihrem blassen Gesicht mit den abgemagerten Zügen, und sie wich mir nicht aus wie die anderen roten Winkel, sondern beantwortete geduldig meine Fragen, wenn wir uns frühmorgens im Waschhaus trafen, beide im

Grau des lichtlosen Raumes damit beschäftigt, mit einer Seife aus Sand Wäsche zu schrubben, so dass wir manchmal beide über den Irrsinn dieses beharrlichen Waschens lachen mussten. Sie berichtete mir auf Deutsch, welche Art Leute sie am Tag zuvor an sich hatte vorbeiziehen sehen. Wir errechneten, dass auch bei den roten Winkeln Leute aus der Mittelschicht eine Minderheit waren. Diejenigen, die systematisch der Gestapo in die Hände fielen, waren die Arbeiter, die Hilfsarbeiter. Ihrer Meinung nach erklärte sich das daraus, dass es in der Tat mehr kommunistische Arbeiter als Intellektuelle dieser Überzeugung gab. Meiner Meinung nach war es nur ein Beweis dafür, dass die ökonomische Diskriminierung stärker war als die ideologische.

»Entschuldige, Ellen, wenn die Nazis sogar auf der Ebene der Ideen die Unwissenden härter treffen, dann heißt das doch, dass auch in der Politik ihr Hauptmaßstab bei der Beurteilung das Geld ist, denn unwissend sind doch bekanntlich die Armen.«

»Du kannst die Dinge nicht so durcheinanderwerfen ...«, erwiderte die Frau, während sie irgendeinen Fetzen gegen die gewellte Betonplatte des Waschtrogs schlug. »Ideen zählen immer, erst recht gegen solche Bestien wie die Nazis.«

»Und wie sie zählen!«, erwiderte ich. »Vor allem die Idee, dass in dieser Welt das Geld mehr zählt als alles andere.«

Jeder Tag bestätigte mich in meiner Überzeugung. Unter den Katholiken war nur der niedere Klerus vertreten. Ellen ertrug diesen Gedanken nicht. Eines Morgens überraschte sie mich mit der Nachricht, dass zwei polnische Bischöfe und ein holländischer Kardinal unter den Deportierten seien.

»Ist das alles?«, sagte ich lachend.

»Auch eine italienische Fürstin.«

»Ah!«, lachte ich sie aus. »Und wie erklärst du dir, dass auch unter den italienischen Kriegsgefangenen, unter den Badoglianern, wie sie genannt werden, nur die Soldaten arbeiten müssen, während die Offiziere sich weigern können und die höchsten Grade sogar offiziell davon befreit sind? Nicht einmal das willst du Klassendiskriminierung nennen?«

Am folgenden Tag machte ich sie darauf aufmerksam, dass die gewöhnlichen Verbrecherinnen alle ganz kleine Leute seien, aufgewachsen in Waisenhäusern, in übervölkerten Vorstädten. (Die Kriminellen beantworteten meine Fragen nach ihrer Kindheit bereitwilliger als die anderen, sie waren gerührt, dass jemand ihnen zugestand, auch einmal kleine Mädchen gewesen zu sein.)

»Du beleidigst die Armen.« Die Krankenschwester unterbrach das Wäschespülen. »Sie haben mehr Moral als die Reichen.«

»Das sage ich ja gerade. Ein Dieb, der nicht lesen und schreiben kann, ist weniger verwerflich als der Reiche, der ihn ins Gefängnis steckt.«

»Du hast eine Art zu argumentieren, die ich nicht mag. Und in deinem Alter ist das gefährlich. Du bist zu jung, um das beurteilen zu können. Du willst alles umstürzen. Ich bereue schon, dass ich dir so viele Informationen gegeben habe.« Und unwillkürlich streifte ihr Auge meinen schwarzen Winkel.

»Du denkst auch, dass ich eine *Asoziale* bin«, sagte ich zu ihr. »Wie die Nazis.«

So verlor ich Ellens Vertrauen. Ich setzte meine Untersuchungen alleine fort.

Was die Nazis betrifft, so waren auch unsere Wachen niederster Herkunft. Ich glaube fast, dass einer von ihnen in mir seine eigene Kindheit respektierte, als er mir auf die Frage: »Wo hast du als Kind gelebt?« antwortete: »Im Schwarzwald.« Er war der Sohn von Köhlern, die von ihrem Stück Land vertrieben worden waren, weil es gerodet wurde, und die in die Stadt gezogen waren, als er noch ein kleiner Junge war. Er war ein Hüne von einem Säufer, einer von denen, die am meisten prügelten.

Die Offiziere ließen sich nur selten blicken, aber aus ihren steifen Manieren – mein Vater hätte sie »Parvenus« genannt – schloss ich auf bescheidene Herkunft. Ich habe während meines Aufenthaltes in Dachau vier in Aktion gesehen, drei, als sie Auspeitschungen und verschärfte Haft für Häftlinge befahlen, die sich beim Appell nicht gemeldet hatten, und einen, der selber auf einen Flüchtling geschossen hat, mit einem nur leicht gereizten Runzeln der Augenbrauen.

Jetzt fragte ich mich: Wenn ich die Verrohung von uns Ausländern den Nazis angelastet habe, wem soll ich dann die Bestialisierung der Nazis anlasten? Wessen Untermenschen sind dann sie? Sie toben sich an uns aus, weil wir ihnen als Untermenschen zugewiesen worden sind, oder vielmehr, als solche haben sie selbst uns gesehen. Aber sind sie etwa freie Menschen? Herabgewürdigt wie sie sind zu den niederen Aufgaben von Sklavenhändlern, Gefängniswärtern, Ausrottern, Plünderern, Folterern, Superuntermenschen also. Im Auftrag von wem? Es wird doch irgendwo auch Menschen geben, die solche Dinge nicht tun, ohne deshalb unbedingt Opfer zu sein. Eine ganze Menschheit von Untermenschen? Tyrannen-Sklaven und Sklaven-Sklaven, wobei die ersteren die letzteren selektieren, zusammenscharen und überwachen? Ein Universum von Opfer-Sklaven und Henker-Sklaven? Unmöglich.

Denk nach.

Die Kriegsindustrie zieht Profit aus all diesen spottbilligen Arbeitskräften.

Doktor Lopp war sehr vornehm. Eigenhändig hätte er keinem Ausländer je ein Haar gekrümmt. Er hatte kultivierte, humane, melancholische Umgangsformen, seine Stimme im Lautsprecher klang gequält, wenn er von der Unmenschlichkeit der Luftangriffe sprach, von dieser »Massenarbeit« vom Himmel herab gegen die schutzlose Bevölkerung, Frauen, Alte, Kinder, Kranke, Deutsche und Ausländer, Feinde und Verbündete ohne Unterschied. Und dennoch beschäftigte er Tausende von unterbezahlten und unterernährten Fremdarbeitern in dem von ihm geleiteten Werk.

Als ich dann bei der Kanalreinigung arbeitete und einmal gemeinsam mit einem der Aufständischen von Warschau dabei war, einen Kanaldeckel zu heben, erzählte er mir, wie ein deutscher Industrieller dort Revolutionäre aus dem Ghetto in geeigneten Unterkünften versteckt hatte, die ihm diesen Schutz in barer Arbeit bezahlten, Tag und Nacht, im Akkord. Nun, ich hatte meinen Weg gewählt, und die Offenbarungen des Polen bestärkten mich nur darin. Weil ich begriffen hatte, dass ich es mit Sklaven zu tun hatte, wuchsen mir unendliche Kräfte zu, und ich fühlte eine Art Befreiung von der Notwendigkeit, jeden einzelnen Nazi bekämpfen zu müssen, als wären sie alle für ihre Aktionen selber verantwortlich. Sie waren es nicht. Sie waren die Befehlsausführer derjenigen, die ihnen das Bewusstsein zerstört hatten, und zwar schon in den zwanziger Jahren, mit der schwindelerregenden Inflation, die Millionen von kleinen Sparern an den Bettelstab gebracht und Millionen von deutschen Arbeitern ins Elend gestürzt hatte. Man brauchte sich nicht beeindrucken zu lassen von der autoritären Fratze, die die Tyrannen-Sklaven aufsetzten. Sie war nur eine Maske, hinter der nichts war. Worauf es ankam, war, sie auf ihre Sklaverei festzunageln.

Ich war durch solche Schrecken und Angstzustände zu der Überzeugung gekommen, dass sie überhaupt keine Macht über mich hatten, solange ich sie ihnen nicht gab, und war wirklich erleichtert darüber. Ich hatte auch nicht den Hauch eines Zweifels, dass meine Diagnose subjektiv sein könnte. Für mich war ihre Objektivität unbestreitbar, bewiesen durch ihre Wirkung auf meine Seele: Ich empfand *keine* Angst mehr.

V

Die Schäferhunde waren die ersten, die meine innere Wandlung bemerkten. Das war noch nie vorgekommen, gewöhnlich wedelten sie mit dem Schwanz, wenn sie mich sahen (für mich der Beweis, dass ich mich auf dem Boden der Wirklichkeit bewegte).

Den ersten Versuch mit den wölfischen Menschen habe ich an einem Septemberabend gemacht. Ich stand mit Lulù in den Fensterwinkel geduckt, und wir beobachteten draußen in der Abenddämmerung hinter der Baracke zwei Uniformierte, die das flämische Mädchen zu Boden geworfen hatten. Der eine (der aus dem Schwarzwald) hielt ihr die Beine auseinander, während der andere, aus Hamburg, ihr eine Maus über dem Bauch baumeln ließ, die sich in seiner Hand wand. Lachend drohten sie damit, sie ihr in die Vagina zu stecken. Sie lag auf dem Rücken, ihr Fleisch über den Boden ausgebreitet, und trat um sich. Ich sah das Weiße in ihren aufgerissenen Augen, während sie sich den Mund mit der geballten Faust zustopfte, vor Angst sicherlich, dass sie umgebracht würde, wenn sie schrie. Jetzt war der Sohn des Köhlers dabei, ihr die heruntergezogenen Hosen um die Fesseln zu binden.

»Lulù«, sagte ich zitternd. »Warum versprichst du ihnen nicht, jedem von ihnen einen zu blasen, wenn sie sie freilassen ...«

»Bist du verrückt? Dann werden sie noch geiler, und es wird noch schlimmer. Man müsste irgendetwas machen, damit sie hochspringen, dann würden sie die Maus loslassen.«

»Gut, ich versuch's.« Ich riss das Fenster mit einem Ruck auf und stimmte mit durchdringender Stimme, die Augen starr gen Himmel gerichtet, »Deutschland, Deutschland über alles« an.

Vor lauter Überraschung ließ der Soldat tatsächlich die Maus entwischen. Ich sang weiter, ohne etwas gesehen zu haben: »... über alles auf der Welt«. Aber sie stiegen über das flämische Mädchen hinweg und kamen auf mich zu. Ich richtete einen eisigen Blick (mir liefen selber Schauder über den Rücken) auf ihre finsteren Augen, zuerst auf die des einen, dann auf die des andern, und langsam, leise, fragte ich in meinem gewähltesten Deutsch, Silbe für Silbe betonend:

»Seit wann ist es verboten, die Hymne des Dritten Reiches zu singen?« Dann fragte ich nach der Uhrzeit, freundlich, immer noch so, als hätte ich nichts gesehen, und manchte das Fenster wieder zu. Lulù schenkte mir sofort eine ganze Tafel Schokolade, die Flämin kam in die Baracke zurück und wurde in meinen Armen ohnmächtig, so dass ich zusammen mit ihr zu Boden ging. Ich war so glücklich, dass wir drei, Lulù, die Flämin und ich, uns in der Ecke unter dem Fenster immer wieder küssten.

Ich erlebte in jenen Septembertagen immer wieder Augenblicke von Zufriedenheit. Ich hatte den Ton gefunden, der die SS-Mannschaften verwirrte (wieder ein Beweis dafür, dass ich in der Wirklichkeit lebte). Ich war sehr förmlich, wenn ich mich an die Wachen wandte und zog sie freundlich zu Rate, mit einer zerstreuten Starrheit in der Stimme, die Körperhaltung geziert, den Blick in etwas anderes vertieft. Es war jedes Mal aufregend. Hinterher vertraute ich Lulù und der Flämin alles an.

»Vergesst nie: Wie Zwerge müsst ihr sie behandeln.«

Lulù hatte einen neuen Anbeter, den Wachmann mit der Maus.

»Ich bin seine Spinne.« Sie riss ihren Mundspalt vor mir auf. »Du wirst sehen.«

Ich muss gestehen, dass ich diese Wachen nicht einmal mehr hasste. Als Instrumente einer Macht, die sie nicht verstanden, gaben sie sich der Illusion hin, sie wären keine Automaten, sondern übten die Grausamkeit aus eigener Initiative aus und wären durch keine Vorschrift dazu verpflichtet. Sie festnageln auf ihre Sklaverei. Nicht vergessen, dass du ihnen jedes Mal, wenn du verzweifelst, ein Geschenk machst. Führ dir einfach vor Augen, dass je tiefer einer in die Gemeinheit absinkt, die Rohheit desto mehr sein letztes Aufflackern von Menschlichkeit ist.

Ich hatte schon mit sechzehn die *Aufzeichnungen aus einem Totenhaus* mehrmals gelesen. Es ist genauso, wie Dostojewskij sagt, dass ein Kerkermeister, damit er in seinem Beruf nicht verrückt wird, »etwas von sich dazugeben« muss, bis er zuletzt die Gefangenen »aus Liebe zur Kunst« peitscht und sich durch die Geschicklichkeit, mit der er die Peitsche schwingt, als Person fühlt.

Das weißt du, also mach kein Drama daraus. Lass dich nicht packen von einem Gefühl von Stabilität, von Dauer. Der einzige Unterschied zu den Kerkermeistern des Zaren ist der, dass die Nazis ihre Taten derart kunstvoll ausführen, dass sie der Gesellschaft, die sie hervorgebracht hat, über den Kopf gewachsen sind. Das ist alles, ein quantitativer Unterschied.

Deshalb verfall nicht auf den Gedanken, dass du keine Wahl mehr hast. In diesen Wochen hast du dich hinreichend vertraut gemacht mit dem Verbrechen, jetzt sieh zu, was du herausholen kannst aus dem, was du gelernt hast. Es reicht nicht, wenn du sie nur hinhalten kannst.

Es war Anfang September, und noch immer hatten sie mich nicht zur Arbeit eingeteilt. Das beunruhigte mich. Sollten sie entschieden haben, dass ich unbrauchbar war? Sie konnten verfügen, dass ich ein unnützer Esser war und man mir keine Rationen mehr auszuteilen brauchte. Angesichts der Überfülle von Arbeitskräften, die ununterbrochen hier eintrafen, ein vollgestopfter Zug nach dem anderen, beim letzten sprach man von Zehntausenden von Aufständischen der »Republik von Paal«, kräftigen Polen, von den Warschauer Juden ganz zu schweigen, von denen immer neue ankamen, Kriegermuskeln, hieß es, stählerne Widerstandskraft, man munkelte sogar von einem neuen Kontingent dieser baumstarken Russen, die nicht einmal nach einem doppelten Arbeitstag ohne Pause umfielen. Was war ich verglichen mit ihnen? War es nicht wirtschaftlicher, mich einzuäschern? Ich an ihrer Stelle hätte nicht gezögert.

Der bloße Gedanke, dass ich sterben konnte, spannte alle meine Nerven an. Nie habe ich eine so entsetzliche Angst vor dem Tod gehabt wie in jenem KZ, vielleicht wegen der Leidenschaft für alles Körperliche, die die hungerbedingte Schwächung einem verschafft, wie ein Rausch, diese Lust, sich in den Schlaf fallen zu lassen, von der ich schon sprach, oder sich mit Abfällen vollzustopfen.

Das erste Gebot hieß also: Ich musste mich zur Arbeit einteilen lassen. Das würde mir den unmittelbaren Vorteil einbringen (außer dem, nicht zu sterben), mit mehr Leuten in Kontakt zu kommen, vielleicht gar mit Arbeitern von draußen, und so aus der Absonderung im KZ und auch in meinem Block herauszukommen, wo mein Status als Arbeitslose – ich war der einzige Fall in der Baracke – mich herabsetzte.

Ich beriet mich mit Lulù und der Flämin, die schon in der bürgerlichen Welt Arbeiterinnen gewesen waren, eine hatte an der Fräsmaschine gearbeitet, die andere am Montageband, und ließ mich über die Werkzeuge, die man handhaben, und die Gesten, die man machen musste, unterrichten, um mich bewerben zu können, ohne gleich entlarvt zu werden. Jetzt, wo ich keine Angst mehr hatte, erschien es mir unsinnig, dass ich so lange auf eine Aufforderung von ihnen gewartet hatte. Und so sagte ich eines Morgens zu Schwarzwald, er solle mich ins Arbeitsbüro bringen – »Schwarzwald«, sagte ich und lächelte ihn an, »Marsch!«

Aber während ich wartete, dass ich an die Reihe kam, rückte ein Trupp von Kanalarbeitern an. Ihr Aufseher sagte, dass er noch weitere Leute brauche. Schlagartig kam mir der Gedanke, dass das die ideale Beschäftigung wäre, Hunderte von Kanaldeckeln in der Welt draußen zu meiner Verfügung, zig verstopfte Klos in den Fabriken, zahllose Gelegenheiten für Begegnungen, aus denen man ein ganzes Netz flechten konnte. Das war doch etwas anderes, als hinter einer einzigen Maschine in einer Werksabteilung festzusitzen. Und ich bot mich freiwillig für diese Arbeit an. In gleichgültigem Ton, resigniert, fragte ich und blickte dabei durch den hinter seinem Tisch sitzenden Obersturmführer hindurch, der nur einen raschen Blick auf mich warf und mir dann durch eine Handbewegung zu verstehen gab, dass ich mich zu den Kanalarbeitern stellen solle, worauf er das gelangweilte Gesicht sofort dem nächsten Häftling hinter mir zuwandte. Der Sommer war zu Ende. Ich konnte der kalten Jahreszeit entgegensehen.

Seit ein paar Tagen unterbreitete ich der Flämin (so alt wie ich) und Lulù (dreißig) eine fantastische Idee, die ich anfangs in den Mußestunden wie einen Film vor mir hatte ablaufen lassen, als ich zu der Überzeugung gekommen war, dass die nazistischen Vernichtungen eine Realität waren. Meine Idee sah vor, Verbindung mit den Neuankömmlingen aufzunehmen, die noch frischer, noch nicht so geschwächt waren. Ein paar Tausend Internierte sollten in gegenseitigem Einvernehmen etwa hundert verstreute Wachen überrumpeln und mit Schaufeln, Zangen, mit allen Arbeitsgeräten niederschlagen. Sobald die SS-Leute entwaffnet wären, würden wir mit den Pistolen in der Hand das Munitionslager besetzen, während die Deportierten im Privatdienst der Offiziere deren Familien niedermetzelten. Danach würden wir alle anderen auffordern, Büros, Lager und Kasematten zu stürmen, und zwar mit einem ganz einfachen Argument (ich hatte mir den Aufruf so oft vorgesagt, dass ich ihn heute noch auswendig weiß):

»Wir wissen alle, dass Millionen von jüdischen und russischen Häftlingen, aber auch von Westeuropäern vergast und erschossen worden sind, ohne dass einer ihrer Vernichter dabei das Leben gelassen hätte. Was vergeben wir uns, wenn wir einen Massenaufstand machen, vereint, Zehntausende von Sklaven? Wir können mit Sicherheit dabei nicht mehr Menschen verlieren, als sie schon massakriert haben und bis zum Ende des Krieges noch massakrieren werden. Selbstverständlich wird es ein Blutbad geben, aber wie viele von unseren Folterern werden wir umbringen können! Allein das Vergnügen zu sehen, wie sie sich in die Hosen machen …« (Der Schlusssatz war nicht auf der Höhe meiner Vorbilder Thukydides, Julius Cäsar und Plutarch, aber er schien mir notwendig.)

Doch schon bald hatte ich diesen Traum aufgegeben. Die Neuankömmlinge kamen bereits als gebrochene Menschen ins KZ, abgestumpft, bereit, irgendwo hochzuklettern, um einem Fußtritt auszuweichen, sich einen Napf mit Suppe an die Brust zu drücken. Ich wurde mir der – vom Standpunkt der Nazis aus gesehen – vollkommenen Rationalität dieser Transporte in Güter- oder Viehwaggon bewusst, mit endlosen Aufenthalten, ausgehungerten, im Dunkeln zusammengepferchten, nach Luft ringenden Opfern. Waren sie einmal im Konzentrationslager gelandet, gab ihnen das tägliche Schauspiel des Todes der Wehrlosesten den Rest. Tatsächlich gewöhnte sich jeder (auch ich) an die Agonie des Nächsten, jeder hatte sein ganzes Trachten nur aufs eigene Überleben ausgerichtet, dazu erniedrigt, nur sich selbst zu sehen, um nicht zu sterben.

Seit ich bei der Kanalisation arbeitete, nahm diese alte Fantasterei neue Gestalt in einem Plan an, den Lulù, die Flämin, und ich nachts immer mehr perfektionierten (wir tuschelten auf Französisch). Ich war auch wieder kräftiger geworden, weil ich gelernt hatte, auf der Straße in den Abfalleimern zu wühlen, wenn sie uns im Morgengrauen in München oder auf den Dörfern ausluden, und ich spürte immer tollere Beute auf, Käserinden, Obst- und Kartoffelschalen, Knochen von gekochtem Fleisch mit Sehnen und Knorpeln, ja sogar Brotrinden. Die Technik war: Ich sang gedankenverloren eine Nazihymne in vollendetem Hochdeutsch vor mich hin: »Die Fahne hoch, die Reihen fest geschlossen ...« Ich hob den Deckel eines Abfalleimers hoch. »S.A. marschiert mit ruhig festem Schritt.« Die geübte Hand tastete die Abfälle ab. »Die Knechtschaft dauert nur noch kurze Zeit.« Diesen Vers betonte ich mit besonderer Überzeugung.

Der SS-Mann, ein halber Analphabet, beobachtete mich mit unsicherem Blick. Ich machte ihm immer wieder freundschaftliche Zeichen, um ihn daran zu gewöhnen, dass er sich nicht zu beunruhigen brauchte, wenn ich mich entfernte.

Ich bekam Krätze, setzte aber auch ein wenig Fleisch an. Ich teilte die Ausbeute meiner Razzien mit dem polnischen Aufständischen und brachte ganze Hände voll Gemüseabfälle mit nach Hause. »Alles Vitamine«, freute sich Lulù.

Dann ereignete sich der Zwischenfall, der meine Pläne über den Haufen warf.

Eines Abends auf der Latrine, als ich gerade die Hosen meines Arbeitsanzugs herunterließ, stürzten etwa zehn Internierte zwischen den nebeneinander aufgereihten Kloschüsseln auf mich los. Ich war nicht darauf gefasst und wurde zu Boden geworfen, die herunterhängenden Hosen machten meine Beine bewegungsunfähig. Sie schlugen und kratzten mich mit heiligem Ernst, während ich, vollauf damit beschäftigt, meinen Kopf mit den Armen zu schützen, keinen Augenblick zum Gegenangriff übergehen konnte. Mit jedem neuen Hagel von Fausthieben hieß es:

»Das ist fürs Singen von Naziliedern.«

»Das ist für das SS-Schätzchen.«

»Das ist für die Hure von Dachau.«

Ich war vor allem gelähmt aufgrund der Unmöglichkeit dessen, was da mit mir geschah. Dass mein trickreiches Singen *unsere* Endwaffe gegen die Nazis war, erschien mir sonnenklar und ein Weg für jeden von uns. Ich hatte mir nie bewusst gemacht, dass ich immer allein nachgegrübelt hatte und dass das, was ich glaubte, verstanden zu haben, nur mir selbst durchsichtig war. Ich war von der Gemeinheit, mit der sie mich behandelten, so getroffen, dass ich mich nicht einmal mehr verteidigte.

Ich muss die Besinnung verloren haben, mehr wegen des moralischen Schmerzes als wegen der körperlichen Leiden.

Ich weiß nicht, um wie viel Uhr in der Nacht ich wieder in die Baracke kam.

Lulù, die auf meinem Strohlager saß, legte mir ab und zu neue nasse Lappen aufs Gesicht.

»Das haben sie auch mit mir gemacht, im letzten Winter.« Sie hauchte mir mit ihrem zahnlosen Gemurmel ihren nach alten Zigarettenkippen stinkenden Atem ins Gesicht. »Weil ich den Nazis einen blase, haben sie gesagt. Sie haben es nicht noch einmal versucht. Diejenigen, die ich erkannt habe ...« Sie machte eine Geste, als wollte sie sich etwas in die Armvene spritzen. Ich dachte, im Dunkeln vielleicht nicht recht gesehen, vielleicht falsch verstanden zu haben, was sie meinte. Gegen Morgen aber, im ersten Tageslicht, wiederholte sie die Geste und sagte: »Wer Lulù anrührt …« Und mit der Hand durchschnitt sie die Luft.

Also hatte sie die Genossinnen, die sie angegriffen hatten, denunziert. Und wenn man ihr glauben sollte, waren sie »gespritzt« worden, wie man so sagte: intravenös eingeschläfert.

Ich arbeitete seit ungefähr drei Wochen bei der Kanalreinigung, und an jenem Tag gehörte der polnische Aufständische nicht zur Mannschaft meiner inzwischen ganz aus Westeuropäern bestehenden Kolonne (es war das erste Mal, dass wir zum Mistausbreiten auf die Felder gingen). Ich wusste nicht, wen ich um Rat fragen sollte. Jede Bewegung tat mir weh, die Tränen brannten wie sprühende Funken.

Als ich auf dem Rückweg durch ein Gehölz kaum noch gehen konnte, spürte ich die Versuchung, mich hinter einen Busch fallen zu lassen, bis unser ganzer Trupp vorbeigezogen war, und dann loszulaufen, das KZ war ja weit weg, und kilometerwreit gab es keine Schäferhunde; irgendeinen Heuschober, in dem ich warten konnte, bis die Nacht vollends hereinbrach, würde ich schon finden, und dann konnte ich im Dunkeln anderswohin fliehen und soundsoviel Wegstunden zwischen mich und meine Verfolger legen. Wieso hatte ich daran nicht schon früher gedacht? Genau besehen, bot die Arbeit, die ich mir ausgesucht hatte, doch weniger Kontaktmöglichkeiten, als ich angenommen hatte, dafür aber mehr Fluchtgelegenheiten.

Denen sollte es vergehen, mich zu verleumden. Hatten sie mich vielleicht nicht ohnmächtig im Klo liegen lassen? Beute für die Hunde … Und ich sollte mir Sorgen machen wegen der Repressalien, die sie nach meiner Flucht würden erleiden müssen? Ungerechtigkeit für Ungerechtigkeit. Prügelweiber von Deportierten, Streikbrecherinnen, Sturmtruppweiber von Dachau! Ich schleppte meinen gefühllosen Körper weiter, ein Auge war geschwollen, die Lippe gespalten von einem abgebrochenen Eckzahn. Also gut.

Aber handle nicht überstürzt, diesmal darfst du keinen Fehler machen. Jede Bewegung muss genau berechnet, jede Gefahr, auch die unwahrscheinlichste, ausgeschaltet werden. So fing ich an, die Stimmung ringsum zu sondieren.

Ich war in dieser Phase meiner Vorbereitungen, als ich meinen Gefährten aus dem Güterwaggon in der Schlange vor dem Krankenrevier wiedertraf, wie ich schon erzählt habe. Es war gegen Ende Oktober (ich erinnere mich nicht an das genaue Datum).

Die Schwellungen in meinem Gesicht waren fast weg, und durch die Schläge, die ich in der Latrine bezogen hatte, war mein Groll auf ihn wohl besänftigt. Als ich ihn dann sah, so erloschen, hätte ich wer weiß was getan, um in ihm wieder die Unerbittlichkeit zu wecken, die er mir gegenüber auf der Reise gezeigt hatte, die ich ihm monatelang nachgetragen hatte und die er jetzt nicht mehr zu haben schien. Gerade jetzt, wo er mich verstand.

Während ich mich in eine Senkgrube hinunterließ, war ich ganz sicher, dass auch er noch über unsere Begegnung nachdachte und sich fragte, was ich durch meine Art, die Wärter zu behandeln, hatte mitteilen wollen, denn er misstraute mir nicht mehr (das hatte ich gespürt). Vielleicht konnte man noch etwas unternehmen.

Wenn zutraf, was Lulù mir über ihre eigene Rache erzählt hatte, hatten meine Feindinnen mich angegriffen, obwohl sie damit rechnen mussten, dass ich sie denunzieren würde. Und Tag um Tag werden sie sich gewundert haben, dass niemand sie ins politische Büro rief.

Die holländische Krankenpflegerin, die schon lange kein Wort mehr mit mir sprach, kam eines Morgens in der Waschküche auf mich zu.

»Stimmt es, dass sie dich geschlagen haben?«

»Wer?«

»Häftlinge, heißt es.«

»Unsinn. Niemand hat mich je angerührt. Warum hätten sie mich schlagen sollen?« Dir hab ich's gegeben, dachte ich, wenn sie dich als Kundschafter geschickt haben, dann haben sie sich geschnitten.

In jener Nacht ging ich bei der Rückkehr vom Klo ganz eng an den Baracken entlang und schlich mich in eine der Baracken für die Leute mit dem roten Winkel. Ich weckte eine Frau.

»Ich will mit euch reden.«

»Wer bist du?«

»Das SS-Schätzchen, die Hure von Dachau.«

Heute ist mir klar, dass ich nicht gerade die glücklichste Einleitung für ein Versöhnungsgespräch gewählt hatte.

»Warte, ich rufe die anderen«, flüsterte mir die Gestalt im Dunkeln zu.

Ich wollte, dass wir uns auf den Latrinen treffen, aber sie befürchteten natürlich einen Hinterhalt. Wir drängten uns in den verfügbaren zwei Quadratmetern hinter der Tür zusammen.

Wir waren ein halbes Dutzend helle Flecken, das heißt Gesichter, ganz dicht beieinander, auf Körpern, die im Kreis kauerten. Ich wiederholte alles, was ich sagte, auf Französisch, Deutsch und Italienisch. Und ich sagte, dass unsere Wärter Sklaven seien, dass wir sie unter ihren eigenen Riten begraben, ihnen den psychologischen Krieg ansagen müssten und so weiter.

»Warum sind wir wohl hier drin?«, fragte eine Stimme in mühsamem Deutsch lachend (sie wollte mir also ihre Nationalität nicht verraten). »Da hätten wir den Nazis ja gleich Beifall klatschen können, als wir noch frei waren.«

»Ich habe nicht gesagt, Beifall klatschen.«

»Ihre Lieder singen ist dasselbe.«

»Willst du lieber sterben?«, entgegnete ich.

»Bevor ich mich entwürdige, gewiss.«

»Ich erniedrige mich mehr, wenn ich nicht versuche rauszukommen.«

»Dann werd doch eine Bestie wie sie, dann hast du einen Ausweg«, sagte dieselbe Stimme auf Deutsch.

Eine Gestalt erhob sich, und eine andere zog sich an ihr hoch.

»Wer Menschen in Bestien und Nicht-Bestien einteilt, ist selber bereits ein Nazi«, sagte ich rasch, bevor sie mich allein ließen. »Wenn ihr mir eine andere Erklärung liefert für das, was wir hier erleben, höre ich sie mir gern an. Ich habe euch gesagt, was ich denke, jetzt seid ihr dran.« Ich hielt sie mit den Händen auf. »Wir können uns doch nicht völlig beherrschen lassen.«

»Du bist beherrscht. Selbst wenn sie mich foltern, ich bleibe frei in meinem Innern.« An einer Wellenbewegung merkte ich, dass sie sich mit dem Finger an die Brust tippte.

»Und sie bleiben die Herren des Lagers.«

»Aber sie wissen doch, dass ich sie verachte.«

»Das ist ihnen scheißegal.«

Die exotische Stimme und ich, wir sprachen jetzt allein, gleichzeitig, die anderen Gestalten standen abseits, dichtere Schatten in dem Dunkel, das uns einhüllte.

»Ich schlage hier nur einen Schachzug vor, um sie zu verwirren«, drang ich weiter in sie. »Wir müssen sie gemeinsam aus dem Konzept bringen, sie angreifen, gerade wenn sie sich am sichersten fühlen und sich einbilden, sie beherrschten uns moralisch, und daher die Überwachung entschärfen«, übersetzte ich meine Worte für die Schatten ringsum (andere hatten sich auf den Lagern aufgerichtet).

»Wer sich hier was einbildet, bist du«, sagte die einzige Stimme, die mir geantwortet hatte.

»Und ihr seid *schiave*, *eslaves*, Sklavinnen.«

»Du irrst dich.« Die Stimme schien zwischen den Gestalten untergetaucht, die auf den Katafalken raschelten, und deutlich kam es aus einer Ecke: »Das bist du selber, deshalb verstehst du dich auch so gut auf Sklaverei.«

Plötzlich wurde ich lauter, und während ich sprach, spürte ich ein Gewoge von sich ineinander verschlingenden Formen.

»Ihr wollt nicht kämpfen, das ist die Wahrheit, ihr habt zu viel

Angst, ihr Feiglinge, alles, was ihr könnt, ist, aus politischen Gründen eine arme entstellte Schwanzlutscherin anzugreifen« (Wiederholung in drei Sprachen). »Schlimmer kann man sich nicht erniedrigen!« Es juckte mich in den Fingern vor Wut, ich hörte meinen Atem schwer gehen. Sei vernünftig, sagte ich zu mir, es reicht. Ich ging hinaus mit einem Gefühl von Theatralik, das mich demütigte.

Heute wüsste ich nicht einmal mehr zu sagen, ob es mich bei der Beklemmung damals nicht auch erleichterte, dass ich vor mich hinmurmelte: »Ich werde fliehen, ich werde fliehen«, während ich an den Baracken entlangschlich und die nächtliche Schneeluft jenes späten Oktobers einatmete.

»Arbeit macht frei« las ich am nächsten Tag lachend über dem Eingangstor des KZs. Ich wollte aber jüdische oder slawische Mitgefangene nicht gefährden. Ich wartete, bis ich wieder einem Trupp ausschließlich westeuropäischer Arier zugeteilt wurde. Unterdessen war ich so arbeitsam und diszipliniert, dass die Aufseher nachlässiger wurden und mir nicht mehr dauernd auf den Fersen waren. Deshalb ist es leicht für mich gewesen, zu fliehen. Aber all das habe ich in *Thomasbräu* nicht geschrieben. Ich sage es jetzt.

VI

Als ich jene Erzählungen zwischen 1953 und 1954 verfasst habe, hatte ich mich als eine viel mehr dem Geistigen verpflichtete Person in Erinnerung, als ich es in Wirklichkeit gewesen war. Meine Erinnerung war auch blockiert durch meine eigene Ungläubigkeit gegenüber der Vergangenheit, durch die Angst, ich könnte altmodisch erscheinen, und andere Dinge mehr, die ich später noch zu erklären versuchen werde. Jetzt will ich nur sagen, dass die von mir auf jenen Seiten geschilderten Tatsachen zutreffen, aber dass es Auslassungen gibt. Die folgenschwerste Auslassung rührt daher, dass ich in den fünfziger Jahren, als ich diese Ereignisse wieder wachrief, nicht begriff, dass die Erfahrung von Dachau mich in die Mentalität zurückgeworfen hatte, die ich in Höchst gehabt hatte, bevor ich mich den französischen Partisanen und den sowjetischen Gefangenen anschloss, als alles für mich noch eine Frage des Mutes und der individuellen Moral gewesen war: mit Taten für die eigenen Überzeugungen einzustehen.

In Höchst arbeiteten wir alle zusammen in derselben Fabrik, dort waren die objektiven Bedingungen dafür gegeben, dass sogar ich ein soziales Bewusstsein erwerben konnte.

Aber in Dachau ... Selbst wenn sie nicht jede einzelne Person tötete, erreichte die Organisation der Konzentrationslager dennoch ihr wahres Ziel: das soziale Bewusstsein der Häftlinge zu zerstören. Mit aller Gewissheit lässt sich sagen, dass die Nazis zwar versuchten, in der Außenwelt ein untadeliges Bild von sich selbst abzugeben, dass sie aber *in den Konzentrationslagern alles taten, um sich verhasst zu machen,* um auf diese Weise die unvorbereitetsten Gefangenen in Angst und Schrecken zu halten und in den kämpferischsten einen derartigen *moralischen* Ekel zu erzeugen, dass sie sich scheuten, sich selber schmutzig zu machen im Kampf gegen die eigenen Peiniger. Und damit legten sie sie herein. In der Tat *wurde der Hass auf die Nazis eine exklusive Leidenschaft, die die Häftlinge sozial nicht gleichstellte.* Ihrerseits kunstvoll gespalten in willkürliche Gemeinschaften von Gelben, Roten, Grünen, Rosa, Schwarzen, fühlten sich die Deportierten weniger bedroht in ihrer eigenen sozialen Solidarität als beherrschte Gesellschaftsschichten – wie sie es in Wirklichkeit waren – als vielmehr in ihrer eigenen Individualität. Und jeder Einzelne verteidigte mit seiner physischen Existenz gleichzeitig auch bis aufs Blut die eigene persönliche Identität. Von daher erklärt sich, dass einzelne Verhaltensweisen auf die Spitze getrieben wurden, bei denen die moralische Integrität des Einzelnen jeden wirkungsvollen Zusammenhalt der Häftlinge untereinander unmöglich machte. Den Streich hatten sie uns gespielt.

Das erfuhr ich am eigenen Leib. Gerade ich, die ich geglaubt hatte, das begriffen zu haben, und bis zuletzt überzeugt war, in kollektiven Begriffen zu denken, habe nicht gemerkt, dass ich mich genau mit der Strategie isolierte, von der ich mir einbildete, ich arbeitete sie für die Gefährten aus. Bis hin zu dem Punkt, dass ich *nicht sah*, dass mein Verhalten wirkliche Probleme schuf, und insbesondere für wen; eben weil ich mich geweigert hatte, es in der freien Welt anzuwenden, wurde es in einem Konzentrationslager begraben.

Erst heute kann ich die Einsamkeit ermessen, die Dachau in meinem Denken zu errichten vermochte. Ich war in eine begriffliche Sackgasse geraten (deren Wirkung weit über den Zusammenbruch von Nationalsozialismus und Faschismus hinausreichte). Ich fiel immer weiter zurück in eine dem Gegner abgeluchste Mentalität: Es war alles nur eine Frage der List, der schnellen Reflexe, der Geschicklichkeit.

Auch aus diesem Grund hatte ich mich wirklich an Louis geklammert, dessen Härte und Einsamkeit ich schätzte – ich weiß nicht, ob das aus *Thomasbräu* hervorgeht –, während er Abstand zu mir hielt, verroht durch eine Gesellschaft, die ihn von klein auf mit Füßen getreten hatte. Er wollte, dass ich unerreichbar blieb, weil er, inzwischen zu sehr von seinen Einbrüchen und Raubzügen in Anspruch genommen, um noch umkehren zu können, nur solange seine Haut ohne Bedauern teuer verkaufen konnte, wie er seine eigenen Gefühle vor sich verleugnete. Und im Grunde passte mir das gut, weil ich fürchtete, in einem Selbstvernichtungswunsch unterzugehen, der mich bereits in Höchst und in Dachau ergriffen hatte. Ich genoss es, nach all der maschinenhaften Hirntätigkeit im KZ an nichts zu denken, und stopfte mich voll dank der Lebensmittelmarken, des Geldes und der Vorräte, die Louis mir zukommen ließ. Aber sein Tod hat mich fertiggemacht. Auch darüber habe ich nicht geschrieben. Jemand stahl mir im Schlaf das Geld, das mir der Sizilianer übergeben hatte und das ich eingenäht auf der Brust trug, in einer Tasche eines am Sendlinger-Tor-Platz gekauften Pullovers. Leichte Hände, die mir den Pullover zerschnitten, ohne mich zu wecken.

Tatsache war jedoch, dass man in der Außenwelt sehr viel leichter zurechtkommen konnte, als wir uns im KZ je vorgestellt hatten. Wie sollte ich den Gefährten das mitteilen? Bei dem ständigen Durcheinander von Zügen, die ankamen ...

Ich habe nicht erzählt, dass ich nach Dachau zurückgegangen bin, weil ich versuchen wollte, mit meinem Ex-Feind-Freund Kontakt aufzunehmen und ihm all die Ratschläge für eine Flucht zu geben, die ihn gerettet hätten.

Ich war die ganze Nacht gelaufen, eine lange Dezembernacht hindurch, vom Sonnenuntergang um fünf Uhr nachmittags bis zum Morgengrauen gegen sieben, als ich die Umrisse eines Stacheldrahtzaunes vor mir sah. Da ich nichts von der Existenz eines Durchgangslagers in diesem Gebiet wusste, hielt ich es für eine Dependance meines Todeslagers. Und mit einem Mal hatte ich Angst. Ich befürchtete eine Racheaktion der Genossen wegen der Repressalien, denen sie meinetwegen ausgesetzt gewesen waren. Ich legte mich flach auf den Boden und deckte mich mit frischem Schnee zu, um mich für Blicke unsichtbar zu machen. Beim Gedanken an die Schäferhunde bekam ich Gänsehaut. Ob sie ihre ehemalige Herrin in diesem platt am Boden liegenden, durchnässten Wesen wiedererkannt hätten? Sie wären mit einem Satz auf mich losgesprungen, bevor ich mich noch hätte aufrichten können. Jedenfalls hatten sie, wenn sie ihre Schnauze jetzt schon in die Luft hoben, meine Angst bereits gewittert.

Und außerdem, wie sollte ich diesen abgemagerten Partisanen erreichen, in welcher Baracke war er, wen konnte ich nach ihm fragen, wo ihn aufspüren? Warum brachte ich mich mit meiner verdammten Manie, anderen zu Hilfe zu kommen, mich um jemanden zu kümmern, eine Entdeckung, eine Hoffnung zu teilen, ständig selbst in so unerträgliche Situationen? Wie ich so erstarrt im Schnee lag und darauf gefasst war, die Schäferhunde auf mich zuschießen zu sehen, von denen es im KZ eine ganze Meute gab, hatte ich keine Lust mehr, mich zu retten.

Bis ich mir irgendwann die Augen rieb. War das denn möglich? Männer und Frauen kamen aus den Baracken in Zivilkleidern, ohne Hast, einzeln, schlenderten umher, bildeten Grüppchen und trennten sich wieder. Einige lehnten sogar am Stacheldraht. Mein Herz schlug heftig; hatte ich schon Visionen, oder war das Wirklichkeit? Zwei Männer standen außerhalb des Tores. Du darfst jetzt nicht durchdrehen, redete ich mir zu, sieh dir das ganz ruhig an.

Die beiden vor dem Tor waren Ausländer, das sah man auf den ersten Blick.

Ich probier's. Ich stand auf und klopfte mir mit den Händen den Schnee ab, während ich die beiden Gestalten unentwegt anstarrte. Kein Zweifel, sie waren aus Fleisch und Blut.

Rasch schloss ich mich diesen Müßiggängern an und ging langsam mit ihnen durch das Tor, über dem ich eine erfreuliche Aufschrift las: DURCHGANGSLAGER.

Aber kein Flüchtling konnte sich geschützt fühlen in so unmittelbarer Nähe seines sicheren Todes. Und so riss ich erneut aus, wechselte immer allein den Ort und stillte mein Bedürfnis nach innigem Zusammensein mit den Gefährten notdürftig durch einsame Dialoge mit den verlorenen Freunden, Martine, Gruschenka, Alain, Johann, Jacqueline, der Flämin, Lulù, meinem Stütz-Mann aus dem Güterwaggon ohne Fingernägel in Dachau, Dunja, dem Sizilianer, Jeanine, Benito, Polo; mit allen führte ich Wortgefechte mit fremder Stimme auf Deutsch, in einer Art wahnsinniger Gesellschaft, wobei Louis' Geist mir einflüsterte, was ich wo klauen und wo ich übernachten sollte. Anstatt in Richtung Schweiz zu gehen, die näher lag und ein viel sicherer Hafen war, ging ich bockig den ganzen Weg der Repatriierung in umgekehrter Richtung zurück bis nach Frankfurt-Höchst. Das scheinbar Absurde ist, dass ich mich von den ersten Genossen, die ich je gehabt hatte, gerade während ich zu ihnen zurückkehrte, geistig immer mehr entfernte, Tag für Tag verschlossener in meiner Einsamkeit. Bis hin zu der Lähmung, die mir jede Illusion nahm, dass ein Mensch je seiner Gefangennahme entgehen kann.

Aber diese Geschichte kennt der Leser. Er hat die trockene (äußere) Chronik dieses totalen Kerkers gelesen, während ich darniederlag in einem Körper, den ich nicht spürte, der mir, wie ich wohl wusste, gehörte, mir aber nicht antwortete, mich nicht kannte, seinen eigenen Abläufen gehorchte, die mich nichts angingen, ich steckte in ihm (wo?), ohne ihn wenigstens zerstören zu können, denn dieser verdammte Körper war lebendig, äußerst vital und hing an seinem Dasein stärker als ich, aber er hielt mich gefangen und zwang mich, seinen eigenen Wünschen zu folgen, er kotzte mich voll, wenn ich mich betrank. Damals hatte ich nicht gewusst, wohin ich mich retten sollte mit gebrochenen Rippen, offenem Rücken, verbranntem Fleisch, gespaltener Stirn, umhertreibenden Organen, und stürzte mich mit ganzer Seele in die Dummheiten, in diese Ersatzbefriedigungen, in diese Notwendigkeit, mir irgendwie, flüchtig, am Rande, eine Bedeutung zu verschaffen, um den schweren Schlag aushalten zu können, um den Zugriff dieses Organismus zu lockern, der mich bewegungsunfähig machte und mich am Leben hielt. Und so hatte ich mich daran geklammert, die Leute gut zu finden, die mich umgaben, mich zu erwärmen durch gefühlsmäßige Anstrengungen und zu versuchen, das Eis aufzutauen, das mich gefangenhielt, das ich selber war. Denn dieser Körper setzte mich unter Druck, er wollte nicht allein sein mit den Stürmen, die ihn unter dem Eis unablässig schüttelten. Auch deshalb hatte er sich gut verstanden mit den geisteskranken Frauen in dem Münchner Irrenhaus, es gab da eine Strömung zwischen diesen Körpern, die dem Verstand, den sie beherbergten, entglitten, Organismen, die für sich lebten – sie schienen sich sogar zu nähren von den verwirrten Gehirnen und aufzublühen gegen jede einzelne Vernunft, die meine eingeschlossen.

Das also war die Vergeltung, und ich Idiotin, immer mitten drin, wies die Ärzte zurecht und gab damit an, dass ich von den Verrückten geliebt wurde. Dasselbe im Viehwaggon mit den deutschen Verwundeten, dort hatte die gleiche Solidarität der mit dem Tode kämpfenden Körper ein geradezu viszerales Sich-Verstehen geschaffen, das aus Scheiße und Urin und Wundbrand gemacht war, in das ich mich eingelebt hatte mit meinem kleinen aufdringlichen, allgegenwärtigen Ich, das sich an jedem Bahnhof auf der Trage hinunter- und herauftransportieren ließ, sicher verschanzt hinter der Lähmung in einem Gipsbett, den Katheter im Geist gezückt wie eine Waffe, und das um Nahrung, Krankenhausplätze und Waffenruhe bat für all die auf dem stinkenden Stroh sich selbst überlassenen Körper, die gleichen von Darmentzündungen und Fieber geschüttelten Körper wie in Dachau. In dem krampfhaften Bedürfnis, sich nicht mit der Verheerung der eigenen körperlichen Hülle identifizieren zu müssen, versetzte sich dieses kleine Ich mit seiner begeisterten Helferei, dem schon metaphysischen Starrsinn, sich nicht auffressen zu lassen, ganz allein in Ekstase, indem es nach rechts und links kleine Lektionen erteilte und seinerseits die Geknechteten diskriminierte, mit einem bizarren Rassismus, der den der Nazis einfach umkehrte und ebenso physiologisch war und bei dem die körperlich Geschlagenen von den Spielregeln gedeckt wurden, die Niemande waren, die geliebt werden mussten.

Meine Siege über den Körper spornten ihn an. Das ist nur scheinbar ein Widerspruch. Den traditionellen Kräfteverhältnissen entzogen, konnten diese Niemande sich endlich verständigen, einander helfen und sich vereint dem Tod entziehen, zu dem sie gezwungen wurden. Ich hatte am eigenen Leib den Beweis dafür. Im Viehwaggon, in der Irrenanstalt von München und im Rotkreuzzug vernarbten meine Wunden an Sitzbein und Steißbein in weniger als drei Wochen, obwohl sie nur gelegentlich und unter unhygienischen Bedingungen versorgt wurden. Das Gewebe wuchs von allein nach und entfaltete seinerseits Aktivitäten, ein Gewimmel von Zellen parallel zu dem meines kleinen Ichs, das auflebte, wenn es sich um die Beschaffung von Lebensmitteln und Medikamenten kümmerte, um dieses ganze menschliche Fleisch zu erquicken, das, von dem auf den Schienen schlingernden Zug hin und her gerüttelt, auf den Bodenplanken stöhnte. In meiner Umarmung mit den Geisteskranken, meinen Liebkosungen unkoordinierter Gesichter und Arme heilte mein Fleisch, ohne dass ich es merkte. Das wurde mir erst in Meran klar.

1945 hatten mir diese Spielregeln eingeleuchtet, sie waren hoffnungslos wie meine Vernichtung. Es gab nichts zu verstehen außer der Tatsache, dass der größte Teil der Menschheit Beute von Umständen war, über die er keine Macht hatte.

Ich war dermaßen von meiner eigenen Zerstörung überwältigt, dass ich sie überall sah. In den Trümmern. Bei den ausländischen Arbeitern, die noch immer verblüfft waren, dass sie den Lagern und den Bombenangriffen lebend entronnen waren, und die ihnen so lange vorenthaltenen Nahrungsmittel und Kleider nur zögernd stahlen, Millionen von zerlumpten Menschen aus allen europäischen Ländern, die gelernt hatten, sich gegenseitig zu erkennen, nur um jetzt mit dem Heiligenschein der erlittenen Sklaverei nach Hause zurückzukehren, in alle Winde verstreut wie zuvor, zur Verfügung für den nächsten Krieg, in dem sie aufs Neue mobilisiert, aufs Neue hin und her geworfen, an die feindlichen Fronten gestellt werden würden, um sich gegenseitig zu verstümmeln und zu zerschmettern bis zum nächsten Halt, bei dem sie verpflichtet würden, dem Sieger zu danken.

Ich sah meine eigene Unfähigkeit, meines Körpers Herr zu werden, sich ausdehnen auf die ausgehungerte, verstörte deutsche Bevölkerung, die jetzt, nachdem sie hatte zusehen müssen, wie ihre Männer im Krieg getötet, ihre Jugend zerschlagen und ihre

Städte dem Erdboden gleichgemacht worden waren, auch noch die Schuld des Regimes aufgebürdet bekam, das sie verleitet, umgarnt, übertölpelt hatte. Ich konnte es nicht ertragen, dass in einem Augenblick, in dem diese Leute hätten nachdenken können über die Mechanismen, die sie hörig gemacht hatten, hätten verstehen können, dass sie sich hatten einfangen lassen von der Hoffnung auf ein kollektives Vorwärtskommen, von einer Einmütigkeit, die niemandem ins Gesicht sah und daher auch nicht erkannte, auf wessen Kosten in diesem Augenblick diesen Massen verboten wurde, einen klaren Kopf zu bekommen, zurückgeworfen, gepeinigt, erschreckt, dazu gebracht, sich selbst zu misstrauen, und damit beschäftigt gehalten, sich reinzuwaschen, sich zu rechtfertigen, zu betteln. Wer sich noch einmal unterwarf, wie er Hitler unterworfen gewesen war, der wurde freigesprochen. Also: sich beugen, auch weiterhin.

So dachte ich damals. Und zusammengepresst von der Fremdheit meines gelähmten Körpers, erkannte ich den Zwang sogar in der Luft, die ich atmete, und ermaß die Eitelkeit meines Grolls, der mich dazu getrieben hatte, mich in Verona den Deportierten anzuschließen und aus Dachau auszubrechen, nur um die Genossen davon zu überzeugen, dass es möglich war, sich nicht zu beugen. Und wozu das alles? Um mich im Rollstuhl wiederzufinden.

Ich war geschlagen. Hier erwartete mich der am besten verborgene Feind. *Es gab kein kollektives Heil.* Das letzte Gefecht war ein individuelles, und zwar mit dem Tod. Und es war so abscheulich, irrational und ungleich, dass alles Übrige nichts dagegen war.

Wenn ich jemanden ansah und darüber nachdachte, dass er sterben würde, konnte ich nur mit Mühe meinen Verstand gebrauchen. Angesichts des Missverhältnisses zwischen der Blindheit der Menschen und ihrer Vernichtung wunderte ich mich, dass sie sich immer noch weiter verbissen abrackerten und Überzeugungen hatten. Ich bewunderte sie dafür. Warum sollte ich sie mit der letzten Wahrheit belasten (der, die ich am eigenen Leib erlebte)?

Es blieb nur noch die Möglichkeit, sie abzulenken, zu erheitern, ihnen Vertrauen einzuflößen, ein schwaches Kriterium für Kontinuität zurückzugeben: wenigstens nicht kriechen, die wenige Zeit, die man existiert, nicht verschenken an die Angst, die Furcht, die kleinen Feigheiten, die das Nichts zerbröckeln, das wir sind.

Weniger als nichts. Gewiss hatte ich 1939 als Vierzehnjährige nicht verhindern können, dass der Krieg ausbrach, und ebenso wenig konnte ich ihn jetzt aus der Welt schaffen. Ich war ein Tropfen im Meer von zig Millionen Menschen gewesen, die von einer Front zur anderen, von einem Lager ins andere verschoben wurden. Ich war zusammen mit so vielen Menschen da hineingeraten, dass es überhaupt nicht anstand, daraus eine persönliche Angelegenheit zu machen. Wie sollte man feststellen, warum der eine krepiert war, während sein Nachbar unversehrt blieb? Es war eine Wahrscheinlichkeitsrechnung, die nicht einmal das größte Elektronenhirn hätte lösen können.

In Wirklichkeit brauchte ich die Gewissheit, dass, einerlei wo ich mich am Tag und zur Stunde des Unfalls in Mainz – am 27. Februar 1945 – aufgehalten hätte, die Dinge nicht anders verlaufen wären. Nicht weil sie etwa schicksalhaft waren, damit wir uns richtig verstehen: Ich war da hineingeraten. Die Ereignisse hatten sich überstürzt und mich mitgerissen, doch das hätte auch einem anderen passieren können. Begleiterscheinungen, die zu kontrollieren nicht menschenmöglich ist. Wenn ich mich an den Einsturz erinnerte, vergaß ich nie zu erzählen, dass ich in jenem Augenblick eigentlich im angrenzenden Hotel Wassereimer hätte füllen und nicht auf dem Absatz unter der Mauer hätte stehen und den Balken schräg gegen den danebenliegenden Luftschutzraum hätte stoßen sollen. Aber der Pole, der mich ablösen sollte, hatte sich den Knöchel verstaucht. Und ich war mit den anderen am Balken geblieben, um ihn zu heben und mit noch mehr Kraft in den Spalt zu rammen, der sich unter den Stößen weitete, ein Blick nach jedem Stoß, prüfen, ob das Loch nicht schon groß genug war, voller Wut auf den Polen, die Verschütteten, den verdammten Beton, dann hinunter mit der ganzen Wucht des Körpers in den Abgrund ... Und niemals vergaß ich den deutschen Soldaten, der von einem Ziegel getötet wurde, auf der anderen Straßenseite, wo er sich in Sicherheit glaubte.

Der bloße Gedanke daran, dass ich dem Schicksal, das mir widerfahren war, hätte entrinnen können, machte mich wahnsinnig. Er ließ mich die Besinnung verlieren unter dem Druck der Ohnmacht, der mich auch in der Nacht des Selbstmordes erdrückt hatte, als ich wieder ins Leben zurückwollte, aber nicht mehr konnte. Ich konnte ihn nur einen Sekundenbruchteil lang aushalten. Er hat mich jahrelang durchzuckt, wenn ich mich zufällig im Spiegel oder in einer Fensterscheibe sah, im Rollstuhl oder aufrecht, auf ein Laufgestell gestützt, stehend auf Beinen, die an den Knien von einem Stützkorsett gestreckt wurden. Wie ein Schlag fiel meine Kondition über meinen Körper her. Halt (sagte ich), und riss mir langsam den stechenden Schmerz heraus, ganz behutsam. Die Lähmung ist eine praktische Komplikation, die von Mal zu Mal gelöst werden muss, nichts weiter (Hauptsache, man ließ sich von ihr nicht zeichnen).

Aus dem, was ich bis jetzt erzählt habe, wird deutlich, dass der Umweg in meiner Seele bereits begonnen hatte, während ich die Ereignisse noch erlebte, die ich dann verdrängt habe.

Jene Geste in Verona, der sozialste Akt meines ganzen Lebens, war unter meinen Händen zu einem moralischen Akt geworden (für den ich mich schämte), kaum dass ich ihn begangen hatte, schon im Güterwaggon, in dem Augenblick, in dem mein Diarrhoe-Gefährte ihn mir vorhielt. Das Bedürfnis nach sozialer Gerechtigkeit, das mich in Verona überwältigt hatte, schrumpfte augenblicklich zusammen zu einer nicht mitteilbaren Episode, einer geheimen Anekdote meiner *persönlichen Geschichte*. Ich war eine so engagierte Freiwillige, mein Gefühl für die sozialen Abgründe war so neu und unausgegoren und schwarz-weiß (Reiche/Arme, Gebildete/Ungebildete, Sklavenhalter/Sklaven), dass ich damals mit Sicherheit nicht aus eigenen Kräften den in Frankfurt-Höchst eingeschlagenen Weg weitergehen konnte, den die Gefährten mir öffneten, die den Streik bei den I. G. Farben organisiert hatten. Gerade meine Schlag auf Schlag erfolgenden eigenmächtigen Auftritte hinderten mich daran, die Schwierigkeiten, die sich vor mir türmten, in den Griff zu bekommen. Und die tägliche Notwendigkeit, nicht zu sterben, entzog meiner Wahrnehmung die Verschiebungen meiner Seele, die mich heute schaudern lassen, wenn ich daran denke, dass ich mich, nachdem ich in Verona meine Ausweise weggeworfen hatte, damit niemand aus meiner Schicht mich mehr retten konnte, in dem Mädchen aus *Solange der Kopf lebt* wiederfand, im Krankenhaus in Mainz, in jener Luzi im Rollstuhl, die sich schließlich damit schmückt, Faschistin gewesen zu sein – der letzte Akt von Freiheit, der ihr geblieben ist nach allem, was sie hinter sich hatte.

Damals ließ sich das immerhin noch verstehen, angesichts meiner Herkunft, der Unerfahrenheit, bei all dem Durcheinander von Leidenschaften ...

Aber danach?

Rom, April 1977

VII

Leser, hier bin ich wieder. Es sind sechs Monate verstrichen, seit ich dich auf der vorangegangenen Seite verlassen habe. Ich habe diese Zeit darauf verwandt, eine Antwort auf die Frage »Aber danach?« zu versuchen, bei der ich (wieder einmal) gestrandet war.

Es war ein mörderisches Unterfangen, das mich fast bis an den Rand des Wahnsinns gebracht hat, als ich die Affekte, Initiativen,

Auseinandersetzungen von einunddreißig Jahren Leben wieder heraufholte, auf der Suche nach jenem Vakuum in meiner Erinnerung, das überall und nirgends war. Es wurde zu einer Art Halluzination, bei der ich nichts anderes tat, als Erinnerungen abzubauen und wieder aufzubauen und in Leidenschaften zu bohren, die unter der Hand im Geist wieder wach wurden und meine Absichten verwirrten, bis ich nicht mehr wusste, was ich eigentlich suchte.

Tatsächlich sind Dinge zum Vorschein gekommen, die ich selbst nicht geglaubt hätte, Fehler, Entgleisungen, Sturheiten, Ereignisse, die ich vollkommen vergessen hatte, auch sie verdrängt, und die mir jetzt die bei weitem entscheidendsten zu sein schienen. Sobald ich sie jedoch entfaltete, antworteten sie nicht mehr auf meine Frage. Es war nie das Geschehen selbst, das ich untersuchte, sondern das jeweils nächste, kurz vorher oder kurz danach, das die eigentlichen Motive für die Verdrängung klären sollte. Aber auch dieses andere machte sich bei näherem Hinsehen selbständig. Nicht nur fand ich nichts heraus, was ein so langes Schweigen über die Episode von Verona *notwendig* gemacht hätte, sondern ich fragte mich auch, warum ich so und nicht anders reagiert hatte, und damit wurde jedes Heraufbeschwören dieser Erinnerungen zu einem neuen Problem.

Und doch musste ich sehr wohl zugeben, dass jenes riesige Loch in meiner Erinnerung den weiteren Verlauf meiner Existenz bestimmt hatte. Andererseits sagte ich mir: ein bisschen gesunder Menschenverstand! Wenn jemand heiratet, ein Kind bekommt, promoviert, unterrichtet, das eine oder andere Buch veröffentlicht, muss er das alles unbedingt deshalb getan haben, weil er sich nicht mehr an seinen alten zweifachen freiwilligen Lageraufenthalt erinnert?

Also änderte ich meine Methode. Geh den Fakten nach, sagte ich mir, dann wird man schon sehen, was dabei herauskommt.

Aber auch da saß ich in der Klemme.

Fakten gab es so viele, und sie lieferten mir ein so bewegtes Bild meiner Existenz, dass ich auch damit unzufrieden war, es gab von allem fast zu viel, zu viele Freuden, zu viel Schmerz, zu viele Grübeleien, Aktivitäten, Entschlüsse. Es schien, als hätte ich immer irgendwo gestanden und versucht, den richtigen Weg einzuschlagen, eine Folge von Wendepunkten. Auch das musste ich zuerst begreifen. Und guten Willens machte ich mich daran, mir die einzelnen Fakten vorzunehmen, um herauszufinden, wo zwischen welchen Entscheidungen der Scheideweg gewesen war und ob ich die Wendung dann vollzogen hatte oder nicht. Und auf diese Weise dehnte sich der Bericht über mein Leben auf Hunderte von Seiten aus.

Ich musste zur Kenntnis nehmen, dass ich eine gigantische Geschichte in Händen hielt und nicht wusste, was ich damit anfangen sollte; sie überschritt bei weitem die Erzählung der Verzerrung meiner deutschen Erinnerungen, von der ich ausgegangen war, aber sie war davon nicht losgelöst. So war sie weder die Klärung, die sie hätte sein sollen, noch ein Text, der für sich allein stehen konnte. Sie hatte denselben Mangel, den ich in meinem Leben erkannt hatte. Schon das entmutigte mich.

Aber das war nicht das Schlimmste.

So viele vergessene Ereignisse hatten mich mit einer Reihe von Winkelzügen meiner Erinnerung konfrontiert. Aus irgendeinem merkwürdigen Zufall waren es fast immer unangenehme Szenen, zumindest peinliche Verhaltensweisen, die ich mit Vergessen zugedeckt hatte. Zum Beispiel kam mir ein Streit in den Sinn. Ohne es zu wollen, versetzte ich mich hinein, erhitzte mich: Der Streit war entstanden, weil der andere mich in einem Gefühl verletzt hatte, das, wie ich jetzt verstand, seine Wurzeln in der verdrängten Lagererfahrung hatte. Kaum hatte ich mich wieder beruhigt, zack, kam irgendeine vernachlässigte Einzelheit zum Vorschein (eine Geste, was weiß ich, ein Blick), die mir zeigte, dass es ganz und gar nicht so gewesen war.

Ich verlor den Mut. Ich wusste, dass es ein falscher Weg war, über die eigene Existenz nachzudenken, und machte mir deswegen Vorwürfe: Du hältst es nicht durch, wie? Du hattest ein anderes Bild davon bewahrt, oder?

Mein neues Ziel wurde die Entlarvung meiner geistigen Tricks. Ich war inzwischen so argwöhnisch, dass ich sie überall sah. Kam mir eine positive Erinnerung, stieß ich sie voller Scham zurück, wie eine Falle im Dienst des Idealbildes, das ich mir aus meiner Wirklichkeit herausgefiltert hatte.

Sei es wegen der Intensität, mit der ich vorging, sei es aus irgendeinem anderen Grund (der ebenfalls durchschaut werden musste), meine Erinnerungen halfen mir nicht. Sie verbündeten sich schließlich in Gruppen gegen mich und ließen mich nicht durch. Es war wie eine Verkehrsstauung. Eine stieß auf eine andere, die stürzte auf eine dritte und so weiter, es kamen immer neue hinzu, so dass die einzelnen Stellungen dauernd wechselten. Und dann legten sie sich mit mir an. Jede behauptete, sie wäre die wahre Erinnerung und nicht jene rechthaberische, die sie, angestoßen von meiner Erfindung, übertrumpfen wollte. Von Mal zu Mal war jede einzelne Erinnerung so überzeugend, dass ich an die jeweils nächste stieß, die dann beleidigt war, bis ich schließlich nicht mehr unterscheiden konnte, was real war und was imaginär an allem, was von den vergangenen Jahren ans Tageslicht kam.

»Schluss jetzt«, sagte die literarische Abteilung meines Gehirns, »siehst du nicht, dass du gar nicht mehr beim Thema bist? Hast du verstanden, dass deine Annahme falsch war, dass du nicht einer einzigen Verdrängung eine ganze Kette von Kummer und Glück, von Bindungen und Stellungnahmen überstülpen kannst, die – ob dir das passt oder nicht – ihre eigene innere Notwendigkeit, ihre eigenen Motivationen gehabt haben? Hast du verstanden, dass du nicht jede einzelne deiner Aktionen auf die Blockierung zurückführen kannst, die dein Deutschland betrifft? Und trotzdem stellst du weiterhin dein wirkliches Leben dem gegenüber, was geschehen wäre, *wenn du nicht vergessen hättest*. Kein Wunder, dass du dich wie ein Wurm fühlst und nicht mehr unterscheiden kannst zwischen dem, was geschehen ist, und dem, was *hätte geschehen können*. Auf diesem Weg kommst du nirgendwohin. Wenn du so weitermachst, bringst du weder diesen Bericht noch irgendeinen anderen je zu Ende.«

»Zum Teufel mit der Literatur!«, antwortete ich ihr. »Ich will wissen, wer ich bin, wen ich in meiner Haut herumschleppe. Seit einem halben Jahrhundert, begreifst du das?«

Während also die literarische Abteilung meines Gehirns mir weiterhin abriet, wollte das Ego aus seinem Eckchen heraus ebenfalls klar sehen, und so glitt ich manchmal sogar mitten in der Nacht von meinem Bett in den Rollstuhl, fuhr zu dem Schrank mit den Papieren und prüfte in alten Tagebüchern, Aufzeichnungen und Haufen von vergilbten Korrespondenzen nach, ob mir die Erfindung (im Sinne von Wiederfindung) das Geschehene wiedergegeben oder nur ersetzt hatte. Je nach Fund und eigener Bereitschaft fing ich entweder an, wie wahnsinnig in der Zeit herumzuwühlen, oder ich legte mich tatenlos wieder hin. Aber das Bewusstsein schwieg nicht auf Befehl, aus dem magischen Schrein meines Geistes wurde ich weiterhin mit Informationen über meine Vergangenheit gespeist, die die bereits überprüften Erinnerungen wieder aus dem Gleichgewicht brachten. Auch wenn ich den Stift aus der Hand legte, wucherte die Arbeit in meinem Gehirn weiter wie unter Einwirkung einer schrecklichen Hefe. Die Erinnerungen drängten jetzt aus eigener Kraft hervor, als wäre bei mir ein Damm gebrochen, sie schlichen sich auch in meinen Schlaf. Ich schlief und schrieb im Traum Szenen noch einmal, die ich im Wachzustand bereits geschrieben hatte, und am nächsten Tag versuchte ich die flüchtige Spur jener nächtlichen Veränderungen auf dem Papier festzuhalten.

Nach vier Monaten solcher vollkommenen Konzentration wagte ich nicht mehr, meine Erinnerungen in Bewegung zu setzen. Ganze Tage blieb ich im Bett, im Dunkeln, während draußen die Augustsonne brannte (erinnerst du dich, Leser? Ich hatte dich im April verlassen). Und ich lag da auf dem Rücken wie tot, aus Angst, dass das kleinste Anzeichen von Leben die ganze Last der Vergangenheit wieder auf mich ziehen würde, die drohend über mir schwebte.

In einem dieser Augenblicke von Leere und tödlicher Müdigkeit überfiel mich plötzlich die furchtbare Mühsal meines Lebens. Merkwürdig, dass der Körper kein Gedächtnis hat.

Beim Wühlen in meinen Papieren hatte ich eine Unmenge medizinische Berichte, Röntgenaufnahmen, Analysen, Krankengeschichten gefunden, aus denen hervorging, dass ich rund fünfzehn Mal operiert und mein Becken rund zehnmal eingegipst worden war, dass ich jahrelang mit Fieber gelebt und dabei offensichtlich weiterhin gearbeitet hatte, um meinen Lebensunterhalt zu verdienen, studiert, den Haushalt geführt, geliebt hatte. Ganze Perioden, in denen ich nicht im Bett blieb, sondern ausging, ja sogar reiste. Einen Sommer lang am Meer war ich jeden Tag geschwommen, trotz einer giftbedingten Herzmuskelentzündung, die mir bei jeder kleinen Welle, die mir ins Gesicht schlug, den Atem nahm (dieses wahnsinnige Herzklopfen). Und seltsamerweise hatte ich bei der Rückverfolgung der Vergangenheit ausgerechnet das ausgelassen, ich hatte ihm kein Gewicht beigemessen, ein unwichtiges Detail. Ich hatte meine Gefühle, meine menschlichen Beziehungen, meine Handlungen rekonstruiert und war darüber hinweggegangen, unter welchen körperlichen Anstrengungen das alles passiert war. Die endlosen Bemühungen, um meine Muskeln und meine Funktionen zu reaktivieren. Die Stunden und Stunden, in denen ich die Blase zusammenzog und entspannte, bis ich auf Kommando urinieren konnte. Und all die Übungen, um die sexuellen Beziehungen zu erleichtern? (Ich hatte meine Verlegenheit bei Johanns Annäherungsversuchen nicht vergessen.) Stundenlanges Training rücklings auf dem Bett, um die Beine so hochzuziehen, als könnten sie sich von allein beugen, mit einer lässigen Handbewegung, die unauffällig bleiben sollte, eine leichte Gebärde, zerstreut, eher wie eine Liebkosung unter der Wade, mit der ich allerdings die passiven Gliedmaßen hochstemmte, so lange, bis mir diese Gebärde so selbstverständlich geworden war, dass sich meine Beine sogar in meinen eigenen Augen von allein beugten. Stundenlanges Beugen im Sitzen, bis ich mit den Händen die Zehen berühren konnte, oder auf dem Bauch, bis ich mich auf die Waden setzen konnte, die ganze Gymnastik eben, die ich auch schon in Mainz gemacht hatte, die Massagen. Ich weiß nicht mehr, wie viel Zeit ich vor dem Spiegel verbracht habe, um zu beobachten, ob ich mit Anmut vom Bett in den Rollstuhl rutschte und umgekehrt. Eine ununterbrochene heimliche Schinderei, um mein körperliches Gebrechen vor allem für die Augen der anderen einzugrenzen. Allein beim Gedanken daran fragte ich mich nach dem Grund eines solchen Wunsches, mit meinen Nächsten zusammen und mitten unter den anderen zu sein, was ich mit einer solchen Lebenslust anfangen sollte, die mir angesichts der Verzagtheit, in der ich mich befand, unanständig vorkam.

Es machte mich sogar wütend, dass jenes Gefühl von Überlastung, das ich in meinem Leben zu erkennen gemeint hatte, aus dieser körperlichen Mühsal herrühren sollte. Ein Bergarbeiter oder ein Bauer, der den ganzen Tag lang den Boden umgegraben hat, woher soll der noch die Kraft nehmen, über grundlegende Probleme nachzudenken? Ich meine, so allein, wie ich war, verbannt aus der Gesellschaft in meine Versehrtheit.

Das war es, was ich nicht hinnehmen wollte. Ich hatte jeden, der mich mit meinem Rollstuhl gleichgesetzt hatte, so gehasst, dass ich ihn aus meinem Bewusstsein getilgt hatte. Ich hatte das Spektakel meines Gelähmtseins in Mainz, in Homburg und in der Irrenanstalt von München brutal genug aufgeführt, um es danach umso leichter ignorieren zu können. Aber so war es nicht. Die Schinderei mit dem Körper ging auch nach der Repatriierung weiter, sogar schlimmer als vorher, denn ich kam mit gefesselten Beinen zurück in die Umgebung, der ich zweimal entflohen war.

Diese Knechtung hatte mich unermesslich viel Zeit gekostet, allein die Stunden, die ich aufrecht stehend, mit Pappstützen an den Knien, verbracht habe. Eine einzige Konzentration, damit ich als normale Person angesehen wurde und nicht als Unglückswurm (so wurden die behinderten Geschöpfe gern genannt). Ich studierte mich selbst mit den Augen der Nazis.

Ich musste unbedingt den Eindruck vermeiden, dass ich die Beine schleifte, weil ich ruckartig beide Hüften einzeln hochzog, wie ich es bei den anderen Gelähmten gesehen hatte, die ich in den Turnhallen während der Physiotherapie beim Gehen und Stehen beobachtete; sie benutzten ihre Hände, die die Barren umklammerten, als Hebel und schleuderten dann mit einer Rumpfdrehung ein steifes Bein vor, das schwer nach vorn fiel und das Becken mit einem Schwung mitriss, der nur durch einen brüsken Gegenschwung mit dem Oberkörper nach hinten auszugleichen war.

Beim Versuch, mich irgendwie natürlicher zu bewegen, war mir die Idee gekommen, ganz kleine Schritte zu machen. Ich drehte die Hüften leicht in einer kontinuierlichen Bewegung und begleitete damit das Bein, so dass es nicht steif, sondern nur gefühllos wirkte.

Auch heute noch empfinde ich diese Gehversuche wie eine Form von Wahnsinn. Ich ging in der Wohnung auf und ab, versperrte den Durchgang mit meinem Laufgestell und hatte ständig Angst, dass jemand aus Versehen dagegenstieß. Der geringste Stoß, auf den ich nicht gefasst war, brachte mich aus dem Gleichgewicht, und dann musste ich den ausgewogenen Abstand zwischen Laufgestell und Körper und die millimetergenaue Dosierung des Hüftschwunges völlig neu berechnen, um das Gleichgewicht wiederzufinden. Wenn ich allein war, half ich, um schneller gehen zu können, nicht nur mit dem Oberkörper nach, sondern stemmte mich auch noch mit den Armen hoch. Halt!, bremste ich mich sofort, deine Armmuskeln werden zu dick, und du gerätst aus der Form. Und dann fing ich wieder an, kleine Schritte zu machen.

Es vergingen nie mehr als zwei Wochen, und ich bekam wieder Fieber und die üblichen stechenden Schmerzen. Wie ein Wachsoldat nach der Ablösung fuhr ich dann wieder im Rollstuhl. Aber kaum besserte sich mein Zustand, fingen die Orthopäden aufs Neue an, mir einzuhämmern, dass ich aus dem Rollstuhl heraus und wieder anfangen müsse mit der Fortbewegung, wie sie dieses Gehen auf passiven Beinen nannten: »Versuchen Sie es noch einmal, Sie *müssen* es schaffen. Es ist nur eine Frage des Willens.« Bis ich schließlich nach zwölf Jahren mit abwechselnden Marathonübungen und langen Fieberperioden, ausgelöst durch Abszesse, die jedes Mal die chirurgische Entfernung von Knochensequestern erforderlich machten, die mein gebrochenes Becken abgestoßen hatte, 1957 an der Riviera nach dem x-ten Rückfall diese Sisyphusarbeit zum Teufel schickte und mir nichts mehr sagen ließ. Gewiss, mein Fall war besonders, weil die Mauer in Mainz meine Beckenknochen zerquetscht hatte. Jedenfalls hielt ich sie immer für eine Komödie, würdig eines Kaisers Vespasian, der unbedingt auf den Beinen sterben wollte, diese Versessenheit der modernen Ärzte, gelähmte Personen zur »Fortbewegung« zu bringen mit Hilfe von Krücken oder Stöcken, die ihre Hände beschlagnahmten. Weshalb ihnen dann nichts anderes übrigbleibt, als sich in dieser Fiktion von Bewegung zu realisieren. Man stellt sich für das Auge der Gesellschaft auf seine Füße und wird so daran gehindert zu leben.

In der Tat hatte ich immer eine unvergleichlich größere Autonomie im Rollstuhl. Zumindest war ich nicht gezwungen, jeden Augenblick an meinen Körper zu denken, und machte alles sehr viel geschickter; ich brauchte nur zu kontrollieren, dass der kleine Sitz fest war, damit er mir nicht davonrutschte, während ich Schwung nahm und hopp! in die Badewanne glitt oder im Auto ans Steuer oder mich auf einen Kinositz fallen ließ. Und nicht nur das. Auch vom berühmten ästhetischen Gesichtspunkt aus betrachtet, schien es mir, dass die anderen, wenn sie ihre erste Verlegenheit überwunden hatten, weniger darauf achteten. Wenn erst einmal schlagartig klar war, dass ich eben nicht ging, wurde es als Faktum angenommen, und man kam nicht mehr darauf zurück. Auf lange Sicht konnten mein Körper und damit meine körperliche Lage unbemerkt durchgehen. Das ging so weit, dass ich sie selber vergaß und manchmal morgens nach dem Erwachen zerstreut aufstand und plötzlich auf dem Boden lag. Dann musste ich lachen und kletterte wieder aufs Bett hoch, was leicht ging, wenn ich allein war, mich aber in furchtbare Verlegenheit brachte, wenn jemand mir zusah, dann waren meine Gliedmaßen plötzlich steif wie aus Stein.

Jahrelang war das Grässlichte für mich das Mitleid der anderen in Form von Bewunderung für meinen sogenannten Mut. Die gesellschaftliche Demütigung meiner Kondition war so stark – ich könnte Hunderte von Anekdoten erzählen –, dass ich mich unendlich lange nur im Bewusstsein der anderen gelähmt gefühlt habe. Ein Beweis dafür ist ein Detail, das regelmäßig in meinen Träumen wiederkehrte, wenn ich schlief. Ich war immer gesund, aber wo ich auch hinging oder hinlief, zog ich ständig einen leeren Rollstuhl hinter mir her, und sobald ich einen Bekannten auftauchen sah, setzte ich mich hinein und machte meine Beine sofort bewegungsunfähig.

Seit mehreren Jahren ist dieses Detail verschwunden. Jetzt gehe ich im Traum frei herum, auch wenn Leute da sind, und niemandem fällt es auf. Mehr noch, es kommt sogar vor, dass ich mich in einem neuen Traum, der gelegentlich meine nächtlichen Spaziergänge unterbricht und sich in Abständen fast identisch wiederholt, *auf natürliche Weise* gelähmt fühle.

Ein oder zwei mir liebe Menschen schieben den Rollstuhl in einer felsigen Landschaft, die immer dieselbe ist, über steinige Wege. Die Gesichter der nächsten Personen, die mit uns gehen, wechseln, es sind Kolonnen von Leuten bis zum Horizont. Alle gehen in dieselbe Richtung, und ich schwanke auf den Steinen hin und her, ohne dass die Anstrengung der anderen, die mich schieben, mir das Gefühl gibt, eine Belastung zu sein.

So ist es mir nicht mehr passiert, dass ich nach dem Aufwachen zerstreut aufstand und plötzlich am Boden lag.

Also war meine Lähmung der Ort der Macht anderer, jahrelang. Das ist die Wahrheit, keineswegs die körperliche Bürde. Die war relativ, anfangs brauchte es ein bisschen Anpassung, dann dieses bisschen Aufpassen auf die Bewegungen, das die Passivität der Beine erfordert, kaum mehr. Gymnastik tut jedem gut, außerdem ist sie sogar angenehm, kräftigt und entspannt. Woher kam mir nur diese Erinnerung an körperliche Schinderei, die mir wie eine Erleuchtung erschien? Vielleicht kam sie daher, dass ich mich in jenem Augenblick wie ausgebrannt fühlte? Es war an einem frühen Morgen nach einer jener Nächte gewesen, in denen ich Angst hatte einzuschlafen und fürchtete, dass mein Gedächtnis sich meinen Schlaf zunutze machte und meine ganze Vergangenheit aufrührte. Dass ich ständig meinen Geist hinhielt, muss mich dermaßen erschöpft haben, dass mir einfach alles als Mühsal vorkam, und es durfte fast nicht wahr sein, dass ich mich mit einer Erklärung abfand, die nach mehreren schlaflosen Nächten so gut mit meinem Erholungsbedürfnis übereinstimmte. Wenigstens schlief ich auf diese Weise ein paar Stunden (es waren die letzten Augusttage).

Die Anstrengung hatte es zwar gegeben, aber nicht diese körperliche, die sich – ich wiederhole es – regeln ließ, sondern die moralische; sie war deshalb so enorm, weil ich eben nicht von meinem Körper versklavt werden wollte und meine Umgebung zur selben Zeit dazu neigte, mich in der Behinderung einzusperren.

Von dieser Wahrheit geleitet, strömten die Erinnerungen jetzt, ohne sich gegenseitig zu verwirren oder zu widersprechen. Sie waren fast etwas zu scharf (ein bisschen taten sie mir weh), so dass ich schon versucht war, sie zu dämpfen. Ich brauchte aufschlussreichen Episoden gar nicht nachzujagen. Ich hatte nur die Qual der Wahl.

Vor allem in den ersten Monaten nach meiner endgültigen Rückkehr bei Kriegsende nach Italien hatte ich dagegen ankämpfen müssen, den Demütigungen Raum zu geben. Zum Beweis sei gesagt, dass ich in diese Periode nie in Gedanken zurückgehen konnte, ohne (wenn möglich) noch größere Zurückhaltung zu spüren als gegenüber meinen Lagererfahrungen. Mein Gehirn verließ mich stets bei dem Augenblick am 4. Dezember 1945, als ich in Meran auf der Trage aus dem aus Russland kommenden Heimkehrerzug geladen wurde; und es ließ mich dort zurück, unter dem Schutzdach auf dem Bahnsteig, wo ich mein Gepäck zurückverlangte, all die schönen Sachen, die ich in Homburg durch den Handel mit guter Laune eingeheimst hatte und die plötzlich verschwunden waren. Vielleicht ließ mich der Gedanke an die Autonomie der Bewegungen und Entscheidungen, die ich trotz des trostlosesten Elends in den Lagern gehabt hatte, die gegenwärtigen Hindernisse noch viel stärker empfinden – als eine schmerzliche Erinnerung, die mir die Kehle zuschnürte. Vielleicht hat auch das zur Verdrängung jener Vergangenheit beigetragen, die am Anfang qualvoll war (jetzt erinnere ich mich daran).

VIII

Im Januar 1946 kam ich ins Krankenhaus in Bologna. Macht nichts, wenn deine Beine unbeweglich sind, sagte ich mir, zum Glück ist es dein Bewusstsein nicht. Ich war entschlossen, am sozialen Wiederaufleben des Landes teilzunehmen. Ich wollte ein normales Leben führen.

Ich wandte mich an alle möglichen Stellen, den Verband der Kriegsheimkehrer, den Verband der Partisanen, das Widerstandskomitee, an politische Parteien, katholische Einrichtungen. Ich kleidete und frisierte mich sorgfältig und meldete mich, schön aufrecht in meinem Rollstuhl sitzend, bei jeder lokalen Zweigstelle, wohin mich ein befreundeter Krankenwärter schob, ein Junge mit roten Haaren und Sommersprossen im Gesicht, knorrig und schweigsam, zu dem ich Vertrauen hatte.

Die Leute, die auf der anderen Seite des Schreibtisches saßen, nahmen mich anfangs in jedem Büro mit gerührten Gesichtern auf (so jung und so zerstört, sagten ihre Blicke), und während ich meine Arbeit gegen minimale Bezahlung anbot, wie ich es in Mainz gemacht hatte, tauschten sie kopfschüttelnd feuchte Blicke: »Welche Seelenstärke!«, pflichteten sie dann mit erstickter Stimme bei. »Keine Angst, wir werden an dich denken, sobald sich eine Gelegenheit ergibt, rufen wir dich an.« Und sie verabschiedeten mich mit dem breitesten Fürsorgelächeln.

Wenn ich dann aber nach Wochen wieder aufkreuzte, gab es keine feuchten betroffenen Blicke mehr, sondern entnervte Gesichter, die mich musterten. »Wir haben dir doch gesagt, dass wir dich anrufen«, stöhnten die überlasteten Stimmen.

»Weißt du was, Vincenzo«, sagte ich schließlich zu meinem Krankenwärterfreund, als ich wieder im Krankensaal im Bett kauerte, »ich habe den Fehler gemacht, dass ich als Bittstellerin zu ihnen gegangen bin.«

»Lass dich nicht kleinkriegen«, erwiderte er und legte mir die Hand auf die Schulter, »an meinem nächsten freien Tag versuchen wir's wieder.«

Es war falsch von mir gewesen, mit den triftigsten Argumenten hinterm Berg zu halten. Gewiss, es wäre besser gewesen, wenn ich sie in aller Ruhe, in nachdenklichem, vernünftigem Ton hätte darlegen können. Aber dies war meine letzte Karte, und ich musste wagen, sie auszuspielen. Ich bereitete mir eine kleine, möglichst überzeugende und bündige Rede vor, und als sie mir genügend ausformuliert erschien, gingen Vincenzo und ich zum Angriff über.

Wir fuhren mit dem Motorrad meines Freundes in die Stadt hinunter. Ich saß im Beiwagen, an den ein selbstgebasteltes Gestell angehängt war, auf dem mein Rollstuhl stand.

Nachdem ich in das gewünschte Büro vorgelassen worden war, sagte ich ungefähr Folgendes:

»Ich kann nützliche Informationen liefern, mein Fall ist ein ganz besonderer, ich bin freiwillig in die Lager gegangen, als Faschistin, und es gibt eine ganze Reihe von Wandlungen in meiner geistigen Entwicklung, die dienlich sein können, ich kann euer soziales Versuchskaninchen spielen.« Aber ich bemerkte, wie meine Gesprächspartner erstarrten, ihre Blicke abwandten und wie ihre Stimmen einen inquisitorischen Tonfall bekamen.

Ich erzählte meine Geschichte, und jedes Mal die gleichen misstrauischen Fragen, die gleiche ungläubige Verblüffung. Dann das Verdikt:

»Du hast dein Leben ruiniert, weil du hinter leeren Worten hergerannt bist.«

»Aber doch nur, weil ich gewisse Phrasen ernst genommen habe«, hielt ich in einschmeichelndem Ton entgegen. »Ich habe an dem Gerede über die Lager gezweifelt und wollte alles an Ort und Stelle überprüfen, und so habe ich all diese Erfahrungen gemacht.«

»Und das hältst du für einen Glücksfall?«, fragte der Inquisitor, der gerade an der Reihe war.

»In einem gewissen Sinne ja«, antwortete ich mit einem bescheidenen Lächeln.

»Und du bereust es nicht furchtbar?«, fragte er, verblüfft.

»Nein«, antwortete ich, genauso verblüfft.

»Du bereust es nicht bitter?« Und sein Blick glitt über meinen Körper im Rollstuhl.

»Nein«, sagte ich, mit einer ersten Spur von Verachtung in meinen Augen. Lass nur, sagte ich mir dann, Hauptsache, du schaffst es. Ich korrigierte meinen Gesichtsausdruck. »Auch ein Fehler kann einen lehren, zu ...«

»Gewiss, wir bezweifeln nicht, dass ... aber du musst auch verstehen, dass ... es ist ein heikler Augenblick, die Grausamkeiten des Nazifaschismus sind noch zu frisch im Gedächtnis, ein Freiwilligendienst ist kein Pappenstiel, das alles sind Dinge, die man gut abwägen und überprüfen muss, es gibt eine eigene Säuberungskommission dafür ... du wirst verstehen, dass wir zunächst einmal den wirklichen Deportierten den Vorrang lassen müssen.«

»Aber wenn ich es euch nicht gesagt hätte, hättet ihr es nie erfahren.«

»Wer weiß.«

Also sorgte ich vor, um nicht dafür bezahlen zu müssen.

»Immerhin, aus der Sicht einer Frau stellt sich das alles ganz anders dar als aus der eines Mannes«, sagte ich, nun schon stotternd. »Eine Heimkehrerin eröffnet ...«

»Geh nur.« Seine Stimme wurde brüchig. »Mach dir keine Sorgen, die Sache bleibt unter uns, wir werden sie nicht gegen dich verwenden.« Und wie mit einer Flut von Mitleid in einem Blick, der meine Beine auf der Fußstütze des Rollstuhls fixierte: »Du hast schon allzu teuer bezahlt, denk nicht mehr daran, fahr jetzt ruhig wieder ins Krankenhaus.«

»Die Ärmste! Welch ein Schicksal!«, hörte ich ihn hinter mir seufzen, während mich mein Freund davonschob.

»Andererseits«, erwiderte jemand, »sie hat es ja so gewollt.«

Als ich den Rentenantrag stellte, riet mir ein Beamter, der sich von meiner Geschichte hatte rühren lassen: »Lass den Freiwilligendienst weg, du wirst leichter als Invalidin anerkannt, wenn du in der Kategorie ›Deportierte‹ registriert bist. Sag, dass du in Verona aufgegriffen worden bist, und berichte ausführlich die Einzelheiten. Es dauert sowieso drei, vier Jahre, bis du die Rente kriegst. Und wenn dann auch noch diese Sache mit dem Freiwilligendienst dazukommt ... Und überhaupt, hör auf mich, red nicht drüber.«

»Hab Geduld«, sagte mir jeder in diesem Sing-Sang, der für Leidende vorgesehen ist, »nach und nach wirst du dich damit abfinden.« Und manche fügten hinzu: »Du hast schon Schwein gehabt, dass du als Invalidin anerkannt wirst. Wenn du die Invalidenrente erst mal hast, kannst du dir alles einteilen, wie du willst. Du bist so jung, lieber Gott, was machen schon ein paar Jahre Wartezeit? Die Bewilligungen dauern lange, das weiß man, aber inzwischen bist du wenigstens versorgt, dir wird Unterhalt gezahlt, was willst du mehr? Denk mal an die anderen, denen es schlechter geht.« (Mein Leben lang habe ich diesen humanitären Trost zu hören bekommen, demzufolge der Blick auf das Leiden anderer das eigene leichter macht.)

In meiner melancholischen Verfassung erschien mir die Langwierigkeit der Bewilligungsverfahren berechnende Absicht, genauso berechnend, wie mir das sinnlose Hin und Her der Transportzüge der Nazis erschienen war, aus denen die in Viehwaggons zusammengepferchten Deportierten am Ziel schließlich vollkommen zerschlagen ausgeladen wurden. Ich war mir bewusst, dass dieser Vergleich paradox war. In den Krankenhäusern hatte man es warm, bekam zu essen und zu trinken und wurde gepflegt und betreut wie ein Kind. Aber ich fürchtete, dass ich, wenn ich mich auf einen jahrelangen Krankenhausaufenthalt einrichtete, am Ende unausweichlich die Mentalität des Pflegefalls annehmen und, wenn ich mir endlich eine bürgerliche Existenz aufbauen könnte, zu nichts anderem mehr fähig sein würde als dazu, von meiner Behindertenrente zu leben und mich bestenfalls mit uneigennützigem Nützlichsein aufzumuntern, mit kleinen Arbeiten zum Zeitvertreib, nur so, um das Gesicht zu wahren.

Ich musste mich also wieder einmal beeilen, wie schon in Dachau, wenn ich nicht wollte, dass das Gefängnis meines Körpers auch meinen Geist einkerkerte.

Es war, auch weil ich mir selbst beweisen wollte, dass ich nicht von meiner Verletzung gezeichnet war, geradezu eine Ehrensache für mich, stets fröhlich, stark und gesund zu wirken, »nicht gezähmt«, nicht einmal gestreift vom Unglück, selbst wenn ich vor Schmerz fast krepierte oder mich wegen der Demütigungen verzehrte. Um nicht bemitleidet zu werden, fing ich an, eine imaginäre Freiheit zu deklamieren.

War es da verwunderlich, dass ich meine Kontinuität verloren hatte und mich nicht mehr an mein wahres Deutschland erinnerte? Und so habe ausgerechnet ich jahrelang die konservative Mär vom Geist, der die Materie besiegt, verkörpert ...

All dies kam jedoch erst später zum Vorschein. Mit zwanzig war für mich die Nichtbeachtung der Hindernisse tatsächlich der einzige Weg, um der Rolle zu entgehen, die ich am meisten fürchtete, die des verlorenen Sohnes, der heimkehrt als Besiegter, als bettlägeriger Patient.

Und schließlich muss ich noch eine letzte Sache hinzufügen. Im Sommer 1946 hatte ich wirklich genug von Angst und Sorgen. Ich war so friedensdurstig und hatte einen solchen Rückstand an ungelösten Spannungen, dass mir der Rückzug auf private Beziehungen plötzlich als der erstrebenswerteste Weg zur Regeneration erschien. Jetzt, wo ich mich in einen jungen Mann verliebt hatte, in dessen Augen ich mich nicht als Invalidin sah, fand ich es überflüssig, auch noch die anderen davon überzeugen zu wollen. Ich gewöhnte mich daran, sie einfach nur zu beschwichtigen, um sie loszuwerden, ohne viel Umstände, ehrlich gesagt, aber auch ohne Groll.

Ich erinnere mich besonders an eine Sache, es war noch immer 1946 in Bologna. Anfang September hatte sich die Nachricht von meiner bevorstehenden Heirat herumgesprochen (das Datum war auf den 9. September festgesetzt). Eine Menge Besucher defilierten von morgens bis abends an meinem Bett vorbei, nicht nur die Ärzte und anderen Patienten dieses großen orthopädischen Krankenhauses und Soldaten mit eingegipsten Gliedern, die den Arm in der Schlinge trugen oder auf Krücken kamen, sondern auch Leute von draußen. Ich kam mir vor wie ein Affe im Zoo, und ein bisschen amüsierte es mich, zu beobachten, mit welcher unglaublichen Vielfalt von Umschreibungen sich alle nur um eine einzige Sache besorgt zeigten, nämlich meine angebliche *impotentia coeundi et generandi*. Glückwünsche, Lobpreisungen des Heiligen (meines künftigen Ehemannes), Wünsche, dass das Wunder an mir geschehen und ich schwanger würde (Gott ist groß), Gedanken über die platonische Liebe, die im Grunde viel mehr wert ist als die fleischliche, wenn man sich mit ihr zufriedenzugeben versteht – sie ließen nichts aus, denn sie waren ganz und gar überzeugt, dass sie mir damit eine Freude machten, sie ermunterten sich gegenseitig, mich zu besuchen und mir ein gutes Wort zu sagen.

Aber das Spiel wurde mir langweilig, und so brachte ich ein neurologisches Gutachten über mich in Umlauf, aus dem hervorging, dass es in meinem Organismus keine Kontraindikationen gab, weder gegen normale sexuelle Beziehungen noch gegen den normalen Ablauf einer Schwangerschaft. Und wenn sie behaupteten, der Nazismus wäre vorüber, lachte ich in mich hinein und streckte meinen eifrigen Besuchern meine biologische Garantie entgegen. Sie blickten sich beleidigt an und kamen nicht mehr.

Es kam mir fast unwirklich vor, mich mit einem jungen Mann zu verbinden, der Kriegsheimkehrer war wie ich (er aus Russland), Student wie ich (er studierte Jura) und der mir eine klare, gewöhnliche Beziehung bot, die Beziehung zweier Menschen, die sich liebten. Jemand, der mir seine Liebe und seine Unterstützung entgegenbrachte, ohne Hirngespinste, ohne große Worte, einfach, mit natürlicher Autorität, wie ein Familienoberhaupt, dem ich endlich vertrauen konnte.

Sogar meine emsigen Gehversuche wurden mit ihm etwas ganz Normales, als wäre nichts dabei, als wären die Probleme nur technischer Art.

Manchmal besuchte er mich im Gymnastiksaal, wenn ich gerade am Barren hing und völlig damit beschäftigt war, mich aufzurichten und die ersten Schritte zu versuchen (immer mit diesen Kniestützen aus Pappe).

Er lehnte sich an den Barren vor mir und sah mir zu. Nach einer Weile schüttelte er den Kopf. »Du gehst schlecht.«

»Wie?«, fragte ich lachend. »Ich kontrolliere mich immer im Spiegel!«

»Das ist ja gerade dein Fehler«, sagte er, während er den Rauch einsog und auf die Zigarette blickte. »Du siehst aus wie eine von diesen kleinen Chinesinnen, die sich die Füße einbinden.«

»Ich sehe mich mit den Augen der anderen, verstehst du«,sagte ich eines Tages zu ihm. »Ich will nicht wirken wie ein Mechanismus.«

»Keine Angst«, erwiderte er und wandte mir das Gesicht zu, um mich besser begutachten zu können. »Du bist ziemlich gut gebaut, na ja, der Hintern hängt ein bisschen tief« (nachdenklicher Ton), »die Beine könnten vielleicht zwei, höchstens drei Zentimeter länger sein, aber deine Taille ist schmal, die Brüste fest, und du hast sehr schöne Schultern, auch die Arme ...« Dabei prüfte er den Arm neben sich mit Kennermiene. »Du hast einen gelenkigen Körper, du brauchst also gar nicht dauernd die Arme als Hebel zu nehmen. Du solltest stattdessen deine Lendenmuskeln mehr trainieren.«

Wir heirateten ohne einen Pfennig, als Hochzeitsschmaus gab es Brot, Mortadella und eine Strohflasche Wein (ich habe allerdings ein ganzes Kilo Bonbons allein geknabbert).

Jahrelang gab ich mich dann mit allen Sinnen ganz der Wärme und animalischen Stumpfheit eines geregelten Ehelebens mit klaren Rollen hin und ließ mich von den affektiven, den sexuellen, den kleinen Anwandlungen leiten.

Neben Schwangerschaft, Entbindung, Stillen, Entwöhnung und Aufziehen des Sohnes, neben Universitätsprüfungen (er promovierte in Jura, ich in Philosophie), Arbeiten für den Lebensunterhalt (Übersetzungen, Privatstunden und Wettbewerbe um Stipendien), neben Behandlungen und Gymnastik, Ausflügen ins Grüne, Hausarbeit und all den kleinen Dingen, die die Tage ausfüllen, blieb nun wirklich keine Zeit mehr für die Vergangenheit.

Und später fragte ich mich dann, weshalb ich die Lager verdrängt und warum das so lange angedauert hatte. Jetzt überraschte mich genau das Gegenteil: Wie war mein Deutschland aus einer solchen Versenkung in tiefste und verzweigteste Schichten überhaupt wieder an die Oberfläche gekommen, wenn auch nur bruchstückweise, mit Pausen, »gesäubert«? …

In Wirklichkeit ist fast ein ganzes Leben vergangen, in dem nur Erinnerungsfetzen an die Lager und Krankenhäuser auftauchten, und zwar immer unter ganz bestimmten Umständen – bei einem harten Entweder-Oder meines Bewusstseins –, die vor allem in zwei Zeiträume fallen: in die Jahre 1953–54 und 1960–61.

Ja, auch das. Warum zum Teufel kamen meine deutschen *Erlebnisse ausschließlich* in Phasen an die Oberfläche, die in meinen Augen Phasen größter Schwierigkeiten und absoluter Not waren, in denen mein Leben, das ich als Last empfand (war es gerechtfertigt, dass ich weiterlebte?), auf dem Spiel stand, aber nie, wenn ich mir wieder für kurze Zeit festen Boden unter den Füßen geschaffen hatte, auf dem ich sofort freier atmete?

Das erste Mal kehrte ich in Gedanken in mein Deutschland zurück, als die Zerwürfnisse zwischen mir und meinem Mann zum Bruch führten, etwa im siebten Jahr.

Ich erinnere mich an jenen Abend in den ersten Monaten des Jahres 1953, das Datum weiß ich nicht mehr, aber ich erinnere mich an die Szene, als ich zum ersten Mal darüber sprach. Wir waren schon oft über die Erziehung des Kindes aneinandergeraten. »Hör auf, den Dompteur zu spielen«, sagte ich, »du machst ihn ja zum Sklaven.« – »Und du zur verkrachten Existenz«, erwiderte er. Dann ging es um seine Untreue, und ich hatte ihn unter gezischten Beleidigungen (»Du Gockel, du bist genau wie mein Vater, Schwanzheld«) und Tränen angefleht, mir die Schande zu ersparen, worauf er lachend antwortete: »Du hast zu viel Phantasie«, oder sein schönes Gesicht verzog: »Der Hochmut bringt dich noch um«, und sich mit einstudierter Ruhe eine Zigarette anzündete.

»Weißt du, Domenico«, begann ich, »ich glaube, wir müssen uns wirklich trennen.«

Es war nach dem Abendessen, am Schluss einer Schachpartie, die er wie gewöhnlich gewonnen hatte. Die kastanienbraune Haarsträhne in der Stirn, die halbgeschlossenen goldschimmernden Augen auf meine gerichtet und den Kopf gesenkt, hörte er mir zu, ohne mich zu unterbrechen. Seine Gesichtszüge spannten sich, ich sah, wie er ganz spitz wurde, dann stand er auf.

»Ich habe gar nicht gewusst, dass du so gemein bist«, sagte er und ging hinaus.

Am nächsten Tag ging ich erneut zum Angriff über.

»Krieg willst du? Den Krieg kannst du haben«, antwortete er und holte sich noch am selben Abend eine junge Kollegin, mit der zu schlafen ich ihn beschuldigt hatte, ins Haus, um (wie er sagte) dringende Arbeiten zu erledigen, hier, in seinem Arbeitszimmer.

Ich wandte mich an einen Anwalt, der ihm meine Forderung nach einer Trennung in gegenseitigem Einvernehmen zustellte.

»Du bist keine Ehefrau, sondern eine Feindin«, presste er zwischen den Zähnen hervor.

»Und du ein Feigling.« Ich hatte mir angewöhnt, dieses Wort mit einem Seufzer zu murmeln, ich wusste, dass ich ihn damit verletzte, er war immerhin Offizier der Bersaglieri gewesen und 1942 mit zweiundzwanzig Jahren für Tapferkeit im Feld ausgezeichnet worden.

Er wurde weiß. »Dich werde ich noch zur Vernunft bringen«, sagte er leise und sah mich eindringlich an. Sein Blick verweilte auf meiner Gestalt im Rollstuhl. »Du tust mir wirklich leid.«

»Du wolltest mich fertigmachen!«, sagte ich lachend und konnte meine Wut kaum mehr beherrschen.

IX

Ich bekam eine meiner damals regelmäßig wiederkehrenden Knochenentzündungen: Osteomyelitis in der rechten Hüfte. Ich schauderte ständig unter Fieberwellen und litt (im Stillen).

Zu jeder Tages- und Nachtzeit hörte ich aus dem Arbeitszimmer Scherze und Lachen, manchmal fragte ich mich, ob es nur eingebildete Stimmen waren. Ich fing an, lautlos vom Bett in den Rollstuhl zu gleiten und auf Rädern wie Wolfspfoten mit angehaltenem Atem im Dunkeln durch den Korridor zu fahren, die Hände zwischen Vorderrädern und Wand nach jedem Schubs, den ich nahm, um zu kontrollieren, dass ich schön geradeaus fuhr und nicht an die Wände stieß. Ich brachte die endlose Strecke (sechs Meter) zwischen Schlafzimmer und Tür zum Arbeitszimmer hinter mich. Ich horchte, während mir das Herz bis zum Hals schlug, auf erstickte Stimmen, und zwang mich, durchs Schlüsselloch zu blicken, in die Couchecke, in Erwartung keuchender Stille.

Irgendein unerwartetes Geräusch ließ mich hochfahren vor Angst, die Tür könnte plötzlich aufgerissen werden. Manchmal zog ich mich dann lautlos und ebenso vorsichtig zurück, wie ich gekommen war, manchmal aber floh ich auch blindlings durch den Korridor bis zum Bad, wo ich mich unter Gepolter einschloss. Ganz langsam machte ich dann die Tür wieder einen Spalt auf und lauerte, aber die Badezimmertür lag nicht in einer Linie mit der Tür des Arbeitszimmers. Die des Esszimmers dagegen war ideal. Ich verlegte meine Wache dorthin. Mitten in der Nacht begab ich mich ins Wohnzimmer, immer darauf bedacht, dass die Räder nicht an die Wand stießen, und wartete, still durch die halboffene Tür spähend, darauf, dass sie auf Zehenspitzen herauskamen und ich ihre Gestalten einen Augenblick lang im Licht der Nachtlampe auf dem Treppenabsatz sehen konnte, bevor ein Arm die Tür hinter sich zuzog und sie meinem Blick entschwanden. Ich blieb dann noch ein bisschen träge auf der Lauer, nickte mit dem Kopf, den die Bestätigung ausgehöhlt hatte, bis die Knochenschmerzen und ein halbsteifer Hals mich wieder an meinen Körper erinnerten und ich mir schnell ein Beruhigungsmittel spritzte. So nannte ich es. In Wirklichkeit war ich süchtig, was ich nicht wahrhaben wollte, und zwar unter dem Vorwand, dass die stechenden Knochenschmerzen schädlich für mein Herz seien. Am Anfang hatte ich Schmerzmittel geschluckt, dann fing ich an, Thebain zu spritzen, dann kamen Opium und reines Papaverin und immer stärkere Rauschmittel mit Namen, die auf -il und -an endeten. Ich hatte mich mit einem halben Dutzend junger Ärzte angefreundet, die ich sorgfältig danach auswählte, dass sie sich untereinander nicht kannten, Freundschaften, die ich getrennt pflegte und bei denen ich auch darauf achtete, dass sie sich bei mir zu Hause nie begegneten. Jeder schrieb mir die Rezepte, die ich brauchte, überzeugt, der Einzige zu sein, der sie ausstellte. Dann gab es noch das ganze Hin und Her mit den – ebenfalls mit mir befreundeten, aber untereinander unbekannten – Boten, die mir die Ampullen aus der Apotheke besorgten. Schließlich brauchte ich vier Spritzen am Tag. Dass ich nicht in die Venen, sondern nur unter die Haut spritzte, hängt vielleicht zusammen mit meiner Erinnerung an die Schreie der morphiumsüchtigen Frau im Sterbezimmer des Mainzer Krankenhauses oder mehr noch an den Schaum, den ich vor dem Mund hatte, als ich die erste Nacht ohne Morphium im selben Sterbezimmer in meinem Blut lag. Allerdings habe ich kleine Beulen und harte Stellen unter der Haut am oberen Teil des Hinterns und an den Schenkeln zurückbehalten, die immer noch ziehen, trotz aller Massagen.

Aber um auf meine nächtlichen Hinterhalte zurückzukommen – reiß die Tür auf, worauf wartest du noch, sagte ich mir und horchte weiter, um Gottes willen, langsam, langsam, die Räder zurückdrehen, um Gottes willen (ich erschreckte mich selber), und ich hörte in meinem inneren Ohr noch einmal das Schweigen, das aus dem Arbeitszimmer gekommen war, vielleicht hatte ich ein

Stuhlrücken für das Knarren der Couch gehalten, ein Papierknistern für einen Seufzer. Still, hör genauer hin, halt die Geräusche auseinander, ich war schließlich nicht meine Mutter, die jedes menschliche Elend, auch dass sie betrogen wurde, immer lieber ignoriert hatte. Ich wollte die Wahrheit, wollte ihr auf den Grund gehen und klarstellen, ob ich die Dinge verzerrt sah oder so, wie sie in Wirklichkeit waren.

Tatsächlich zettelte ich Tag und Nacht denkwürdige Gespräche mit den verdächtigen Rivalinnen an, die ich hinter Domenicos Rücken anrief und nach Haus einlud, während er im Büro war.

Sie fielen regelmäßig aus allen Wolken. Nichts an meinen Vermutungen stimmte. Wie könnte mir ein so beleidigender Verdacht auch nur in den Sinn kommen? Ich lieferte Elemente, Beweise, ich weinte (damals kam mir die Idee, die Karte mit dem Lager auszuspielen), ich war erschüttert, und je mehr ich mich exponierte, desto mehr verschanzten sie sich hinter ihrem Gekränktsein. Es endete jedes Mal damit, dass ich sie um Entschuldigung bat. Ich gab diesen Weg auf.

Inzwischen hatte sich Domenico angewöhnt, einen damals modernen Refrain (falsch) vor sich hin zu trällern:

A me piaccion gli occhi neri
a me piaccion gli occhi blu
ma le gambe ma le gambe
*a me piacciono di più.**

Bei der Wiederholung von »aber die Beine« sah er mich an und breitete die Hände etwas aus.

Ich schloss mich im Schlafzimmer ein. Er kam spät nachts nach Hause, und ich hörte ihn die Klinke drücken. Dann ging er den Korridor entlang und pfiff das Lied vor sich hin.

---

* Ich mag gern schwarze Augen, / ich mag gern blaue Augen, / aber die Beine, die Beine, / die mag ich noch viel mehr.

»Du bist durchsichtig wie Glas«, sagte ich zu ihm.

»Tja.« Seine Augen hinter dem Zigarettenqualm blitzten auf. »Lächerlich, nicht?« Er lächelte, ohne die Lippen zu bewegen. »Im Guten wie im Bösen: ein ganzer Kerl.« (Vor Jahren hatte ich ihm auch das zum Vorwurf gemacht.)

Dann kam er manchmal nach Hause, als wären wir im Guten auseinandergegangen, und das empfand ich als den raffiniertesten Übergriff. Wenn ich dagegen einmal versuchte, mit sanftmütigem Gesicht ein freundschaftliches Gespräch in Gang zu bringen, eine »offene Aussprache«, wie ich sagte, merkte ich, wie er den Themen auswich, in die ich ihn verwickeln wollte, wie er es nannte.

»Du bist wie Glas«, wiederholte ich (und beklommen merkte ich, dass ich dabei dieselbe erhabene Miene hatte wie meine Mutter).

Ich konnte nie genug Beweise für seinen Verrat bekommen. Ich hortete sie alle im Hinblick auf wer weiß welche Klärung. Kaum hatte es sich herumgesprochen, dass die legale Trennung in die Wege geleitet war, kamen ein paar von meinen Rivalinnen, die Ängstlichsten, die, die nicht für die Zerstörung einer Familie verantwortlich gemacht werden wollten, zu mir und gestanden mir, dass sie ein »Techtelmechtel« mit meinem Mann gehabt hätten, und erzählten mir – um mir zu beweisen, dass zwischen ihnen nichts Ernstes gewesen war, ein Strohfeuer, noch am selben Tag vorbei – die genauen Umstände des »Strohfeuers«, mit allen »schuldhaften« Details, die ich mir begierig anhörte, während ich ihre Gewissensbisse beschwichtigte; und wenn sie sich verabschiedet hatten, schämte ich mich, dass ich mich wie ein Wurm gefühlt hatte, als ich sie getröstet hatte.

Auch mein Mann war erleichtert. Er hatte mich so oft beleidigt, dass die durch ihn verschuldete Trennung auch keine Schande mehr war.

»Das Verfahren dauert lange«, sagte er zu mir und sah liebevoll in mein abgemagertes Gesicht mit den feuchten Augen und den geweiteten Pupillen. Er machte mich darauf aufmerksam: »Du bist nah am Wasser gebaut, und dann dieser lüsterne Blick ...« Er hatte keine Ahnung, dass ich Rauschmittel nahm. Er war für das stoische Ertragen von Schmerzen und knauserte schon mit Aspirin, nicht auszudenken, wenn er es gewusst hätte! Beim bloßen Gedanken daran zitterte ich vor Angst, deshalb ermahnte ich meine Boten und »Komplizen« noch einmal diskret zu äußerster Vorsicht.

Er versuchte, mir über die Haare zu streichen, und in der erbärmlichen Hellsichtigkeit des Rauschgifts kam es mir vor, als könnte sich alles klären, und ich fing an, ihm zu erzählen, dass ... denn im Grunde ...

»Nein«. Er schnitt mir, wenn auch geduldig, das Wort ab und hob seine geöffnete Hand vor mir. »Keine Diskussionen, keine Verhandlungen, Lucia. Entweder ganz oder gar nicht! Wenn du mich willst, musst du mich nehmen, wie ich bin. Sonst musst du gehen.« Und in zärtlichem Tonfall fuhr er fort: »Du wirst sehen, ich werde dich schon noch beugen.« Dabei sah er mich verstohlen an. Er rauchte, zog langsam an Zigaretten, die zentimeterweise rot aufglühten, bis mit seinen Worten Rauchschwaden aus seinem Mund quollen, die wie ein welliger Schleier vor seinem Gesicht hochstiegen und seine Augen zurückdrängten. »Das Verfahren ist langwierig«, sagte er noch einmal, »es kann Jahre dauern. Mir ist das recht. Wenn du dich vorher trennen willst, kannst du gehen, niemand hält dich zurück. Aber eines musst du wissen«, fügte er nach einer Pause mit einem kundigen Lächeln hinzu, »wenn du die eheliche Wohnung verlässt, verlierst du deinen Sohn. Und erzähl mir später nicht, ich hätte dich nicht gewarnt.«

»Du weißt ganz genau«, erwiderte ich, »dass du hier in der ehelichen Wohnung Ehebruch begangen hast, und sogar wiederholt, dafür habe ich Beweise, Geständnisse, und wenn ...«

Belustigt schüttelte er den Kopf. Das Gesetz war sein Beruf, und er kannte die Wirkung seiner Sätze auf mich.

»Dir fehlt der juristische Sinn«, dachte er laut vor sich hin.

Das war meine Situation, als ich meine begrabenen deutschen Erfahrungen zum ersten Mal wieder ans Licht holte. Auch damals war es mir vorgekommen, als müsste ich meinem Leben eine neue Richtung geben. Ich war jetzt allerdings nicht mehr gesund, und ich hatte einen kleinen Sohn, den ich großziehen musste. Ohne Entschlusskraft, ohne die Möglichkeit zu fliehen wie damals, Gefangene des Gelähmtseins, des Fiebers, der Drogen, des Betrogenwerdens, der Eifersucht, was hätte ich anderes tun sollen, als ein Bild von mir zu suchen, in dem ich mich weniger als Gefangene sah? Ganz natürlich kam mir die Erinnerung an meine Flucht aus Dachau im Oktober 1944 – die Monate vorher hatten sich in Nichts aufgelöst.

Ich ging aus von dem Augenblick, in dem ich mich auf die Flucht gemacht hatte, und erinnerte mich bis ins Kleinste an die Zwischenfälle, die mich sozusagen von einem Ende des Dritten Reichs zum anderen geführt hatten, von München bis zum Mauereinsturz in Mainz. Diese Zeit kam mir vor wie die freieste und glücklichste meines Lebens. Allein, ohne Ausweise, ohne Identität, ohne Zuflucht, lebte ich von einem Tag auf den anderen und wusste nie, wann und was ich auf der nächsten Etappe essen und wo ich schlafen würde.

Ich ließ einige Details aus, die mir damals nicht ausschlaggebend erschienen: überflüssig. Zum Beispiel erinnerte ich mich deutlich, wie mich die Tatsache, dass ich mich bei meiner Pilgerschaft immer hatte durchschlagen können, sonderbar begeistert hatte. Ich empfand mich als unverwundbar, wenn ich sofort nach einem Bombenangriff in ein brennendes Haus lief, Nahrungsmittel und Kleider stahl und so regelrecht herausforderte, an Ort und Stelle erschossen zu werden, wie man es mit Schakalen macht. Das Plündern von Wohnungen bei Fliegerangriffen war das einzige Verbrechen, das die Deutschen den Ausländern gleichmachte, alle wurden mit dem Tod bestraft, in einem Loch, das sie selber am Ort des Verbrechens so tief graben mussten, dass sie nur noch mit dem Oberkörper herausragten, die Brust der Maschinengewehrsalve ausgesetzt, ohne Unterschied der Rasse.

Ich zerriss die Seiten, die mich belasteten, und berichtete stattdessen von meinen Wegen über Felder oder am Rand eines Wäldchens entlang durch den Schnee von einem Dorf zum anderen, bei denen ich mich schnell versteckte, sobald ich eine Gefahr witterte. Schon von weitem konnte ich Leute ausmachen, die mir gefährlich waren, an ihrem Gang, an ihrer Haltung, sogar im Nebel. Noch nachträglich quälte mich der Gedanke an die Kinder von Lagerinsassen aus dem Osten und Juden. Ich konnte sie hinter dem Stacheldraht in Grüppchen erkennen, wenn ich auf der Suche nach einem Unterschlupf an den Durchgangslagern entlangging; in meiner verzerrten Erinnerung sahen sie mich alle mit den schwarzen Augen meines Sohnes an. Wie oft hatte ich sie dabei überrascht, wie sie sich in irgendeinem Winkel jenseits der Blicke der Erwachsenen in den Abfällen wälzten und sich mit kleinen glücklichen Schreien austobten, aber sofort wieder Haltung annahmen, wenn ein Elternteil sie rief oder auftauchte; sie setzten dann ein trauriges, reizbares Gesicht auf und fingen wieder an zu wimmern. Wenn eine Nazi-Wache sie verscheuchte, beschuldigten sie sich grimmig gegenseitig. Und dann kehrten sie, kaum hatten die Erwachsenen ihnen den Rücken zugewandt, zurück zu ihren Spielen.

Einmal sah ich drei in Lumpen gehüllte kleine Buben mit schuppigen, verschorften Gesichtern in ein Gummirohr pinkeln. Wer am weitesten zielte, hatte gewonnen. Die Kunst bestand darin, nicht den ganzen Urin auf einmal zu verspritzen, sondern darin, das Gummirohr wiederholt von einem kleinen Penis zum anderen kreisen zu lassen. Sie waren so vertieft in ihren Wettkampf hinter einer Baracke – die Gesichter zufrieden und erregt –, dass sie ihre Mütter nicht hatten kommen sehen, die ebenso voller Wunden und zerlumpt waren wie sie. »Ihr Ferkel, ihr seid ja schlimmer als Tiere!«, hatten sie geschimpft.

Jetzt ist mir klar, dass ich mich in jenen Nächten, in denen ich Domenico hinter der Wohnzimmertür auflauerte, während meine Gesundheit immer schlechter wurde und ich mir in immer kürzeren Abständen Rauschmittel spritzte, mit meinen Fluchtgeschichten auf meine Art schadlos hielt. Ich erinnerte mich an all die Ausländer, die mich in ihren Baracken aufgenommen hatten, die kurzen intensiven Freundschaften, eine Abfolge von vereinzelten Begegnungen und Übereinstimmungen, zwischen denen kein Zusammenhang bestand und die nur durch mein Vagabundieren miteinander verkettet waren. Und ich fühlte mich frei und leicht.

Ich hatte sogar das Gefühl, dass ich etwas Nützliches hervorbrachte, einen historischen Beitrag leistete. Ich hatte auch angefangen, alle erreichbaren Veröffentlichungen über die Nazilager zu lesen, und es wunderte mich, dass keiner je über die Entflohenen geschrieben hatte, über die mindestens drei Millionen Leute, die im Dritten Reich herumstreunten, Informationen austauschend und nach Belieben die Identität wechselnd. Wir erkannten uns auf einen unmerklichen Wink hin, und schon kamen die vertraulichen Nachrichten mit halblauter Stimme – hier abhauen, dort aufgepasst. Das Archiv von der und der Fabrik in der und der Stadt war in Brand gesetzt worden. Die Kartei von dem und dem Arbeitsamt war in die Luft geflogen. Man brauchte sich nur bei der nächsten Kommandantur zu melden und zu sagen, dass man von dort kam. Kontrolle war nicht möglich. Die Nazis waren froh, dass man sich überhaupt freiwillig meldete. Es fanden sich immer Ausländer mit ordentlichen Papieren, die bereit waren, für einen zu bürgen. Dank verschiedener verbrannter Ausweise war ich Belgierin aus Namur und Litauerin aus Wilna. In Namur war ich als Kind mit meinen Eltern gewesen, und von den Straßen und Plätzen in Wilna hatten Johann und Stanislaw mir erzählt, die dort geboren waren (Stanislaw hatte sogar eines Tages, als wir bei den I.G. Farben am Kanal lagen, eine Skizze seines Viertels gezeichnet). Ich war also für ein eventuelles Verhör gewappnet. Als Belgierin wurde ich Putzfrau in dem Gebäude hinter dem Lager von BMW in München, wo ein Kontingent amerikanischer Gefangener untergebracht war, die auf Feldbetten mit Matratze, Betttüchern und kariert bezogenen Kopfkissen schliefen. Sie bekamen so viele Pakete, dass sie immer trockenes Brot und nur halb gerauchte Zigaretten wegwarfen. Ich hasste sie so sehr wegen ihres Reichtums, der Bequemlichkeiten und der Art, wie sie die SS-Leute ihrer Begleitmannschaft als gleichrangig behandelten – ich musste es ständig mit der Behandlung vergleichen, die man dem europäischen »Abschaum« angedeihen ließ –, dass ich ihnen eines Tages die Matratzen und Betttücher unter den straff gezogenen Decken zerschlitzte und sofort fliehen musste. Später schloss ich mich einem Konvoi litauischer Bauern an, nachdem ich mich mit ihrem Dolmetscher angefreundet hatte, der mich auf einem Hof in der Nähe von Donauwörth in Schwaben als Magd unterbrachte. Aber die Deutschen brauchten nicht lange, bis sie merkten, dass ich kein Wort von dem verstand, was meine Landsleute sagten, die Polizei begann sich für meine litauische Herkunft zu interessieren, und ich konnte gerade noch verschwinden, Richtung Rhein.

Aber mein Meisterstück hatte ich vorher vollbracht, in München, als ich aus dem Durchgangslager Dachau gekommen war (wie Jean aus Lille). Ich hatte mich bei Siemens mit meinem richtigen Namen anstellen lassen, in der humansten Fabrik, die ich in Deutschland kennengelernt habe, wo West- und Ostarbeiter in ein und derselben Kantine aßen und die leitenden deutschen Angestellten erschienen, um das Essen zu probieren. Aber ich bildete mir ein, dass man mich nie schnappen würde, stahl aus dem Zimmer des Werksarztes gestempelte Krankenscheine und ging, anstatt zu arbeiten, in der Stadt spazieren (es gab um das Lager neben den Werksgebäuden von Siemens keinen Stacheldraht). Eines Tages wurde ich zur Werksleitung gerufen, und es blieb mir nichts anderes übrig, als zu verschwinden.

Ich fasse zusammen, weil ich diese Geschichten schon in den Erzählungen beschrieben habe, die ich in den Jahren meiner Ehekrise verfasste, Erzählungen, in denen die Widrigkeiten, Fluchten und Schrecken die quälende Immaterialität, die losgelöste Präzision haben, die Drogen mit sich bringen können. Wenn ich von diesen Texten, die teilweise veröffentlicht sind, teilweise nicht, gerade *Thomasbräu* und *Asyl in Dachau*, die diesen Band eröffnen, ausgewählt habe, dann deshalb, weil sie die einzigen Erzählungen sind, in denen ich damals die Erlebnisse nicht einem imaginierten Handlungsfaden anpasste, sondern so schilderte, wie sie sich in Wirklichkeit abgespielt hatten, wenn man einmal absieht von dieser Mischung aus Losgelöstheit und abgeschabtem Tastsinn, die mir beide nicht mehr jenen flüchtigen Monaten zu entsprechen scheinen, sondern übergestülpt sind von jenem Ich, das sie wieder heraufbeschwor. Nicht in die Wirklichkeit, sondern in meine damalige Imagination gehört auch die Angst vor dem Geschlechtlichen, die die Protagonistin vor allem in *Thomasbräu* verwirrt; nicht die entflohene Minderjährige, sondern die betrogene Dreißigjährige nahm die Umarmungen der Deportierten wahr als ein wüstes, schleimiges Geknäuel von Schnecken mit monströsen Fühlern.

Ich habe *Asyl in Dachau* jedoch auch noch aus einem anderen Grund gewählt. Man merkt sofort, dass der Ingenieurstudent aus der Gascogne wie der italienische Angestellte mit der Pomade im Haar trotz ihrer verschiedenen Sensibilität beide nur darauf aus waren, sich nicht von Minderem streifen zu lassen, sich nicht *beschmutzen* zu lassen. Sie wollten unbedingt die bleiben, die sie gewesen waren, und die Lager so schnell wie möglich wieder vergessen. Genau wie ich es dann nach dem Krieg auch getan hatte. Die Sache berührte mich. Das sieht man daran, wie ich in der Erzählung ihren Wunsch betone, sich abzuheben. Im Unterschied zu den anderen, die nicht aus unserer Schicht kamen. Die Russen oder Jean aus Lille fühlten sich nicht im Geringsten erhaben über das, was sie da erlebten. Deshalb wurde ich nicht satt, sie ins Leben zurückzurufen, ich versuchte, mich wieder zu fangen durch die Erinnerung an sie. Durch die Erinnerung an jene Familien von sowjetischen Deportierten, die den Entflohenen Asyl gaben und riskierten, erschossen zu werden; an die kleine Jeanine, die ständig damit beschäftigt war, sich aufzuopfern, so wie andere Leute Luft holen; an den unterernährten Benito ...

Aber ich hatte keine Hoffnung mehr, sie zu erreichen.

Ich war unduldsam gegenüber den Urteilskriterien meiner Umgebung, die mich kränkten, und fühlte mich auch von ihnen umgarnt. In der geistigen Verwirrung war ich mir nicht einmal mehr sicher, dass ich die Dinge richtig sah, ich zweifelte an meinen eigenen Empfindungen und meinen eigenen Erinnerungen, ich korrigierte sie, traute mich nicht, mir selbst zu glauben. Wie ich schon gesagt habe, las ich die Bücher über die Lager, und obwohl ich wusste, dass sie von Offiziellen oder von Häftlingen verfasst worden waren, die über ein »geistiges Kapital« verfügten, wie die Nazis sagten (den berühmten Akademikern) – also von Leuten aus dem Bürgertum, die sich in der schützenden Nische ihrer Moral halten können –, aber niemals von Arbeitern, Entflohenen oder von jemandem, der die aufgedeckten Verhältnisse geteilt hatte, misstraute ich trotzdem meinen eigenen unmittelbaren Wahrnehmungen. Und sogar wenn ich Geschichten über das Fliehen und das Leben im Untergrund im Dritten Reich erzählte, die noch nie geschrieben worden waren, versuchte ich, meine eigenen Erinnerungen abzustimmen auf die *richtigen* Erinnerungen jener Autoren, die mir als unumgängliche Vorbilder dargestellt worden waren, wie zum Beispiel Elio Vittorini. »Sie müssen sich von der Unterdrückung durch die Erinnerung befreien«, schrieb er mir 1957, als ich genau das tat unter dem Sperrfeuer identischer Empfehlungen vonseiten meines Vaters und meines Onkels, der mit der Trockenlegung der Pontinischen Sümpfe zu tun hatte. Nichts anderes hatte ich getan, als inmitten all dieser sensiblen Leute, unter denen ich lebte, meinem Gehirn eine dunkle Brille aufzusetzen, weil man die Dinge nicht bei lebendigem Leib betrachten darf; ein Minimum von ästhetischem Abstand muss sein. Und Vittorini hielt sogar das sanfte, fast idyllische *Thomasbräu*, mit dem ich mich schüchtern meiner Vergangenheit zuwandte, für einen viel zu sehr vom Druck der Erinnerung belasteten Text.

Auch literarische Scheu hinderte mich daran, bis auf den Grund freizulegen, wie ich mich in meinem Hin-und-Hergerenne und Fliehen in Nazi-Deutschland verstrickt hatte.

Jene Monate von Ende Oktober 1944 bis Ende Januar 1945, die ich mir immer wieder vornahm und neu bearbeitete, in Heften, die sich immer höher stapelten, endeten tatsächlich immer unvermeidlich, bevor ich Anfang Februar 1945 im Lager Frankfurt-Höchst wieder auftauchte, worüber ich noch nicht berichtet habe. Dieses Wiederauftauchen war das heimliche Ziel jenes Sprungs mitten unter die Deportierten in Verona gewesen, damit wollte ich meinen Gefährten zeigen, dass ich mich nicht aus der Affäre gezogen hatte. Aber es gab keinen bewussten inneren Widerstand gegen diese Episode, mein Gedächtnis erschöpfte sich lediglich jedes Mal bei irgendeinem Ereignis davor. Die Erinnerungen zerstreuten sich von selber in dieser Folge von Ortswechseln und menschlichen Kontakten, die immer augenblicklich ausgeschöpft wurden – dreizehn Monate brutalen Gefordertseins zerbröselten und verdünnten sich zu wenigen Wochen tragisch müheloser Abenteuer, die sich im luftleeren Raum zusammendrängten.

Und doch verschafften mir diese bescheidenen Erinnerungen, die ich endlos und in allen Einzelheiten festhielt, fast als hätte ich Angst, sie könnten mir entfliehen, eine Atempause. Nach und nach breiteten sie sich über meine im Käfig steckende Gegenwart und halfen mir, meine Entschlüsse zu fassen. Ich hörte auf, den Rechtsanwalt heimlich zu bitten, meinen Antrag auf Trennung der Ehe nicht zu beschleunigen. Ich hörte auf, heimlich mit meinen vermeintlichen Nebenbuhlerinnen zu reden. Ich gab meinen Wachposten hinter der Tür auf.

In dieser Flaute nach dem Sturm, in der wir auf den Gerichtsbeschluss warteten, waren Domenico und ich fast friedlich. Vorbei war die Bitterkeit, die Grausamkeit. Er widmete jeden arbeitsfreien Augenblick der Perfektionierung meiner Fortbewegungsmittel (ich glaube sogar, dass er in jenen Monaten keine Geliebte hatte, und vielleicht, denke ich jetzt, hatte er mich auch deshalb im eigenen Haus betrogen, damit er selber so viel Unrecht getan hatte, dass er mir das Kind lassen konnte, ohne dass es aussah wie ein Nachgeben gegenüber meinen »wahnsinnigen Ansprüchen«). Er entwarf mir einen Rollstuhl, ich benutze ihn heute noch; er ist klein, leicht und zerlegbar, um mir die größtmögliche Bewegungsfreiheit zu geben, und zugleich stabil und bequem. Domenico ging in keinen Aufzug, kein Kino, kein Theater, ohne die jeweils engsten Stellen und sämtliche Sitzhöhen auszumessen. Aber die Mechaniker hatten jedes Mal irgendwelche Bedenken, warum die Sache nicht machbar sei, warum ein solches Stühlchen kein Gleichgewicht haben könne, und wie sollte das funktionieren mit den abstehenden Hinterrädern? Er fing wieder an, meine Hüften, meinen Rücken, meine Beine zu messen, und machte einen neuen Entwurf.

Kaum sah er, dass ich ein wenig ruhig war, kam er mit seinen Entwürfen unter dem Arm und einer Auswahl Schrauben und Muttern in der Hand und setzte sich mit einem Seufzer der Erleichterung neben mich. Er fragte mich, ob ich diese oder jene Sorte von Muttern besser fände, ob ich diese oder jene Halterung lieber röhrenförmig oder flach wolle. Und der Gipfel war, dass ich ihn lästig fand.

Im Frühjahr 1955 war unser Verfahren abgeschlossen. Domenico behielt die väterliche Gewalt über den Sohn, und ich bekam das bedingte Sorgerecht zugesprochen.

X

Als müsste ich dauernd irgendwelche Lecks stopfen, gönnte ich mir keine Pause. Nach Domenicos Auszug wurde meine Wohnung eine wahre Karawanserei. Ich beherbergte Haftentlassene, ledige Mütter, ein halbes Dutzend Katzen. Kurz, es begann die Periode, die ich später »meine Nebenfront-Klammer« genannt habe. In jenen Jahren tat ich nichts anderes, als eine Klammer an die andere zu heften: »die deutsche Klammer«, danach »die Ehe-Klammer«, solange Domenico und ich uns verstanden, dann »die italienische Klammer« (mit sarkastischem Unterton auszusprechen), und nun diese.

Die Beziehungen zu meinem Sohn, der acht wurde, waren gut. Das Durcheinander störte ihn nicht, zumal er selber mit all dem Kommen und Gehen seiner kleinen Freunde aus der Gegend seinen Teil dazu beitrug. Und seltsamerweise war er eifrig und konzentriert bei den Hausaufgaben wie nie zuvor. Er war ein frühreifer Leser, er mochte Geschichte. Er sammelte Bildchen, die es an Zeitungskiosken zu kaufen gab und die er in große Hefte klebte, nach Epochen geordnet. Da waren die Römer, die Gallier, die Karolinger. Wenn er sah, dass ich etwas las, fragte er:

»Und wohin gehst du? Ich bin gerade bei den Kreuzzügen.«

»Ich im Ersten Weltkrieg«, erwiderte ich, oder in der Renaissance, je nach den Nachhilfestunden, auf die ich mich an dem betreffenden Tag vorbereiten musste.

Manchmal luden wir uns gegenseitig in die Jahrhunderte ein, in denen wir gerade lebten. Wir lasen den Text auf der Rückseite der Bildchen und bereicherten damit unsere Kenntnisse der Person mit dem Helm oder dem Schwert an der Seite, die uns von dem bunten Bild hochmütig ansah.

Ich bereitete jetzt fast ausschließlich Studenten oder Abiturienten auf ihre Examen vor. Meine Fächer waren Italienisch, Latein, Französisch und Deutsch, außerdem Geschichte und Philosophie (inzwischen hatte ich auch mit einer philosophischen Dissertation über Kants *Kritik der Urteilskraft* promoviert). Ich verfasste Dissertationen gegen Geld. Besonders an drei kann ich mich noch erinnern: über Sallust, über La Rochefoucault und über Unamuno. Ich verdiente gut.

Ich weiche schon wieder ab (eingefleischtes Laster). In Wahrheit hatte ich einen kostspieligen Lebensstil, um meinen Sohn nicht büßen zu lassen für die Beschwerlichkeiten, die mein körperlicher Zustand mit sich brachte. Daher hatte ich außer der Hauswirtschafterin und der Waschfrau, die kam, um der Hauswirtschafterin zu helfen (eine ledige Schwangere), auch noch eine Erzieherin für ihn angestellt. Dazu kamen die Miete für das Sommerhäuschen am Meer, Ausflüge, Einladungen. Ich wollte allem nachkommen, damit der Kleine sich nicht benachteiligt fühlte als einziger Sohn einer alleinstehenden körperbehinderten Mutter, woran ihn allzu viele Leute ständig erinnerten, den Ärmsten, und dann streichelten sie ihm seufzend den Nacken.

In Wirklichkeit steckte ich in diesem Wirbel, weil ich beweisen wollte, dass ich es schaffte. Bei all meinen Täuschungsmanövern über meine Distanziertheit verletzte mich nichts so sehr wie die Anspielungen auf meinen Rollstuhl gegenüber dem Kind: »Komm, Lorenzo, sei lieb«, sagten die Verwandten, »siehst du nicht, dass es Mama schlecht geht?« – »Schnell, lauf«, sagte eine besorgte weibliche Stimme, »Mama braucht Hilfe«, wenn mir ein Bleistift oder ein Streichholz herunterfiel. »Heb du es auf, Lorenzo, Bücken ist zu anstrengend für Mama, siehst du nicht, dass sie es nicht schafft?« Das Ganze begleitet von einem verständnisvollen pädagogischen Lächeln. Gerade so, als hätte ich eine lebende Prothese hervorgebracht, eine Kreatur, die gezwungen war, im Schatten des Unglücks aufzuwachsen. Das Tragische für mich war, dass diese und ähnliche Sätze gut gemeint waren und ganz besorgt ausgesprochen wurden.

Auf der anderen Seite trug mir mein »Schlendrian« manches

missbilligende Stirnrunzeln ein, vor allem was die wenig vertrauenerweckenden Personen betraf, die ich beschützte. Man merkte eben, dass die Hand eines Mannes fehlte, die meine »Ausschweifungen« bremste und mich auf meinen Platz verwies, und der arme Lorenzo galt immer mehr als einziger Sohn einer nicht nur invaliden und alleinstehenden, sondern auch noch unverantwortlichen Mutter, kurz, derselben überspannten und gewissenlosen Person, die mit achtzehn von zu Hause fortgelaufen war, einer Asozialen (als die mich im Übrigen schon die Nazis eingestuft hatten). Und ich wollte ihnen doch zeigen, dass ...

Später mäßigte ich meine wilde Gier auf Freiheit und Fröhlichkeit, diese Manie, geschmähten Menschen persönlich und aus dem Stand helfen zu wollen, etwas, auch weil meine Schützlinge so daran gewöhnt waren, schlecht behandelt zu werden, dass sie meine Sorge um sie mit Einfalt verwechselten und schließlich sogar glaubten, sie täten mir einen Gefallen, wenn sie auf meine Kosten lebten. Ich baute auch meine Rachegelüste ab.

Und doch erinnere ich mich mit Vergnügen an jene Jahre. Lorenzo wuchs auf als mitteilsames, vielbeschäftigtes, kräftiges Kind, er konnte lachen wie ein Wasserfall. Ich hatte ihn eines Tages dabei überrascht, wie auch er mit einem kleinen Freund auf der Terrasse um die Wette pisste – das Ziel war ein zwei Meter entfernter Oleanderbusch –, und hatte mich schnell wieder zurückgezogen, um den Wettkampf nicht zu stören.

Am Ende habe ich es dann aber doch nicht geschafft. Dieser Rhythmus – Leben, menschliche Beziehungen, Arbeit – war überlastet durch die unmäßigen Verpflichtungen, die ich mir selbst auferlegt hatte. Er überforderte mich, und so begann das Driften.

Herbst 1960. Ich landete im Invalidenheim Villa della Pace, ungefähr elf Kilometer auf der Via Ardeatina in der Peripherie von Rom.

Ich saß am Steuer eines riesigen beigen Studebakers, den ich gebraucht gekauft hatte und über dessen Weiterverkauf ich gerade verhandelte. Ich hatte ihn zwei Jahre zuvor erworben, als es noch keine kleineren Autos mit der für meinen Führerschein erforderlichen Ausrüstung gab.

Ich will jetzt nicht das unangenehme Gefühl beschreiben, das mich überkam, als ich in der schwachen Septembersonne zwischen den sich selber überlassenen Gestalten in Rollstühlen oder auf Bänken parkte: Dutzende Kriegsversehrte, die mich ansahen wie ein seltenes Tier. Ich kehrte zurück auf den Posten, der mir gebührte, in die Rolle des Pflegefalls, die mir von der Gesellschaft zugewiesen worden war. Mit fünfunddreißig war ich wieder an meinem Ausgangspunkt, steckte außerdem bis zum Hals in Schulden und saß im weichen, hellen Ledersitz eines auffälligen Sondermodells.

Aber die ökonomischen Probleme und die Querelen mit dem Fürsorgeamt waren noch meine geringsten Sorgen. Meine wirkliche Qual war eine andere.

In diesem Heim hielten sich vielleicht hundert Gäste auf, fast alle begleitet von einem Angehörigen, weil die Anstaltsleitung einerseits den Standpunkt vertrat, dass sie nicht von ihrer Umgebung isoliert werden sollten, andererseits dank der Pflege durch die Verwandten aber auch eigenes Personal einsparen konnte. Sie wohnten in großen villenähnlichen Gebäuden rings um den Garten gegenüber dem Tor. Wenn ich mich umsah, fühlte ich mich durch den Anblick meiner in den Insassen dieser Villa della Pace vielfach gespiegelten Körperbehinderung so unwohl, dass ich mich tagelang in mein Einzelzimmer mit Bad verkroch.

»Nicht eintreten«, rief ich, wenn jemand klopfte.

Wenn mir auf dem Weg zwischen meinem Zimmer und dem Massageraum oder dem Speisesaal Hinkende, Verkrüppelte, Gelähmte oder Leute mit Parkinson entgegenkamen, wusste ich nicht, wie ich ihnen ausweichen sollte, so sehr demütigte mich der klagende, leiernde Ton, den viele dieser Behinderten von ihren gesunden Verwandten übernommen hatten, ihr ständiges: »Du Glücklicher, du kannst gehen, du Glücklicher, dir geht es gut«, begleitet von schrägen Blicken, unaufhörlichem Gerede über Gesundheit, Eingeweide, Blase, Magen, Gliedmaßen, entzündete Augen – sie waren nur mit ihrem eigenen Organismus beschäftigt, von ihm besessen. Ich stahl mich immer davon, hatte ständig unaufschiebbare Verpflichtungen.

Aber eines Nachts, als mich eine Kolik schüttelte und ich im Nachthemd fröstelnd im Bad saß, um bei den nächsten Krämpfen meiner Eingeweide gleich auf die Kloschüssel hüpfen zu können und nicht den ganzen Rollstuhl mit Scheiße zu beschmutzen, sah ich mich plötzlich vor einem geistigen Spiegel. Ausgerechnet ich betrachtete die Genossen meiner körperlichen Demütigung mit ästhetischen Augen. *Ich* war zu jenem Auge der Gesellschaft geworden, das mein eigenes Leben verdüstert hatte.

Ich war so bestürzt, dass ich darüber das Rumoren in meinen Eingeweiden vergaß (und die Kolik ging vorüber). Da saß ich vor der Kloschüssel, den Kopf schamvoll gebeugt wie vor einem Beichtvater. Bloß wegen dieser elenden Rückeroberung der Kontrolle über meine Verdauungsorgane, wegen vier mühselig zurückerkämpfter motorischer Fähigkeiten fühlte ich mich meinesgleichen überlegen, *bewaffnete ich mich mit dem, dessen sie beraubt waren, und richtete es gegen sie.* Was war bloß passiert in diesen Jahren, das mich herabgewürdigt hatte auf diesen aristokratischen Rückzieher gegenüber jedem Körperkontakt mit Leuten, die abhängig waren und denen es schlecht ging? Ich saß da wie eine Mörderin, die im Geist ihre eigenen Untermenschen ermordet hatte. Wie mühelos mir meine Klassenhaut wieder nachgewachsen war, wie einer Schlange!

Schließlich gab ich wieder Lebenszeichen von mir. Hatte ich mich nicht früher schon wegen einer Kartoffel, einer Rübe gerauft? Hatte ich nicht Brotscheiben hauchdünn wie Hostien geschnitten, als es darum gegangen war, mit den Gefährten zu teilen? Wusste ich denn nicht ganz genau, dass man immer beschäftigt ist mit dem, was man nicht hat? Und jetzt rümpfte ich die Nase, weil diese neuen Gefährten in ihrer Gier nach Gesundheit von nichts anderem redeten? Auf diese Weise kam mir mein Freiwilligendienst in den Lagern und in Frankfurt-Höchst wieder in den Sinn, meine anfänglichen Zimperlichkeiten gegenüber den Lagerinsassen wegen der Überempfindlichkeit meiner verfeinerten Gefühle. Aber meine Scham war so groß – sie ist schlau, diese Scham, sie geniert sich und schweigt –, dass ich darüber in *Solange der Kopf lebt*, das ich in diesem Invalidenheim geschrieben habe, nicht sprach.

Und außerdem ist es gar nicht wahr, dass sie nur mit ihrem Körper beschäftigt waren.

Ich erinnere mich an Amedeo, einen hageren Ligurer im Rollstuhl, um die vierzig, in Afrika verwundet. Früher Metallarbeiter, war er jetzt ein geschickter Uhrmacher geworden. Er bot sich an, seine Kunst jedem Menschen weiterzugeben, der sie erlernen wollte, und zeichnete Modelle von kleinen Pressen oder anderen Werkzeugen, mit denen auch Einarmige umgehen konnten.

Giovanni, ein Junggeselle aus Bologna, der in Griechenland versehrt worden war, hatte die entgegengesetzte Art von Parese wie ich. Nach der Laminektomie – bei ihm konnte das Knochenmark dekomprimiert werden – konnte er sich zwar wieder bewegen, war aber unempfindlich geblieben. Er wollte eine Gewerkschaft der vereinigten Kriegs- und Arbeitsinvaliden organisieren. Aber er stieß auf viele Widerstände, weil der größte Teil der »Restposten aus dem Krieg«, wie er die Insassen der Villa della Pace nannte, eine abergläubische Abneigung gegen Politik hatte. Sie überhäuften ihn mit Anträgen auf Beihilfen, die er für sie ausfüllte und den zuständigen Ämtern zuleitete, aber sie zogen sich zurück, sobald er sie auf die Notwendigkeit, sich zu organisieren, ansprach.

Vincenzo aus Friaul war nur wenig jünger als ich. Als Partisan in den Bergen war er mit achtzehn von einer Kugel durchbohrt worden. Auch sein Wirbelschaden hatte eine Besonderheit: Er konnte zwar seine motorischen Nerven nicht mehr kontrollieren, hatte aber die Sexualkraft bewahrt. Der große kräftige Junge lief auf seinen Metallkrücken immer zwischen unseren Rollstühlen hin und her und kämpfte für eine »alljährliche Überholung unserer Organismen, so wie man es mit Motoren macht«. Er kämpfte auch in den folgenden Jahren weiter und leitete schließlich 1973 die Massenbesetzung einer Krankenhausabteilung in Florenz, über die in der überregionalen Presse nur sehr am Rande berichtet wurde (ich selbst habe nur zehn Zeilen darüber in einem Blatt der außerparlamentarischen Linken unterbringen können).

Ich schrieb in Invalidenzeitschriften Artikel mit Titeln wie *Schuld woran?* und setzte sozialpsychologische Debatten in Gang. Das war nicht viel, aber immerhin hatte ich das Gefühl, wieder zu mir selbst zurückzufinden.

Nach den Weihnachtsfeiertagen, die er mit Freunden zum Skifahren in den Bergen verbracht hatte, kam Lorenzo zu mir. Er war von seinem Vater weggegangen, der ihn bei meinem Zusammenbruch bei sich aufgenommen hatte, jetzt aber eine stürmische Liebesbeziehung durchlebte. Der Junge hatte sich geweigert, zu den Großeltern väterlicher- oder mütterlicherseits zu gehen. So blieb nur noch ich.

»Ich bleibe bei dir.« Er blinzelte mich aus seinen schwarzen Augen an. »Sag der Heimleitung, ich bin dein Begleiter«, als hätte er sich einen schlauen Schachzug ausgedacht.

Die Voraussagen hatten sich bewahrheitet; Lorenzo wuchs auf im Schatten des Unglücks, in seinem schwierigsten Alter, der Pubertät.

Jeden Tag fuhr er bei Regen wie bei Sonne mit dem Fahrrad ins Zentrum von Rom zur Schule, hin und zurück etwa dreißig Kilometer. Wir lebten in einem Zimmer mit zwei Betten. Ich machte meine Toilette und die Gymnastik, wenn er nicht da war. Er wirkte ruhig, während ich ihm seine Aufgaben abhörte, wir zählten die Lire für ein kleines Vergnügen, ein Getränk an der Bar, für eine

Runde Rollschuhlaufen mit seinen Freunden in der Stadt. Aber er malte diese schwarzen Christusköpfe, deren Gesichtszüge rote Rinnsale wie geronnenes Blut waren.

Ich bemerkte, dass Lorenzo manchmal ins Zimmer kam, als würde er vor irgendetwas fliehen. Wenn jemand anklopfte, schloss er sich im Bad ein. Er ging aus dem Zimmer, kam aber sofort wieder zurückgelaufen, um zu sehen, ob nicht ein Schulfreund für ihn angerufen habe. Eines Tages hatte er, nachdem er mehrmals hintereinander dieselbe Nummer gewählt hatte, den Hörer in der Hand angesehen und (mit einem kurzen Lächeln) gesagt: »Es kommt vor, dass zwei sich nicht erreichen, weil sie beide damit beschäftigt sind, sich gegenseitig anzurufen.« Und er hatte den Hörer aufgelegt.

Wenn ihn im Garten ein Invalide mit dem einschmeichelnden Jammerton, der mir bei allem Verständnis immer noch auf die Nerven ging, rief: »Komm mal her, du kannst doch gehen«, schnaubte Lorenzo und ging unbeirrt weiter.

Ein etwa dreißigjähriger Mann im Rollstuhl, der ungefähr in Lorenzos damaligem Alter die Lähmung bekommen haben musste, war der Beharrlichste, wenn es darum ging, ihn zu rufen, ihn aufzuhalten, ihn anzufassen. Er konnte ihn im Garten nicht vorbeigehen sehen, ohne ihn um einen Gefallen zu bitten. Gewöhnlich erbot sich Lorenzo von allein, wenn er nicht das Gefühl hatte, dass man ihn abfing, er kam von selbst angelaufen, wenn er glaubte, dass jemand etwas brauchte (mit der gleichen Natürlichkeit wie sein Vater). Es war nur dieses: »Du kannst doch gehen«, das ihn zur Verzweiflung brachte und ihn in die Flucht trieb.

Und eines Tages, als er nach fünfzehn Kilometern auf dem Rad ausgehungert von der Schule zurückkam, klammerte sich dieser Behinderte an seinen Pullover und drohte ihm: »Pass bloß auf, das kann dir auch passieren.« Da riss sich der Junge aus der Umklammerung los und rief mit gellender Stimme, in die sich schubweise tiefe Töne mischten:

»Bin ich denn ein Verbrecher, bloß weil ich gehen kann? Ist es etwa meine Schuld, dass ich kein Krüppel bin?« Und die schwarzen Augen im runden Gesicht füllten sich mit Tränen.

In diesem Wust von Gefühlen und Gedanken schrieb ich *Solange der Kopf lebt*. Ich erkannte mich wieder in jener Zeit in Mainz, wo ich zum ersten Mal mit der Lähmung konfrontiert worden war. Vielleicht habe ich beim Erzählen meine Wurstigkeit von damals zu stark hervorgehoben, weil ich darin die Kraft suchte, die ich jetzt brauchte. Und um mir Mut zu machen, holte ich das schlaue, verlogene Märchen aus der Kiste, dass das Gute immer siegt ...

Im Mai brach Lorenzo auf, um die Ferien bei den Großeltern väterlicherseits zu verbringen, gemeinsam mit einem ganzen Schwarm von Vettern und Cousinen, die sich im Sommer auf dem Bauernhof ihrer Vorfahren auf der Hochebene des Gran Sasso trafen. Ich wollte nicht, dass er auch das neue Schuljahr in der Villa della Pace begann, und verbrachte meine Tage damit, alte Schwierigkeiten auf dem Papier zu überwinden, gerade so, als hätte ich damit die Zukunft beschwören können. Ich schloss die Erzählung im August ab. Aber noch immer weit und breit nichts in Sicht. Ich hatte kein Geld, um wieder in eine eigene Wohnung zu ziehen. Ich hatte gerade meine Schulden bezahlt, und nach dem Verkauf des Studebakers hatte ich einen kleinen Daf 600 mit Automatik erworben, ein nagelneues Modell. Ein weiterer Monat verstrich.

Inzwischen lebte ich fast ein Jahr in diesem Invalidenheim, als mir schließlich deutsche Freunde, die ich in besseren Zeiten beherbergt hatte, als ich noch eine Bleibe besaß, eine Wohnung im Taunus zur Verfügung stellten. Lorenzo schrieb aus den Abruzzen begeistert über den Plan (später hat er sich in diesem Dorf mitten im Wald, im lautlosen Schnee, umgeben von der fremden Sprache, allerdings allein gefühlt). Ich traf brieflich Vereinbarungen mit einer Hausfrau am Ort, die sich um den Haushalt kümmern sollte.

Ende September kehrte der Junge kräftig und erholt von der Hochebene zurück, er war braun gebrannt und muskulös. Wir packten den Daf voll und fuhren nach Deutschland. Ein befreundeter Elektriker, der nach Hamburg wollte, wechselte sich mit mir am Steuer ab.

An einem seiner letzten müßigen Abende in der Villa della Pace war Lorenzo wie gewöhnlich allein geblieben, während ich in irgendeinem Zimmer mit Freunden schwatzte, und las mein Manuskript. Mehr als alles andere hatte ihn meine kurze Anspielung auf die Fabrik in Höchst neugierig gemacht. Und jetzt, als wir uns, fast am Ende unserer Reise, der Abfahrt Richtung Taunus näherten, schlug er vor, lieber weiter nach Frankfurt zu fahren: »Los«, sagte er, »das liegt doch auf dem Weg, lass uns zu den I.G. Farben fahren.« Das war kurz vor Glashütten, dem Dorf bei Königstein, zwischen lauter Tannenwäldern, wohin wir eigentlich sollten.

»Das ist aber ein ganz schönes Stück weiter«, sagte ich zögernd, »wird das nicht zu weit?« Und fuhr schon nach Norden.

»Warst du wirklich mal Arbeiterin? Mit Schichten und allem? An Maschinen?«, fragte Lorenzo lachend mit der neugeborenen Stimme eines Mannes, der mit sich noch nicht eins ist und auch noch keinen Bart hat.

Der Elektriker war inzwischen ausgestiegen, und ich saß am Steuer. Am späten Nachmittag erreichten wir Höchst. Wir fuhren im Schritttempo, und meine Langsamkeit löste wütendes Hupen aus. Schließlich fand ich mein Tor wieder, wo ich früher meine Karte in die Stechuhr gesteckt hatte. Ich hielt an. Ich empfand ein Gefühl von Leere. Meine Augen blieben an Einzelheiten hängen. Die Ziegelmauer um die Werksgebäude herum erschien mir schwärzer, als ich sie in Erinnerung gehabt hatte, die Häuser gegenüber grauer, kasernenartiger.

»Warum erzählst du mir nichts über die Arbeit, die du hier gemacht hast? Und habt ihr euch untereinander gut verstanden?«, fragte mich Lorenzo aufmunternd.

Ich fing an, von den Russen zu erzählen, von Doktor Lopp, den

Gefangenen aus Warschau, und fasste Mut. Dann kam ich auf den Streik, ich weiß nicht mehr, was ich genau gesagt habe, jedenfalls hatte ich meine Erinnerungen schon ausgeschöpft, aber er fragte weiter:

»Was meinst du, hättet ihr es schaffen können oder nicht?«

Ich verhaspelte mich, sagte erst ja und dann nein. Es hing davon ab, ob … vielleicht hatten wir nicht einkalkuliert, dass … »Warum siehst du mich so an?«, fragte ich ihn, da er irgendwie deprimiert aussah.

»Habt *ihr* denn geglaubt, ihr könntet es schaffen?«

»Ich weiß nicht. Jedenfalls haben wir bewiesen, dass man es versuchen konnte.«

»Ja, das schon«, platzte er heraus, aber das Wesentliche schien ihm noch zu fehlen, das pausbäckige Gesicht des Vierzehnjährigen heiterte sich nicht auf.

Jetzt denke ich, dass er einfach den Gedanken nicht ertragen konnte, dass unsere Aktion der Niederlage geweiht war, aber damals, als wir in der Abenddämmerung mit dem Auto vor meinem I.G. Farben-Tor standen, hatte ich das Gefühl, dass er sich fragte, wo meine Vergangenheit geblieben war. In Wirklichkeit fragte ich mich das jedoch selbst, besorgt darüber, dass ich mit dieser heraufgeholten Erinnerung bei ihm den Eindruck erweckt hatte, es hätte da einen Anlauf ohne Folgen gegeben, eines jener mythischen Beispiele, mit denen Eltern sich immer schmücken und für die sich die Kinder nicht interessieren.

»Fahren wir weiter?«

Er nickte, und ich drückte aufs Gaspedal.

Die Zeiten vermischen sich.

Das verständige Gesicht des kräftigen Jungen mit seinen schelmischen schwarzen Augen, der neben mir im Auto sitzt und die Wegweiser liest, verwandelt sich in das Gesicht des Einundzwanzigjährigen mit Bart, mal mit Brille, mal ohne, der zu sehen ist auf den Bildern von Tageszeitungen und Illustrierten, die ich in jenen

Monaten der Suche nach meiner Vergangenheit zwischen meinen Papieren wiederfand. Vor allem ein Gesichtsausdruck kehrt häufig wieder in jenem Frühjahr 1968. Lorenzo steht oben auf einer Treppe und drängt inmitten anderer Studenten mit Stühlen eine Gruppe von Gorillas zurück, die von unten mit Schlagstöcken auf sie zustürmen. Lorenzo ist zu drei Vierteln nach vorn gebeugt, der Mund ist zu einem Knurren geöffnet, das Gesicht grimmig und erschrocken.

Auf anderen Fotos erscheint er bei Demonstrationen, mit erbostem Blick. Aber dann ist er allein, eine halbe Seite für ihn, mit hartem Gesicht, die Faust erhoben, seine Härte ist so verschieden von der, die ich im gleichen Alter hatte, auf dem Werksausweis von Siemens. Seine ist intimer, gequälter. Jetzt ist er rasiert, blasser. Wenn er sich konzentriert, spricht er mit leiser, verhaltener Stimme, den schwarzen Blick von unten nach oben gerichtet, und ich sehe darin wieder den Jungen, der in Höchst etwas über den Streik bei den I. G. Farben erfahren wollte.

Während wir durch Frankfurt fuhren, rief Lorenzo plötzlich »Pizzeria!« und deutete auf das Schild im Erdgeschoss eines alten Gebäudes. Zufrieden rieb er sich die Schenkel mit den Handflächen, während er meine Parkmanöver mit wachsamen Augen verfolgte. Als wir eintraten, verging ihm jedoch schnell die Freude beim Anblick der ärmlich gekleideten Emigranten, die das Lokal füllten. Sie waren fast alle Südländer mit argwöhnischen Gesichtern und herausfordernden Augen. Sie halfen mir mit dem Rollstuhl die Stufen hinunter, fragten und antworteten. Sie lebten in den Baracken, ja, ja, in denen außerhalb der Stadt, auf einem Feld, das Pfaffenwiese hieß, an der Straße nach Mainz, genau in dem alten Lager von Frankfurt-Höchst, es war umgebaut worden für die Gastarbeiter.

XI

Danach kam ich bis 1975 nicht mehr auf meine Kriegserlebnisse zurück. Dreizehn Jahre lang hatte ich nicht das Bedürfnis, daran zurückzudenken. Dreizehn Jahre sind lang, zumal ich im Grunde bis 1962 wirklich wenig von dieser ganzen Geschichte geklärt hatte; ich hatte nur Seite um Seite Episoden von Fluchten und Krankenhausaufenthalten erzählt, während ich den ersten neun Monaten in den Lagern in *Solange der Kopf lebt* gerade mal ein, zwei Absätze gewidmet hatte, vielleicht zwanzig Zeilen. Nicht einmal die Fahrt mit Lorenzo zu dem I.G. Farben-Werk nach unserem Aufbruch aus dem Heim hatte mich dazu angeregt, meine Erinnerungen an diesen Bereich meiner Vergangenheit etwas besser ins Gleichgewicht zu bringen. Es scheint, dass ich froh war, die bittere Pille meiner Lähmung geschluckt zu haben, und zufrieden, endlich meinen verbrecherischen Freiwilligendienst in den Lagern verarbeitet zu haben.

Ich muss sagen, dass ich 1962 nur ein einziges Ziel hatte: wieder eine Wohnung einzurichten und mein Leben umsichtig zu organisieren, nicht zuletzt, damit mein Sohn – wenn auch spät – in einer stabilen Atmosphäre heranreifen konnte. Dies in die Wirklichkeit umzusetzen hat mich Jahre gekostet.

Ich entfernte mich ganz langsam aus meinem Milieu, oder genauer gesagt, ich brach damit. Wenn mich jemand besuchen wollte, sagte ich, ich hätte keine Zeit, ihn zu empfangen. »Es tut mir leid«, sagte ich, um mich zu entziehen. »Entschuldigt, wenn ich mir erlaube zu existieren«, fügte ich feinsinnig hinzu. Ohnehin verstand das niemand, und der Satz, den ich böse meinte, klang wie ein amüsantes Bonmot. Und sofort wurden die Fragen staunender Bewunderung – »Du ziehst dich allein an? Sogar die Schuhe? Aber wie machst du das?« – seltener.

Ich dosierte meine körperlichen und moralischen Kräfte bis aufs Milligramm. Und ganz allmählich, zum Teil weil ich die Marathonübungen abgeschafft hatte, zum Teil weil ich mich mehr schonte, stabilisierte sich meine Gesundheit. Die Notwendigkeit, Geld zu verdienen, war nicht mehr so quälend. Lorenzo war herangewachsen, mir ging es besser. So konnte ich mit mehr Ruhe arbeiten, Essays, Artikel schreiben, Vorträge halten. Dann machte sich Lorenzo selbständig und zog nach Paris, wo er seine sozioökonomische Forschungsarbeit vorantrieb und zugleich Korrespondent einer kommunistischen italienischen Tageszeitung war.

Außerdem hatten sich auch und vielleicht vor allem die Zeiten geändert. Eine progressive Gegenkultur hatte Fuß gefasst und die Geister ein wenig offener gemacht, fast überall waren die Sitten ein wenig freier geworden. Die jungen Leute hatten nicht mehr die Art von Vorurteilen, die zu neutralisieren mich so viel Energie gekostet hatte.

Und das war für mich die letzte Bestätigung, dass die Blockierung meiner Erinnerung gebunden war an den Kampf gegen die gesellschaftliche Unterdrückung, durch die mir die Rolle der Schwerbeschädigten aufgezwungen werden sollte. Dafür spricht jedenfalls, dass ich meine Vergangenheit in den Lagern vollständig wiederfand, als dieser Kampf vorbei war und ich darüber hinaus noch den Sieg errungen hatte, allein zu leben, nur unterstützt von einer Mitarbeiterin, die morgens für ein paar Stunden kommt, um die Wohnung in Ordnung zu bringen, für mich einzukaufen und vor allem Besorgungen für meine Arbeit zu machen, im Fotokopierladen, auf der Post, bei den Ämtern (auch wenn immer wieder jemand mit weinerlicher Stimme fragt: »Was! Du lebst allein? Und wenn du mal hinfällst!?«). Und ich musste gar nicht erst gekränkt, bedrückt und durcheinander sein, um neue Erinnerungen an mein Deutschland in mir heraufzuholen; es genügte ein einfacher Umzug.

Ende 1957 wurde mir die Wohnung im sechsten Stock gekündigt, in der ich wohnte, seit ich mich nach dem Zusammenbruch, durch den ich mit meinem Sohn im Heim gelandet war, endgültig eingerichtet hatte. Ich machte mir ein wenig Sorgen wegen all der Sachen, die sich angesammelt hatten, und begann unter anderem eine erste Durchsicht des Aktenschrankes. Dabei fiel mir mein Arbeiterinnenausweis aus Lagerzeiten in die Hand, von dem ich nicht einmal gewusst hatte, dass er noch im Haus war. Beim Anblick dieses schwerfällig gewordenen Gesichts kamen die damals begrabenen Stimmungen wieder in mir hoch, und ich schrieb *Im Ch 89*. Danach wurde im selben Haus eine andere Wohnung frei, und ich zog in den dritten Stock, nur drei Treppenabsätze weiter unten. Ich erledigte eine Verlagsarbeit, zu der ich mich verpflichtet hatte, aber es war mir ganz klar, dass jetzt bald auch der zweite Aufbruch aus Verona zum Vorschein kommen musste. Tatsächlich, kaum hatte ich den Kopf frei, zwang sich mir diese Erinnerung derart hartnäckig auf, dass ich vollauf damit beschäftigt war. Alle verdrängten Ereignisse, angefangen beim Gefängnis in Frankfurt – nicht nur die Repatriierung und die Tage in Verona, sondern vielleicht noch mehr jene zwölf Wochen unaufhörlicher Bestürzung wegen der »Normalität« von Dachau –, standen mir klar, genau und problemlos vor Augen. Und so stellte ich mich dem *Umweg*.

Jetzt aber, wo alles geklärt war – im September –, hatte ich ein unangenehmes Gefühl. Ich empfand keineswegs Erleichterung, wie ich erwartet hatte. Ich hatte irgendwie das Gefühl, mit leeren Händen dazustehen. Alles war so glatt gelaufen, dass es mich aus irgendeinem Grund nicht ganz überzeugte. Vor allem das virtuose kleine Finale, das ausgeht wie das Hornberger Schießen: befreit von der körperlichen Unselbständigkeit (gewissermaßen) und mit einem Schlag auch von allem anderen befreit, von meiner Gesellschaftsklasse, von aller inneren Leere. Wem wollte ich das eigentlich weismachen? Und außerdem, von welchem zurückgezogenen Leben sprach ich überhaupt, und wo sollte das sein? In Wahrheit sind das die Jahre, in denen ich die meisten Leute kennenlernte und besuchte, nicht die Freunde, die mir meine Umgebung verschaffte, sondern Freunde in Rom, Paris, Berlin, die ich mir selber ausgesucht hatte.

Lieber Gott, so viele Monate voll unsäglicher Wut, um am Ende dazusitzen mit dieser erbaulichen Geschichte von der Behinderten, die es geschafft hat, das klassische amerikanische Märchen, meritokratisch, individualistisch: Unbescholtene Heldin schafft es, nach Fehlern und Unverständnis, vorbildhaft und mahnend, und tritt dann auch noch mit dem modern gedämpften Epilog diskret ab – der Umzug in die unteren Stockwerke als rhetorisches Symbol –, nicht etwa mit Trara im Stil des 19. Jahrhunderts. Und ich fühlte mich sogar befreit, aber wovon?

Ein ganzes Leben lang verweigere ich den anderen das Recht, mich nach dem Maßstab meiner Lähmung zu beurteilen, und dann mache ich es selber. Sie haben gewonnen. Ich bin sie.

Es wird dir merkwürdig Vorkommen, Leser, aber ich bin nicht niedergeschlagen. Ich weiß jetzt seit bereits sechzehn Jahren, dass ich eine gesellschaftliche Schlange bin, und inzwischen brauche ich weniger Zeit, um zu merken, wenn ich aus einer alten Haut in eine neue schlüpfe, die genauso konservativ ist. Ich hatte die schillernde Regenbogenhaut des komplexen Geschöpfes abgestreift, dessen Erinnerungen über Hunderte von Seiten in verstreuten Rinnsalen überquellen, und mir die Haut des verletzten, anfangs unverstandenen, dann verlorenen (Rauschgift, Größenwahn) Geschöpfes übergezogen, das sich am Ende selbst befreit.

Gut, sagte ich mir, jetzt werde ich eine Haut an der anderen abschuppen, ich werde den Deus-ex-machina-Rollstuhl mit Hilfe anderer Erinnerungen meines problematischen Bildes demontieren. Wollen wir doch mal sehen, ob sie sich nicht gegenseitig vernichten.

Und so fing ich vor sechs Wochen an, wieder in den Hunderten von Seiten zu blättern, auf denen ich tage- und nächtelang, in der Kühle des Frühlings und der drückenden Hitze des Sommers, eingeschlossen in mein Zimmer (wie jetzt) vergebens, aber weniger vorurteilsgeladen, versucht hatte, mein Leben wieder zusammenzusetzen. Na, vielen Dank, rief ich innerlich aus, während ich meine Texte wiederlas; ich hatte tausend Episoden ausgelassen, um mich ganz auf die konzentrieren zu können, die meinen Kampf gegen die Schlinge um den Hals größer machten, die mein körperliches Leiden darstellte. Aber ich hatte in Hülle und Fülle andere, die dieser Hypothese widersprachen. Wieder einmal hatte ich nur die Qual der Wahl. Das fing schon an bei Meran im Dezember 1945, mit meiner Ankunft im Zug der Kriegsheimkehrer aus Russland.

Ich lag seit ein paar Wochen in einem Zimmerchen in einem Hotel, das als Durchgangslazarett für die versehrten Heimkehrer benutzt wurde, und wartete darauf, dass sich einer meiner Angehörigen meldete – sie waren offiziell von meiner Ankunft in Kenntnis gesetzt worden. Und da tauchte in meiner Tür hinter einem Berg von Blumen und Geschenkpäckchen, die er im Arm hielt, ein Junge auf mit grünen Augen, die sich in meine bohrten.

Ich sah ihn verblüfft an. Auf alles war ich gefasst gewesen, aber nicht darauf, dass mein letzter Verlobter, den ich 1943 in Rom hatte, bevor ich mit meinen Eltern nach Norditalien zog, hier erschien. Aber er war es, es waren seine länglichen Mandelaugen, die fleischigen Lippen. Der Kopak auf seinem Kopf betonte noch sein orientalisches Aussehen, das mir früher nicht aufgefallen war, die breiten Nasenflügel, die markante Seitenpartie.

»Ich bin es, Gheorg, erkennst du mich nicht?«

Ich hatte mich mit siebzehn mit ihm eingelassen, und wir waren monatelang miteinander gegangen und hatten uns ständig gezankt, weil er Antifaschist war und ich das Gegenteil, aber wir verbrachten jeden freien Augenblick zusammen und gingen, uns um die Taille fassend, zwischen den Ruinen des Palatin spazieren, nur wenige Schritte von zu Hause entfernt (ich wohnte am Aventin und erfand immer alle möglichen Ausreden, damit ich weggehen konnte). Wir trafen uns auch dann noch heimlich, als er offiziell um meine Hand angehalten hatte, wie das damals üblich war.

Er war ein rumänischer Graf, der im Exil lebte, seit die König Carol nahestehenden Aristokraten emigriert waren; das war zur Zeit des Codreanu-Aufstands, der von Antonescu niedergeschlagen wurde, der durch einen Staatsstreich an die Macht gekommen war. Seine Familie war nach England geflohen, und er war mit einem Stipendium der Rumänischen Akademie nach Rom gekommen (das nazifreundliche Regime Antonescus begegnete dem Adel im Exil mit Achtung). Nachdem er gehört hatte, dass mein Vater beabsichtige, nach Norden zu ziehen, wo sich nach der Befreiung Mussolinis am Gran Sasso (Ende Sommer 1943) die faschistische Regierung neu gebildet hatte, hatte er mich gebeten, ihn zu heiraten und mit ihm in Rom zu bleiben. Ich hatte ja gesagt, wenn er mit uns in den Norden ziehe.

Es waren verworrene Tage gewesen, wir hatten uns gegenseitig angefleht, vernichtet und uns unter Tränen und mit Briefen, die wir uns aushändigten, beschuldigt, uns nicht zu lieben, bis die Stunde der Trennung gekommen war und er zu mir gesagt hatte: »Es bringt dir Unglück, ich fühle es«, worauf ich entgegnete: »Unberufen« und vor seinen Augen mit den Fingern das Hörnerzeichen machte.

Ich hatte ihn mir aus dem Gedächtnis gerissen, und erst im darauffolgenden März in Frankfurt-Höchst, ein paar Wochen nach meiner Ankunft im Lager, als ich die beiden ersten Briefe meiner Mutter erhalten und die mir für die nächsten zwei Wochen zustehende Antwortpostkarte zerrissen hatte, als ich von den Gefährtinnen geschnitten und von den anderen Lagerinsassen gemieden worden, war mir, während ich Blöcke von gefrorener Schwefelsäure auf- und abgeladen hatte, sein Gesicht wieder in den Sinn gekommen, das bei meinem Anblick aufleuchtete, seine Angst um mich, die Inständigkeit, mit der er mich angefleht hatte zu bleiben. Ich hatte einer Gefährtin eine Postkarte abgekauft und ihm nach Rom geschrieben, ihn gebeten zu kommen, ich sei verloren und brauche seine Hilfe. Am Ende desselben Monats, es war noch immer März 1944, hatte ich ihm noch einmal geschrieben und ihn gebeten, mir ein Paar Stiefel mitzubringen und vor allem die *Lebensmittelvorräte* nicht zu vergessen (Wurstwaren, Fette, Zucker, hatte ich präzisiert). Und eines Abends, bei der Rückkehr von der Fabrik, hatte ich geglaubt, ihn vor dem Lager stehen zu sehen. Eine Zeitlang hatte ich noch auf einen Brief von ihm gewartet. Schließlich hatte ich ihn mir wieder aus dem Gedächtnis gerissen, und zwar so gründlich, dass ich ihn an jenem Nachmittag in Meran zuallerletzt erwartet hätte.

Als ich ihn so vor mir sah, empfand ich in all meiner Aufregung wegen der bevorstehenden Begegnung mit meinem Vater (meine zärtlichen Gefühle für meine Angehörigen, die ich in Homburg empfunden hatte, als ich noch dachte, ich würde künftig in der Sowjetunion leben, hatten sich in Nichts aufgelöst) eine Welle von Zuneigung für diesen jungen Mann, den ich vergessen hatte und der als Erster zu meinem Empfang angereist war.

Wir weinten, lachten, erinnerten uns, und wir taten uns wieder zusammen. Er schlief auf einem Feldbett neben mir.

Ein paar Tage später fragte ich ihn (schluckend): »Hast du meine Briefe aus dem Lager je bekommen?« Er bestätigte es mit den Augen und kramte mit rot angelaufenem Gesicht in seinem Koffer. Dabei redete er hastig, in Wortfetzen. Er schien voller Angst auf diese Frage gewartet zu haben.

Er hatte meine Postkarten bekommen und streckte mir jetzt seine Antworten entgegen, über hundert Briefe, die er mir geschrieben hatte, ohne sie abzuschicken, ein Haufen von Seiten, die in einem Aktendeckel nach dem Datum geordnet und laufend durchnumeriert waren. Es hatte eine merkwürdige Wirkung auf mich, sie so karteimäßig geordnet zu sehen. Ich blickte sie vielleicht ein bisschen zu zerstreut an und legte sie auf den Nachttisch.

»Ich werde sie später lesen.« Ich lächelte. Aber aus dem Augenwinkel sah ich, dass seine Miene sich verdüsterte (auf seine Art, nur ein Schatten). Ich nahm sie wieder in die Hand. Er legte sofort eine Sonate aufs Grammophon, das er mir mitgebracht hatte. Fis-Dur, sagte er. Ich tauchte in seine launische, aber klare Schrift mit vielen »S« wie Schlangen und runden »a« ein.

In diesen Briefen, die er nie abgeschickt hatte, erinnerte er mich an unsere Auseinandersetzungen in den letzten Tagen, als er versucht hatte, mich mit meinen Widersprüchen zu konfrontieren, zum Beispiel dem zwischen all den Vorwürfen, die ich meinen Eltern machte, und meinem Entschluss, mit ihnen in den Norden zu gehen. Ich hatte ihm gesagt (daran erinnerte ich mich nicht), dass meine Mutter vor lauter übertriebener Tugend »ausgetrocknet« sei, aber wenigstens fähig zur Hingabe, während mein Vater »kalt« sei, auch wenn er so herzlich wirke; er streue einem nur Sand in die Augen, er sei nur sentimental wie alle Zyniker, man brauche ja bloß Dostojewskij zu lesen. Ich wurde ein bisschen neugierig auf die Urteile, die ich etwas vorschnell gefällt hatte, als mir noch jede Erfahrung fehlte, und die Gheorg eifersüchtig in seinen Briefen festgehalten hatte (leichtfertige Urteile im Übrigen). Ich fühlte mich aber auch ein bisschen unbehaglich, weil Gheorgs Argumente mich nicht einmal jetzt überzeugten, nämlich dass dies ein Abenteuer gewesen sei, das ins Verderben führe, dass es mich in den Abgrund gezogen habe und dass ich aus Nihilismus nach Deutschland habe gehen wollen (während ich las, ging er immer um mich herum, um zu sehen, an welcher Stelle ich war und ob ich etwas dazu sagte). Mag sein, dass es so gewesen war, dachte ich, aber es war auch bezeichnend, dass ich mich nicht von den weiblichen Hilfskorps oder für irgendetwas anderes »Kriegslüsternes«, wie er schrieb, hatte anwerben lassen, sondern dass ich wirklich in die Lager gegangen war, wo es überhaupt nichts Heldenhaftes gab, keinen schönen Tod, sondern nur die Aussicht auf Fabrikarbeit, »Hilfsarbeiterin« stand auf meinem Einstellungspapier, also war ich ja wohl Arbeiterin geworden, oder etwa nicht? Warum gab er nicht zu, dass es das war, was ich wollte, auch wenn der Schlag dann vielleicht doch etwas heftiger kam als vorhergesehen. Er wusste doch selber, wie viele Angebote, als Dolmetscherin zu arbeiten, ich schon in Rom gehabt hatte, wo ich doch gleichermaßen gut Französisch, Italienisch und Deutsch sprach. Ich hatte ihm sogar erklärt, aus welchem Grund ich das nicht wollte, nachdem ich Ende September 1943 nach der Gründung der neuen republikanischen faschistischen Partei von Alessandro Pavolini persönlich empfangen worden war. Ich wollte raus aus der schönen Welt, die Dinge nicht mehr von oben sehen. Warum wiederholte er in seinen Briefen immer nur das, was er mir zwischen Liebkosungen bereits tausendmal persönlich gesagt hatte, so dass ich schon zu keiner Regung mehr fähig war, so fremd war er mir geworden. Als ich weiterlas, stellte ich fest, dass er doch auf die Arbeiterin einging, er zitierte Sätze aus meinen beiden Postkarten, in denen ich sagte: »Ich bin dabei, das zu lernen, was ich kennenlernen wollte, wenn Du hierherkommst, um mit mir *Arbeiter* zu sein, wirst auch Du verstehen. *Vielleicht habe ich Angst, zu viel zu entdecken, allein habe ich Angst*, ich habe niemanden außer Dir, und Du hast mir früher einmal gesagt, dass Du mich liebst.« Und einen anderen Satz: »Wir haben in der Vorhölle gelebt. Verschanz Dich dort nicht weiter, komm.« Er antwortete, dass ich etwas entdecke, das er längst kenne und das er mir bei unseren letzten Begegnungen so verzweifelt vor Augen zu führen versucht habe, Gewalt, Grausamkeit, Elend – Übel, denen nachzulaufen reiner Wahnsinn sei. Gleichzeitig aber quälte er sich, malte sich mein Leben im Lager aus, das er mir beschrieb – ziemlich genau so, wie es in Wirklichkeit war. Kein Zweifel, dass er Tag und Nacht darunter litt. Er beschloss, sich aufzumachen und zu mir zu kommen, aber als er dann in den Büroräumen der Organisation Todt stand, um beim Nazi-Unterführer seinen Antrag einzureichen, wurde er fast ohnmächtig und kehrte um und schrieb mir wieder ganze Nächte hindurch oder von jenem Bartischchen aus, an dem er früher mein unregelmäßiges Erscheinen abgewartet hatte, als wir noch glücklich waren. Und seitenlang erklärte er mir seine Liebe, schrieb, dass er unmöglich ohne mich leben, aber ebenso unmöglich zu mir kommen könne. Ab und zu beschloss er, mir den Brief zu schicken, den er gerade schrieb, aber er fürchtete die Zensur, er als Emigrant war ohnehin nur eben geduldet, und wenn sie ihn überwachten? Wenn sie diese Seiten bei ihm fanden? So lebte er, auch ohne sie an mich abzuschicken, in der ständigen Angst, entdeckt zu werden, unterbrach plötzlich einen Satz und fuhr dann fort mit Entschuldigungen, er habe Schritte vor der Tür gehört und alles unter der Matratze versteckt ...

Ich hatte schon genug vom Lesen, wagte aber nicht aufzuhören, ich spürte, wie er voller Angst neben mir stand. Ich las weiter bis zur Befreiung Roms und dachte bei mir, wenn die Amerikaner erst da sein werden, werden ihm seine Ängste doch wohl vergehen. Ich blätterte heimlich weiter, um nach den Daten zu sehen, aber es waren noch ziemlich viele Seiten dazwischen. Ich war erst bei Ende April 1944 angelangt und musste noch bis Juni kommen!

»Du findest mich lächerlich!«, hörte ich ihn schließlich murmeln. Er saß auf dem Feldbett neben mir, die Ellbogen auf die Knie gestützt, und knabberte an seinen Handrücken, eine Geste des Unbehagens, die ich schon damals an ihm beobachtet hatte, als klar war, dass wir uns trennen würden.

»Nein«, lachte ich. »Aber mir ein Lebensmittelpaket zu schicken wäre besser gewesen.« Doch der Witz erheiterte ihn nicht, seine Lippen zitterten. Ich musste vor ihm verbergen, dass sein inneres Drama mich gleichgültig ließ: »Es ist nicht deine Schuld«, sagte ich zu ihm. »Ich hätte dir nicht schreiben sollen. Das war ganz schön anmaßend!«

»Was sagst du?« Als hätte ich ihm eine Ohrfeige gegeben.

»Weißt du, Gheorg, jetzt ist es, als wärst du gekommen«, tröstete ich ihn.

In meiner Abwesenheit hatte er seinen Doktor in Philosophie gemacht, Essays und Gedichte veröffentlicht und einen Lehrauftrag für zeitgenössische Literatur an der Universität Rom bekommen.

»Wir haben noch das ganze Leben vor uns!« Er lachte aus voller Kehle.

Anfang Januar gingen wir zusammen nach Bologna in das orthopädische Lazarett, das ich schon erwähnt habe und in das ich dank seiner Bemühungen – er hatte sich sogar an den Präfekten von Meran gewandt – verlegt worden war.

Um in meiner Nähe sein zu können, setzte er in Bologna durch, dass er auf einer Matratze auf dem Boden draußen im Flur vor meinem Zimmer schlafen durfte. Monatelang holte er die Matratze jeden Abend aus dem Abstellraum unseres Stockwerks und rollte sie jeden Morgen wieder zusammen und brachte sie dorthin zurück. Im Frühjahr trennten wir uns dann, aus Gründen, die in unserer Beziehung selbst lagen.

Er dachte weiterhin genau so über mich, wie er vor unserer Wiederbegegnung über mich gedacht hatte. Stundenlange Geständnisse hatten sein Urteil nicht einmal angekratzt. Er hielt mich für ein lebhaftes, stolzes Mädchen, das nie zurückblickte, und diese Eigenschaft, die er einer Grüblerin wie mir zusprach, faszinierte ihn und zog ihn sinnlich an. Mir tat es zwar weh, denn ich spürte, wie um mich herum wieder ein affektiver Rahmen entstand, der mich negierte, und ich hatte auch das Gefühl, wenn ich bei Gheorg war, dass er eine ganz andere liebte.

Aber getrennt haben wir uns wegen einer Meinungsverschiedenheit, die nicht die Vergangenheit betraf, sondern die Zukunft. Er wollte, dass wir gleich nach der Heirat in die Vereinigten Staaten übersiedelten, wo er einen dreijährigen Lehrauftrag an einem College erhalten hatte. Er beschrieb mir das Leben, das wir dort führen würden, abwechslungsreich, bequem, interessant, unter lauter kultivierten Leuten. Aber ich war gerade erst nach so vielen

Zweifeln und Überlegungen nach Italien zurückgekehrt und wollte dort bleiben.

Es folgten ungestüme Wochen. Wir trennten uns keinen Augenblick. Abends gingen wir in einen Schuppen hinten im Park und legten uns ins Stroh.

»Hör auf mit diesen unnützen Leidenschaften«, sagte er, »sonst schnappen sie dich ein weiteres Mal.«

Ich rekonstruierte meinen Gedankengang bis ins Kleinste für ihn, um ihm mein Verhalten zu erklären und daraus auch für mich selber Schlüsse zu ziehen. Ich war so hartnäckig, dass er schließlich zusammenbrach.

»Hier kannst du gar nichts machen. Hast du Angst vor dem Glück? Dein Gehirn ist immer noch in einem Lager. Mach doch die Augen auf, Lucina, der Krieg ist aus, die Welt gehört uns.«

Je mehr er so sprach, desto mehr klammerte ich mich an Martine, Gruschenka, Alain, Lulù, die Flämin, Louis, Jeanine.

»Du sonderst dich geistig ab, das spüre ich«, sagte er und zog mich an sich, während ich mich in Gedanken an die Männer hinter dem Tisch des Partisanenverbands im Widerstandskomitee wandte: »Gebt ihm unrecht. Stellt mich noch einmal auf die Probe wie im Ch 89, nehmt mich auf, bitte.«

»Begreifst du nicht, dass diese Dinge dich traurig machen, du zehrst deine Kräfte auf, und ich soll dir dabei auch noch zusehen?«, fuhr er fort, als wollte er mich wachrütteln.

»Wenn du mitmachen würdest, wäre es anders«, murmelte ich.

»Mein Vater sagte, Fanatismus ist eine plebejische Leidenschaft. Und du bist davon infiziert.« Aber weil er fürchtete, er hätte mich beleidigt, schwor er mir sofort wieder seine Liebe.

»Also gut, bleiben wir in Italien«, sagte er schließlich eines Tages, als wir im Park des Krankenhauses saßen und nachdem ich gerade die Nacht zuvor für mich selber zu dem Schluss gekommen war, dass diese Beziehung ein Fehler war.

»Gheorg, warum quälen wir uns unnötig? Im Grunde hast auch

du immer gewusst, dass wir beide nicht zusammenleben können«, sagte ich plötzlich ganz erschöpft und konnte meine Tränen nicht zurückhalten.

Ich sah, wie er rot wurde, die zitternden Lippen, die glänzenden Augen. Er bemerkte, dass die Rückenlehne meines Rollstuhls zu steil stand.

»Ich stelle sie dir ein bisschen schräger.«

Er gab sich nicht geschlagen.

»Einmal habe ich mich zurückgezogen, ein zweites Mal nicht.« Wir aßen in der gewohnten unbequemen Weise im Krankensaal zu Abend, er mit dem Suppenteller auf den Knien und ich seitlich im Bett, den Napf auf der Decke. Er bewies mir, dass ich einen Fehler machte, dass ich mich von einem Selbstzerstörungstrieb leiten ließ. »Und du redest von Realitätssinn«, sagte er und tauchte seine grünen Augen in meine. »Aber wie du willst, dann zerstören wir uns eben gemeinsam«, schloss er, als würde ich ihn vor das Erschießungskommando führen (dachte ich).

Und jetzt war ich diejenige, die nicht mehr argumentieren, sondern ihn nur noch streicheln und umarmen wollte, ich bemerkte seine schmalen Schultern, den jünglingshaften Brustkorb, nur die Beine waren muskulös, kräftig, und er rückte von mir ab. Er verzog die fleischigen Lippen und rieb sich die Fingerkuppen.

Nachts, auch noch nach dem Schuppen, kam Gheorg barfuß in den Krankensaal, und dann flüsterten wir, oder er schlief im Sitzen ein, den Kopf auf meinem Bett, in der Mulde des Ellbogens, den anderen Arm um mich geschlungen. Auch an den Wochenenden, wenn meine Mutter da war, ging er nicht mehr in die Stadt, in die Bibliothek oder anderswohin wie vorher, sondern blieb bei mir wie festgeklebt, fand immer eine Möglichkeit, mich zu streifen, während er las oder lernte, hielt meine Hand, stützte den Ellbogen auf meine Armlehne neben meinen, stellte sein Bein neben das meine auf die Fußstütze des Rollstuhls, setzte sich aufs Bett und lehnte sich gegen meinen Schoß. Wir wurden zusammengehalten vom Kummer darüber, auseinandergehen zu müssen.

Das Datum der für März vorgesehenen Eheschließung, die bereits bekanntgegeben worden war, war verstrichen. Abends im Schuppen war mir kalt. Wenn man lange darauf lag, war dieses plattgedrückte Stroh hart, die Halme stachen. Obwohl erst fünfundzwanzig, war Gheorg geistig schon zu sehr festgelegt, um sich noch ändern zu können. Ich rückte vorsichtig von ihm ab und knipste die Taschenlampe an, mit der ich im Schuppen umherleuchtete. Die Geräte, Forken, Schaufeln und anderes lehnten in einer Ecke und warfen unregelmäßige gezackte und gebogene Schatten, die kürzer oder länger oder geknickt waren, je nach den Bewegungen, die ich mit der Lampe machte. Was für ein Blödsinn. Im April trennten wir uns.

Vielleicht hat mir kein Mensch so wie Gheorg (bei meinem Vater war ich darauf gefasst) das Gefühl der Überflüssigkeit meiner Lagererfahrung vermittelt. Dennoch weiß nur Gott, wie lange ich vor mir selbst Ausflüchte gesucht habe, bevor ich mich mit dem Gedanken abfand, mich von ihm trennen zu müssen. Aber die Lucia, die er liebte, stahl mir die Luft zum Atmen, entmaterialisierte sanft alles das, was ich in Deutschland gesucht hatte.

Vielleicht hat die Entdeckung, dass diese Beziehung für mich unmöglich war, den ersten Riss in meine Erinnerung gemacht. Es hatte mich so viel gekostet (den Verlust von Gheorg), mein Deutschland nicht zu verleugnen, dass ich anfing, es zu fürchten. Kurz darauf lernte ich Domenico kennen.

Im Übrigen gab es nichts zu klären, jeder hatte sein Urteil fix und fertig über das, was ich erlebt hatte, noch ehe ich anfing zu erzählen. Alle sahen mich mit den gleichen Augen wie Gheorg, und so schätzten mich Leute, vor denen ich floh, und misstrauten mir andere, zu denen ich mich hingezogen fühlte.

XII

Im April 1945 hatte mein Vater sich im Augenblick der härtesten Abrechnung während der Befreiung der Verhaftung entziehen können, indem er sich bei einer seiner Geliebten versteckte, die sich in der Resistenza verdient gemacht hatte. So war er erst später verhaftet worden; er hatte sich selber gestellt. Der Prozess im Schnellverfahren ergab, dass mein Vater als Untersekretär des Propagandaministeriums, Abteilung Luftfahrt, keine kriegerischen Aktionen geleitet, sondern nur amtliche Tätigkeiten ausgeübt hatte. Eine Dokumentenakte hatte bei der Anklagebehörde einen guten Eindruck hinterlassen. Es handelte sich um öffentliche Erklärungen, in denen er den Bürgerkrieg bedauert hatte, sowie um Proteste gegen die Kontrolle der Nazis über die Autonomie der republikanischen Kräfte und um Zeugenaussagen von Partisanen, denen er geholfen hatte, sich zu verstecken und zu fliehen.

Einen Monat nach meiner Rückkehr nach Italien wurde er freigesprochen. Er widmete sich zunächst Geschäften. Dann fing er nach und nach wieder an, Veröffentlichungen herauszugeben, zunächst solche über Veranstaltungen und das Nachtleben, und ein paar Jahre später erneut Luftfahrtpropaganda.

Auch sein Bruder, der Ingenieur, der hoher Parteifunktionär war und die Arbeiten zur Trockenlegung der Pontinischen Sümpfe geleitet hatte, war gut davongekommen; er war in den Industriellenverband Confindustria eingetreten, wo er schnell ein hohes Amt bekommen hatte.

Ich wollte diese beiden Personen 1946 nicht unbedingt an den Pranger gestellt sehen; mein Vater hatte tatsächlich den Bürgerkrieg bedauert und Partisanen geholfen, und mein Onkel war ein hochqualifizierter Ingenieur, dessen Kenntnisse zu verschleudern dumm gewesen wäre. Was ich jedoch so beklemmend fand, war, dass einige aufgrund ihrer *sozialen Verhältnisse* glatt durch die Geschichte kamen, während andere sie am Hals hatten.

Ich sah mich um in dem Lazarett, in dem ich untergebracht war, ein sehr weitläufiges Gebäude, vielleicht ein ehemaliges Kloster, das sich auf einem Hügel erhob, von wo es die Stadt Bologna beherrschte. Es war voll von Männern, Heimkehrern von allen Fronten, auch in den Gängen und auf den Treppenabsätzen lagen Verwundete, nur in dem quadratischen Saal im obersten Stock waren etwa ein Dutzend Frauen untergebracht, darunter ich. Unter den Hunderten von Soldaten befanden sich auch etwa dreißig Partisanen, die in einem Zimmer im Erdgeschoss hinter dem Turnsaal lagen. Ungefähr ebenso viele *repubblichini* füllten einen Krankensaal im letzten Stockwerk gegenüber unserer Tür, durch die manchmal ihre aus voller Kehle gesungenen Lieder an unser Ohr drangen:

Le donne non ci vogliono più bene
perché portiamo la camicia nera,
ci hanno detto che siamo da galera
ci hanno detto che siamo da catene.[*]

Vor allem zwei Jungen beeindruckten mich, einer war ungefähr sechzehn, auf Krücken, ein Bein bis zum Oberschenkel amputiert, der andere vielleicht zwanzig und im Rollstuhl. Wenn sie aus dem Turnsaal kamen, blieben sie im Gang stehen, ungefähr vor der Tür des Saales, in dem die Partisanen lagen, und sangen jedes Mal:

L'amore coi fascisti non conviene
meglio un vigliacco che non ha bandiera
uno che salverà la pelle intera,
uno che non ha sangue nelle verte.[**]

---

* Die Frauen mögen uns nicht mehr, / weil wir das Schwarzhemd tragen, sie haben gesagt, wir gehören ins Gefängnis, / sie haben gesagt, wir gehören in Ketten.

** Liebe mit Faschisten schickt sich nicht, / besser ein Feigling ohne Fahne, / einer, der seine Haut rettet, / einer, der kein Blut in den Adern hat.

Die freiwilligen Widerstandskämpfer schlugen ihnen die Tür vor der Nase zu.

»Kommt doch her, wenn ihr Mut habt!«, rief der Sechzehnjährige, hüpfte auf seinem einzigen Fuß und richtete eine Krücke gegen die geschlossene Tür, die plötzlich aufgerissen wurde. »Ich schlage mich doch nicht mit einem Wrack«, ertönte eine ernste Stimme.

»Hosenscheißer!«, schrie der ausgezehrte Zwanzigjährige im Rollstuhl mit gellender, zitternder Stimme.

Daraufhin kam, abwechselnd den Fuß und die klickende Krücke aufsetzend, ein anderer Junge mit rosigem Gesicht und gesprenkelten Augen mit langen Wimpern heraus, auch er beinamputiert, und stürzte sich auf den Sechzehnjährigen. Sie ließen ihre Stöcke fallen und gingen in den Clinch, bis zwei Krankenträger herbeieilten und sie aus der Umklammerung rissen.

Die Offiziere dagegen wurden nie handgreiflich. Sie waren auch nicht getrennt, sowohl Angehörige des Befreiungsheeres als auch die der Republik von Salò waren im für sie reservierten ersten Stock untergebracht, gleich neben den Operationssälen und den Verwaltungsbüros. Sie waren nicht nach politischer Gesinnung, sondern nach Graden zusammengelegt. In Zimmern mit wenigen Betten lagen die Leutnants, in anderen die Hauptmänner, während die hohen Offiziere über Einzelzimmer verfügten. Gelegentlich hoben sie im Speisesaal, wo ihnen eine besondere Ecke eingeräumt worden war, die Stimmen gegeneinander, gewöhnlich aber hielten sie sich vornehm zurück.

Ich hatte das gleiche Gefühl wie in Deutschland, um die Befreiung wurde ein großes Trara gemacht, um die sozialen Hierarchien unangetastet zu lassen. Da wurden ideologische Kreuzzüge ausgerufen, nur um all das, was sich nicht verändert hatte, besser maskieren zu können.

Ich begriff damals, dass ein Krieg nicht reicht, um Vorurteile abzubauen, aber ich begriff nicht, dass ein Krieg auch nicht reicht, um eine soziale Struktur abzubauen, die die Faktoren ihrer eigenen Auflösung schon in sich trägt.

War es die Angst vor dieser Erkenntnis gewesen, die mich veranlasst hatte, mich hinter der Lähmung zu verschanzen? Fiel es mir so schwer zuzugeben, dass ich 1946 so naiv gewesen war?

Ich verkehrte mit den Partisanen – sie kamen oft in mein Zimmer herauf – und fand bald, dass sie sich ebenso etwas vormachten, wie ich es in Dachau getan hatte.

Ich erinnere mich an einen kräftigen Jungen aus dem Grappa. Er beschwor dauernd die Nächte herauf, in denen er mit ein paar Genossen zusammen den Patrouillen der schwarzen Brigaden aufgelauert hatte, das waren diejenigen, die schwarz trugen und einen weißen Totenkopf auf der Baskenmütze hatten. Wenn er davon erzählte, zog er manchmal plötzlich den Kopf ein, legte den Finger an den Hahn und das Auge an den Sucher eines nicht vorhandenen Gewehrs an seiner Schulter, und sein schönes Gesicht wurde blass. Mit einem verwirrten Blick auf uns kam er wieder zu sich.

Ich erinnere mich vor allem an einen Jungen aus Imola, auch er achtzehn, der in der Poebene gekämpft hatte. Bei ihm, der groß und dunkelhaarig war und seinen Kopf hocherhoben trug, hatten vor allem die Nächte, in denen er am Munitionslager hatte Wache halten müssen, tiefen Eindruck hinterlassen.

Eines Tages, als Luciano, die Munitionswache, zusammen mit einem anderen Partisan, einem bärtigen Mailänder, an meinem Bett stand, sprachen wir über diese seine Nächte auf Wachposten.

Seine Genossen zogen los, um Jagd auf Soldaten oder Nazis zu machen, die sich in die Gegend wagten, und ließen bevorzugt ihn als Wache zurück, da er sich (wie sie sagten) im Dunkeln nicht flink fortbewegen konnte – so allerdings konnte er es auch nie lernen. Tatsache ist, dass er vor Angst vor den Nazi-Hunden wie gelähmt war und die ersten Male, als seine Freunde ihn mitgenommen hatten, zurückgeblieben war, als hätte er Wurzeln in der Dunkelheit geschlagen, und auch auf ihre Rufe (Vogelpfeifen, Froschquaken) nicht hatte antworten können, und wenn ihn dann jemand holen kam, musste er ihn zuerst eine Weile lang schütteln, bis Luciano die Sprache wiederfand. Aber als er dann selber Wache halten musste, war es noch schlimmer gewesen (ein Schauder lief ihm über den Rücken, während er erzählte). Er stand im Finstern in der Kälte und starrte auf die Büsche, und sobald er sich umdrehte, hörte er hinter seinem Rücken ein verdächtiges Knistern und fühlte sich als die einzige Zielscheibe in der ganzen Ebene – da, der andere legte schon an. Sein Gehirn verstand natürlich, dass da nur Nebel und seine eigene Gestalt von den Schatten des Gebüsches nicht zu unterscheiden war, dass die wertvollen Kisten mit den in Wachstuch eingewickelten Patronen und Handgranaten unter der Erde waren. Sie hätten auch erst »Halt! Stehenbleiben!« geschrien, bevor sie geschossen hätten (er hätte ja auch einer von ihren Leuten sein können), und er hätte immer noch genug Zeit gehabt, sein Gewehr in den Teich zu werfen ...

»Wunderbar«, fällt da der Mailänder Partisan ein, ein kleiner Mann mit vollem Gesicht und gekräuseltem Bart. »Du hast ja tolle Ideen!« Dann schnellt er plötzlich herum. »So hättest du es machen müssen.« Halb über eine imaginäre Waffe in seinen Händen gebeugt, schießt er eine Salve rings in die Finsternis des Freundes.

Unterdessen waren ein paar der Soldaten nähergekommen, die gerade zu Besuch bei anderen Patientinnen waren.

»Na, na«, warf ein Russlandheimkehrer ein, »von so schnellen Reflexen träumst du aber nur, mein Lieber. Wenn du ein paar Stunden ohne Deckung Wache geschoben hast, wirst du selber zur Zielscheibe.«

»Die Guerilla ist nicht die Front«, antwortete ihm der Mailänder mit lauter Stimme, »wo du nicht weißt, warum du kämpfst, hier kennst du den Zweck.«

»Die eigene Haut ist die eigene Haut«, entgegnete der andere achselzuckend, »mit oder ohne Zweck, du kriegst einfach Schiss, wenn du da wie ein Arschloch in der Nacht Schmiere stehst.«

»Einer, der auf Russen schießt, muss sich ja auch wie ein Arschloch vorkommen, wie soll er sich denn sonst vorkommen?«

»Jetzt guckt euch mal diesen Klugscheißer an, will mir zeigen …«

»Wer ist hier der Klugscheißer?«

Sie gingen aufeinander los. Auch andere mischten sich ein.

»Jetzt guckt euch diese Helden der letzten Stunde an«, sagte einer aus der Gruppe der Soldaten.

»Und ihr, Schlappschwänze.«

»Und ihr, Etappenschweine.«

»Eins – zwei, eins – zwei.«

»Selbst wenn du dir den Bart abrasierst, Schleimscheißer, stinkst du noch nach Milchbaby.«

»Hahnreie.«

Es waren weitere Besucher dazugekommen, die Patientinnen, die aufstehen konnten, traten dazwischen, und ein Halbblinder mit grauen Haaren sagte unentwegt:

»Hört doch auf, es ist eine Schande«, und sein einziges Auge blickte traurig.

»Eine Schande für wen? Ich habe meinen Arm in Libyen verloren.«

»Für uns alle, für uns alle«, erwiderte er mit erhobenen Händen, um den Streit zu beschwichtigen.

»Sag das doch den lieben Genossen hier, die noch immer Krieg spielen, und nicht uns, wir haben nämlich die Nase voll von eurem Affentheater, und zwar bis hierhin«, sagte er und hielt sich die Hand waagerecht vor die Stirn.

»Faschist.«

»Wer ist hier Faschist?« Und er packte den Mailänder Partisan am Pyjamakragen.

»Jeder, der die Resistenza ein Affentheater nennt. Wir haben euch vom Faschismus befreit.«

»Indem ihr hinter den Panzern der Amerikaner hergelaufen seid!«

Jetzt rauften sie sich.

»Diese Großkotze«, schrie derjenige, der seinen Arm in Libyen verloren hatte, »bloß weil sie mal vier Granaten irgendwohin geworfen haben …«

»Ich habe meine halben Eingeweide dagelassen«, sagte der Russlandheimkehrer kopfschüttelnd, »und die wollen mich belehren.«

»Aber du hast ihn auch«, versuchte ich, ihn von meinem Bett aus zu beschwichtigen, »behandelt wie einen, der Märchen erzählt.«

Er kam näher mit zusammengelegten Händen.

»Aber die hier wollen mir erzählen, dass ich ein Trottel gewesen bin, blöd genug, mich drei Jahre an die Front und zwei ins Gefängnis schicken zu lassen! Hast du verstanden?«

»Und was hat dir das gebracht?« Der Mailänder Partisan fuchtelte mit geschlossenen Fingern vor ihm herum. »Kannst du mir das mal sagen?«

»Ich habe meine Jugend verloren, und jetzt soll ich auch noch ein Arschloch sein? Ach, leck mich doch …«, erwiderte er mit einer aufbrausenden Geste.

Zwei Wärter kamen dazu.

»Seid ihr verrückt geworden, hier so rumzuschreien? Wollt ihr, dass die Direktion die Besuche verbietet? Los jetzt, ab mit euch, und zwar alle.«

Einen Ärmel zurechtzupfend, einen Gürtel ordnend, zerstreuten sich die Männer murrend. »Armes Italien!« – »Euch werden wir's zeigen!« – »Was man sich hier so anhören muss!«

»Aber auch du«, sagte ich am nächsten Tag zu Vittorio, dem Mailänder Partisanen, »darfst sie nicht demütigen …«

»Ich und sie demütigen?« Vor Verblüffung blieb ihm der Mund offen stehen.

»Ich weiß, dass du es nicht willst, aber gerade damit demütigst du sie noch mehr« (ich identifizierte mich mit diesen Soldaten). »Verstehst du, das Leben eines Menschen ist etwas sehr Heikles, das kannst du doch nicht einfach auf den Müll werfen.« Ich fand nicht die richtigen Worte.

»Wer hat es denn auf den Müll geworfen, ich vielleicht? Im Gegenteil! Du willst sie doch hier gerne als Sklaven sehen.«

»Und was werden sie tun, die Herren?«

So argumentierte ich damals, und das war es, was ich nicht zugeben wollte.

Und diese Männer, mit denen ich mich identifiziert hatte, waren dann dieselben, die an meinem Bett vorbeidefilierten und es im Grunde skandalös fanden, dass ich in meinem Zustand heiratete. Ein Infanteriefeldwebel sagte zu mir:

»Und ich habe darüber geklagt, dass meine Frau und meine Tochter bei einem Bombenangriff verschüttet worden sind! Wenn ich sie nun so herausgezogen hätte?«, fragte er und deutete auf meine Beine. »Es stimmt schon, tot ist nie das Schlimmste.«

(Die einzige freundliche Erinnerung an diesen Vorbeimarsch von Besuchern ist das Gesicht jenes Wachpostens, der einen Augenblick an meinem Bett stehenblieb und zu mir sagte: »Du bist traurig, hm?«)

Vittorio war abgereist. Die letzten Gespräche waren quälend gewesen.

»Du willst mich nicht verstehen«, hatte ich zu ihm gesagt. »Es geht nicht darum, die Arbeiter reinzuwaschen. Siehst du nicht, wie sich diese Sechzehnjährigen hier im Lazarett gegenseitig verprügeln? Solche Szenen findest du wohl nicht aufschlussreich? Aber ich. Ich habe nämlich in den Lagern genau das Gleiche gemacht, ich habe mit den anderen gerauft, die genauso beschissen dran waren wie ich, verstehst du? Ich hatte nur Hass im Leib.« Ich machte mit den Händen einen Brechungswinkel: »Unser Hass auf die Nazis ist auf uns selbst zurückgeschlagen, und wir Internierten haben uns gegenseitig angegriffen. Das habe ich gelernt, verstehst du, wenigstens das habe ich gelernt.« Ich erzählte ihm von dem von den Genossen organisierten Streik bei den I.G.Farben. »Da haben wir nie miteinander gestritten«, sagte ich. »Bei allem, was dafür getan werden musste, um die anderen Lagerinsassen hineinzuziehen – wenn wir Fremdarbeiter uns da auch noch gegenseitig gekränkt hätten! Es war uns vollkommen gleichgültig, wie einer vorher gedacht hatte. Ob einer als Freiwilliger oder als Deportierter dort war, war uns egal.«

»Genau, vereint gegen die Nazis«, lenkte Vittorio, nun schon freundlicher, ein.

»Weil die kommandierten!«

Es gelang mir aber nie, genauer auszuführen, was ich eigentlich sagen wollte, weil Vittorio sofort wieder anfing, die Grausamkeiten aufzuzählen:

»Und wie haben sie kommandiert? Mit Massakern, mit der schlimmsten Repression, der Unterdrückung aller demokratischen Freiheiten.«

»Vollkommen deiner Meinung«, zischte ich. »Du rennst offene Türen ein, lieber Vittorio. Jetzt jedenfalls kommandieren sie nicht mehr.«

Am nächsten Morgen hielt er mich im Turnsaal auf und sagte, während er sich den Bart kraulte, der sich um sein volles, unfreiwillig heiteres Gesicht kräuselte:

»Damit wären die Nazis also jetzt für dich besiegt und Schluss.« Er machte eine Geste, als wollte er sich die Hände waschen. Sein Blick irrte über mein Gesicht, und fast ohne die Lippen zu bewegen, fragte er: »Weiter nichts, du würdest sie alle freisprechen?«

»Und du, willst du sie ganz unten suchen, auf der untersten sozialen Stufe?«

Bei der nächsten Begegnung erklärte er:

»Gibt es etwa ganz unten nicht auch den kleinen Unterschied zwischen Feinden und Genossen?« Während er mir den Rand eines seiner Fingernägel zeigte, durchbohrte er mich mit seinen schwarzen Augen.

»Der zählt so wenig«, entgegnete ich achselzuckend. Ich dachte an den deutschen Wachmann Schwarzwald und an Lulù in Dachau.

»Und deshalb lässt du sie also ganz unangetastet? Ist ja toll!« Die sonst kräftige Stimme begann vor Wut zu fisteln.

»Die Feinde suche ich anderswo«, erregte nun auch ich mich.

»Wirklich? Und wie willst du das machen, wenn du nicht mal Genossen erkennen kannst?«

»Anhand ihrer Papiere vielleicht? Mit Ausweis, ja? Sollen wieder einmal alle in Herden eingeteilt werden?«, entgegnete ich.

»Offen gesagt, ich kann dir nicht folgen. Zählt der Zweck für dich denn gar nicht? Meinst du denn nicht auch, dass sich unser Zweck von dem deiner Nazifaschisten ein bisschen unterscheidet?« Dabei zwirbelte er die krausen Härchen an seinem Kinn.

»Gerade weil der Zweck entgegengesetzt ist, können wir keine Leute gebrauchen, die einfach gehorchen. In Aktion, bei der Probe aufs Exempel erkennt man den Gegner. Was soll ich da mit einem Herdenmenschen. Ich will dir das demonstrieren. Bei den I. G. Farben war ich vier Monate lang überzeugt, dass der Meister in der Abteilung Ch 89 ein Nazi war, ich sah ihn als einen solchen an, und dann beim Streik der Fremdarbeiter zeigte sich, dass er *in Wirklichkeit* auf unserer Seite stand. Und doch trug er das Parteiabzeichen im Knopfloch. Einen Vorarbeiter ohne Parteiabzeichen dagegen hatte ich für einen Genossen gehalten, weil er dauernd heimlich die geschlossene Faust erhob, wenn er mich sah, mir zuzwinkerte und mich bei der Arbeit nicht schindete. Und ich habe ihm pausenlos zugelächelt, im besten Einvernehmen. Eines Tages streift er mich und flüstert mir ins Ohr: ›Heute Abend?‹ und ballt wieder die Faust, und da sehe ich, dass er sie so hält.« Ich zeigte Vittorio meine geballte Faust mit dem Daumen zwischen Zeigefinger und Mittelfinger. »Das kommt mir verdächtig vor, ich nicke ihm zu und bitte ihn um die Erlaubnis, aufs Klo gehen zu dürfen. Ich frage Gruschenka, eine sowjetische Genossin, die die Klos wartet, du kannst dir vorstellen, wie wir gelacht haben. Die Geschichte ist im ganzen Lager herumerzählt worden, ich hatte eine Aufforderung zum Ficken als kommunistischen Gruß gedeutet und den kriecherischsten Hurenbock der ganzen Abteilung für einen Genossen gehalten, er war kein Parteimitglied – im Gegenteil, bei uns hat er sich als Nazigegner ausgegeben –, aber er hat den Hunger der deportierten Frauen ausgenutzt.«

»Und was hast du mir jetzt damit bewiesen? Meinst du, wir wissen das nicht? Oder meinst du, du hast das Pulver erfunden, damit du dich dann bitten lassen kannst?« Dann sagte er mehr vor sich hin: »Ich begreife nicht, worauf du hinauswillst.« Und er fuhr fort: »Es kommt mir vor wie ein Trick, mit dem du dich raushalten kannst. Weißt du, wenn einer so an Unterscheidungen hängt, die alle kennen und die schon tausendmal in Betracht gezogen worden sind«, kopfschüttelnd sah er mich an, »wenn einer anfängt, spitzfindig zu werden ...«

»Spitz-fin-dig?« wiederholte ich, jede Silbe betonend. »Hast du eigentlich keine Augen im Kopf? Wozu soll man den Ausgebeuteten Hass und Liebe einbleuen, wenn sie dann doch nicht sehen, was sie versklavt?«

Ich dachte an meine Krankensaalgenossinnen, Arbeiterinnen und Bäuerinnen aus der Emilia, Opfer von Bomben oder Maschinengewehrsalven, die immer erzählten, was sie unter den Nazifaschisten alles zu leiden gehabt hatten. Wenn dann aber mein Vater mit seiner großzügigen Art kam, denn manchmal begleitete er meine Mutter auf einer ihrer Besuchsreisen von Mailand, die sie jedes Wochenende machte, dann freuten sich ebendiese Gefährtinnen, wenn sie ihn sahen:

»Was für ein schöner Vater!«, sagten sie zu mir.

Er kam lächelnd herein, mit der aufrechten Haltung des ehemaligen Piloten, verteilte Trinkgelder an die Krankenschwestern, brachte Gebäck und Süßigkeiten für die Patientinnen, denen er die Hand küsste (was auch Gheorg getan hatte) und die er fotografierte. Groß, kahl, mit einem römischen Profil und funkelnden braunen Augen, war er ein glänzender Gesellschafter, sehr feinsinnig gegenüber Frauensachen, aber er ging immer rasch über alles hinweg, wenn er über ernste Dinge sprach. Sogar seine Stimme veränderte sich. Sie klang vertraulich und kehlig bei gesellschaftlichen Begegnungen und den wenigen vertrauten Personen gegenüber und wurde trocken, ungeduldig und fast nasal, wenn er über Themen sprach, die ihm lästig waren, sofern er es nicht überhaupt vorzog, ihnen in einem leichten, etwas zerstreuten Ton auszuweichen.

Damals im Sommer 1946 war er ganz besonders sprühend, denn er hatte Finanzmittel lockergemacht und in einer Straße im Zentrum von Mailand ein Haus aus dem 19. Jahrhundert gemietet, wo er in den Salons im Erdgeschoss Aquarien ausstellte, die er auf Bestellung entwarf. Er zeigte mir Farbfotos von diesen Unterwasserwelten, die er für die Villen von Industriellen, für Premierenkinos und Nachtlokale des Rotary Clubs schuf. Und geschäftig ging er von einem Bett zum anderen, um sie auch meinen Nachbarinnen zu zeigen; er beugte sich über diese Frauen, die in ihrem groben, vom Krankenhaus gestellten Leinenhemd dalagen und mit stummen Gesichtern die Bilder betrachteten und sich geschmeichelt fühlten, weil sie einem solchen »wirklichen Herrn« zuhören durften. Er erläuterte liebenswürdig, wie die Pflanzen in diesen Aquarien zwischen Stalaktiten und Abgründen, die sich in versunkenen Städten gebildet zu haben schienen (»Miniatur-Atlantis«, sagte er lächelnd), umherwogten und wie zwischen ihnen wertvolle rote, korallenfarbene oder silberne exotische Fischlein hin und her schnellten (ich muss zugeben, er besaß unter anderem ein echtes Werbetalent). In diesem Krankensaal, in dem wir aus Tonschüsseln und mit dem gleichen Aluminiumbesteck aßen wie im Lager, unterstrich er die sehr hohen Kosten der feinsten Porzellane, aus denen er seine Unterwassermetropolen modellieren ließ. Und dieser unerreichbar hohe Preis erweckte Ehrerbietung bei den Patientinnen, die sich dadurch selbst als etwas Besseres vorzukommen schienen.

Schließlich kehrte er zu mir zurück.

»Wirklich sympathisch, deine Zimmergenossinnen, was für

nette Personen, du bist hier sehr gut untergebracht. Also mach jetzt keine Dummheiten mehr, ja?« Dabei warf er mir einen halb ernsten, halb scherzhaften schrägen Blick zu, wie um zu sagen: Ich möchte nicht wieder darauf zurückkommen, du hast schon teuer bezahlt ...

Soll ich jetzt etwa noch einmal von vorn anfangen?, frage ich mich entsetzt. Du hast ja recht, du hast ja recht, beschwichtige ich die literarische Abteilung meines Gehirns, ich höre sofort auf. Nur noch eine Sache (im Geist hebe ich den Finger, um meinen Zensor um Erlaubnis zu fragen), dann höre ich auf, springe, gehe in Sprüngen voran, ich verspreche es dir. Nur das noch, sei du auch gerecht, es ist zu wichtig.

Eines Sonntags in jenem Jahr 1946 in Bologna fragte ich meinen Vater, welche Nachforschungen er angestellt habe, nachdem er erfahren hatte, dass ich repatriiert worden war.

»Was für Nachforschungen? Warum?«, fragte er zerstreut.

»Haben sie dir nicht aus Verona telegrafiert, dass ich am 2. August 44 angekommen war?«, fragte ich zögernd.

»Doch, ich kann mich an das Datum nicht erinnern, aber es war wohl so. Richtig, genauso war es, wir hatten jeden Tag auf deine Ankunft gewartet. Aber hör mal, hast du uns nicht selber geschrieben, dass du in Verona bei einer Straßenrazzia von den Nazis aufgegriffen worden warst?«

»Doch, Papa, aber das habe ich euch erst sechs Monate später geschrieben.«

Es war das letzte Mal gewesen, dass ich meiner Familie ein Lebenszeichen gegeben hatte: im Dezember 1944. Wie ich schon erzählt habe, hatte ich mich nach dem Thomasbräu unter meinem richtigen Namen bei Siemens einstellen lassen, und von dort aus konnte ich nach Hause schreiben (ich hatte es vor allem meiner Mutter zuliebe getan, von der ich annahm, dass sie sich trotz ihrer geistigen Distanz um mich sorgte).

»Du musst schon entschuldigen, Lucia, aber ich kann mir Daten nicht merken. Ich weiß nicht, wie viel Zeit vergangen war, aber eine Repatriierung war keine einfache Sache, mein Kind, die Deutschen waren übergenau, du warst aus dem Krankenhaus gekommen, oder irre ich mich? Man wusste, dass das eine langwierige Sache war. Aber warum rührst du das wieder auf, meine Kleine, jetzt bist du hier und sollst dich deines Lebens freuen. Warte nur, sobald du wiederhergestellt bist, holen wir dich im Krankenhaus ab und machen mit dir im Auto schöne Spazierfahrten – weg mit diesem Rollstuhl, nicht? Geht es so besser? Pass auf, du wirst gar keine Zeit haben, um traurig zu sein. Lass mich nur machen. Da, sieh mal.« Und er zog neue Farbfotos aus seiner Tasche. »Dieser kleine Fisch hier mit dem Kamm, flach wie eine Klinge, findest du nicht, dass seine Flossen aussehen wie aus Gold?« Und ich sah mich selbst in diesem eingesperrten, vom Objektiv festgehaltenen Tierchen, dessen Maul wie ein Saugnapf an der Scheibe klebte.

Von da an habe ich, glaube ich, meine zweite Abfahrt aus Verona verdrängt. Es war nur eine eingebildete Gefahr gewesen, dass mein Vater mich gesucht hätte. Ich hätte ruhig nach Turin oder sonst wohin gehen und in der Fabrik arbeiten können. Was für ein Fehler in der Einschätzung.

Vielleicht war dies – dreißig Jahre lang – das intimste Hindernis dafür, dass ich mich an meine Kehrtwendung in Verona erinnerte, eine Hemmung, über meine Familie zu sprechen. Genauer gesagt, ich hatte Angst, meine Beziehungen zu meinen Eltern wieder zur Diskussion zu stellen.

Was hatte meine Lähmung mit all diesen jahrelangen Selbstzensuren zu tun? Wer weiß, ob ich sie nicht schon 1946 unbewusst als Rechtfertigung benutzte, um nicht ein zweites Mal mit meinem Vater zu brechen.

XIII

Aufgrund meiner Geldnot Anfang 1960 hatte ich die Miete nicht mehr aufbringen können. Im Juni fragte ich meinen Vater, ob er mich und Lorenzo ein paar Monate aufnehmen könne, bis ich meine Lage wieder in Ordnung gebracht hätte.

Nach meinem Bruch mit Domenico hatte auch meine Mutter sich von meinem Vater getrennt, auf freundschaftlicher Ebene. Sie hatte schon Jahre zuvor ihre Studien wiederaufgenommen, nachdem sie sich davon überzeugt hatte, dass ihr Mann den Familienbesitz durchbrachte. Mit ihrem Französisch-Diplom, das sie als junges Mädchen an einem Collège in Grenoble gemacht hatte, hatte sie sich in mittlerem Alter an der Universität eingeschrieben, lernte ganz von vorn Latein und promovierte mit Sehr gut in Philologie. Nach sämtlichen Prüfungen hatte sie angefangen zu unterrichten. Sie hatte jetzt eine Anstellung auf Lebenszeit an einem Gymnasium in Mailand, wo sie wohnte. Mein Vater hatte ihr diesen »Suffragetten-Aufstand« nie verziehen, nannte sie »die studierende Oma!«, und von da an hatten sich die Beziehungen zwischen meinen Eltern verschlechtert.

Mein Vater hatte sich ein Maisonette-Appartement eingerichtet, in dem er mich und meinen Sohn ausgerechnet in der Periode aufnahm, als ich anfing, systematischen Kontakt sowohl mit den Immigranten aus dem Süden als auch mit den Arbeitern aufzunehmen. Ich beschäftigte mich mit der Lage der *borgatari* des Vororts Pietralata und den Barackensiedlungen der Gordiani und hatte mit ein paar Arbeitern aus dem Gaswerk von San Paolo Freundschaft geschlossen. Als im September die Gaswerk-Belegschaft streikte, schloss ich mich ihnen von außen an und unterstützte ihre Forderungen (ich schrieb auch darüber).

Eines Tages lud ich eine Gruppe von Streikenden in die Wohnung meines Vaters ein. Als er abends aus dem Büro nach Hause kam, grüßte er sie freundlich und zog sich in sein Zimmer zurück.

An diesem Abend aß er außer Haus, und am nächsten Morgen empfahl er mir, mir eine andere Unterkunft zu suchen.

»Und warum?«, fragte ich.

»Du kannst nicht völlig unbekannte Männer zu Hause empfangen, das hier ist kein ...«

»Ach so, die Moral!«, fiel ich ihm ins Wort.

»Na ja«, mischte sich seine damalige Freundin ein, die dem Gespräch beiwohnte, »wenn man hier hereinkommt, weiß man nie, wen man in dieser Wohnung antrifft. Und wenn das so weitergeht ...«

»Ich habe verstanden.«

Ich suchte im Telefonbuch nach einem Obdach für mich, stieß auf die Villa della Pace für Kriegsversehrte, rief an, jawohl, es gebe Platz, und schon am frühen Nachmittag desselben Tages lud ich die paar Sachen, die ich brauchte, in den Studebaker und fuhr los.

»Und ich?«, fragte mein Sohn. Er packte seine Sachen und zog wieder zu seinem Vater.

»Ein, zwei Monate, du wirst sehen, dann haben wir wieder eine Wohnung, ich werde mir Geld leihen.« Ich täuschte mich.

Zu jenem Zeitpunkt hatte ich nichts mehr gegen meine Mutter, auch wenn ich weiterhin nur wenig Kontakt zu ihr hatte, weil unsere Vorstellungen vom Leben nach wie vor unvereinbar waren. »Jeder soll seine Pflicht erfüllen und mit Anstand leben«, sagte sie, »alles andere sind Ausflüchte.«

Ich muss lächeln, wenn ich mich an das Ohnmachtsgefühl erinnere, das mich überfiel, wenn wir im Wohnzimmer beim Tee saßen, was für sie ein Ritual war. Manchmal verlor ich die Fassung.

»Auch noch unanständige Worte jetzt?«, rügte sie mich mit ihrer Sopranstimme. »Meinst du, du kannst die Welt verändern, indem du schreist und lockere Reden führst?« Sie senkte die Lider und fuhr leise fort: »Glaub mir, Lucia, Ungezogenheit hat noch niemandem geholfen, Vulgarität noch keine Ungerechtigkeit gemildert.«

»Sicher«, ich biss die Zähne zusammen, um die Stimme nicht zu heben, »im Gegenteil, sie schafft sie erst. Aber nicht die, die du meinst, sondern die, die hier drinnen sitzt.« Dabei schlug ich mir an die Brust. »Hier drinnen sitzt die wahre Vulgarität, die tiefe, innere, mit der man sich über die anderen erhebt, mit der man nicht sehen will.«

»Was willst du von mir?«, brauste meine Mutter auf. »Dass ich eine unordentliche, unreinliche und verkommene Person werde, von denen es auf der Welt nur so wimmelt?« Ihre kristallklare Stimme klang wie elektrisiert. »Was willst du von mir? Ich bin für die schönen Dinge geschaffen. Schmutz interessiert mich nicht.« Dann beherrschte sie sich wieder und fuhr in ihrer melodischen Tonlage fort: »Hör auf mich, meine Tochter, jeder auf seinem Posten«, sagte sie, gekränkt, dass ich ein so einfaches, so augenscheinlich richtiges Konzept nicht begriff.

»Auf welchem Posten denn?«, schrie ich. »Wer hat ihn zugeteilt? Kannst du mir das mal erklären? Weeer?«

Meine Mutter hob ihre schwarzen Augen zur Zimmerdecke, und als könnte sie nicht glauben, dass ich so blind war, schüttelte sie das schöne Gesicht, das trotz ihrer fünfzig Jahre noch keine Falten hatte. »Was für eine Verwirrung in deinem Köpfchen, Lucia.« Sie berührte meine Stirn mit leichter Hand und lächelte ermunternd. »Ist das denn möglich?«

Und wie um alles von sich abzuschütteln, sah sie auf die Uhr. »Es ist schon spät.« Sie hüllte sich in ihren Persianermantel, streifte die Handschuhe über, fasste sich einen Augenblick an den blonden Zopf unter der hellen Pelzmütze, eine freundliche Geste der Anerkennung für den Tee, den ich ihr serviert hatte, gab mir einen Kuss auf die Stirn und zog ab auf ihren hohen Stöckelabsätzen.

Die Trennung von ihrem Mann war ihr gut bekommen, natürlich nur in meinen Augen. Obwohl sie jetzt nur noch über ein geringes Lehrerinnengehalt verfügte und äußerst sparsam lebte, hatte sie mir 1962 nach meiner Rückkehr mit Lorenzo aus Deutschland (nach dem Heim) mit ihren ameisenfleißig zusammengetragenen Ersparnissen geholfen, eine Wohnung zu finden und Möbel und Wäsche zu kaufen. Dabei missbilligte sie nach wie vor meine Lebensweise. »Die Männer sind zuweilen so niederträchtig«, sagte sie immer wieder, gedankenverloren aus ihren schwarzen Augen blickend. »Man darf ihnen nicht auf den Leim gehen, glaub mir, kümmere dich nicht um sie, schau sie an und geh weiter.« Während sie so mit ihrer jungfräulichen Stimme sprach, saß sie aufrecht auf dem Stuhl, die schönen Beine übereinandergeschlagen.

Ich muss wirklich lachen, wenn ich daran denke, wie unerklärlich es ihr ist, dass sie eine Tochter wie mich hat.

»Ausgerechnet ich«, wunderte sie sich, »ich, die ich nie, weder in Gedanken noch mit Taten, vom geraden Weg abgewichen bin.« Während ich meinem Vater gegenüber jahrelang nicht gewagt habe zu sagen, was ich dachte und fühlte, verlor ich bei ihr leicht die Geduld, als wäre es ganz einfach, auszusteigen aus der eigenen Lebensform, der eigenen Vorstellungswelt, einem ganzen Schloss ...

Es kam mir vor, als hätte ich mir alle Themen, die ich auf den Altar meines körperlichen Übels gelegt hatte, noch einmal vorgenommen. Es war Ende September – wenn der Leser wüsste, wie ich mich fühlte, wenn ich durch das angelehnte Fenster das schöne Wetter draußen sah und selber eingesperrt in meinem Zimmer an einem Tisch saß und dieselben Erinnerungen immer wieder neu miteinander verwob.

Und die Drogen? Auch da hatte ich die Lähmung vorgeschoben, als ich rauschgiftsüchtig geworden war. Und was für eine Anstrengung hatte die Entwöhnung bedeutet, sie war zwar nicht so gewaltsam wie damals Mainz, aber die Anstrengung war hundertmal größer, die Gewöhnung war länger gewesen. Ich begann (1955), die stärksten Rauschgifte durch leichtere zu ersetzen, das Morphium durch Thebain, das Opium durch Nisidina, ich hatte vor, so von den Spritzen loszukommen und nur noch Zäpfchen und Tabletten zu nehmen. Ich schluckte Diradon und Noan in Pillenform und studierte immer genau die Anteile von Chlor-Methyl-Phenyl-Benzodiazepin in all diesen Produkten. Vor allem hörte ich auf, Valium von La Roche zu nehmen, das ständiger Bestandteil meiner Ampullen gewesen war, weil mich plötzlich Panik erfasste beim Gedanken an die davon ausgelöste besondere Fügsamkeit, die ganz unmerklich dazu führt, dass man die Kontrolle über die Nervenzentren und schließlich den Willen verliert. Wie hatte ich vergessen können, dass diese Substanz Grundbestandteil jener Wahrheitsdroge gewesen war, die die Nazis in Dachau angewandt hatten?

In dieser Situation durchfuhr mich zum ersten Mal eine deutliche Erinnerung an jenes KZ. Ich brauchte mir nicht mehr vorzumachen, dass es ja nur leichte Drogen waren, immer wenn ich in Versuchung kam, dachte ich an Dachau.

Das Qualvollste war dann vielleicht, die Ampullen zu halbieren – angesichts dessen, was es mich gekostet hatte, sie zu beschaffen – und die andere Hälfte ins Waschbecken zu schütten, unter fließendem Wasser.

So qualvoll, dass ich mich später, nur um nicht noch einmal dieses Kreuz auf mich nehmen zu müssen, eine Zeitlang bei nötigen chirurgischen Eingriffen lieber ohne Betäubung aufschneiden ließ, als durch die Narkosemittel wieder süchtig zu werden. Ich stellte mir dann vor, ich würde gefoltert. Wenn du schreist, verrätst du die anderen. Ich gab keinen Laut von mir, und das Glücksgefühl, die anderen nicht verraten zu haben, entschädigte mich reich für die ausgestandenen Schmerzen. Jetzt spüre ich solche Versuchungen schon seit einer Reihe von Jahren nicht mehr (ich klopfe auf Holz) und brauche mir selber nicht mehr zu einem so hohen Preis zu misstrauen (sollen sie mich doch foltern, ich werde nicht reden).

O Gott, diese Klammer: (»Sollen sie mich doch foltern, ich werde nicht reden.«) Ich könnte sie streichen und so tun, als wäre nichts, aber ich habe sie gedacht. Verfolgte mich dieses Gefühl des inneren Adels denn so unerbittlich? Wer foltert mich, wer will mich foltern?

Und überhaupt, ich nehme Drogen, ich bin ungerecht, ich mache Fehler, und schuld daran ist immer etwas anderes. Was habe ich die ganze Zeit eigentlich anderes getan, als durchblicken zu lassen, dass da eben Umstände so zusammenwirkten, dass ... Zuerst habe ich meine verworrenen Rückschritte auf meinen Kampf gegen mein körperliches Leiden geschoben; dann, als dieses Alibi zusammengebrochen war, kam der unglaubliche Kampf gegen meinen gesellschaftlichen Rahmen. Und bei allem immer diese Unschuld, dieser unausrottbare Adel der Absichten und echten Gefühle, der mir so tief zu eigen ist. Cholerikerin, Simulantin, Wirrkopf, Schädling – aber doch so menschlich, viel zu menschlich vielleicht. Scheinbar ein Wurm, aber im Grunde von einer solchen Feinheit, Sensibilität, Güte. Ja, genau, ich hab's: ein unumstößlich auserwählter Wurm.

An was habe ich mich nicht alles geklammert in dieser Geschichte meiner Verzerrungen, um dieses reine Bild meines tiefsten Wesens durchzusetzen, das allen Fluten und Stürmen standhält, selbst im blindwütigsten Irrtum, zum Wohle aller. Und dann übte ich mich auch noch in bourgeoiser Zerknirschung! Ich habe lediglich den überheblichen Ton, den ich in meiner Schicht verabscheute, ersetzt durch den Demutston dessen, der auch seine eigenen Unzulänglichkeiten sieht: eine geschmeidigere, zeitgemäßere Schlangenhaut.

Vielleicht lag es daran, dass ich geistig müde war und kein Vertrauen hatte, jemals an die Anfänge meiner Verdrängungen zu kommen – ich lag wieder auf dem Bett, regungslos, mit geschlossenen Augen –, jedenfalls dachte ich, dieses Davonkommen, immer gerade um Haaresbreite, sei nicht eine der üblichen, vielleicht etwas enger anliegenden Häute zum Abstreifen, sondern meine *wahre* Haut. Und selbst wenn ich bis ans Ende der Welt in meinen Erinnerungen kramte, ich würde keine andere Haut finden.

Und da kam mir der furchtbarste Verdacht, der mich überhaupt heimsuchen konnte: Da ich ja so vollkommen, ja mehr noch zutiefst *wie sie* war und somit immer (auch vor der Kloschüssel) eine höhere Menschlichkeit besaß – wer sagte mir eigentlich, dass ich überhaupt je anders gewesen war? Wenn ich nun von Anfang an immer nur eine Schlange gewesen war? Ich behauptete, meine Lager verraten zu haben. UND WENN ICH ÜBERHAUPT NICHTS VERRATEN HATTE?

Welche Beweise hatte ich dafür, dass die Dinge in den Lagern so geschehen waren, wie ich sie rekonstruiert hatte? Ich meine nicht auf der Ebene der Fakten, denn die kann man drehen und wenden, wie man will, sondern in mir drinnen, in meinem Innersten. Der Mut sank mir. Vielleicht bist du nie wirklich zur anderen Seite übergelaufen – eine unter vielen. Vielleicht bist du immer eine von denen geblieben, die sich zu den »Gedemütigten und Gekränkten« hinunterbeugen. Und dieser soziale Sprung im Jahre 1944, an dem du so hängst, den hat dein Bewusstsein nicht getan. Deine Füße ja, dein Bewusstsein nein. Das, was du jetzt in deinen Lagern entdeckt hast, das hast du dort sehen wollen, das hast du hinzugefügt, das hat es in der Wirklichkeit nie gegeben; insgeheim bist du im Geist *immer auf dieser Seite geblieben.* DAS, WAS DU SUCHST, HAT NIE EXISTIERT.

Aber warum hatte ich dann Arbeiterin werden wollen, verteidigte ich mich im Geist mit schwacher Stimme (der Verdacht war so deutlich wie eine Evidenz, eine feststehende Tatsache), warum hatte ich mich nach Dachau deportieren lassen?

Abstiege ins Inferno, entsprechend der in der Schule gelernten Danteschen Erkenntnisliebe. Den Klassenkampf brauchte man da nicht zu bemühen. Es reichte die Neugier des Künstlers, schon vor zweitausend Jahren sagte Terenz: *Nihil humani a me alienum puto.*

Nichts Menschliches ist mir fremd. Und da heute auch die soziale Unruhe menschlich war, hatte sich meine Abenteurernatur eben ihrer bemächtigt. Der Rest war ein Traum meiner Fantasie, um diese Lagererlebnisse zu adeln, bedeutender zu machen (mich damit besser zu schmücken).

Nein, rebellierte ich, armselig, engstirnig ja, aber so sehr auch nicht. Ich bringe mich hier um, bloß um mir Klarheit zu verschaffen, da kannst du mir nicht auch das noch wegnehmen und leugnen, dass ich jetzt ...

Genau jetzt. *Nicht* damals.

Also (nun erst recht) hing ich nur einem Traum nach, einer Vorstellung, wie ich diese Erfahrung *gern hätte machen wollen,* ich lief einer Erinnerung nach, die mein Verlangen hervorgebracht hatte. Wo hätte ich Spuren davon finden sollen? Deshalb also war diese berühmte Erinnerungslücke immer sofort weg, sobald ich glaubte, ich hätte sie ausfindig gemacht in der Überfülle meiner Existenz. Daher hielt kein Sündenbock meiner Verdrängung der Überprüfung stand. Nur so erklärte sich, dass mein Hin und Zurück nach Deutschland nur eine Klammer geblieben war; sie enthielt nicht die Bedeutungen, die ich hineingelegt hatte. Jetzt bevölkerte ich diese vergessenen Handlungen und Gesten mit neuen Gedanken, die mir die Erinnerung nun so zwanghaft machten, fast wie eine Schuld, die beglichen werden musste.

Vielleicht war ich nicht einmal aus Verona aus freiem Willen zurückgefahren.

Denk, was du willst, Leser, dass dies eine rhetorische Dramatisierung ist, eine x-te Schlangenhaut, aus der ich dann humaner und edler denn je hervorgehe. Jetzt, wo alles vorbei ist, denke ich das fast selber. Vielleicht weil ich mein ganzes Leben lang versucht habe, meinen Sklavereien Bedeutung zu verleihen, finde ich diesen Zeitvertreib inzwischen langweilig. Wie soll jemand, der keine extremen Wandlungen erlebt hat, nicht misstrauisch dagegen sein? Ich selbst misstraue ihnen ja, und ich habe sie erlebt!

Ich muss dazu sagen, dass mir jetzt, wo ich diese Worte schreibe, dieser Zweifel, der mich durchfahren hat, nicht so schwerwiegend erscheint. Es kommt vor, ja es ist ganz geläufig, unvermeidlich, dass man die Vergangenheit im Licht später angenommener Vernunft überdenkt. Wenn man ihr dann etwas mehr Bedeutung verleiht, als der Wahrheit entspricht, ist das noch kein Weltuntergang. Aber vielleicht war ich damals vor fünf Wochen bei dem Leben, das ich schon seit Monaten führte, einfach leicht übergeschnappt, meine Augen waren rot und brannten, die Haare ungekämmt, ein Happen Essen zwischendurch zu den unregelmäßigsten Zeiten, den ich auch noch stehenließ – Tatsache ist jedenfalls, dass dieser Zweifel mir vorkam wie der Zusammenbruch meiner Bewusstwerdung.

Ich hatte meine Selbstfindung auf etwas Falsches gegründet, also hing auch meine Selbstfindung in der Luft. Während ich glaubte, ich stünde endlich mit beiden Beinen auf dem Boden, stellte ich sie auf imaginären Boden. Ich hatte keine Hoffnung mehr, mein subjektives Ich mit meinem objektiven Ich in Übereinstimmung zu bringen. Was war Paranoia anderes? Meine soziale Wut in den Lagern war meine Art, mich für Napoleon oder Heinrich IV. zu halten.

Es erscheint unglaublich, aber wer mich aus dem Schweigen der Vernunft erlöst hat, das sich einstellte, weil ich mir schließlich sagte, wenn ich meine eigene Gestapo sein soll, verzichte ich lieber ... also, wer mich unerwartet (unverhofft) erlöst hat, war die literarische Abteilung meines Gehirns.

»Worüber jammerst du eigentlich?«, fragte sie mich auf ihre Art, telepathisch (und linderte meinen Schmerz). »Wenn die Sache wirklich so steht, wie du befürchtest, dann kannst du dich, vom Standpunkt der Komposition aus, freuen; du brauchst keine einzige Verdrängung zu kapieren. Deine Suche platzt, und damit ist die Sache erledigt. Du hast sogar ein schönes Finale: Du enthüllst dem Leser, dass die Geschichte deines Umwegs ein Traum war, in dem deine Fantasie eine der ehrgeizigsten (und vergeblichsten) Bestrebungen aller Sterblichen verwirklicht hat, nämlich den ewigen Traum der Menschheit, *die Vergangenheit zu korrigieren.*«

Ich überspringe die entrüsteten Reaktionen meines Ichs (»Du bist meine wahre Schlange, jetzt habe ich dich aufgestöbert, und so weiter, deine schmutzigen Sublimierungen, und so weiter«). Dann (wozu soll ich es leugnen?) ist auch das Ich in Versuchung geraten, das sich im Grunde immer willig der theatralischen Lösung fügt.

Es war eine solche Erleichterung, nicht nur mein Kriegsdeutschland, sondern meine gesamte komplizierte Existenz wieder zudecken zu können, dass ich diese poetische Abweichung fast begangen hätte. Streichen wir das »fast«, ich beging sie.

Ich glaube, es ist mir nie so gut gegangen. Nachdem ich zwei Tage wie eine Tote geschlafen hatte, schnitt ich meine Fingernägel, färbte mir meine Haare, schmierte Creme gegen die Runzeln auf mein erdfahles Gesicht und legte Teekompressen auf meine Augen. Ich richtete mich wieder her, brachte die Wohnung in Ordnung und unternahm sogar eine Reise nach Spanien, zu der mich ein befreundetes junges Paar eingeladen hatte.

Eine Woche lang fuhren wir im Auto mit unseren Gastgebern zwischen Toledo und dem Escorial, zwischen Madrid und Cordoba und Granada hin und her, und auch durch die Mancha, wo sich auf ausgedörrten Hügelkämmen diese Formen der alten Windmühlen vor dem Himmel abhoben. Ich werde es nicht machen wie Don Quijote (dachte ich), der am Ende seines Lebens, in dem er seinen Ritterstand verleugnet hatte, sagte: Ich war verrückt, ich war verrückt, aber jetzt bin ich vernünftig. Ich weiß schon lange, wer ich bin: eine, die sich immer imaginäre Geschichten erzählt hat ...

XIV

Wieder zu Hause (in Rom), kam mir, da ja nun die Frage der Erzählung gelöst war – was für ein Folterknecht war sie gewesen! –, unvermutet die Idee, ich könnte jetzt ja auch meine Neugier befriedigen und untersuchen, ob ich den Streik bei den I.G.Farben, die Flucht aus Verona und alles andere wirklich mit den Gedanken (also mit der sozialen Wut) erlebt hatte, in denen ich sie mir selber dargestellt hatte.

Es war keine müßiggängerische Neugier, sagte ich mir, und auch kein Schleichpfad, um wieder in die Paranoia zu verfallen, die ich schon einmal gestreift hatte; es war eine Technik (dies ist das richtige Wort), um meine Fähigkeit, die Außenwelt wahrzunehmen, wieder zu erproben. Vielleicht konnte ich aufgrund der Veränderungen, auf die ich stoßen würde, zwischen der, als die ich mich wahrnahm, und der, die ich gewesen war, die Kurve meiner Imagination berechnen und mich dann daran gewöhnen, sie jeweils abzuziehen von meinen Urteilen über die Wirklichkeit.

Gestärkt durch diesen neuen Entschluss, nahm ich das Auto und fuhr weg. Klar, dass ich etwas mehr brauchte als eine Bescheinigung, ein Dokument, bloße Garantien der Fakten, die so leicht anzutasten sind. Was ich brauchte, war ein greifbares Zeichen meiner allerinnersten Kehrtwendungen, eine Spur meiner Gedanken von 1944. Die Briefe! Ja, das war der Beweis: die Briefe, die ich aus dem I.G.Farben-Werk geschrieben hatte. Viel konnte nicht damit los sein, es hatte ja die Zensur gegeben, und ich hatte sie an meine Eltern gerichtet. Aber wenn es in ihnen nur einen Anflug jener Wut gab, die ich jetzt hineininterpretierte, halt, setz dir keine Flausen in den Kopf, finde sie zuerst einmal. Jedenfalls (so sagte ich mir hinter dem Rücken meines Ichs und der literarischen Abteilung meines Gehirns), wenn ich das Indiz fand, das ich suchte, würde ich mich nicht mehr von meiner Schlange erdrücken lassen. Jetzt begriff ich, dass sie es war, dass sie mich mit ihren Klassenwindungen fast davon überzeugt hatte, dass wir eine Seele waren, dass ich nie wirklich mit dem Bewusstsein auf der anderen Seite gewesen war. Du kannst dich drehen und wenden, soviel du willst, bedrängte sie mich, im KZ landen oder in Heimen, wo immer du hingehst, bin und bleibe ich stets der gesellschaftliche Ort deines Geistes.

Du hast dich entblößt!, zischte ich sie jetzt selber an. Ich bebte vor Erregung: Du fühlst dich in Gefahr. Ich versuchte sie nun ebenfalls zu hypnotisieren: Wir stecken nicht mehr in derselben Haut, all diese Wechsel sind nicht umsonst gewesen, du bist gezwungen gewesen rauszukommen, um mich zu erdrücken, um mich zum Schweigen zu bringen, und damit hast du dich verraten. Jetzt weiß ich, was ich in meinen I.G.Farben-Briefen suchen muss, nicht nur meine soziale Wut, sondern auch deine Verkleidungen. Ich werde dich überall aufstöbern, weißt du, selbst wenn ich dabei zugeben müsste, dass ich alles erfunden habe.

Ich überspringe meine Annäherungsversuche. Jene Briefe aus Höchst schienen sich in Luft aufgelöst zu haben. Kurz, in einem Ordner meines Vaters finde ich eine schmale Mappe, die, nach Datum geordnet, jene Briefe enthält, die meine Mutter mir ins Lager Pfaffenwiese geschrieben hatte, als ich bei den I.G.Farben arbeitete.

Wie kommen die hierher? Ich hatte sie in der Innentasche meines Rucksacks verborgen, den ich in Verona hatte zu Boden fallen lassen. Wie hatten sie in den Besitz meines Vaters gelangen können? Klar, jemand wird den Rucksack aufgehoben und die Briefe, die er darin fand, an den Absender zurückgeschickt haben, der auf der Rückseite der Umschläge stand. Eine anonyme Art, darüber zu informieren, dass ich festgenommen worden war. Vielleicht war es jemand gewesen, der die Szene meiner Verhaftung hinter einem der geschlossenen Fensterläden mit angesehen hatte. Also war diese Szene richtig (wie könnten diese Briefe sonst hier sein?);

wäre ich einfach nur aufgegriffen worden, warum hätte ich den Rucksack mit meinen ganzen Papieren wegwerfen sollen? Sie wären mir doch nützlich gewesen, sie hätten mich befreit! Dieser Jemand wird sie zusammen mit den Briefen abgeschickt haben. Ich beginne zu blättern, finde aber nur meine letzte Werkskarte, jene, die man bei Arbeitsbeginn und Arbeitsschluss bei den I.G. Farben in die Stechuhr stecken musste. Mein erster Fremdarbeiterpass mit dem Stempel des Frankfurter Gefängnisses ist nicht darunter. Auch nicht die Bescheinigung meiner Entlassung aus dem Krankenhaus mit der Diagnose meiner Einlieferung: Vergiftung nach Selbstmordversuch. Mein Vater wird sie zerrissen haben. Also wusste er alles über mich, damals, 1946, bei dem Gespräch in Bologna, als ich ihn fragte, ob er mich im August 1944 hatte suchen lassen; deshalb hatte er so ausweichend reagiert, so als hätte er die Einzelheiten vergessen.

Ich sehe mir diese Briefe wieder an wie Reliquien; sie beweisen mir, dass ich mindestens einmal meiner Klassenschlange entwischt bin, als ich mitsamt dem Rucksack auch meine gesellschaftliche Identität weggeworfen habe, damit sie mich nicht mehr schützte.

Ich nahm die Mappe mit und fuhr schnell nach Hause.

Die Briefe meiner Mutter, auf graublauem Leinenpapier geschrieben, sind alle von der Zensur gestempelt, mit ein paar Strichen da und dort. Die Schrift ist groß und deutlich, der Zeilenabstand breit. Reine und erhabene Gefühle, gehobene Ausdrucksweise:

> ... denk daran, dass Du weder öffentlich noch privat gegen Deine Würde als junges Mädchen und als Italienerin verstoßen noch zulassen darfst, dass andere dies tun, gegen Deine Würde verstoßen, meine ich natürlich. (1. April 1944)
>
> Wer weiß, ob dieser Lebensabschnitt Dir nicht vom Schicksal bestimmt ist (da Du dieses Schicksal ja gewiss gewollt hast), damit Du die Menschen und die Dinge und die Nationen kennen-

lernst. Ich bitte nur den Allmächtigen darum, dass er Dich aufrecht erhält und Dich zu einer gelassenen Beobachterin macht. (27. April 1944)

Was die Rekonstruktion meines Aufenthaltes in Höchst betrifft, die ich in der Erzählung *Im Ch 89* vorgenommen habe, entdecke ich, dass ich zwei Dinge verdrängt habe, die ich meiner geistigen Schlange anlaste und die ich mir vorbehalte, später in Ruhe zu untersuchen.

Das eine betrifft meine Korrespondenz. Es ist nicht wahr, wie ich in *Im Ch 89* gesagt habe, dass ich im März endgültig aufgehört hatte, meinen Angehörigen zu schreiben. Ich hatte Anfang April wieder geschrieben, dann aber gleich wieder aufgehört. Anfang Mai hatte ich erneut geschrieben, dann folgte wieder eine Unterbrechung gegen Ende des Monats (über den Zeitraum des Streiks, des Gefängnisses und des Selbstmords). Vom 20. Juni an gab es, wie aus einem Hinweis meiner Mutter hervorgeht, wieder einen Briefwechsel aus dem Krankenhaus. Dass ich auf diese Weise immer mal schrieb und mal schwieg, entnehme ich den Anreden meiner Mutter: »Meine schweigsame Tochter« und ihren Bitten: »Lass von Dir hören, Deine Mama bittet Dich darum.«

Die andere Verdrängung betrifft meine Absicht, mich zu den Collis Metallwerken nach Mannheim versetzen zu lassen. Aus den Briefen meiner Mutter geht hervor, dass ich sie Anfang April gebeten hatte, mir eine Empfehlung zu besorgen, damit man mir diese Versetzung bewilligte (das war in der Zeit, in der ich den anderen aus dem Weg ging, die mich als »Spionin« und »Provokateurin« beschimpft hatten).

Ich kann mich nicht erinnern, warum ich es ausgerechnet auf diese Fabrik abgesehen hatte und nicht auf eine andere. Anfangs hatte meine Mutter noch einmal einen Vorstoß unternommen, um mich zu bewegen, über den italienischen Konsul die Repatriierung zu erwirken, dann wollte sie, dass ich wenigstens verlangte, als

Dolmetscherin eingestellt zu werden und nicht als Arbeiterin, wie ich wollte, und schließlich hatte sie mir Namen von hohen Offizieren genannt, an die ich mich wenden sollte, damit sie meine Bitte um Versetzung unterstützten. Aus den Briefen geht hervor, dass ich an einen von ihnen geschrieben und erreicht hatte, was ich wollte, die Leitung der Collis Metallwerke hatte mich rufen lassen, und ich hatte dann verzichtet (sicher, als ich mich an Gruschenka und die Polen angeschlossen und mich Martine wieder angenähert hatte). Meine Mutter verstand meine Launen nicht mehr.

Sie schilderte mir höchst ausführlich ihren Tagesablauf. Jetzt verstehe ich, dass sie versuchte, mich an ihrer beider Ruhe teilhaben zu lassen, auch um mich aufzuheitern und mich näher bei sich zu spüren, aber ich verstehe auch, dass mich ihre Berichte damals frösteln machten und ihre Sorge um mich und »die Leiden der Menschheit« für mich abstrakt klangen. Sie erzählte in aufgeräumtem Ton von frühnachmittäglichen Spaziergängen am Comer See. Zwischen Beschreibungen von Bootsausflügen nach Varenna, Konzerten, Nachmittagstees, einem Besuch in der Villa Monastero, deren »Wege und Terrassen und kleine Loggias und Freitreppen« sie beschrieb, von denen man einen »wunderbaren Ausblick« hatte, trat ihre Angst um mich zutage:

> Du sagst, Du hast Hunger und tust eine ermüdende und schwere Arbeit. Sollte es denn möglich sein, dass es Dir nicht gelingt, etwas anderes zu tun? (5. Mai 1944)
> Also, ich verstehe nicht, warum Du nicht eine intelligentere Arbeit tust, als die einer *femme de peine*. (10. Mai 1944)

Ich muss ihr auch harte Worte gesagt haben, denn am 15. Mai schrieb sie mir:

> Mamas verstehen, dass das Leben uns oft zu wütenden Worten und Taten veranlasst, auch wegen dieser verborgenen Unduld-

samkeit des Lebens selbst, das allzu oft erdrückend und *désespérant* ist. Man würde gern jeden Widerstand überwinden und kann es nicht und lehnt sich dagegen auf, wie man kann und wann man kann. Gestern haben wir einen schönen Ausflug gemacht.

Und sie sprach von der Schönheit des Panoramas und schloss mit der Hoffnung: »Wir werden nach Deiner Rückkehr noch einmal gemeinsam hinfahren.«

Am nächsten Tag sorgte sie sich um meine Gesundheit:

Du hast geschrieben, dass Du ausgehungert bist und dennoch an Gewicht zunimmst. Brot macht dick.

Tags darauf erklärte sie genauer:

Brot macht Pickel. Wenn Du mehr Fett und mehr Obst essen würdest, ginge es Dir besser.

Am 19. Mai beunruhigte sie sich:

Du schreibst, dass Du nicht vor der Zeit zurückkehren wirst, »weil Du soziale Erfahrungen sammeln willst«.
Findest Du nicht, dass sechs Monate dafür reichen?

Am 20. Mai war sie besorgt:

Mein Püppchen, ich habe immer an Deine Hände gedacht, seit ich weiß, dass Du nicht als Dolmetscherin arbeitest, und ich habe stets voller Sorge an sie gedacht. Wie ist es möglich, dass sie noch immer voller Wunden sind? Hast Du denn die Salbe nicht bekommen, die ich Dir geschickt habe? Beweisen, dass nicht alle Verräter sind. Nach den eigenen Vorstellungen leben.

Wie viele Illusionen und wie viel Anmaßung ist in uns armen, vom Sturm des Krieges geschüttelten Atomen.

Wiechert hat wirklich recht: Man muss wieder ein einfaches und einsames Leben führen, inmitten von Feldern und Wäldern, mit den Arbeiten des Bodens und Büchern.

Alles andere ist vergebliche Aufregung, vergebliche Erfahrung.

Jetzt schrieb sie nicht mehr nur zweimal in der Woche, wie in den ersten Monaten, sondern jeden Tag, sie konnte nicht mehr schlafen, beschwor mich, zurückzukommen: »Deine Mama bittet dich darum«, schickte mir ein Paket nach dem anderen (sie trafen zu spät ein) und nährte Hoffnungen, dass mein Vater mir verzeihen würde; es sei vorgekommen, dass er sie, wenn er sie nachts habe weinen hören, über mich habe reden lassen. Und eines Abends habe »Papa« ihr dann schließlich erlaubt, ihm einen meiner Briefe vorzulesen, und er habe »mit Verständnis« zugehört. Sie fuhr fort, ihn vor mir zu loben als einen Mann, der für die Familie lebe, viel arbeite, großzügig sei (»Was würden wir wohl ohne ihn machen?«). Jetzt verstehe ich, dass sie es sich zur Aufgabe gemacht hatte, zwischen uns zu vermitteln, und daher bei mir genauso um Versöhnung mit meinem Vater warb, wie sie sich umgekehrt bei ihm für mich verwandte. Damals aber hatte ich den Eindruck, sie müsse jede kritische Urteilskraft verloren haben, wenn sie schon so weit war, dem Mann dankbar zu sein, der sogar ihre Mutterliebe zensierte. Wenigstens in dieser Beziehung war sie anders gewesen, ich hatte sie, als ich noch zu Hause war, ausrufen hören: »Dein Vater ist lieb, freundlich und sympathisch, aber manchmal zu hohl!«

Wahrscheinlich spürte ich ihre Unsicherheit und wollte ihr den Rücken stärken, denn es klingt durch, dass ich sie jedes Mal meiner Zuneigung versicherte, ihr meine Bewunderung aussprach für ihre »Seelenstärke«, ihre »elegante Art, sich zu kleiden«, worauf sie mir antwortete, dass sie »Papa« berichtet habe, wie sehr ich sie schätze. Aus den Briefen geht schließlich auch hervor, dass ich auf bedrohliche Verfolgungen anspielte, aber wohl hinzufügte, dass ich »stark« sei, denn sie schrieb mir, dass sie sich fast beunruhigt habe, und zeigte sich befriedigt darüber, dass ich »wohlgelitten, von allen geschätzt« sei, und sofort erklärte sie mir die Bedeutung der Würde. Jetzt war ihre Schrift unausgeglichener, fahrig, die Zeilen enger; sie rief mich jetzt endgültig zur Ordnung. Nachdem sie erfahren hatte, dass ich im Gefängnis gewesen war, schrieb sie mir am 28. Juni (in ihrem letzten Brief):

> Ich glaubte, alles sei geregelt, und da passiert Dir dieses furchtbare Unglück, dann kommst Du ins Krankenhaus. Wann werden Deine Prüfungen ein Ende nehmen? Erinnere Dich, meine Tochter, dass ich nichts anderes will als Dein Wohl, körperlich, moralisch, gesellschaftlich und rechtlich. Du darfst um keinen Preis gegen Gesetz und Sitte verstoßen. Rauche nicht. Du darfst keinem Trieb nachgeben. Tausche, was ich Dir geschickt habe, sofern Du es erhältst, im hellen Tageslicht gegen Lebensmittel. Gedenke der Worte Manzonis: »Sag nie ein Wort, das dem Laster huldigt und die Tugend verlacht.« Und gehorche meinen Ratschlägen, ich bitte Dich. Niemand wird Dich je so selbstlos lieben wie Deine Mama.

Ich lege die Briefe zusammen und will sie wieder in den Ordner stecken, da sehe ich aus der unteren Faltklappe einen Umschlag ragen, den ich vorher nicht bemerkt hatte. Ich ziehe ihn heraus, taste ihn ab, er ist bucklig. Ich öffne ihn und finde seltsame Papierausschnitte, die eng und dicht mit meiner Schrift beschrieben sind, mit Krakeln rings um die Blätter (das heißt, um die Stückchen, die davon noch übrig sind), sowie vier mit Bleistift beschriebene Postkarten, auch sie gedrängt voll mit Buchstaben, als hätte mir nie das Papier gereicht.

Diese unregelmäßigen Ausschnitte sind die Überreste meiner Briefe aus Höchst. Während ich lese, kann ich mir das Geschnipsel immer noch nicht erklären. Ich dachte (aber vielleicht irre ich mich), die Zensur hätte sich damals damit begnügt, verbotene Sätze schwarz durchzustreichen, und nicht auch noch zur Schere gegriffen und sich schon gar nicht die Mühe gemacht, die geretteten Fragmente mit Klebstreifen zusammenzukleben. Was hatte ich bloß alles geschrieben, wenn sogar die erhalten gebliebenen Sätze noch lauter Anklagen waren? Warum haben sie nicht auch Absätze wie diesen zensiert (er erscheint in den Ausschnitten, ohne Datum):

> Ich habe in einer deutschen Zeitschrift Fotos von germanischen jungen Mädchen gesehen, die bei der Post oder anderswo freiwilligen Arbeitsdienst leisten. Heldinnen. Ich habe mich schlecht gefühlt. Wie eine Verbrecherin käme ich mir vor, wenn ich da mit abgebildet wäre.
> [Schnitt] Und wie können sie auf diesen Blättern so unbefangen und sicher lächeln? Was für eine Phrasendrescherei.
> [Schnitt] zu diesem Punkt: Die armen Leute geben, wenn sie können, alles aus fürs Essen. Mama, die sich wundert und die »Triebe« verachtet, weiß nicht, was es heißt, sich von Steckrüben zu ernähren.
> [Schnitt] auch politisch, auch die Briefe von [durchgestrichen] erscheinen mir falsch und geschwafelt.
> Und ich gestehe Dir: Ich verheimliche auch vor den Deutschen, den SS-Leuten, dass ich Freiwillige bin, aus Patriotismus. Ich schäme mich dafür. Ich sage Dir die Wahrheit, ich schäme mich dafür. O nein, nicht dafür, dass ich es getan habe, im Gegenteil, ich kann mir gar nicht mehr vorstellen, dass ich so streng, so redlich in meinen Antrieben gewesen bin, *auch wenn ich über alles nachgedacht habe*. Aber niemand kann das glauben und verstehen. Ein bisschen wie Papa [gestrichen]. Und so leide ich und schweige. Ich sage: Arbeitspflichtdienst für die erklärten Faschisten. Aber ich schäme mich dafür, dass ich erklärte Faschistin gewesen bin. Aufrichtig.

In einem Ausschnitt, in dem die Tinte verschwommen ist, als wäre sie verwässert (Tränen von mir oder von meiner Mutter?), lese ich die deutliche Erklärung: »Ich möchte kein *individuelles* Leben und keine *individuellen* Gefühle mehr haben.« Und darunter taucht zwischen Zensurstrichen das Sätzchen auf:

> Die Ighé [ich meinte die I.G.Farben] sind unabhängig, und die Arbeitsfront beugt sich.

Also hatte ich die Entdeckung, die ich erst in Dachau gemacht zu haben glaubte, nämlich dass die Nazi-Partei sich der Wirtschaftsmacht (dem Kapitalismus) unterordnete, bereits in Höchst geahnt.

Einem wegen der vielen Schnitte unverständlichen Fragment entnehme ich schließlich, dass ich da auf jenen Brief meiner Mutter antwortete, in dem sie mir schrieb, dass außer einem Leben mit der Natur und mit Büchern »alles andere nur vergebliche Aufregung, vergebliche Erfahrung« sei. Ich zitiere weiter, ohne die fehlenden Stellen einzufügen:

> Alles Übrige ist vergebliche Aufregung, ja. Aber nicht vergebliche Erfahrung. Das heißt, *vergeblich* [durchgestrichen] *erreichen wollte und müsste*, das gesetzte Ziel: ja. Aber nicht [Schnitt] vom Individuum, das ausprobiert. Ja, je mehr es dort [durchgestrichen] ausprobiert, desto *wahrhaftiger* und aufmerksamer gegenüber den anderen wird es daraus hervorgehen [Schnitt].

Die Postkarten sind in Frankfurt abgestempelt und nicht im Lager, wahrscheinlich hat eine Krankenschwester sie für mich aufgegeben. Auf einer lese ich:

> [durchgestrichen] die Gesellschaft, die ich zur Zeit der glücklichen und unbeschwerten Studien *anders verstanden hatte*. Ich bin im Krankenhaus [durchgestrichen]. Im Lager wie im Gefängnis.

Dazwischen liegt ein anderer Ausschnitt, der offenbar nicht auf dem gewöhnlichen Lagerpapier geschrieben ist. Ich lese den Satzfetzen:

> Gerüchte über eine angebliche Spionagetätigkeit meinerseits, wegen der ich ins Gefängnis gesteckt wurde.

Wahrscheinlich hatte ich intuitiv bereits erkannt, dass der Klassenkampf das Allerverbotenste war, denn ich erging mich zwar in politischen Urteilen (über Faschismus und Nazismus), spielte aber mit keinem Wort auf unseren misslungenen Streik an. Wir (die Arbeiter) wussten damals nicht, dass die Nazis einen Massenaufstand der Fremdarbeiter vorhergesehen und seit 1942 die Operation Walküre vorbereitet hatten, aber selbst ich mit meiner individualistischen Ausrichtung hatte begriffen, dass Revolten von mir allein noch hingenommen wurden, dass ich aber, wenn auch nur entfernt etwas davon durchsickerte, dass ich gemeinsam mit den Genossen einen Kampf organisiert hatte, erledigt war.

Auf einer anderen Postkarte erzähle ich von Erbrechen, Bluttransfusionen, sechswöchigen Blutungen. Ich schreibe, dass ich durch erlittene Entbehrungen Fieber habe und Blut im Urin (den Selbstmord erwähne ich nicht). Ich kündige an, dass ich »offiziell repatriiert« werden würde. Vielleicht einige Tage später (die Daten auf den Poststempeln sind unleserlich, und ich selber habe keine angegeben) berichte ich:

> Vorgestern ist auch der Konsul aus Frankfurt höchstpersönlich gekommen, zusammen mit einem anderen (dem Vize), um mich zu besuchen, und er will mich repatriieren lassen. Ich bin ganz einverstanden.

Aber die eindrucksvollste Postkarte ist vielleicht die, auf der ich frage: »Macht es Euch etwas aus, wenn ich zurückkomme?« und hinzufüge:

Ihr werdet sehen, wenn ich zurückkomme, werdet Ihr sagen: »Na und? Dir geht es doch hervorragend. Wo ist denn all das, was Du behauptest, gesehen und erlitten zu haben?«

Damit enden die Ausschnitte. Der größte Teil der Informationen, die ich den Briefen meiner Mutter entnommen habe, fehlt, wer weiß, wo sie geblieben sind, Informationen über meinen Hunger, über die Collis Metallwerke, über meine Arbeit als *femme de peine*, über die Wunden an den Händen, die ich tatsächlich viel länger hatte, als ich mich erinnerte (auch das eine Verdrängung, um mich in der Erinnerung stärker, auch körperlich stärker erscheinen zu lassen, als ich war). Aber es gibt in diesen verstümmelten Sätzen eine soziale Wut, auf die die Briefe meiner Mutter nicht eingingen. Wenn man sie liest, sieht es so aus, als redete und handelte ich »wütend« aufgrund meines rebellischen Wesens. Die einzige Revolte, die meine Mutter je begeistert hatte, war der berühmte Kreuzzug für die Waschschüsseln (auch das hatte ich ihr erzählt!), »zum gebotenen Schutz der Schamgefühle«, wie sie kommentiert hatte.

XV

Also stimmten nicht nur die Tatsachen, sondern ich fand auch alles, was ich suchte. Ich habe deine geheimsten Schlupfwinkel aufgespürt (ich spreche zu meiner Schlange), jetzt werde ich dich ersticken.

Es stimmte alles, sage ich mir noch einmal. Es stimmte sogar noch mehr, als mir in den Sinn gekommen war, denn in diesem Briefwechsel liegt die Nabelschnur zwischen mir und meiner Familie, die nicht plötzlich abreißt, und so stellen sich der Selbstmordversuch und die Kehrtwendung in Verona nicht mehr so sehr dar wie Kurzschlusshandlungen einer Minderjährigen, die sich zu extremen Gefühlen hat hinreißen lassen, sondern fast wie die Ultima Ratio einer Person, die eine Wirklichkeit zur Kenntnis nahm, nachdem sie vergebens versucht hatte, sie zu verändern. Da ist diese unerbittliche Gottheit, mein Vater, der die bedingungslose Kapitulation seiner Tochter erwartet, die es gewagt hat, gegen sein Gesetz zu verstoßen, da sind die unverrückbaren Prinzipien der »Sitten, Gebräuche und Gesetze«; da ist die angstvolle Einsamkeit eines Mädchens, das aus der Tiefe eines Lagers ihre Überzeugungen äußert, ihre neue politische Position erklärt (sogar aus diesen wenigen zerstückelten Sätzen ist zu erkennen, dass sie darauf besteht, immer wieder darauf zurückkommt) und zugleich Mitleid mit der Mutter hat, sie nicht unnötig leiden lassen will und ihr versichert, »mach dir keine Sorgen, ich bin stark!«. Aber hin und her gerissen zwischen den »schönen Dingen« der Mutter und dem schmierigen Löffel des Verlausten in der Lagerkantine, war dieses Mädchen sehr viel weniger »stark« als in meiner Erinnerung. Nicht zufällig hatte ich bei meiner Rekonstruktion dieses ständige stoßweise Tröpfeln meiner Korrespondenz ausgelassen. Dass ich immer wieder anfing zu schreiben, zeigt, dass ich in jenen sechs Monaten meines ersten Freiwilligendienstes einen wirklichen Bruch mit meinem Milieu in meinem Innern nicht vollzogen hatte, wie ich glauben wollte. Hier hatte sich meine Klassenschlange eingenistet, in diesen Winkeln meiner Gefühle, die sich einem totalen Sprung auf die andere Seite widersetzten.

Mich interessiert nicht, dass es nicht leicht gewesen wäre, schon Dostojewski hat gesagt, dass die Wirklichkeit alles und jedes rechtfertigt, man damit aber nichts verändert. Also unterbrich mich nicht (sage ich zu meiner Schlange). Ich liefere dir sofort die Beweise: Wenn dieses Mädchen vorzieht zu sterben, sich in ein KZ zu flüchten, als Gelähmte ins Ausland zu verschwinden, dann heißt das, dass sie schon, als sie noch gesund war, keine Hoffnung hatte, den sozialen Kampf fortsetzen zu können, wenn sie erst einmal zu ihren Angehörigen zurückgekehrt war. Folglich hatte sie sich in dem Moment, in dem sie auf einer Trage nach Italien zurückkehrte, unbewusst mit dem Verzicht abgefunden. Den letzten Versuch, sich aus ihrer Schicht loszureißen, hatte sie mit Gheorg, dem Dichter, gemacht. Aber dieser Versuch hat sie endgültig davon überzeugt, dass es unmöglich war, private Gefühle und kollektiven Kampf miteinander zu verbinden. Sie neigte jetzt zu der Überzeugung, die kultiviert wird von denen, die nicht kämpfen, dass der Kampf um soziale Gerechtigkeit unvereinbar sei mit persönlichem Glück. So verschrieb sie sich ganz dem *Willen,* ihre Erfüllung im Privaten zu suchen (mit Domenico).

Zusammen damit muss man die Auswirkung der Tatsache sehen, dass unmittelbar nach dem Krieg alle um sie herum genau wie ihr Vater – nur aus entgegengesetzten Gründen – von ihr erwarteten, dass sie ihren Freiwilligendienst im Dritten Reich bereute. Aber sie hatte auf diese Vorwürfe bereits in ihren Briefen aus Höchst geantwortet, in denen sie sich schämte, Faschistin gewesen zu sein, nicht aber dafür, dorthin aufgebrochen zu sein, ja sie konnte »sich nicht mehr vorstellen, so streng, so redlich« in ihren Antrieben gewesen zu sein, dass sie sich für die Lager hatte anwerben lassen. Deshalb riss die Verdammung durch diejenigen, die in der Resistenza gewesen waren, all ihre Wunden wieder auf – der Spott in Höchst, der Streit mit dem Feind-Freund im Viehwaggon, die Prügel von den roten Winkeln in der Latrine von Dachau. Aber genau da hatte sich die Schlange endgültig eingenistet, in Dachau, als Lucia sich für eine Revolte im Alleingang entschloss, die dreißig Jahre gedauert hatte … Sie war aus Verona geflohen, aber genauso auch aus Dachau; aus ihrem privilegierten Milieu, aber auch aus dem gemeinsamen Schicksal derjenigen, die auf der anderen Seite stehen, ohne Mittel, wieder herauszukommen, ohne die psychologischen Hilfen, die sie von ihrer Gesellschaftsschicht bekam und die es ihr gestatteten, die Wärter unbekümmert anzusprechen. Da schrumpfst du ein, wie? (zu meiner Schlange).

Dieses Mädchen, später die Frau, hat die Zwiespältigkeit ihres eigenen sozialen Gewissens als objektive Unmöglichkeit gedeutet, das, was sie verstanden hatte, mit irgendjemandem zu teilen; und auf diese Weise hat sie, welch ein Zufall, alle jene Taten vergessen, mit denen sie doch persönlich den Sprung auf die andere Seite gemacht hatte. Ein halbes Leben lang hat sie in Sicherheit auf einer Säule des Schweigens gehockt, wie ein antiker Anachoret ....

Und ist mir nie in den Sinn gekommen (komisch, nicht?), dass dieses Schweigen, das ich mir hatte auferlegen lassen und das ich dem sozialen Druck anlastete, *in Wirklichkeit mich selbst kennzeichnete*?

Stimmt nicht, auch jetzt lüge ich, ich wusste es genau. Der Beweis dafür ist, dass ich 1954 in *Asyl in Dachau* über meine Flucht aus dem KZ schrieb: »Ich habe es nicht geschafft«, ein Urteil, das auch für nachher galt. Also wusste ich es auch während der Zeit, in der meine Erinnerung sich über die I.G. Farben, die Repatriierung, den neuen Aufbruch aus Verona und die Lagerzeit unter den Asozialen mit dem schwarzen Winkel ausschwieg. Ich wusste es, als ich im Herbst 1954 wieder nach Deutschland ging, eines der vielen Ereignisse, von denen ich hier nicht erzählt habe (ich habe nicht alles sagen können). Aber dies kann ich nicht auslassen: Ich zog ein paar Monate lang am Rhein entlang, machte Abstecher nach Bonn und Köln, ohne dass mir in den Sinn kam, nach Frankfurt-Höchst zu fahren, obwohl ich mich mehrere Tage in Mainz aufhielt, dreißig Kilometer von meinem ersten Lager entfernt. Ich war überzeugt, dorthin zurückgekehrt zu sein, um Schwester Vincentia zu besuchen, wie ich ihr neun Jahre vorher, im August 1945, versprochen hatte, als ich mit den Russen nach Homburg aufgebrochen war. Ich beteuerte ihr unentwegt, dass ich recht daran getan hatte weiterzuleben.

»Aber ja, ich glaube dir«, versicherte sie mir mit der barschen Stimme, die sie immer bekam, wenn sie traurig war. »Beruhige dich, Luzi, du hast recht getan.«

Aber ich fürchte, ich war vor allem deshalb hingefahren, weil ich mir bei den verschiedenen Ärzten der Universitätsklinik, in der ich bei Kriegsende gelegen hatte, Rauschmittel beschaffen wollte, ich hoffte nämlich darauf, wegen meines früheren Aufenthalts in Gebäude VIII noch eine gewisse Popularität zu genießen. Ich zeigte jedem einzeln die Röntgenbilder meiner Knochen, die ich mitgebracht hatte, um ihr Mitleid zu wecken und die wertvollen Rezepte zu bekommen, die ich brauchte, um die Ampullen aus der Apotheke zu holen. Ich erzählte ihnen auch von meiner Zeit in den Lagern, um sie noch mehr zu rühren.

Manchmal kommt man, wenn man sich bis auf den Grund verlaufen hat, am Ende auf der anderen Seite wieder nach oben. Und ich hatte angefangen, mich wieder zu sammeln. Aber was ich jetzt sagen wollte, ist, dass ich mir insgeheim bewusst war, selbst nicht standgehalten zu haben. Gerade weil der Klassensprung in Dachau so unendlich gewesen war, war der Schrecken darüber so heftig, dass ich mich davor in das Vergessen flüchtete. Ihn jedoch ernsthaft anzuerkennen – nie: Die Dame konnte das eigene Nichtstandhalten nicht zur Kenntnis nehmen, sie schob es den anderen in die Schuhe. Die Dame hatte Verständnis für die menschlichen Schwächen, und so relativierte sie alles, um sich bloß nicht wirklich bei denjenigen einreihen zu müssen, die unten sind und denen gegenüber sie sich so solidarisch gab. Sie fühlte sich von den Leuten ihrer eigenen bürgerlichen Schicht nur deshalb verschieden, weil sie deren *uniforme* Lebensweise kritisierte, wie auch immer sie sich definierten (rechts oder links), in Wirklichkeit aber selbst – mit diesem unerheblichen Vorbehalt – weiterlebte wie sie.

Weißt du, Schlange, heute kann ich mich über meine armselige Engstirnigkeit nicht mehr aufregen. Ich weiß genau, dass das Bedürfnis der Menschen, sich einen Sinn zu geben, so groß ist, dass sie ihn gelegentlich sogar im Verbrechen suchen (das hatte ich schon in Dachau begriffen), aber das war nicht mein kläglicher Fall. Es macht mir jedoch überhaupt keine Freude, nicht einmal, wenn ich ganz akademisch erkenne, dass ich ohnehin nichts ändern kann, feststellen zu müssen, dass mir über diesem Versteckspiel mit mir selbst mein halbes Leben draufgegangen ist.

Wollt ihr das? Das könnt ihr haben! So habe ich dreißig Jahre lang reagiert. Und wir sind eins geworden, meine liebe Schlange. Sogar, als ich dich endlich erkannte, in der Villa della Pace, und in mich hineinschrie: »Ich bin eine Schlange«, habe ich dich nicht dort zur Kenntnis genommen, wo du dich eingekeilt, eingerichtet, zusammengekauert hattest: in meinem Groll gegen all jene, die mich zwischen deinen Windungen mit Vorurteilen und Ablehnung bedacht hatten.

Willst du den Beweis? In *Solange der Kopf lebt*, in der Erzählung, in der ich meinen Neorassismus gegenüber meinen behinderten Brüdern ablegte, habe ich mir genau den Schuldspruch zu eigen gemacht, der mich in der ersten Nachkriegszeit übermannt hatte, indem ich schrieb: Jawohl, meine Herrschaften, ich war in die Lager gegangen, *weil* ich Faschistin war, oh, und der sowjetische Hauptmann, also einer aus einem Land, das die Revolution von unten durchgemacht hatte, hatte mich genau deshalb nicht zurückgestoßen, sondern sich *wirklich* rühren lassen und mir mit Taten geholfen und nicht mit Worten Ausflüchte gesucht. Mir hat das genügt.

Schau, arme Schlange, deshalb verzweifle ich nicht. Die Zeiten sind vorbei, in denen ich immer noch tiefer im Schlamm versank, wenn ich merkte, was für ein Wurm ich war. Ich will dir sogar meinen neuesten Gedanken verraten: Ich bin nicht schlechter als die anderen. Ich bin wie sie (wie alle die, die unter deiner Herrschaft stehen, meine ich), allerdings ein bisschen strenger.

Wenigstens eins ist mir bei all dem Auf und Ab erspart geblieben, und dafür küsse ich die Erde, als wäre mir eine Gnade widerfahren: Ich habe mir nie ein gutes soziales Gewissen mit den paar Groschen eines ideologischen Etiketts erkauft, so wie man früher Ablass kaufte, um billig ins Paradies zu kommen.

Aber das hat mir nicht erspart, dennoch deine Beute zu werden, sei es auch auf die abstruseste und anstrengendste Weise, denn du hast mir allen Boden unter den Füßen weggezogen, hier wie dort. Und an welcher Stelle warst du so schleimig, eine solche Niederträchtigkeit zu begehen? In dem Augenblick, als ich am nächsten daran war, dir für immer zu entgleiten, als ich aus eigenem Willen in die Lager gegangen bin.

Und jetzt, meine Feindin, zerquetsche ich dir deinen Reptilienkopf mit dem endgültigen Beweis (gepriesen seien die Briefe meiner Mutter, die ihn mir geliefert haben). Dieses völlige Schweigen über die Episode mit den Collis Metallwerken sagt dir nichts? Erst in diesem Augenblick taucht, deutlich sichtbar, das Bild auf, das ich zehn Monate später wirklich sah, während meiner Untergrundzeit, als ich auf meinem Weg zurück nach Höchst durch Mannheim kam und mir diese unterirdische Fabrik von außen gezeigt wurde. Also hattest du, bevor du dich enttarntest, um mich davon zu überzeugen, dass ich immer und einzig und allein auf deiner Seite gewesen war, du gespaltene Zunge, das umgekehrte Manöver versucht und mich glauben lassen, ich hätte im Dritten Reich vollkommen auf der Seite der Unterdrückten gestanden, ganz zu ihnen gehört, so dass ich dich genau da nicht suchte, wo du dich so geschickt und heimtückisch hingewunden und zurückgezogen hattest, genau da, in diesem geistigen Vorbehalt, mit dem ich daran gedacht hatte zu desertieren – nicht nur, aber teilweise deshalb, weil ich mich weigerte, zurück nach Italien zu gehen –, als ich nämlich den Plan hatte, mich in die Collis Metallwerke versetzen zu lassen. Wahrscheinlich hatte ich die Absicht gehabt, mich bei den neuen Kollegen in Mannheim als Deportierte auszugeben, um mich nicht mehr mit meinem Freiwilligendienst als faschistische Studentin auseinandersetzen zu müssen. Aber wie? Zum Beispiel, indem ich mir diese Versetzung mit einer Empfehlung von oben verschaffte, das heißt, indem ich mir meine soziale Herkunft zunutze machte. Ich hatte den Widerspruch dann bemerkt, auch weil meine Beziehungen zu den Genossen im Lager sich gebessert hatten, aber dieses Hin-und-Herschwanken hatte es gegeben; ich wollte den Status einer Arbeiterin, aber gleichzeitig durchblicken lassen, wer ich war, mir also klammheimlich alles das sichern, was meinen bürgerlichen Verhältnissen gebührte. Umso verständlicher, dass ich später erst recht Angst hatte, dieser Versuchung wieder zu erliegen – mich durch Klassenprivilegien vor dem ungeschützten Schicksal all derer zu bewahren, die ganz unten sind –, und mich dadurch, dass ich meine Papiere wegwarf, in die Lage von einer von denen versetzen wollte, die nicht davonkommen. In diesem Licht jedoch ist die Tatsache, dass ich mich, nach Dachau und nach dem Thomasbräu, bei Siemens in München wieder mit meinem richtigen Namen einstellen ließ, nicht mehr einfach nur Draufgängerei einer Neunzehnjährigen, die sich daran berauscht, dass sie nicht zu schnappen ist; da bist du, verehrte Schlange, zum Vorschein gekommen, so als hätte ich mir unbewusst die Möglichkeit vorbehalten, auf Hilfe von hoher Stelle zurückzugreifen.

Und wieder hatte ich mir dann diesen Ausweg verbaut, diesmal jedoch etwas übereilt, fast als traute ich mir selbst nicht mehr, indem ich in der Fabrik Krankenscheine stahl und fälschte, ein Vergehen, das im Schnellverfahren bestraft wurde. Und als ich dann nach drei Wochen Siemens wieder untertauchte, hatte ich mich ein weiteres Mal meines Namens (und meiner Schicht) entledigt, und zwar indem ich den Arbeiterinnenausweis mit meinen echten Personalien an meine Mutter schickte.

Damals war ich gegen dich gestählt, siehst du, weil Entscheidungen tatsächlich helfen, aber ich kannte dich noch nicht so gut wie heute. Jetzt bin ich sehr viel besonnener. Ich weiß ganz genau, dass unser Nahkampf noch nicht beendet ist (denn darum handelt es sich jetzt, auch ich lege meine Windungen um dich). Aber du weißt auch, dass du mich trotz deiner Fallen nicht vollkommen besiegt hattest, als ich aus Dachau geflohen war; die Liebe zu den Gefährten hatte auch meine Schritte nach Höchst gelenkt, an den Ort, an dem ich gemeinsam mit ihnen gekämpft hatte. Du weißt ganz genau, dass später, im Laufe meines Lebens, meine Exzesse und Verwirrungen deutliche Auswirkungen deines Giftes waren, aber gleichzeitig waren sie Schreie, mit denen ich sie rief, diese verlorenen Gefährten, während ich ganz oben auf einer Säule des Schweigens saß, auf der ich sie, ohne es zu wissen, in mir hütete.

Und jetzt komme ich darauf zurück, wohin mich meine Schritte in Höchst in jener Nacht vor zweiunddreißig Jahren gebracht haben, als ich meine Gefährten von den I.G. Farben suchte, und zwar mit vollem Bewusstsein (du verstehst mich, nicht?) und in Kenntnis auch des Danach.

Es ist der 7. Februar 1945, die Amerikaner stehen vor Worms, ich muss mich beeilen, wenn ich rechtzeitig in mein altes Lager kommen will, das unbewusste Ziel meiner Kehrtwendung in Verona, die ich, wie mir jetzt scheint, vom ersten Augenblick an vorgehabt hatte.

Ich schlief in Mannheim, in einer Baracke von Internierten, die in der unterirdischen Fabrik der Collis Metallwerke arbeiten, wohin ich mich früher einmal hatte versetzen lassen wollen, von außen sieht sie aus wie ein schneebedeckter Hügel mit bunkerartigen Eingängen. Ich hatte den ganzen Tag auf eine Gelegenheit gewartet, zwischen zwei Waggons auf einen Zug nach Frankfurt springen zu können. In der Dämmerung schaffte ich es endlich, und an einen Puffer geklammert, den schneidenden Frost im Gesicht und an den Händen, kam ich in Höchst an. In der Nacht machte ich mich auf den Weg nach Mainz, die trockene Luft kommt mir fast lau vor nach der Reise auf den Puffern. Ich erkenne trotz der totalen Verdunkelung meine Baracken: Pfaffenwiese 300, Ledigenheim.

Ich krieche über den Boden und hebe den untersten Draht des Zauns hoch. Ich halte mich damit auf, mit dem Zeigefinger auf die

Metallstacheln zu drücken, durch die kein elektrischer Strom läuft. Ich werde meine I.G. Farben-Gefährten wiedersehen. Ich gleite an den Holzbaracken entlang und erreiche gerade meinen Schlafraum, als ich ein Mädchen herauskommen sehe:

»Carla, bist du es?«

»Lucia!«

Wir sehen uns im Dunkel jener Februarnacht wortlos an wie zwei Gespenster.

»Haben sie dich nicht repatriiert?«, fragt sie mich.

»Danach bin ich nach Dachau deportiert worden, und da bin ich geflohen.«

»Du hättest nicht hierher zurückkommen sollen, es ist schlimmer geworden als früher.«

»Carla, und du?«

»Sie haben mich nach dem Streik freigelassen, und Luigi auch. Wir sind noch immer zusammen wie damals, aber wir geben keinen Mucks mehr von uns. Wir warten auf das Ende des Krieges.«

Carla ist abgemagert. Ich kann ihre Hautfarbe nicht erkennen, aber sie wirkt nicht mehr wie das kräftige Mädchen von früher mit der frischen Gesichtsfarbe. Ihre Stimme ist verzerrt.

»Du hast dich verändert«, sage ich zu ihr.

»Du auch. Wie bist du reingekommen?«

Ich erzähle es ihr hastig.

»Um Gottes willen, komm bloß nicht zu uns. Der Krieg ist bald aus. Das fehlte uns gerade noch, ausgerechnet jetzt neuen Krawall zu veranstalten.«

»Aber die anderen?«, sage ich.

»Die Unglücksbringer sind draußen. Martine und Gruschenka, wenn du was über die wissen willst, *nisba*. Hast du sie nicht in Dachau wiedergetroffen? Pina hat sich mit einem Russen zusammengetan, Jacqueline ist im Krankenrevier, sie hat sich Säure in die Augen gesprüht, um nicht arbeiten zu müssen, aber sie hat sich in der Dosis vertan, und jetzt wird sie blind. Aber ich will hier nicht mit dir herumstehen, sie können uns sehen. Hau ab, du willst mich doch nicht jetzt noch in Schwierigkeiten bringen.« Während sie schon in die Baracke zurückgeht, sagt sie noch: »Du kannst einem Angst einjagen, weißt du, du siehst aus wie eine Verbrecherin.« Sie schließt die Tür hinter sich.

Ich lehne mich an die Holzwand. Ich werde zu den Russen gehen, vielleicht nehmen die mich auf. Eine Verbrecherin, wiederhole ich innerlich, und mein Herz krampft sich zusammen. Meine Seele flüchtet sich plötzlich zu der Flämin und zu Lulù (helft mir von dort oben).

Zwei Tage, bevor ich aus Dachau floh, hatten sie sich beim Abendappell mit zwei politischen Frauen geprügelt.

»Mörderin«, sagte eine von den roten Winkeln zu Lulù, »du hast unsere Genossinnen denunziert.«

»Jawohl, meine Herrschaften«, antwortete Lulù. »*Mais oui, mesdames, mesdames.*« Sie wiederholte »*mesdames*«.

»Und du treibst es mit den Menschenschindern!«, sagten die Politischen zu der Flämin. »Schämst du dich nicht?«

In jener Nacht hatte ich hinter der Baracke im Lager Lärm gehört. Ich hatte mein Gesicht an die Fensterscheibe gedrückt. Ich hatte Lulù von hinten erkannt, sie kniete, und ihr Kopf steckte in der Hose eines SS-Manns, der vor ihr stand, Fußtritte austeilte und schrie und versuchte, ihren Kopf zurückzubiegen. Die Flämin war herausgekommen und hatte die Faust gegen den Soldaten geballt: »Hitler, Schwein«, hatte sie geschrien, »Hitler, Schwein.«

Der Soldat hatte zwei Finger in den Mund gesteckt (nehme ich an), denn er hatte drei lange Pfiffe in die Dunkelheit ausgestoßen. Lulù hatte von ihm abgelassen.

»Ich habe einen Nazischwanz gebissen«, hatte sie aus ihrem aufgerissenen Mundspalt frohlockt, dann hatte sie die Flämin, die noch immer die Faust ballte, an der Hand hinter sich hergezogen und sich in der Baracke versteckt.

Sie waren gekommen. Mit bleischweren Schritten. Sie hatten alle beide gefasst. Die Flämin hatte mich verstört angesehen und mit dünner Stimme gemurmelt:

»Erzähl den anderen, was sie mit mir gemacht haben.«

»Erzähl lieber, was ich gemacht habe«, hatte Lulù geschrien und die Hand zum Himmel erhoben.

Zwei Maschinengewehrsalven am Stacheldrahtverhau. Zwei Tage später floh ich aus diesem Lager, und jetzt helft mir, murmele ich, während ich mich von der Wand meiner Baracke in Frankfurt-Höchst löse, von der ich so oft geträumt hatte. Gehen wir zu den Russen, die sind nicht zum Individualismus erzogen worden, die werden uns nicht zurückstoßen. Ich strecke mich auf dem Boden aus, um auf allen vieren zum Stacheldrahtzaun zu kriechen.

»Halt!«, schreit eine deutsche Männerstimme. Ich verharre unbeweglich, wie ich es bei Küchenschaben gesehen habe, wenn sie sich totstellen. Küchenschaben denken. Aber die Schritte kommen näher, ein Fuß ertastet mich. Ich schiele durch die Lider, das Auge eines Gewehrlaufs sieht mich an.

»Aufstehen, los!«

Mit dem Gewehr im Rücken werde ich zum Büro des Lagerführers gestoßen. Telefongespräche. Ein Fußtritt wirft mich in eine Ecke.

Irgendwann kommt mein erster Lagerführer herein, er ist groß und stattlich, mit Stiefeln, voller Wut schlägt er die Tür zu. Aber kaum sieht er mich, bleibt er wie angewurzelt stehen. Sein Gesicht entspannt sich. Der Anflug eines Lächelns. Er schickt die Wachen mit einem Fingerschnippen hinaus.

»Du bist Lucia M.«, bekräftigt er (aber die Stimme ist fragend).

»Nein.«

»Du bist Lucia M.«, immer verdatterter. »Du bist Lucia M.«, schreit er mit plötzlicher Wut. Aber er beherrscht sich. »Was machst du hier?«, fragt er leise. Ich kauere in meiner Ecke am Boden und antworte nicht.

Er ruft brüllend die Wachen herein. »Durchsucht sie. Die Ausweise.«

Zwei Männer tasten mich überall ab. »Keine Ausweise.«

»Ausgezeichnet«, sagt der Lagerführer lächelnd und schickt die Wachen mit einem Fingerschnippen wieder hinaus. Ich stehe jetzt an der Wand. Die Stiefel nähern sich langsam, bis die Stimme mit unvorstellbarer Wut losschreit, das violette Gesicht eine Handbreit vor meinen Augen.

»Du«, er spuckt mich an, »die Tochter eines faschistischen Staatssekretärs, die mit allem Respekt gesundgepflegt und repatriiert worden ist, du besitzt die Unverschämtheit, dich mit dieser Hurenfresse wieder herzuwagen.« Er gibt mir eine Ohrfeige. »Hure.« Noch eine Ohrfeige. »Was hast du die ganzen Monate getrieben?« Ein Tritt gegen die Schienbeine. »Antworte.« Noch ein Tritt. »Antworte!« Und so weiter. »Dreckige Hure«, er schüttelt mich, »Verräterin«, er packt mich an den Schultern und rüttelt mich. »Mit zwanzig Jahren, wie kann man mit zwanzig Jahren so eine Verräterin sein, du schamloses Drecksweib.« Ich fixiere ihn, als wollte ich ihn mit den Augen durchbohren, dabei konzentriere ich mich, um nicht meinen Halt an der Wand zu verlieren und umzufallen (ich muss geglaubt haben, ich wäre verloren, wenn ich meine Augen von seinen löste). »Du, ich bring dich um, du.« Und ich starre ihn immer weiter an. Bloß nicht ohnmächtig werden. Und aus meinem Innersten kommt ungewollt das Wort »feige« auf meine Lippen. Es ist wie ein konditionierter Reflex, ich wiederhole unentwegt dieses Wort, gerade so, als könnte es mir das Leben retten.

Herr Barek, der Lagerführer (ein Sudetendeutscher), keucht. Er sitzt hinter dem Schreibtisch, und ich stürze zu Boden (nicht ohnmächtig werden).

»Deshalb haben wir den Krieg verloren«, murmelt er, »wegen Kanaillen wie dir.« Und während er das sagt, weiß er nicht, dass ich mich noch nach zweiunddreißig Jahren nicht mit Hass an ihn erinnern werde, weil wenigstens er uns bestätigt hat, dass sie unseretwegen den Krieg verloren haben (das ist die einzige Anerkennung, die ich je bekommen habe).

»Ich könnte dich zwischen den Fingern zerquetschen«, fährt er fort, »wie einen Floh. Aber das wäre nur eine ziemlich schwache Genugtuung. Ich werde dich nach Dachau schicken, oder nein«, seine Augen leuchten auf, »in ein Bordell für die Straßenbataillone.« Ein Schrei, und die Wachen kommen herein. »In die Zelle, und morgen früh«, er kreuzt zuerst die Handgelenke – das Zeichen für Handschellen – und macht dann das Zeichen fürs Bordell: die Hand hochkant in die Armbeuge.

In der Zelle, einem etwa zwei mal drei Meter großen Raum, sehe ich eine Frau in einem Winkel hocken, ich sehe sie genauer an, es ist Lidja, ein wunderschönes russisches Mädchen, mit dem ich zur Zeit des Streiks verkehrte.

»Was machst du hier?«, frage ich sie flüsternd auf Russisch.

Sie erzählt mir, dass sie außerhalb des Stacheldrahts überrascht worden war, als sie von einem Freund Brot in Empfang nehmen wollte. Ich schildere ihr kurz meine Lage.

»Du Arme«, sagt sie. »Ich komme mit einer Nacht davon, das ist die Höchststrafe für ein Vergehen wie meins, aber du bist ja wirklich übel dran.«

»Ruhe«, herrscht uns die Wache an, ein alter Mann mit gereizter Stimme.

Lidja betastet unterdessen meinen Mantel, das Kleid, die Schuhe, lauter erstklassige Sachen, denn es ist das Beste von dem, was ich in den ausgebombten Wohnungen gestohlen habe. Genau wie Louis wählte ich mit Verstand aus. Ich nahm immer nur so viel, wie ich am Leib tragen konnte. Am Handgelenk trage ich die kleine Uhr, die er mir gegeben hatte, und am Hals ein Goldkettchen, das ich einer Leiche abgestreift hatte, genau wie die Sonderkommandos in Auschwitz es bei den Juden machten.

Lidja hat eine Idee.

»Hör zu«, haucht sie mir ins Ohr, »schenk deine Uhr dem Wachsoldaten. Sag ihm, dass du sie sowieso nicht mehr brauchst, weil du in Dachau vergast wirst. Verlang von ihm dafür eine Decke für heute Nacht, weil uns kalt ist.« Ich sehe sie unschlüssig an. »Tu, was ich dir sage«, sagt sie abschließend.

Die Dinge verlaufen so, wie Lidja vorhergesehen hat. Der alte Mann sieht mich voller Mitleid an, steckt die Armbanduhr ein und wirft uns eine Decke zu.

Als wir fest in die Decke gehüllt sind, gibt Lidja Anweisungen: »Du ziehst jetzt deine schönen Sachen aus, alles, auch Strümpfe und Unterhose, die ich nicht habe, und ziehst meine Lumpen an. Und ich ziehe all diese göttlichen Dinge an. Aber ganz langsam, damit der Soldat unsere Bewegungen unter der Decke nicht bemerkt, verstanden?«

»Warum nicht?«, sage ich seufzend.

»Sehr gut«, sagt Lidja entflammt. »Dann sage ich mit meiner Stimme zu ihm, dass ich Bauchweh habe und in die Hose mache. Mir kann er nicht verbieten, kacken zu gehen. Er weiß, dass ich nicht abhaue, morgen früh lässt er mich selber wieder frei. Stattdessen aber gehst du kacken, in meinen Lumpen. Kapiert?«

»Lidja, sie werden dir was antun!«

»Aber warum denn? Was habe ich denn schon gewusst? Und er hat ja auch die Uhr genommen, das ist eine Frauenuhr, das sieht man, das kann er nicht abstreiten. Wenn sie mich anklagen, denunziere ich ihn. Dann wird er sagen müssen, dass du sie ihm schenken wolltest. Und das wird auch für mich gelten. Und ich bin nicht kacken gegangen, weil ich in Ohnmacht gefallen bin. Es wird sich empfehlen, dass ich in deine feinen Unterhosen mache, wirklich schade drum, aber so liefere ich den Beweis, dass ich nicht gelogen habe. Wie hätte ich auf die Idee kommen sollen, dass du das für dich ausnützt? Diese falsche Italienerin, werde ich sagen, anstatt mir zu helfen, wieder zu mir zu kommen! Was für eine Brut von Verrätern. Ihr Nazis seid selber reingefallen, als ihr diesen Verrätern vertraut habt! Keine Angst, Lucia, mir wird schon was einfallen.«

»Das machst du für mich.«

»Beeil dich, gib mir die schönen Sachen, seit Jahren träume ich davon.«

Nach einer Stunde hatte ich mir Lidjas Arbeitsanzug und die Holzpantinen angezogen und mir ihr Kopftuch wie eine russische Bäuerin um den Hals gelegt und unter dem Kinn zusammengebunden.

»Oh«, fängt Lidja jetzt mit durchdringender Stimme an zu jammern, und ich winde mich, als hätte ich eine Kolik. Sie macht mit dem Mund Furzgeräusche. »Ich muss dringend, ich muss dringend!« Und ich krümme mich.

»Du wirst mir meine Zelle nicht verpesten, du bolschewistisches Scheißweib, hau ab auf die Latrine«, schimpft der Soldat ungeduldig.

Und ich renne demütig, die Hände auf den Bauch gepresst, mit kleinen Schritten, wie um den Kot zurückzuhalten, hinaus, springe übers Tor, richte mich wieder auf, und weg. Bevor er mich sucht, Alarm schlägt und die Hunde loslässt, bin ich kilometerweit weg! Und jetzt die Beine in die Hand.

Lidja wurde als meine Komplizin verhaftet und nach Dachau geschickt. Aber kaum war sie in den Waggon verladen worden, sprang sie aus dem fahrenden Zug und schleppte sich mit einem gebrochenen Oberschenkelknochen in ein Gebüsch. Sie versteckte sich in einem Heuschober. Drei Wochen, bis die Amerikaner kamen, lebte sie von Kastanien, Wurzeln und Schnecken. Ich traf sie, sechs Monate später, im Durchgangslager von Homburg im Saarland wieder, als ich dort im Rollstuhl mit meinem russischen Hauptmann ankam. Sie war wieder ganz geheilt und tanzte Krakowiak, mit ihrem schönen stolzen Gesicht, der ungestümen Stimme: »Siehst du dein Kettchen? Kriegsbeute!« Und sie lachte noch immer über den Streich, den wir der Wache gespielt hatten (sie wollte mich ablenken, weil es ihr wehtat, mich im Rollstuhl zu sehen).

Aber das wusste ich noch nicht, als ich in ihren Lumpen aus der

Zelle meines alten Lagers in Höchst floh, weinend, weil beim Laufen die Wunden von den Tritten des Lagerführers noch mehr wehtaten. Und gleichzeitig jubilierte ich wie Lulù: Endlich (ich lachte unter Tränen) bin ich geschlagen worden, allein, persönlich, jetzt bin ich wirklich wie sie, verprügelt, angespuckt, in allem wie sie, ich werde nicht wieder in meine Schicht zurückfallen. Und währenddessen lief, lief ich in Richtung Mainz.

Rom, November 1977

BIOBIBLIOGRAPHIE

Lucette Mangione wird am 17. Juni 1925 in Reims geboren als Tochter von Publio und Maria Concetta Straccamore. Ihre Eltern engagieren sich im Dienst des Fascio intensiv in der Unterstützung der im Ausland lebenden Italiener. In den dreißiger Jahren zieht die Familie nach Paris, wo Luce und ihre Schwester Orella das Lycée Henri IV besuchen.

1938 geht die Familie nach Italien zurück, Lucette wird zu Luce und beendet das Gymnasium in Rom. 1942 schreibt sie sich in der Facoltà di Lettere der Universtität in Rom und in der faschistischen Studentenorganisation G.U.F. (Gruppo Universitario Fascista) ein, in der man Mitglied sein muss, um im faschistischen Italien studieren zu können. Nach dem Sturz Mussolinis zieht die Familie nach Bassano del Grappa und dann nach Bellagio, wo ihr Vater verschiedene politische Ämter in der Republik von Salò übernimmt.

Im Februar 1944 geht Luce, um die Gerüchte, die in Italien über die Nazilager kursieren, zu überprüfen, gegen den Willen der Eltern als Freiarbeiterin nach Deutschland. Sie arbeitet bei den I.G. Farben in Frankfurt-Höchst und kommt später ins Lager Dachau.

Am 27. Februar 1945 stürzt nach einem Bombenangriff in Mainz, während sie mit einer Gruppe von Helfern versucht, eine Familie aus den Trümmern zu retten, eine Mauer auf sie, wodurch sie für immer den Gebrauch ihrer Beine verliert.

Zurück in Italien, lernt sie 1946 im Ospedale Putti in Bologna Pacifico d'Eramo kennen. Sie heiratet ihn, das Ehepaar zieht nach Rom, und 1947 wird Sohn Marco geboren. Sie nimmt ihr Studium wieder auf, das sie 1951 in Literatur mit einer Arbeit über die *Poetica di Leopardi* und 1954 in Philosophie mit einer Arbeit über die

Singolare autonomia del giudizio nelle Critiche *di Kant* abschließt. Sie beginnt, Erzählungen zu schreiben, 1951 erscheint die lange Erzählung *Idilli in coro.*

1953 lässt sie sich von ihrem Mann scheiden, behält aber dessen Familiennamen. Es beginnt eine finanziell schwierige Zeit, die zudem von schweren Krankheiten geprägt ist; sie muss sich zahlreichen Operationen unterziehen. Es entwickelt sich eine enge Freundschaft mit Elsa Morante und Alberto Moravia, der ihre Erzählung *Thomasbräu* in der Zeitschrift *Nuovi Argomenti* veröffentlicht. 1954 gewinnt sie den Premio per la Narrativa des Verlags Gastaldi, der ihre Erzählung *La straniera* veröffentlicht. 1958 veröffentlicht sie den Erzählband *Il convoglio dei lituani* und 1959 die Studie *Raskolnikov e il marxismo. Note a un libro di Moravia,* die durchgesehen und mit einem neuen Vorwort 1997 in zweiter Auflage erscheint. Während eines langen Aufenthalts in Mailand befreundet sie sich mit Camilla Cederna, der sie in schwierigen Momenten finanziell unterstützt. Es ist eine lebenslange Freundschaft.

1961 reist sie nach Deutschland und wohnt in Glashütten im Taunus bei der Ärztin Ellen Marder, die sie 1945 behandelt hatte. 1964 veröffentlicht sie *Solange der Kopf lebt.* In den sechziger Jahren befreundet sie sich in Rom auch mit Cesare Zavattini und Ignazio Silone, der ihr Nachbar ist und großen Einfluss auf ihr Schreiben ausübt und dem sie die Monographie *L'opera di Ignazio Silone. Saggio critico et guida bibliografica* (1971) widmet. Sie ist Mitarbeiterin der Zeitschriften *La Fiera Letteraria, Nuova antologia, Studi cattolici, Tempo presente* und *La Quinzaine littéraire* und nimmt an Seminaren der Citadella cristiana di Assisi teil. Politisch wird sie von der Studentenbewegung 1968 beeinflusst, an der ihr Sohn teilnimmt. Eine weitere, bis heute unveröffentlichte Monographie widmet sie Cesare Zavattini, und 1974 veröffentlicht sie *Cruciverba politico. Come funziona in Italia la strategia della diversione,* in deren Mittelpunkt die Ermordung von Giangiacomo Feltrinelli steht. In den siebziger Jahren reist sie auch häufig nach Paris, wo sie bei ihrer Freundin und Übersetzerin Corinne Lucas wohnt. Außerdem befreundet sie sich mit Amelia Rosselli und Dario Bellezza.

1979 veröffentlicht sie *Deviazione*, der einen riesigen Erfolg in Italien hat und ins Französische, Deutsche, Spanische und Japanische übersetzt wird und der Autorin als roter Faden in der Erzählung ihrer Erinnerungen in dem Film *Luce, Wanda, Jelena. Es war nicht ihr Krieg* von Renate Stegmüller und Raimund Koplin (1994) dient, in dem drei Frauen, eine Italienerin, eine Norwegerin und eine Russin nach fünfzig Jahren an die Orte ihrer Kriegserfahrungen in Deutschland zurückkehren.

1980 verbringt sie ein Jahr in Berlin auf Einladung des Deutschen Akademischen Austauschdienstes und hält ein Seminar über den italienischen Roman am Institut für Romanische Philologie der Freien Universität. Die deutschen Infrastrukturen erleichtern ihr trotz ihrer Lähmung das Leben, und die Erinnerung an diese Selbständigkeit in Berlin bleiben die glücklichsten ihres Lebens.

In den achtziger Jahren unternimmt sie mit ihren Freunden Corinne Lucas, der Gräzistin Daniella Ambrosino und ihrem Mann, dem theoretischen Physiker Giorgio Parisi, zahlreiche Reisen ins Ausland, nach Spanien, nach Amsterdam, nach New York und nach Russland; dazu kommen mehrere Aufenthalte in Deutschland und in Paris. Sie ist Mitarbeiterin der Zeitschriften *il manifesto*, *L'Unità*, *L'Avvenire*.

1981 erscheint der Roman *Nucleo Zero* über den roten Terrorismus, der ins Deutsche und Spanische übersetzt und 1984 von Carlo Lizzani für die Rai verfilmt wird. 1986 erscheint der Science-Fiction-Roman *Partiranno* über die Erkundung der Erde durch Außerirdische vom Planeten Nnoberavez. Sie ist Mitarbeiterin der Zeitschriften *nova sf*, *futuro europa* und *pianeta*. 1988 erscheint die zusammen mit Gabriella Sobrino herausgegebene Anthologie *L'Europa in versi. La poesia femminile del'900*. Sie schreibt Einleitungen und Vorworte zu *La terra più amata. Voci della letteratura palesti-*

nense (1988), *Storie d'ordinario infinito* von Ugo Malaguti (1989) und zu dem Roman *La croce di ghiaccio* von Lino Aldani (1990).

1988 bringt ein eiliger Fluggast am Flughafen von Frankfurt, wohin sie geflogen war, um die Buchmesse zu besuchen, ihren Rollstuhl zum Umkippen; sie bricht sich den Oberschenkel, muss sich zahlreichen Operationen unterziehen und kann von nun an nicht mehr allein leben. Bis zu ihrem Tod wird sie von ihrer polnischen Freundin und Assistentin Katarzyna Fryzlewicz betreut.

Dennoch gibt sie das Reisen nicht auf und fliegt 1992 für eine Reihe von Vorträgen nach Japan. 1993 erscheint der Roman *Ultima luna*, in dem einer der Protagonisten nach einem langen Aufenthalt in Japan nach Italien zurückkehrt. 1995 erscheint der in Paris geschriebene Roman *Si prega di non disturbare*, in dem sie sich in einen Neofaschisten versetzt, der einen Mord begeht. 1997 erscheint der Roman *Una strana fortuna* über die Erfahrung zweier Schwestern, von denen eine wahnsinnig ist. All diese Bücher bezeugen ihr ungebrochenes Interesse für die sozialen und politischen Fragen der Gegenwart und ihre Vorliebe für »extreme Situationen«. Ihr Gesundheitszustand verschlechtert sich rapide.

1999 veröffentlicht sie in dem Band *Racconti quasi di guerra* Erzählungen, die sie zwischen 1943 und 1956 geschrieben hat und die bis dahin teilweise unveröffentlicht waren, außerdem eine Art literarisches Testament, *Io sono un'aliena*, ein langes Interview, geführt von Paola Gaglianone, und drei essayistische Erzählungen aus den Jahren 1984, 1994 und 1995. Außerdem plant sie einen Band ihrer gesammelten Erzählungen, der erst 2013, herausgegeben von Cecilia Bello Minciacchi, unter dem Titel *Tutti i racconti* erscheint und insgesamt 32 Erzählungen aus den Jahren 1943 bis 1997 enthält. Sie leidet unter immer stärkeren Schmerzen.

In den letzten Monaten ihres Lebens arbeitet sie an einem unvollendet gebliebenen Buch über Etty Hillesum, eine niederländisch-jüdische Lehrerin, die am 30. November 1943 im Alter von 39 Jahren im KZ Auschwitz-Birkenau starb und durch ihre Tagebücher aus den Jahren 1941–1943 international bekannt wurde. Am 6. März 2001 stirbt Luce d'Eramo. Sie ruht auf dem Cimitero acattolico, dem protestantischen Friedhof von Rom, neben ihren Freunden Amelia Rosselli und Dario Bellezza. Nachrufe erscheinen in der gesamten italienischen Presse sowie in *Le Monde* und der *Süddeutschen Zeitung*. Im April 2001 erscheint postum der Roman *Un'estate difficile*, die Geschichte einer Ehekrise in den fünfziger Jahren.